Bernhard Meuser
Freie Liebe

www.fontis-verlag.com

Bernhard Meuser

Freie Liebe

Über neue Sexualmoral

fontis

MIX
Papier aus verantwortungsvollen Quellen
FSC® C014138

Bibliografische Information der Deutschen Nationalbibliothek
Die Deutsche Nationalbibliothek verzeichnet diese Publikation in der Deutschen Nationalbibliografie; detaillierte bibliografische Daten sind im Internet über www.dnb.de abrufbar.

Die Bibelstellen wurden in aller Regel
folgender Übersetzung entnommen:
«Revidierte Einheitsübersetzung», 2016
(in wenigen Fällen hat der Autor auch selbst übersetzt)

Umschlag: René Graf, Fontis-Verlag
Bild: pexels.com / Ashutosh Sonwani
Satz: InnoSet AG, Justin Messmer, Basel
Druck: Finidr
Gedruckt in der Tschechischen Republik

ISBN 978-3-03848-203-1

Inhalt

«Wenn alles das, was
Das ist gut sagt, abgetakelt worden ist,
bleibt noch immer das,
was *Ich will* sagt.»
C.S. Lewis
The Abolition of Man

«Man had saved his good
as Crusoe saved his goods:
he had saved them from a wreck.»
Gilbert Keith Chesterton,
Orthodoxy

«Hab Mitleid, HERR, mit deinem Volk
und überlass dein Erbe nicht der Schande,
damit die Völker nicht über uns spotten!»
Der Prophet Joel
im ersten Jahrtausend
vor Christi Geburt

Teil I
Alle wollen nur das Eine

Einführung

Alle wollen nur das Eine. Nämlich Sex. Ich will das. Sie, liebe Leser, wollen das. Ich nehme es zumindest an. Es ist vollkommen natürlich, sich nach Liebe und gutem Sex zu sehnen. Auch Christen sind keine asexuellen Wesen. Nicht einmal Pfarrerinnen sind das – wie man bei Ellen und Stefanie Radtke, zwei jungen Pastorinnen im niedersächsischen Dörfchen Eime, sieht. Das lesbische Paar betreibt den YouTube-Channel «Anders Amen», der vom Evangelischen Kirchenfunk Niedersachsen-Bremen produziert wird. Ihr Anders-Amen-Trailer[1] hat «richtig Wums», wie die beiden wohl sagen würden: Die Kamera-Drohne fährt auf ein Doppelfenster in der Kirchturmspitze zu, aus dem sich die beiden in Talar und Bäffchen gehüllten Pastorinnen herauslehnen, um sich in einem satten Zungenkuss zu vereinen. Im Zoom entfernt sich die Kamera aus der Naheinstellung von der Liebe. Das Dörfchen mit dem Kirchturm lacht in der Sonne. «Noch Fragen?»

Obwohl derlei für die meisten Evangelischen Landeskirchen nun schon Alltag ist, provoziert der Hingucker. Während die einen die beiden Pfarrerinnen couragiert finden, sich allenfalls sagen: «Nun gib dir schon einen Ruck. Das ist normal. Die Kirche muss ein bisschen mit der Zeit gehen», empfinden andere die Aktion als abgeschmackt oder nehmen den eklatanten Widerspruch zur biblischen Botschaft wahr. Hatte nicht auch Luther gelehrt, das gleichgeschlechtliche Begehren sei «gegen die Natur», eine ohne Zweifel «ex Satana» herrührende «perversitas»[2]?

Mit gemischten Gefühlen schauen katholische Christen auf Ellen und Steffi. Werden sich demnächst auch Ordensbrüder aus dem Kirchturmfenster beugen?

Beide großen christlichen Konfessionen kämpfen in Westeuropa gerade um ihr nacktes Überleben. Es ist nur zu verständlich, dass die letzten Christen zu ungewöhnlichen Maßnahmen greifen, um wenigstens den Kern ihrer Botschaft plausibel zu machen und damit über die Zeit zu retten. Eine beliebte Strategie ist jeweils die Verbilligung des Angebots, namentlich die Ent-Ethisierung des Evangeliums. In der Ethik geht es um gutes Handeln. Hier stoßen die Dinge hart an hart aufeinander; in der Ethik muss man sich entscheiden. Wie, wenn es ein Christentum gäbe, in dem mehr oder weniger alles erlaubt ist?

In Teilen der Evangelischen Kirche scheint man nicht weit von dieser Vision entfernt zu sein. Wenn man den Müll trennt, für den Frieden ist und sich klimaneutral verhält, kann man nicht mehr viel falsch machen. Manche evangelischen Christen, denen das zu schlicht gedacht ist, schielen mit Wehmut auf die Katholische Kirche, weil sie meinen, wenigstens in Sachen Liebe sei dort die Welt theoretisch noch in Ordnung. Nimmt die Katholische Kirche nicht tatsächlich zu Lebensschutz, Scheidung, außerehelichem Sex, Homosexualität usw. eine klare Haltung ein?

Sie täuschen sich. Auch in der Katholischen Kirche geht es gerade wild zur Sache. Seit Jahren schon steht der sogenannte Zölibat[3] unter kritischer Beobachtung. Gegen viel Widerstand hat Papst Franziskus diese Lebensweise, die sich an der Lebensform Jesu orientiert, für seine Priester weiterverordnet.

Ja, geht denn das? Ohne Sex leben?

Genau genommen müssen viele Menschen «zölibatär» leben. Einige, weil sie keinen Partner finden, der zu ihnen passt; andere, weil sie sexuelle Neigungen haben, die Sex nur zum Preis eines Verbrechens[4] oder zum Preis der Selbstzerstörung[5] möglich machen würden. Natürlich brauchen auch katholische Priester, Mönche, Nonnen, der Papst und alle Menschen, die aus unterschiedlichen Gründen keinen Sex haben können, das sichere Gefühl, dass sie nicht zu kurz kommen. In Teilen der Christenheit mindestens hat sich der Glaube gehalten, dass die eigentliche Erfüllung erst noch kommt – in der Liebe aller Lieben: in der Vereinigung mit Gott. Man kann deshalb, wenn man dazu berufen ist, ein bisschen warten – «um des Himmelreiches willen» (Mt 19,12), oder weil sich hier auf der Erde keine Gelegenheit dazu bietet. Nichtchristen werden das möglicherweise für eine ziemlich spinnerte Idee halten. Aber sie ist immerhin von Jesus.

Während weite Teile der Evangelischen Kirche also ihren Frieden mit dem Thema Sexualmoral gemacht haben – einfach, indem es sie faktisch nicht mehr gibt –, scheint das mit Liebe und Sexualität in der Katholischen Kirche gerade nicht besonders gut zu funktionieren. Spektakulärer, als es im Missbrauchsskandal geschehen ist, kann man nicht auf die Nase fallen. Die Superheroes haben sich bis auf die Knochen blamiert. Hat die Katholische Kirche nicht so getan, als habe sie von Gott persönlich das Mandat, die Unmoral der Welt aufzustöbern und zu geißeln? Menschen innerhalb und außerhalb der Kirche sind geschockt, dass ausgerechnet Priester in nicht unerheblicher Zahl als Vergewaltiger entlarvt wurden. Waren das nicht die gleichen Leute, die der bösen Welt vor kurzem noch «Moral» gepredigt haben? Es wäre zynisch zu sagen: Na, endlich sind sie Menschen!

Durch ein Verbrechen wird man aber nicht menschlich; im Gegenteil: Man verabschiedet sich teilweise oder endgültig aus dem humanen Miteinander. Liegt es am Zölibat? War die Moral dieser Leute in Wahrheit Doppelmoral – nichts als schlecht verkappter Moralismus? «Die Moralisten», sagt Gottfried Hutter von solchen innerhalb und außerhalb der Christenheit, «sind ja bekannt für ihre moralischen Verurteilungen, die sie – wie könnte es anders sein – gewissermaßen aus Rache für die Unannehmlichkeiten der Selbstbeschränkung, die ihnen die Moral auferlegt, denen überbraten, die sich den Zwang der Moral nicht antun.»[6]

Schon Jesus warnte vor Moralpredigern – und es gibt keinen Grund, die Kritik an einer gewissen Sorte von Schriftgelehrten *nicht* auf heute zu übertragen: «Tut und befolgt also alles, was sie euch sagen, aber richtet euch nicht nach ihren Taten; denn sie reden nur, tun es aber nicht» (Mt 23,3).

Ich finde, es ist jetzt eine gute Zeit, sich generell über Liebe, Sexualität und Moral zu unterhalten – und es in der Folge auch anhand eines Sonderfalls zu tun: des tiefen Absturzes der Katholischen Kirche[7]. Wo wird denn Sex und Liebe sonst noch reflektiert als dort, wo es Skandal macht? Seit einer Reihe von Jahren leben wir als Gesamtgesellschaft beziehungstechnisch in explizitem Kontrast zu allen unseren Vorgängergenerationen, ohne uns des tiefen Einschnittes wirklich bewusst zu werden. Dank der Erfindung chemischer und technischer Methoden der Empfängnisverhütung haben wir die Sexualität von der Weitergabe des Lebens entkoppelt und bewegen uns unter der geheimen Prämisse, das eine habe mit dem anderen nichts zu tun. Die Idee von Sex als Selbstzweck hat dafür gesorgt, dass homosexuelle Lust neu in Betracht kam, dass außerehelicher Sex der Normalfall wurde, und man lernte, geschlechtliche Begegnungen als einen Wohlfühlmodus und eine Art körperlicher Form von Nähe und Freundschaft zu verstehen.

Nur die Katholische Kirche zog offiziell nicht mit. Doch nun ist ihre wie eine Klippe ins Meer ragende Sturheit, Sexualität ausschließlich in der Ehe zu beheimaten und sonst nirgends, nachhaltig erschüttert worden. Ausgerechnet die Prediger der reinen Lehre wurden enttarnt. Ja, Priester haben Sex, zudem noch homosexuellen Sex, zudem noch Sex mit Schutzbefohlenen. Eine bessere Widerlegung frommer Rede könnte sich selbst der Teufel nicht ausdenken.

Nun muss man die Dinge fein säuberlich auseinanderhalten. Die Notwendigkeit einer an die Wurzeln gehenden Auflösung der Doppelmoral ist das eine. Die Besinnung auf den Sinn von Sex und Liebe das andere. Denn es ist ja nicht so, als gäbe es nur innerhalb der Katholischen Kirche Missbrauch, Gewaltverbrechen und Beziehungschaos. Man darf an #MeToo erinnern; man kann sich auch die Zahlen zu innerfamiliären Sexkatastrophen oder zu den immer häufigeren Fällen von Missbrauch in Bildungseinrichtungen, Sportvereinen etc. anschauen, die hier nicht zum x-ten Mal wiedergegeben werden müssen.

Zunächst aber hat die Öffentlichkeit ein Recht zu erfahren, wie und wohin die moralische Instanz Katholische Kirche umzukehren gedenkt. Ihre Reinigung vom Verbrechen des Missbrauchs und seiner anhaltenden Beförderung kann nicht vorrangig darin bestehen, dass man die noch immer gefüllte Schatulle aufmacht und Opfer «abfindet» (sic!). Sie kann nur geschehen, indem man alle Beteiligten – die Täter, ihre Komplizen, Vertuscher, Verteidiger und Verharmloser, genau anschaut. Wenn man nicht weiß, wer da aus welchen Gründen wie handelt, wird man die Strukturen des Bösen nicht ausmerzen.

Das vorliegende Buch zieht seine für alle Christen relevanten Lehren im Wesentlichen aus einem katholischen Lehrstück: dem seltsamen Umgang mit Missbrauch in den Reihen eigener Amtsträger.

Missbrauch in der Evangelischen Kirche steht noch im Windschatten der katholischen Pleite; die Verantwortlichen aber wissen, dass sie keineswegs aus dem Schneider sind. Das Missbrauchsszenario, das die Evangelische Kirche belastet, unterscheidet sich in mancher Hinsicht von der Katholischen Kirche. In der Katholischen Kirche sind es vor allem von Männern ausgehende gleichgeschlechtliche Übergriffe, die kaum einmal einen ideologischen Hintergrund haben, während Missbrauch in der Evangelischen Kirche ebenfalls meist von Männern ausgeht, sich freilich auf beide Geschlechter bezieht und in einem liberalen Umfeld angesiedelt ist, in dem man sich einiges auf «Respekt und Augenhöhe zugutehält» und lange der Auffassung war, dass hier «so etwas angeblich nicht möglich»[8] ist.

Jens Brachmann hat in Hinsicht auf die Skandale den klugen Satz gesagt: «Es bedarf eines ganzen Dorfes, um ein Kind zu missbrauchen.»[9]

Um etwas von der ideologischen Einbettung des Missbrauchs in der Evangelischen Kirche zu verstehen, muss man die Verstrickung der protestantischen Eliten mit der Reformpädagogik untersuchen, wie es beispielhaft Jürgen Oelkers[10] in mehreren Publikationen getan hat; man sollte sich mit Namen wie Hellmut Becker (1913–1993), Hartmut von Hentig (*1925), dessen Lebensgefährten Gerold Becker (1936–2010) und Helmut Kentler (1928–2008) auseinandersetzen, die allesamt auch innerhalb der Evangelischen Kirche agierten und dort von maßgeblichem Einfluss waren. Im Bericht von Bischöfin Kirsten Fehrs ist die Rede von «Psychospiele(n) zwecks Selbsterfahrung, Durchkitzeln auf dem Schoß des Pastors, abendliche Feiern der ‹Auserwählten›, verbale Attacken und Demütigungen, bis hin zu Oral- und Geschlechtsverkehr»[11].

Während es in der Katholische Kirche mehr um das dumpf weggedrückte Unsägliche geht, muss man in der Evangelischen Kirche wohl verstärkt über die Korruptibilität[12] und Ideologieanfälligkeit der Intellektuellen nachdenken. Beflügelt vom Geist der Kritik gefiel man sich in einer neuen, postmythologischen Offenheit für alles. Sie machte blind für eine Tatsache, die man schon bei Sigmund Freud[13] hätte studieren können, dass nämlich die Kategorie «Tabu» im evolutiven Repertoire eine tragende Rolle spielt und man lange braucht, um ihre Schutzmacht rational einzuholen. Insofern trifft die Kritik, die der alte Papst Benedikt seiner eigenen Kirche im Umgang mit dem Missbrauch zudachte, eher auf die Evangelische Kirche zu:

«Zu den Freiheiten, die die Revolution von 1968 erkämpfen wollte, gehörte auch diese völlige sexuelle Freiheit, die keine Normen mehr zuließ. [...] Zur Physiognomie der 68er Revolution gehörte, dass nun auch Pädophilie als erlaubt und als angemessen diagnostiziert wurde.»[14]

Der Hintergrund des aufzuarbeitenden Elends in beiden Kirchen ist ein Dogma der Moderne und die Unterzeichnung einer Ur-Akte. Das Dogma lautet: Sex ist niemals Sünde. Die Ur-Akte lautet: Wir werden nie wieder etwas Sexuelles in Verbindung mit Sünde bringen. Die Evangelische Kirche hat diese Ur-Akte, die über Anschluss oder Nichtanschluss an die Moderne entscheidet, lange schon unterzeichnet. Die deutsche Katholische Kirche ist gerade im Begriff, dies auch zu tun – scheinbar notgedrungen.

Über die Gründe innerkirchlicher Untaten nachzudenken, wird helfen, eine geläuterte Idee von Sex, Liebe und gutem Leben zu entwickeln – eine Vision, mit der Menschen wirklich leben können. Die unerlässliche Selbstreinigung der Kirche(n) könnte auf diese Weise zum Paradigma[15] für eine kritische Sicht auf das werden, was allen Menschen guttut, die nach einer integralen Gestalt von Liebe und Sexualität suchen. Denn mit dem Sex haben ja nicht nur Christen ein Problem. Missbrauch ist zu einer gesamtgesellschaftlichen Normalität geworden, die weiter hinzunehmen schlicht unmoralisch wäre.

Wenn jetzt vorderhand in den Kirchen eine Re-Formation ihres Umgangs mit der Liebe angesagt ist, haben die Katholiken einen Vorteil: Wer aus dem Dreck aufsteht, weiß, wie sich das anfühlt. Danach werden Christen hoffentlich nie wieder besserwisserisch auftreten, sondern mit der nötigen Portion Demut eine Option für gutes Leben anbieten.

Nicht nur Christen haben ja ein Problem mit Liebe und Sex. Im persönlichen Umfeld von meiner Frau und mir sind innerhalb eines einzigen Jahres drei Familien mit Kindern implodiert. Und dreimal ereignete sich das Gleiche: Der Mann verließ Frau und Kinder wegen einer anderen «Liebe». Einerseits können wir froh sein, dass wir im Zeitalter einer nie dagewesenen individuellen Freiheit leben, in der es den «Blockwart» nicht mehr gibt, der aufpasst, dass Sitte und Moral eingehalten werden. Andererseits mehren sich die Opfer der Freiheit: die Verlassenen, Betrogenen, Verwundeten, Enttäuschten. Oft sind es die Frauen. Immer sind es die Kinder, auf deren Seelen die große Freiheit zur Selbstverwirklichung ausgetragen wird.

Ich möchte Sie also zu einer hoffentlich spannenden Reise durch das Land der «Moral» einladen. Damit es nicht zu anstrengend wird, baue ich spielerische Zugänge ein, und wenn wir tatsächlich tiefer in die Philosophie einsteigen – denn das ist nötig –, kommen auch Jürgen Klopp, Woody Allen, Anke Engelke und Miley Cyrus mit wichtigen Beiträgen vor.

Eigentlich mag ich das Wort «Moral» nicht besonders. Wie Sie vielleicht schon bemerkt haben, setze ich es gelegentlich in Anführungszeichen. Es klingt wirklich nach Leuten, die sich für etwas Besseres halten und andere Leute nötigen, ihren Vorstellungen von Recht und Anstand zu folgen. Mir gefällt es besser, statt von Moral vom «guten Leben» zu sprechen. «Moral» nenne ich alle flankierenden Maßnahmen, die «gutes Leben» ermöglichen. Und zwar bitte, *bevor* das Kind in den Brunnen gefallen ist! Denn darum geht es. Eine gute Umweltmoral wäre also beispielsweise praktisches Wissen, das man erworben hat und klugerweise nutzt, um heute so zu leben, dass es morgen kein böses Erwachen gibt. Hätten wir in den 60er Jahren eine gute Umweltmoral gehabt, hätten wir vielleicht erst gar keine Atomkraftwerke gebaut.

Wo wir schon bei Worten sind – auch das Wort «Sexualmoral» ist eigentlich schon im Ansatz daneben. Wir suchen ja nicht nach flankierenden Maßnahmen für guten Sex. Wir suchen nach gutem Leben im Ganzen, worin Sex eine wichtige Rolle spielt. Diese Rolle kann faszinierend konstruktiv, aber genauso gut höchst destruktiv sein. Und das entscheidet sich gerade *nicht* beim Sex selbst. Spaß im Bett sagt nichts darüber aus, ob der Sex im biografischen Ganzen des Lebens und der Liebe Fluch oder Segen ist. Wir müssten also nach flankierenden Maßnahmen für das Leben und die Liebe suchen und würden besser von einer *Moral für die Liebe* oder einer *Moral für das Leben* sprechen.

Und ein letztes Wort, das ich nicht sonderlich mag, das aber in traditionellen Diskursen über Moral immer wieder auftaucht, ist das Wort «Norm». Es kommt vom lateinischen Wort *norma,* und das bedeutete ursprünglich «Winkelmaß». Und so geometrisch und wenig lebendig kommt es mir auch vor, wenn wir im Bereich der menschlichen Suche nach gutem Leben von «Normen», «normativen Handlungsanweisungen» und «Normalität» sprechen. In der DDR musste man immer die «Norm erfüllen». Dahinter könnte sich ein Missverständnis von Ethik verbergen, als seien wir dann schon gute Menschen, wenn wir die Verkehrs-Regeln kennen und uns peinlich genau daran halten. Wir könnten uns endlos darüber streiten, wer die Regeln aufstellt, wer sie überwacht und wie die bestraft werden, die bei ihrer Übertretung erwischt werden.

Wie kommt man zu gutem Leben? Wie schützt man gutes Leben? Wie bewahrt man Menschen davor, Leben zu zerstören – das eigene und das Leben anderer? Mitten in dieser breiteren Vision geht es auch um das Wilde in uns, unsere Leidenschaft, unsere Vitalität, unsere Triebimpulse. Von diesem energetischen Treibstoff profitieren übrigens alle, auch jene, die Gründe haben, ehelos zu leben.

Übrigens bin ich entschieden für «Freie Liebe» – womit ich freilich nicht *Vorfahrt für Ego-Shooter* meine. Liebe ohne Freiheit ist Sklaverei. Und Freiheit ohne Liebe ist Betrug. Ich wünsche mir immer mehr Menschen, die das schöne, stolze Projekt freier Liebe verwirklichen. Papst Franziskus hat dieses Projekt einmal mit einer Goldschmiedearbeit verglichen, an der Mann und Frau gemeinsam arbeiten, indem sie alles Mögliche tun, damit der andere in Freiheit wachsen kann. «Na ja, und so kann ich mir vorstellen», sagt der Papst, «wie dich dann eines Tages auf der Straße im Dorf die Leute ansprechen und sagen: ‹Was für eine schöne, starke Frau! …› – ‹Kein Wunder, bei dem Ehemann!› Und auch zu dir werden sie sagen: ‹Schaut ihn euch an! …› – ‹Kein Wunder, bei der Ehefrau!› Und genau das ist es! Darum geht es: dass wir uns gemeinsam wachsen lassen, der eine den anderen. Und die Kinder haben dann dieses Erbe, einen Vater und eine Mutter gehabt zu haben, die gemeinsam gewachsen sind, indem sie sich gegenseitig geholfen haben, mehr Mann und mehr Frau zu werden!»[16]

Warum ausgerechnet ich das zum Thema mache? Ich bin schließlich kein Ethiker, kein Moraltheologe. Aber ich habe eine besondere Geschichte mit der Kirche, eine Sexgeschichte. Eine Geschichte, die mich seit fünzig Jahren verfolgt. Eine Geschichte, die mich immer wieder zum Nachdenken über richtige und falsche Liebe, über Sex, Gewalt, Kirche und Freiheit gebracht hat. Ich habe in Einsamkeit darüber gegrübelt, als ich noch nicht davon reden konnte, und mit anderen darüber gesprochen, als mir geholfen worden war, den Mund aufzutun.

Um welche Geschichte geht es?

Als ich 15 oder 16 Jahre alt war, habe ich den Missbrauch durch einen homosexuellen Priester erlebt. Es hätte nicht viel gefehlt, der Fluch wäre auf mich, das Opfer, übergegangen: Ich hätte ein Täter werden können. Gott sei Dank ist es dazu nicht gekommen. Diese Geschichte hat im Nebeneffekt etwas in mir erzeugt, worunter ich jahrelang litt, das Phänomen, das man heute ‹Homophobie›[17] nennt. Das ist eine schlimme Sache; ich bin Wikipedia aber für den Hinweis dankbar, dass sie immerhin «nicht krankhaft abnorm bedingt» ist. Da ich Christ bin, fühle ich mich verpflichtet, nicht bei meinem Groll stehenzubleiben, meine persönliche Geschichte zu überschreiten und objektiv nach Gerechtigkeit zu suchen, will sagen: homosexuellen Menschen gerecht zu werden.

Ich komme in Kapitel 12 ausführlich auf meine persönliche Geschichte zu sprechen.

Als mir der Übergriff passierte – in den frühen 70er Jahren –, ahnte ich nicht, dass es viele sein könnten, denen ein analoges Schicksal beschieden war. Nun bin ich glücklich, dass sich die Katholische Kirche weltweit an die Aufarbeitung des Missbrauchs macht. Das heißt: Ich *war* glücklich, denn die Art und Weise, wie es geschieht, finde ich erstaunlich. Ich glaube, dass sich die Kirche immer noch in der Phase der Verdrängung befindet und dass sie noch lange nicht an den Wurzeln des Missbrauchs ist. Die Manie, mit der die Kirche früher auf dem Sechsten Gebot herumritt, ist nun der fixen Idee gewichen, man brauche nur eine «neue Sexualmoral» und ein bisschen Anschluss an den schönen neuen Sex in der schönen neuen Welt, und die Sache sei geritzt.

Ich halte das für Selbstbetrug.

Ich denke freilich auch, dass die Katholische Kirche eine «neue Sexualmoral» braucht. Aber ich bin entschieden dafür, dass sie erst einmal ihre Hausaufgaben macht, statt ambitioniert in der Gegend herumzuposen. Hausaufgabe ist:

Lokalisiere den Konflikt. (99 % der katholischen Christen fühlen sich mit einigem Recht nicht daran beteiligt. Ich auch nicht!)

Beschreibe das Verbrechen (Spare dabei unter keinen Umständen das Peinliche und politisch nicht Korrekte aus)!

Zeige a) den Weg auf, wie die Täter zuverlässig von Kindern und Jugendlichen ferngehalten werden; und zeige b) auf, wie verhindert werden soll, dass die nächste Generation von guten Onkels und Jugendfreunden ins Priesteramt kommt. Das darf man von einer Kirche erwarten, die jahrzehntelang zugesehen hat, wie sich Täter nicht auf dem Straßenstrich, sondern in der Sakristei bedienten. Das erwarte ich auch persönlich, und zwar hoch drei, der ich mir in Tagen des Ekels und der Depression etwas geschworen habe: «Das, was dir passiert ist, darf keinem Kind oder Jugendlichen passieren – nicht außerhalb der Kirche und schon dreimal nicht in ihren Mauern.»

Um Leserinnen und Lesern, die keine oder wenige Vorkenntnisse in Philosophie, Ethik und Theologie haben, einen guten Zugang zu ermöglichen, werde ich fremdsprachliche Begriffe erläutern, mich um eine möglichst un-theologische Sprache bemühen und meine Darlegungen mit vielen spannenden Beispielen untermauern. Etwas ungewöhnlich für ein populäres Sachbuch: Ich habe mich für Anmerkungen entschieden, die Sie am Ende des Buches finden: reichlich Stoff für alle, die es genauer wissen oder in die Tiefe gehen möchten.

Kapitel 1
Sex ja, Moral lieber nicht

Für viele Menschen, die von außen auf den Glauben und die Kirche schauen, ist Christsein identisch mit Moral. Stimmt zwar nicht ganz, ist aber so. Moral ist etwas, denken die Leute, worauf man sich besser nicht einlässt, weil man sonst keinen Spaß mehr am Leben hat. Das Erotische, die Verlockungen der Freiheit, das Irrationale der Leidenschaft, der sexuelle Kick, der alltägliche kleine Flirt, die Lust an der Lust – all das scheint Christen grundsätzlich verboten zu sein. Besser, man kommt dieser unmenschlichen Community nicht zu nahe.

Dass Moral etwas Lebensfeindliches, Freudloses, Schädliches sein könnte, hat niemand gründlicher zu Wort gebracht als Friedrich Nietzsche (1844–1900); er bezeichnete «die Moral des Christentums als Kapitalverbrechen am Leben.»[18] Nun wuchs Nietzsche unter der Obhut von frommen Frauen und in einem besonders prüden evangelischen Milieu auf. Dennoch sind die negativen Konnotationen, die sowohl dem Christlichen als auch der Moral im Allgemeinen anhängen, im Kern Nietzsches beißender Kritik geschuldet. Nietzsche trug sie mit einigem Recht vor.

Dass viele Leute die Kirche heute als eine regelfixierte, tote Einrichtung betrachten, die kein Mensch mit Spaß, Lebensfreude und Lebendigkeit in Verbindung bringt, kommt nicht von ungefähr. Das traurige, regelfixierte Christsein, das Friedrich Nietzsche im 19. Jahrhundert auffiel, ist zwar Geschichte, aber dennoch eine historische

Altlast, die in den Köpfen derer, die lange nichts mehr mit einer heutigen Gemeinde zu tun hatten, weiterwirkt.

In der öffentlichen Meinung ist die Kirche zur doppelbödigen Kontrollinstanz, zum Sündendetektor abgesunken. Durch die Bank wird sie als vermintes Gelände wahrgenommen, in der jede Normabweichung vom Justemilieu mit Ausschluss bestraft wird, als sei ein Tattoo schon der Abfall von Gott.

Der Kirche steht eine bedeutende Transformation bevor: Gott hat sie als Glücksvorrichtung vorgesehen und nicht als neurotisch-neurotisierende Heilsmaschine. Die Kirche, die kommt (und kommen muss), wird sich vor der individuellen Freiheitsgeschichte der vielen Einzelnen verneigen, wird denen die Achtung nicht entziehen und denen den Anschluss nicht verweigern, die schwierige eigene Wege gehen. Sie wird aber auch ebenso unprätentiös wie standfest auf die offenbaren Optionen Gottes hinweisen; sie wird das Evangelium über die wilden Köpfe aller halten und in das leuchtende Ganze der Liebe einladen. Sie wird von Jesus (und nicht von abstrakten normativen Kopfgeburten) her «moralisch» sein. Sie wird dafür bekannt sein, dass man mit ihrer Hilfe in eine mitreißende Dynamik der Liebe kommt und einen Weg in die persönliche und soziale Seligkeit findet. Sie wird sich mehr von Freiheit und Glück als von der Sünde her definieren.

Aber sie wird deshalb die Fallen nicht übersehen, in denen das Menschliche verdunkelt, gar verschluckt werden kann.

Nietzsche träumte vom lebendigen, starken, stolzen Menschen. Diesen Traum muss die Kirche teilen und Menschen den Freiraum gewähren, sich zu entwickeln, genährt mit Kräften, die der Mensch aus sich heraus nicht hat – mit Gnade. Nietzsche träumte seinen Traum aber, indem er die Sünde als Realität ignorierte; er hielt sie für ein «jüdisches Gefühl und eine jüdische Erfindung»[19]. Nietzsche empfahl «Unbekümmertheit um die natürlichen Folgen der Sünde»[20];

er sah nur die vitale Schönheit und Kraft der gewissenlosen *blonden Bestie:* «Das Tier muss wieder heraus, muss wieder in die Wildnis zurück; römischer, arabischer, germanischer, japanischer Adel, homerische Helden, skandinavische Wikinger – in diesem Bedürfnis sind sie sich alle gleich.»[21]

Nun ist das Tier aus dem Käfig heraus. Der Rahmen individueller Freiheit ist weit gesteckt. Nicht gerade in Arabien, aber in der Anonymität der westlichen Welt darf sich jedefrau und jedermann sexuell weitgehend selbstverwirklichen, wie es ihr/ihm gefällt. Dafür steht das Wörtchen Toleranz[22], das gesellschaftlich die Akzeptanz von Werthaltungen garantiert, die man selbst nicht teilt. Im Namen der Freiheit hat sich eine bunte Welt unterschiedlicher sexueller Präferenzen und Lebensstile herausgebildet, und Christen stehen mehr oder weniger ratlos daneben, so sie nicht – von schlechtem Gewissen bedrängt – mitmachen im Spiel der Diversitäten[23].

Die Katholische Kirche ist länger schon um freundliche Annäherung bemüht und hat verschiedentlich versucht, eine sexualfreundliche Grundhaltung an den Tag zu legen. So kommentierte Papst Benedikt XVI. im Jahr 2010 seine Enzyklika «Deus caritas est»[24] mit den Worten: «Wichtig ist, dass der Mensch die Sexualität als eine positive Gabe begreifen darf. Durch sie nimmt er selbst am Schöpfertum Gottes teil. Es stimmt, dass in der Christenheit immer wieder auch Rigorismen[25] eingerissen sind und die Tendenz zur Negativwertung, mit der es zu einer Verbiegung, zu einer Verängstlichung des Menschen kam. Heute ist zu erkennen, dass wir wieder zur eigentlichen christlichen Haltung finden müssen, wie es sie in der Urchristenheit und in den großen Augenblicken der Christenheit gab: die Freude und das Ja zum Leib, das Ja zur Sexualität.»[26]

Was heißt das aber konkret?

In den Kirchen beider Konfessionen war das Sprechen über Sexualität lange Zeit eine vertrackte Sache, wie übrigens in anderen nichtchristlichen Hochkulturen auch. Um 1900 war es ein echter Tabubruch, als Sigmund Freud begann, Sexualität – und wie sie uns bestimmt – ans Licht zu holen. Es bedurfte Zeit und handfester Skandale, damit auch die Kirchen bei Sigmund Freuds Einsicht ankamen, wonach der Mensch im Allgemeinen und auch der kirchliche Amtsträger «eben ein unermüdlicher Lustsucher»[27] sei.

Geht es den Frommen wie weiland der Psychoanalyse? «Was man von uns verlangt», meinte Sigmund Freud 1907, «ist doch nichts Anderes, als dass wir den Sexualtrieb verleugnen. Bekennen wir ihn also.»[28] Ironischerweise war Freud, aus der Distanz betrachtet, der Vertreter einer eher pessimistischen Kulturtheorie, betrachtete er doch die Sublimierung[29] des Sexualtriebs als Voraussetzung von Kultur. Insofern war er «moralischer» als Wilhelm Reich (1897–1957), der andere große Sexualtheoretiker, der in der «neurotischen» Unterdrückung des Sexualtriebs das Elend und den Niedergang der Welt sah. Wilhelm Reich nun hatte, je älter er wurde, eine Schwäche für das Christentum, insbesondere für den Katholizismus, von dem er sich erhoffte, er werde «seine Haltung zur natürlichen Genitalität revidieren müssen und … lernen, zwischen Pornographie, ‹Wollust› und der natürlichen Umarmung zu unterscheiden.»[30]

In einem Interview von 1953 bekannte Wilhelm Reich von der christlichen Gedankenwelt: «Ich glaube nicht an diese Dinge. Aber ich verstehe sie gut. Die Christen haben die tiefste Perspektive, die kosmische.»[31]

Ein Pfarrer meinte vor kurzem im Privatgespräch: «Die Kirche hat versucht, die Welt in ein Kloster zu verwandeln. Die Welt ist aber kein Kloster … und wird nie eines werden!» Die Kirche – gescheitert an der idealistischen Überhöhung von Liebe?

Alle Welt ist auf die Lust gekommen. Und es scheint, als sei auch die Kirche etwas unsanft auf dem Bettvorleger der Biologie gelandet. Sind wir nicht alle nur hormongesteuerte Triebwesen – und manchmal halt auch ethische Zeitbomben? Zwar wissen wir nun hinreichend, dass Sex an sich keine Sünde ist, aber wir wissen auch, in welchem Ausmaß er unser Leben bestimmt, oft gegen die Oberfläche unseres rationalen Wollens und menschlichen Könnens.

Sigmund Freud hat 1917 von der dritten großen Kränkung des Menschen[32] gesprochen. Die erste habe darin bestanden, dass der Mensch sich mit Kopernikus nicht mehr als Mittelpunkt der Welt empfunden habe. Die zweite große Kränkung sei es gewesen, dass der Mensch mit Darwin gesehen habe, dass er aus der Tierreihe hervorgegangen sei. Die dritte große Kränkung aber sei es nun, dass die Psychoanalyse ihn mit der prekären Einsicht, konfrontiere, «[…] *dass das Ich nicht Herr sei in seinem eigenen Haus.*»

Ist die Stunde gekommen, pragmatischer und weniger idealistisch mit der Sexualität umzugehen? Wie könnte eine «neue Sexualmoral» aussehen? Wer sollte darüber sprechen, wer sind die Beteiligten?

Kapitel 2
Wo finde ich, was gutes Leben ausmacht?

Gläubige Menschen werden vielleicht sagen: «In der Heiligen Schrift – und nur dort.» Rationalisten werden antworten: «In der Vernunft – und nur dort.» Ökologen empfehlen die Natur und das Natürliche. Politiker schlagen vor: «In dem, was die Mehrheit will.» Psychologen sagen: «In dem, was nach der Therapie kommt.»

Die Frage, wie wir an das Gute herankommen und wen wir nach den Maßstäben des Guten fragen sollen, lässt viele Antworten zu. Vor kurzem bin ich einem Theologen begegnet, der offenkundig der Auffassung war, dass «Moral» eine Privatsache sei. Er meinte: «Du glaubst doch nicht wirklich, dass man den Leuten noch sagen sollte, was sie zu tun haben?! Das wissen die schon selber!» Ich war so erstaunt, dass ich nicht spontan darauf reagieren konnte.

Natürlich muss «Moral» durch das Nadelöhr der Subjektivität. Menschen müssen aus sich heraus handeln, müssen mit Herz und Verstand ihr Leben in die Hand nehmen und nicht wie Roboter einem kollektiven Schema folgen. Sonst käme das gute Leben nicht aus der Mitte der Person; es käme über einen außengesteuerten Automatismus zustande, wie in China[33], wo es heute schon Kameras gibt, die per Gesichtskennung unkorrektes Verhalten erkennen und auf digitalem Weg Sanktionen einleiten. Dennoch wehrte sich etwas in mir, auch noch die Maßstäbe des Handelns im einzelnen Menschen zu verorten. Das hieße ja auch: in *mir*. Ich kenne mich. Und bin gewarnt. Es scheint ja gerade das Problem zu sein, dass sich immer mehr Menschen nicht an einer gemeinsamen Idee guten Lebens orientieren, sondern sich wie der Derwisch um die eigene Achse drehen: Ich bin so frei!

Individualismus ist die Signatur unseres Zeitalters: Solange wir noch nicht in China sind, macht jeder sein eigenes Ding, auch (und gerade) in moralischer Hinsicht.

Moral hat aber offenkundig mit einem *gemeinsamen* Guten oder einem gemeinsamen *Weg* zum Guten zu tun. Denken Sie an den FC Liverpool! 3:0 hatten die «Reds» im Hinspiel gegen Barcelona verloren, im Rückspiel mussten sie auf zwei der weltbesten Stürmer verzichten, eine hoffnungslose Ausgangslage gegen Messi & Co. Aber Liverpool gab nicht auf und besiegte Barcelona im Rückspiel mit 4:0. Das «Wunder von der Anfield Road» führte dazu, dass man in der internationalen Presse stets das Gleiche las: Die Elf von Jürgen Klopp habe über eine «Bombenmoral» verfügt. Und in der Tat hatten die Jungs einen so gewaltigen Teamspirit, dass sie alle Nachteile und Ausfälle kompensieren konnten und einen strahlenden Sieg einfuhren.

Wenn man von der «Moral» des FC Liverpool spricht, kommt niemand auf die Idee, dass sich die Spieler geflissentlich an die sexuellen Verkehrsregeln halten, obwohl das auch nicht schlecht wäre. «Moral» meint hier eine in allen Spielern tief verankerte Leitidee, die zu sehr schönen Ergebnissen führt und manche Nachteile wettmacht.

Damit haben wir schon zwei wichtige Elemente gesehen, die für eine neue Moral wichtig wären. Moral ist zunächst einmal etwas, das für mehr als einen Menschen verbindlich ist. Eine Moral für nur *einen* Menschen ist ein Neujahrsvorsatz. Hier aber ist etwas, das mehrere Menschen miteinander verbindet und für etwas Gutes nach vorne reißt.

Dann sehen wir, dass Moral offenkundig mit menschlichen Defiziten zu tun hat. Man braucht sie notwendig, um Schwächen und

Nachteile zu kompensieren, sonst gehen die Dinge schief. Auch ein schwächerer Spieler, der sich durch sein persönliches Ethos nahtlos in eine gute allgemeine Moral einfügt, kann zum entscheidenden Faktor werden. Denken Sie an irgendeinen Mittelklassestürmer, der mannschaftsdienlich spielt und sich nicht zu schade ist, Verteidigungsaufgaben zu übernehmen. Moral heißt: für das Ganze und vom Ganzen her zu denken. Weil das so ist, bleibt ein schales Gefühl zurück, wenn man sieht, dass bestimmte Spieler das Niveau vom Platz nicht auf das Leben übertragen können, sei es, dass sie goldbelegte Steaks verzehren, Fans verprügeln, Verträge brechen oder in Hotelzimmern die nächstbeste Frau vergewaltigen. Unsere Hochachtung gilt deshalb Spielern, die sich auf dem Platz wie im Leben Hochachtung verdient haben.

Gibt es das Gute vielleicht nur in relativer Dosis?

Überdies ist der Sieg in einem Fußballspiel etwas nur *relativ* Gutes – sehr gut für die Gewinner, gar nicht gut für die Verlierer. Heute gibt es eine große Debatte über die Frage, ob es vielleicht ausschließlich «relativ Gutes» gibt – und ob wir alle Dinge nicht vielleicht besser nur noch pragmatisch[34] regeln sollten.

In dieser Weise könnte man Erich Kästner (1899–1974) missverstehen. «Es gibt nichts Gutes, außer: Man tut es»[35], hatte er in einem berühmten Epigramm verlauten lassen. Wahrscheinlich meinte Kästner das nicht im wörtlichen Sinn. Das Gute muss es nämlich auch unabhängig davon geben, ob es von einem, von vielen, von allen Menschen oder von gar keinem Menschen tatsächlich vollbracht wird. Dass es etwas Gutes ist, wenn man ein Kind nicht schlägt, gilt auch dann, wenn alle ihre Kinder verprügeln. Und dass der Stopp des Klimawandels etwas Gutes ist, auch wenn ihn die gesamte Menschheit nicht auf die Reihe bekommen sollte, ist auch klar. Was Kästner wollte, liegt auf der Hand: Er wollte, dass möglichst viele Menschen sich beispielsweise zu einer prügelfreien Erziehung bekehren oder ihre Fernreisen reduzieren, dass also faktisch (und nicht nur theoretisch) das Gute vollbracht wird bzw. das Böse nicht geschieht. Denn vielfach wissen wir ja durchaus, was das Gute ist (und nicht nur, was *gut für uns* ist). Es wird aber nicht in die Tat umgesetzt, weil wir zu faul oder zu feige sind, weil wir verdrängen und die Augen verschließen und immer noch eine Ausrede oder eine clevere Weise der Delegation parat haben: Sollen die andern mal!

Es gibt das Gute. Menschsein heißt, es mit Leidenschaft für sich und mit Augenmaß für die anderen anzustreben. Weil das aber schwer ist, gibt es einige flankierende Maßnahmen, damit wir individuell und gemeinsam nicht vom Weg abkommen. Diese flankierenden Maßnahmen, die einen Wert beschützen und das Gute in realistische Reichweite bringen, nennen wir «Moral». Man könnte auch sagen: Moral ist ein Artenschutzprogramm für die gefährdete Gattung Mensch. Moral ist nicht dazu da, Nachbarn zu beobachten, Beachwear zu beurteilen oder Kinder zu dressieren.

Flankenschutz für das Gute

Schauen wir nun auf die Sexualmoral – sie ist ja unser Thema. Was ist das Gute daran, um welche Werte geht es, und was müssen wir auf welche Weise beschützen, damit es nicht vor die Hunde geht?

Vielleicht sollten wir aber zunächst wissen, was ***Sexualität*** überhaupt ist. Das Wort gibt es erst seit etwa 1820; ein Botaniker hat es zuerst verwendet, weshalb wir lustiger Weise heute noch von Fort-Pflanzung sprechen. Das lateinische Wort *Sexus* bedeutet Geschlecht, was Wikipedia zur Definition veranlasst, Sexualität im engeren biologischen Sinn bezeichne «die Gegebenheit von (mindestens) zwei verschiedenen Fortpflanzungstypen (Geschlechtern) von Lebewesen derselben Art, die nur jeweils zusammen mit einem Angehörigen des (bzw. eines) anderen Typus (Geschlechts) zu einer zygotischen Fortpflanzung fähig sind. Hier dient die Sexualität einer Neukombination von Erbinformationen, die aber bei manchen Lebensformen auch durch der Sexualität ähnliche, nicht polare Rekombinationsvorgänge ermöglicht wird.» Mit Zygote, das weiß man vielleicht noch aus dem Biologieunterricht, ist eine befruchtete Eizelle gemeint, die nach der Vereinigung der 23 Chromosomen der weiblichen Eizelle mit dem männlichen Spermium (ebenfalls mit 23 Chromosomen) über einen vollständigen Chromosomensatz verfügt. Man kann auch sagen: Ein Mensch entsteht.

Dies ist ein unerhörter Umschlag in der Qualität. Bei einigem Nachdenken wird man mit dem Wunderbaren konfrontiert, das darin besteht, dass aus dem genetischen Cocktail zweier gegengeschlechtlicher Individuen ein neues Individuum entsteht, das nicht die Summe seiner Teile, sondern etwas völlig Neues, nie Dagewesenes ist. Stein + Stein wird niemals ein Lebewesen; Fleisch + Fleisch bringt niemals Geist hervor, schon gar nicht ein Wesen, das Person ist und «Ich» sagt.

Wir können das nicht erklären und werden es nicht erklären können – es ist nämlich ein Geheimnis und kein Rätsel. Die abendländische Denktradition verwendet für diesen bleibenden Rest an Unerklärlichem den Begriff «Seele» und sagt, sie sei unmittelbar von Gott geschaffen, nicht von den Eltern «hervorgebracht»[36]. Das klingt in modernen Ohren fremd, aber es will sagen, dass das Menschlichste am Menschen, seine geistige Identität, seine Beseelung[37] mit Personalität und Würde, unmittelbar von Gott kommt. Gott sagt «Du» zu einem Wesen, das ein «Ich» ist und zu Gott «Du» sagen kann[38].

Die «Seele» eines Menschen kann weder das Produkt einer evolutiven Entwicklung aus der Materie noch das Ergebnis einer genetischen Verbindung von Vater und Mutter sein. Die Redeweise: «Ich habe ihr ein Kind gemacht», ist ebenso unbedacht wie geschmacklos. Was Genetiker konstatieren, verstärkt die Kirche, indem sie das bloß Biologische übersteigt und feststellt: «Von dem Augenblick an, in dem die Eizelle befruchtet wird, beginnt ein neues Leben, welches weder das des Vaters noch das der Mutter ist, sondern das eines neuen menschlichen Wesens, das sich eigenständig entwickelt. Es würde niemals menschlich werden, wenn es das nicht schon von diesem Augenblick an gewesen wäre.»[39]

So ist das Geheimnis des Lebens etwas, das in seinem Kern schon in einem doppelten Licht erscheint: Einerseits hat der natürliche Aufwand an Sexualität biologisch betrachtet nur ein einziges Ziel und einen einzigen Sinn: den Fortbestand der Spezies homo sapiens[40] zu sichern. Andererseits rührt der Mensch im schöpferischsten Moment seiner Existenz an Gott, den Schöpfer; er wird ihm ähnlich[41].

Wenn Gott etwas schafft, dann ist es in einem radikalen Sinn «neu». Vorher war es nicht da. Gott spricht, und es ist. Und Gott ist diesem Geschaffenen innerlicher, als es dem Geschaffenen je möglich sein wird, auch nur seiner selbst inne zu sein. Wenn Michelangelo den «David» aus feinstem Carrara-Marmor hervorschält, verändert er etwas schon Seiendes in eine wunderbare, nie dagewesene Form. Aber Michelangelos David weiß nichts von Michelangelo. Michelangelo könnte dement werden und von seinem David nichts mehr wissen. Wenn ein Mann und eine Frau ein Kind zeugen, dann sind sie nicht Schöpfer des Kindes, aber etwas sehr Großes, ja Gott irgendwie Ähnliches: Das Kind, die Frucht ihrer Liebe, wird «Mutter» und «Vater» zu ihnen sagen und lebenslang in unauflöslicher Beziehung zu denen sein, die ihm Leben «schenkten», ohne dass dieses Kind deshalb seinen Hervorbringern auch nur im Geringsten gehören würde. Das zu betonen ist heute sehr wichtig.[42]

Es hat den Anschein, als verlören wir gerade kollektiv das Gefühl dafür, dass Menschen keine Produkte sind – und ich denke jetzt nicht nur daran, dass man in Japan gerade dabei ist, Menschen und Affen zu kreuzen[43]; ich denke auch an das vielsagende Wort «Reproduktionsmedizin», das, wie ich finde, in das Wörterbuch des Unmenschen gehört.

Ich erinnere mich gut, wie ich vor einigen Jahren durch die vormalige DDR fuhr und mir ein Hinweisschild ins Auge sprang: TPG Nielebock. TPG stand für Tierproduktionsgenossenschaft. Mir kam das damals schon wie das Realsymbol einer gottlosen Ideologie vor. Leben – tierisches, schon gar menschliches Leben – kann man nicht «produzieren». Wir sind nicht Gott.

Die Biologie nicht überspielen

Bevor wir aber von solchen Dingen sprechen, sollten wir uns noch einmal die biologische, man könnte auch sagen animalische Seite der Sexualität genauer anschauen. Es geht um die menschliche Erfahrung, dass wir psychisch in mancher Hinsicht Getriebene sind. Bestimmte Dinge müssen wir scheinbar unbedingt haben, bevor wir sie rational verstehen und willentlich wollen.

Ohne jetzt auf die seit Sigmund Freud ins Uferlose gehende Triebtheorie näher einzugehen, kann man sagen: Es gibt gewisse Grundbedürfnisse – Leben wollen, satt werden, Sex haben –, denen machtvolle vorrationale Antriebe entsprechen: der Machttrieb, der Selbsterhaltungstrieb, der Sexualtrieb. Wilhelm Reich setzte die Dominanz des Triebhaften besonders hoch an: «Es ist vollkommen logisch, dass der Trieb selbst nicht bewusst sein kann, denn er ist dasjenige, was uns regiert und beherrscht. Wir sind sein Objekt. Denken wir an die Elektrizität. Wir wissen nicht, was und wie sie ist. Wir erkennen sie nur an ihren Äußerungen, am Licht und am elektrischen Schlag ...»[44]

Rein biologisch betrachtet, setzt die Natur alles Mögliche und Trickreiche in Gang für den folgenreichen kleinen Akt, den wir in unserem intellektuellen Hochmut glauben im Griff zu haben. Vom Flirt in der U-Bahn bis «bis dass der Tod uns scheidet» umgibt der Mensch die Vorgänge, die zu einer Zygote führen, mit epischen Geschichten. Es ist der Stoff, aus dem die Dramen und die Komödien sind. Männer werben um Frauen wie um ein Königreich und riskieren dabei Kopf und Kragen. Und Frauen zeigen auf bezaubernde Weise, dass sie es wert sind.

Und es kommt hinzu: Sex sells. Ganze Industrien leben von der Verführung und hoffen, dass der große Strom des Lebens, von dem sie parasitär profitieren, nicht abbricht; und dass in der winzigen Zygote zusammenfindet, was zusammengehört.

In biologischer Perspektive ist Kern, Ursprung und Ziel der menschlichen Geschlechtlichkeit der Erhalt der Gattung. Man muss das extra betonen, denn wenn man vergisst, wozu die Natur die Lust und überhaupt das ganze Triebwerk des Geschlechtlichen braucht, kommt man auf so verwegene Gedanken wie die, Sex wäre eine Art Spaßbeigabe zum Menschsein, ein Extra-Toy zur Grundausstattung, dessen Funktionalität man durch Angebote aus dem Versandhandel noch aufpeppen kann.

Dass Sex, wenn er sich nicht in Formen fremdbestimmter Gewalt ereignet, Spaß macht, weiß jedes Kind. Durch die technische Regulierbarkeit von Empfängnis haben wir aber fast schon verlernt, was für ein überwältigendes Wunder in seinem Inneren verborgen ist: das Geschenk neuen Lebens. Sex ist die lustvolle Erinnerung daran, dass wir nicht aussterben sollen. Durch die Sexualität geht der Strom des Lebens mitten durch unsere partikuläre Existenz hindurch und nimmt uns mit hinein in eine gewaltige Bewegung der Natur. «Niemals, so lange die Erde besteht, werden Aussaat und Ernte, Kälte und Hitze, Sommer und Winter, Tag und Nacht aufhören» (Gen 8,22). Im selben archaischen Gleichmaß werden Menschen von Vätern und Müttern geboren, sie reifen heran zu Müttern und Vätern, schenken Kindern Leben, die wiederum zu Vätern und Müttern heranreifen, um das uralte Spiel des Lebens in immer neuen Zyklen fortzutragen durch gute und böse Tage, und kämen auch Hungersnöte, Kriege oder Verfolgungen.

Das Leben will, dass das Leben nicht aufhört. «Denk nicht, sondern schau!»[45], mahnte Ludwig Wittgenstein in seinem *Tractatus*. Das Wunder ist größer als seine Begründungen.

Nicht grundlos sind die kostbaren Entfaltungen menschlicher Geschlechtlichkeit umgeben mit den sie umhegenden Schutzmächten von Scham[46], Liebe und Gerechtigkeit. Ohne Scham wird das Heilige banal, ohne Liebe wird die Hingabe zum Geschäft, und ohne Gerechtigkeit wird das Wunder der geschlechtlichen Bezogenheit von Männern auf Frauen (und umgekehrt) zum Gegeneinander, zum Herrschaftsverhältnis und zur Machtfrage, so, dass Friedrich Engels 1884 feststellte: «Der erste Klassengegensatz, der in der Geschichte auftritt, fällt zusammen mit der Entwicklung des Antagonismus von Mann und Weib in der Einzelehe, und die erste Klassenunterdrückung mit der des weiblichen Geschlechts durch das männliche.»[47]

Hier sind wir an der Wurzel des Feminismus: Frauen hat man ja gerne als «das schwächere Geschlecht» klassifiziert, was Unsinn ist – sie haben ihre eigene Macht: Werden sie von Männern nicht geachtet, geehrt und geschützt, entziehen sie sich. Es versiegt der natürliche Strom des Lebens; Männer mutieren zu Gewalttätern, und Frauen verweigern sich dem Spiel.

Kapitel 3
Für eine Ökologie des Menschen

Es gibt viele Gründe, warum wir den Zusammenhang von Liebe, Sexualität und Fortpflanzung heute auseinandergebrochen und fragmentiert vorfinden – und es ist gut, die Ursachen dafür zu erforschen. Hans Urs von Balthasar (1905–1988) gab vor Jahren einem seiner Bücher den Titel «Das Ganze im Fragment»[48], weil er es wichtig fand, dass wir über den Teilen das Ganze nicht aus dem Blick verlieren; glücklicherweise seien wir in der Lage, noch aus den Scherben das heile Gefäß zu rekonstruieren und den «Torso im Geist vom Unversehrten her»[49] lesen zu können.

Festzustellen ist: Mitten im ökologischen Zeitalter sind wir so frei, uns von der Natur zu emanzipieren und das gigantische Trieb-Werk, das uns zueinander und in immer neue Individuationen[50] des Lebens treibt, zu dekonstruieren und neu zusammenzubasteln – in modo dilettante. Wir trennen männliche Welten von weiblichen Welten, die Lust von der Treue, die Treue von der Liebe, die Liebe vom Kinderkriegen, das Kinderkriegen vom Mutter- und Vatersein und schließlich auch noch politisch die Erziehung vom Elternhaus. Und wundern uns, wenn im öffentlichen Raum Reibung entsteht.

Nicht nur im Politischen begegnet uns der eklatante Verstoß gegen das, was wir mit gutem Recht als *natürlich* empfinden und darum schützenswert nennen. So alt die Leihmutterschaft kulturgeschichtlich auch ist, so bleibt sie doch das Beispiel eines Verbrechens an Mutter und Kind, auch wenn sich die Gesellschaft in einer Art Rückfall in die Barbarei gerade aufs Neue damit anfreundet, weil sie in der Yellow Press gehypt und in prominenter Besetzung vorgetragen wird.

Ein Elton John darf in die Kamera lächeln und von «seinem» Kind Zachary sagen: «It's going to be heartbreaking for him to grow up and realize he hasn't got a mummy. But he's so happy. I've never seen a more contented child.»[51] Keiner schreit auf. Auch der so zufriedene kleine Zachary wird eines Tages feststellen, dass er als Sonderanfertigung bestellt, gekauft, bezahlt und nicht natürlich geboren wurde. Natürlich hat Zachary eine Mummy; nur wurde er in einem barbarischen Akt um seine Mutter betrogen. Beschädigt wurde die Menschenwürde von gleich drei Menschen: dem Kind, seiner genetischen Mutter und der Frau, der das Kind, das sie für Geld austrug, vom Herzen gerissen wurde.

Papst Benedikt hat vor dem Deutschen Bundestag eine wegweisende Rede gehalten, in der er die «Natur» des Menschen verteidigte – gegen jene, die sagen: Es gibt keine gemeinsame Natur der Gattung Mensch. Interessanterweise kommt das Wort «Natur» vom lateinischen Wort *nasci,* was so viel bedeutet wie «geboren werden». Geboren werden müssen wir immerhin noch. Die technisch herstellbare Verwandlung einer Frau in eine künstliche Gebärmutter sollte uns lehren, wohin die Humanität kommt, wenn wir die Fabrizierbarkeit des Möglichen auf den Menschen ausdehnen.

Papst Benedikt meinte: «Es gibt auch eine Ökologie des Menschen. Auch der Mensch hat eine Natur, die er achten muss und die er nicht beliebig manipulieren kann. Der Mensch ist nicht nur sich selbst machende Freiheit. Der Mensch macht sich nicht selbst. Er ist Geist und Wille, aber er ist auch Natur, und sein Wille ist dann recht, wenn er auf die Natur hört, sie achtet und sich annimmt als der, der er ist und der sich nicht selbst gemacht hat. Gerade so und nur so vollzieht sich wahre menschliche Freiheit.»[52]

Häufig sind die Gegner der Rede von der Vorgegebenheit einer gemeinsamen menschlichen Natur identisch mit solchen, die sonst bei jeder Gelegenheit der Natur das Wort reden und sich einem ökologischen Denkansatz verschrieben haben. Überall wird Arterhaltung betrieben, werden natürliche Lebensräume geschützt, wird dafür geworben, dass der Mensch sich harmonisch in seine Umwelt einfügt. Aber der Mensch selbst – er soll keine Natur haben, kein Habitat, keinen natürlichen Lebensraum, keine spezifischen Lebensbedingungen, in denen er sich optimal entfalten kann?

Das wäre höchst seltsam.

Zerstörte natürliche Zusammenhänge werden leider erst über lange Zeiträume hinweg in ihren Auswirkungen sichtbar. Wie hässlich Skipisten sein können, wussten wir 1975 noch nicht. Wissen wir heute schon, ob die vielfältigen Abschiede von traditionellen «natürlichen» Familienmustern dauerhaftes menschliches Glück bewirken? Oder bezahlen wir die Freiheit, in der Menschen sich heute sexuell und sozial neu erfinden, im Abstand von ein/zwei Generationen mit der Bitterkeit der Vielen, die ausgeschieden wurden aus den Prozessen individueller Optimierung? Wird es am Ende zu einer Erbfolge menschlicher Tragödien kommen, in der Verwundete und Verlassene immer mehr Wunden schlagen und immer neue Akte des Verlassens erzeugen? Im Jahr 2040 werden wir es wissen.

Wer beim Begriff «Natur des Menschen» freilich an Bärenfell, Keule und eine Art Urzustand denkt, ist falsch beraten. Der Mensch ist das einzige Wesen der Schöpfung, das Distanz zu sich und seinen Hervorbringungen hat. Der Mensch hat Geist und Vernunft; er kann denken. Die Natur des Menschen, das Menschengemäße, ist nicht der schiere Naturzustand, in dem die Tiere leben und sich instinktiv zueinander verhalten oder übereinander herfallen. Die «Natur» des Menschen ist die *kulturierte Natur,* die gehegte, erhobene, aber nicht zerstörte Umwelt – ist also eher der Garten als die Wildnis, eher die Zivilisation als das Chaos. Das Paradies stellen wir uns nicht als ungezähmte Wucherung vor, sondern als einen organischen Zusammenhang der Elemente mit dem Menschen, in dem es einfach gut ist zu sein. Dass der Mensch das Schöne aus seiner Welt gewissermaßen herausholt, ist ihm natürlich. Das Gute ist nicht einfach die «natürliche» Ingredienz einer vom Menschen getrennten materialen Welt. Das natürlich Gute scheint in der Beziehung des Menschen zu allem auf, womit er achtsam und klug umgeht.

Bleiben wir noch einen Moment beim Bild vom Garten. Die sorgsame Hand des Gärtners, der hier etwas beschneidet, dort etwas ausspart, hier etwas Blühendes zur vollen Entfaltung bringt, ist nicht die Zerstörung der Natur des Gartens, sondern gerade seine Entfaltung. Und wenn im Garten der Natur auch noch eine Skulptur ihren Platz findet oder jemand ein Kultsymbol – ein Wegkreuz, eine Bergkapelle – integriert hat, dann werden wir nicht nur von etwas rätselhaft Schönem ergriffen, sondern rühren an eine Kultur, die um ihr Woher und Wohin weiß und auf diese Weise zu sich gekommen ist. Der Ruf nach dem Zurück in eine vorkultische, vorkulturierte Natur ist ein Weg der Illusionen; er führt sowohl in Depression als auch in Barbarei.

Das Nachdenken über das Gute und woran man es messen könnte, begann in der Philosophie des griechischen Altertums – interessanterweise mit einem Vergleich der eigenen Lebensweise mit den unterschiedlichen Sitten der umliegenden Völker, über die man sich nicht einfach erheben oder verächtlich äußern wollte. Stattdessen suchte man nach einem allgemeingültigen Maßstab, wonach man Handlungsweisen bewerten konnte. «Diesen Maßstab nannten sie ‹Physis› – Natur. An diesem Maßstab gemessen war zum Beispiel die Norm der Skythen-Mädchen, sich eine Brust abzuschneiden, schlechter als die entgegengesetzte Norm, dies nicht zu tun.»[53] Heute wie damals finden wir diesen Brauch widernatürlich.

An dem berühmten Beispiel kann man eine weitere Unterscheidung entdecken: Es gibt nämlich nicht nur eine Unterscheidung gut/schlecht, sondern auch eine Unterscheidung gut/böse. Die Skythen-Mädchen handelten gewiss nicht böse, obwohl sie etwas objektiv Schlechtes vollbrachten. Sie handelten möglicherweise sogar aus sehr edlen Motiven, als sie sich körperlich verstümmelten. Wenn wir ihren Entschluss, sich die Brust abzuschneiden, trotzdem «schlecht» nennen, so nur in einem außermoralischen Sinn.

Kann man denn immer wissen, was gut und böse ist?

Ist es immer so klar, was gegen die Natur (also natürlicherweise Unrecht) ist, bzw. worauf Menschen ein Natur-Recht[54] haben? Immer wieder wird auf die Verschiedenheit der Kulturen und Lebensentwürfe hingewiesen, so dass man den Eindruck gewinnen muss, was hier gut ist, ist in einem anderen Kontext böse. Aber wenn bestimmte Handlungsweisen nicht mehr geächtet werden können, weil wir angeblich nicht wissen können, ob sie böse oder schlecht sind, zerfällt unsere Kultur. Es muss etwa immer absolut böse und absolut schlecht sein, wenn Kinder geschlagen, vernachlässigt, verführt oder als Objekte der Begierde missbraucht werden. Im näheren Kulturvergleich ergibt sich hier auch gar keine wirkliche Differenz. «Wenn wir hören, dass Eltern ein kleines Kind, weil es versehentlich ins Bett gemacht hat, grausam misshandeln, dann urteilen wir nicht, diese Handlung sei eben für die Eltern befriedigend, also ‹gut›, für das Kind dagegen ‹schlecht› gewesen, sondern wir missbilligen ganz einfach das Handeln der Eltern, weil wir es in einem absoluten Sinne schlecht finden, wenn Eltern etwas tun, was für ein Kind schlecht ist.

Und wenn wir von einer Kultur hören, wo dies der Brauch ist, dann urteilen wir, die Gesellschaft habe eben einen schlechten Brauch.»[55]

Ein gutes Argument gegen jene, die sagen, es gäbe keine absoluten Werte; in der einen Kultur sei das eben gut, in der nächsten jenes; alle Werturteile seien durch den kulturellen Kontext bedingt, daher notwendig relativ, bietet die Geschichte vom Umgang Jesu mit der Ehebrecherin in Joh 8. Als Jesus die beschuldigte Frau schützte, folgte er weder der zeitgenössischen Lesart des Gesetzes noch dem kulturellen Mainstream derer, die schon die Steine in der Hand hielten.

Dass es «eine Wirklichkeit jenseits aller Aussagen»[56] über sie in den verschiedenen Kulturen, Zeitaltern, Religionen und Philosophien gibt, hat C.S. Lewis in ein uraltes konfuzianisches Wort gefasst: *Tao* nennt er das schwer fassbar Vorgängige, die Natur, den Weg, die Bahn, «die Art, wie das All sich bewegt, die Weise, wie die Dinge für immer, still und leise in Raum und Zeit auftauchen»[57] – objektive Wirklichkeit, auf die hin wir uns verhalten müssen, wobei unsere Haltungen «bezogen auf das Wesen des Alls und auf das, was wir selber sind, wirklich wahr und andere wirklich falsch sind. [...] Ich persönlich bin nicht gern mit kleinen Kindern zusammen; sofern ich innerhalb des *Tao* spreche, anerkenne ich das als einen Mangel in mir – nicht anders, als wenn jemand zugeben muss, dass er unmusikalisch oder farbenblind ist.»[58]

An anderer Stelle seines Buches nennt C.S. Lewis *Tao* das, «was andere das Naturgesetz oder die überlieferte Moral oder das Erste Prinzip der Praktischen Vernunft oder die Grundwahrheiten nennen mögen»[59], und er verwirft den Gedanken, es handle sich dabei um «ein Wertsystem innerhalb einer Reihe von Wertsystemen. Es ist die einzige Quelle von möglichen Wertsystemen.»[60] Treue ist gut. Lüge ist schlecht. Mord ist ein Verbrechen. Das Böse ist böse, das Gute gut.

«Kannst du ein rechtschaffener Mensch sein, wenn du nicht gerecht bist, indem du den Dingen die ihnen gebührende Achtung erweist? Alle Dinge wurden für dich erschaffen, und du wurdest geschaffen, sie ihrem Wert entsprechend zu würdigen»[61], sagt der englische Metaphysiker und Poet Thomas Traherne (1636–1674).

Deshalb muss man die pauschale Missachtung eines gemeinsamen Bestandes von ersten Prinzipien und daraus resultierenden flankierenden Maßnahmen zum Schutz guten Lebens – also von Moral – durch die Verlagerung des Moralischen ins rein Subjektive als inhuman und schädlich zurückweisen. Es gibt einen Anspruch der Wirklichkeit an uns, auf die wir gemeinsam antworten müssen. «Gerade bei den menschlichen Grundwerten wie Ehrlichkeit, Recht, Treue, Friedfertigkeit oder Fürsorglichkeit gibt es [...] keinen Subjektivismus, keinen Relativismus und keine Beliebigkeit und Anpassung an irgendeinen Zeitgeist. Es darf keine Verdunkelung und Verunsicherung der Evidenz von Werten wie Gleichheit der Menschen, gleiche Würde der Geschlechter und Unantastbarkeit des menschlichen Lebens geben.»[62]

Die Falle: der naturalistische Fehlschluss

Ein Denken, das die menschliche Freiheit durch ein *Tao*, eine vorgängige «Natur», bestimmt sein lässt, ist häufig der Kritik unterzogen worden. Man könne – heißt es – sogenannten *naturalistischen Fehlschlüssen* nicht entgehen. Ein naturalistischer Fehlschluss ist eine logisch nicht erlaubte Ableitung von Normen aus Tatsachen. In der Tat kommt dieses Argumentationsmuster häufig vor – gerade in der aktuellen Debatte über Homosexualität. Weder geht alleine aus der Tatsache, dass zur Zeugung von Kindern die geschlechtliche Verbindung von Mann und Frau erforderlich ist, notwendig (also quasi durch das *Recht der Natur*) hervor, dass andere Formen von Geschlechtsverkehr verboten sind. Noch beweist die Tatsache, dass homosexuelles Verhalten auch im Tierreich vorkommt, dass homosexuelle Praxis auch für Menschen ein Naturrecht und eine schöne Option für alle Interessierten ist.

Viele Moraltheologen haben deshalb einer Argumentation aus der Natur der Dinge den Abschied gegeben, so auch der Jesuit Herwig Büchele: «Zum einen gewinnt ein solches Normensystem im gesellschaftlichen Raum einen autoritären macht- und zwangsbestimmten Gesetzescharakter, der nur allzu oft etablierten Mächten zur Rechtfertigung ihrer Herrschaft dient. Zum anderen ermöglicht dieses System einer ‹toten Einheit› nur die Reproduktion des Gewesenen, des Gleichbleibenden, worin kein Platz für Kreativität, Überraschung und Neues ist. Wandlung von Mensch und Gesellschaftsstruktur in ein Neuwerden erhält keine Chance.»[63]

Gewiss ist mit dem Naturrecht in der Vergangenheit schlimm gesündigt worden – so wie es Büchele benennt. Man sollte schon erinnern, dass auch Sklavenhaltergesellschaften naturrechtlich begründet wurden. So groß wie diese Gefahr ist aber auch die andere – die der Verabschiedung vom *Tao* und der Auslieferung des Ethischen an subjektive Willkür und die instrumentelle Vernunft in den Händen derer, die wissen, was gut ist für den Menschen und was nicht.

Und überhaupt: Woher wissen wir denn, dass es in den geschaffenen Dingen nicht ein von Gott Gewolltes gibt, dem gerecht zu werden menschlich ist, weil es mein ureigenes Gutes ist, das ich nicht hätte besser erfinden können? Was wäre denn über Schöpfung und mein eigenes kreatürliches Dasein noch zu sagen, wenn wir darin nicht die Handschrift Gottes erkennen könnten? Freilich muss man sich von einem Naturbegriff der «toten Einheit» verabschieden. «Das Paradigma von Sein», sagt Robert Spaemann, «ist [...] für den Menschen Existieren, d. h. das Leben von Lebewesen und nicht das Herumliegen von Leichen.»[64]

Der Mensch ist ein lebendiges Wesen, das Geschichte hat und mit Vernunft und Willen auf das Gute – sein Glück – aus ist. Die Begegnung mit der Natur ist nicht die Wahrnehmung eines von Sachen ausgehenden Diktats, sondern ein Akt der vernünftigen Aneignung. Die Vernunft ist nicht das Andere von Natur; sie ist selbst natürlich und gehört daher in das Naturrecht hinein. So kann Joseph Ratzinger vom Sein des Menschen legitimerweise sagen, dass es «selbst Werte und Normen in sich trägt, die zu finden, aber nicht zu erfinden sind.»[65]

Der erste und radikalste Leugner dessen, dass der Mensch eine Natur hat, war Jean-Paul Sartre (1905–1980). In seinem epochemachenden Essay «Ist der Existenzialismus ein Humanismus?»[66] hat der französische Philosoph als «das erste Prinzip des Humanismus» folgende These aufgestellt:

«Es gibt keine menschliche Natur» – warum? – «… weil es keinen Gott gibt, der sie entworfen haben könnte»[67]. Und er legt noch nach: «Es gibt keine Zeichen in der Welt»[68]. Die Welt ist für Sartre tumber Stoff, sonst nichts – Material für die Freiheit des Menschen.

Nun hat bereits der deutsche Philosoph Josef Pieper (1904–1997) die These von Sartre einfach umgedreht: Was aber, wenn man davon ausgeht – und dafür gibt es ja sehr gute Gründe –, dass es Gott gibt und er der Schöpfer der Welt ist? Dann müsste selbst Sartre zugestehen, dass die Schöpfung Natur ist und als solche etwas widerspiegelt von ihrem Schöpfer.

Wenn Gott der Schöpfung Sein verleiht, existiert sie, vereinfacht gesagt, durch einen Sprechakt Gottes, der sich von Moment zu Moment wiederholt: Ich will, dass ist, was ist. Die Schöpfung ist also weniger eine einmalige Hervorrufung als eine permanente Beziehung.

Es kommt noch mehr hinzu: Hinter der Welt – versteht man sie einmal als Schöpfung – steht dann kein blinder Zufall[69], sondern ein Wille und die «vernünftige» Idee eines persönlichen Gottes, der für seine Geschöpfe das Beste will. Wenn nun die Schöpfung Idee Gottes ist, so ist sie durchdrungen von seinem Geist, seinem Logos.[70] Sie kommt aus dem Licht, ist logisch und von lichter Struktur, ist durchsetzt mit Zeichen. Anders gesagt: Das Haus ist voller Spuren und Hinweise auf den Architekten, der die Dinge sinnvoll geplant und gebaut hat. Thomas von Aquin (1225–1277): «Notwendig ist Gott in allen Dingen, und zwar auf innigste Weise.»[71] Da der Mensch aber Geist hat, also etwas vom gleichen Stoff, der die Welt entworfen hat, muss man eine «fundamentale Rationalität der Wirklichkeit»[72] annehmen, also die Lesbarkeit ihrer Zeichen für die menschliche Vernunft. Das macht auch, dass ein christliches Denken, das von einer mit Sinn und Ziel erfüllten Natur ausgeht, geradezu wehrlos ist gegen Argumente, die aus der Vernunft oder der Gerechtigkeit kommen, mag noch so viel Frommes dagegensprechen.

Ethik ohne Gott

Nimmt man mit Sartre an, es gäbe keinen Schöpfer und also keine Natur, an der wir uns orientieren dürfen, so wären wir zwar frei, dafür wären wir aber komplett orientierungslos, weil sich dem Menschen «keine Möglichkeit (zeigt), sich auf etwas zu stützen, weder in sich selbst noch außerhalb seiner selbst»[73].

Wir wären aber nicht nur orientierungslos, wir wären auch bindungslos, denn was sollte uns kollektiv noch binden, wem wären wir noch verantwortlich, wenn jeder einzelne Mensch für sich die letzte Instanz ist? Wie könnten wir dann über andere urteilen, wo es doch kein Gesetz gibt, außer dem, was wir uns selbst geben?

Man kann ein erstes Fazit ziehen: Wenn die Dinge so liegen, ist die moralische Krise unserer Zeit eine Gotteskrise. Der Triumph der Freiheit über die Natur ist zu haben, freilich nur zum Preis des Abschieds von Gott, dem Schöpfer. Es darf – so sagt es ja schon Sartre – Gott nicht geben, sonst stürzt das Modernekonzept der freien Selbsterschaffung wie ein Kartenhaus in sich zusammen. Deshalb ist ER zu entsorgen.

Natürlich muss man nicht extra betonen, dass jemand auch ohne den Glauben an Gott ein guter Mensch sein kann, vielleicht sogar ein viel besserer als manche, die sich auf ihren Glauben und ihre Moral etwas einbilden. Nikos Kazantzakis, der entfesselte kretische Poet, hat mit Gott und der Gottlosigkeit gerungen. In einer Traumpassage sieht er ein Bild: «Sie schrieben mit dicker, gelber Schrift auf die vier Mauertore der Stadt: Es gibt keinen Gott!» Er fragt sich: «Was heißt, es gibt keinen Gott? Es gibt keine Zügel für unsere Instinkte, es gibt keine Belohnung für das Gute und keine Strafe für das Böse; es gibt keine Tugend, keine Scham, keine Gerechtigkeit; nur rasende Wölfe und Wölfinnen.»[74]

Glücklicherweise muss niemand gott- und naturlos werden. Der Philosoph Robert Spaemann bekundete immer wieder, er halte die Annahme, die Welt sei plötzlich und grundlos aus dem Nichts entstanden, «für eine Zumutung an die Vernunft, die alle anderen Zumutungen in den Schatten stellt»[75]. Auch ohne unmittelbaren Bezug auf Gott weiß jeder vernünftige Mensch auch, dass es Dinge gibt, die natürlich, und solche, die unnatürlich sind – für Menschen, Tiere, sogar für Pflanzen, ja für die ganze Schöpfung. Mit der «Natur» hat der Mensch einen Schlüssel in der Hand, der gleich zwei Türen aufschließt: die Tür des Glaubens an einen schöpferischen und in der Schöpfung anwesenden Gott und die Tür in gutes Leben. Und ja – es gibt auch eine gute, weil natürliche Sexualität, genauso wie es ihren unnatürlichen, widersinnigen, schlechten oder gar bösen Gebrauch gibt. Beispiele dafür liefert unter anderem dieses Buch.

Einerseits können wir nun sagen: Mit dem Glauben an Gott, den Schöpfer, ist die Schöpfung «gelichtet», wie Robert Spaemann gerne sagte, ist sie durchsichtig auf die Goldfäden göttlicher Vernunft, mit der sie durchwoben ist. Die Dinge sind weder grundlos da, noch fehlt es ihnen an Ziel, Wesen und Bestimmung.

Es gibt kein intellektuelles Recht zur ethischen Neutralisierung von vagabundierendem Sex, ihn gar gleichzustellen mit dem Sex von Menschen, die ihn verantwortlich in ihr Leben integrieren und ihn auf das ganzheitliche Glück aller Beteiligten ausrichten. Sex hat das gute Potential, Menschen so zu verbinden, dass etwas Großes und Schönes dabei entsteht; Sex hat aber auch das negative Potential zu sinnfreien und destruktiven Handlungen.

Realistisch betrachtet …

Realistisch betrachtet, müssen wir feststellen: Die Natur – unsere Natur – ist *gebrochen.* Sie ist in einem Zustand der Verwundung, der Korruption, der Überblendung durch die Lüge und den Schein. Wir sind auf das Gute hin gepolt wie die Magnetnadel auf den Nordpol. Gleichzeitig haben wir den Instinkt verloren, was das ist: das Gute.

Die moralische Existenz beginnt mit der Einsicht, dass wir nach Orientierung suchen müssen. Auch die Art, wie wir unsere Sexualität leben, ist gebrochen, ist voll von widersprüchlichen Handlungen, durchsetzt mit falschen Mustern. Das bekannte schon Paulus: «Ich weiß nicht, was ich tue. Denn ich tue nicht, was ich will; sondern was ich hasse, das tue ich.» (Röm 7,15, eigene Übersetzung)

Jeder von uns hat eine Sexualgeschichte mit familiären Prägungen, Verletzungen, Fehlversuchen, Windungen und Abstürzen. Das darf auch sein. Es ist normal für ein Leben jenseits des Paradieses – aber es ist auch normal, dass die Gebrochenheiten, Wahnideen und verhängnisvollen Muster in unseren Biografien durch Erkennen, Einsicht, Umkehr in neues Leben überführt werden. Immerhin habe ich (und haben wir alle) Kriterien an der Hand, wie wir das Richtige vom Falschen und das Gute vom Bösen unterscheiden können: Wenn etwas nicht so ist oder nicht so läuft, wie es sein soll, handelt es sich entweder um einen *Mangel,* einen *Irrtum,* eine *Krankheit,* eine *Schuld* oder eine *Sünde.*

Ein ***Mangel*** ist dann gegeben, wenn einem Menschen (aus welchen Gründen auch immer) etwas fehlt, das ihm natürlicherweise gegeben wäre. Robert Spaemann bringt hier das berühmte Beispiel von der Löwenmutter: «Eine Löwenmutter, die ihren Jungen nicht das Jagen beibringt, ist eine schlechte Löwenmutter, weil die Jungen dann nicht überleben können. Wo es Leben gibt, da gibt es das Falsche und das Richtige. Es kommt nicht erst mit dem Geist und mit dem Bewusstsein in die Welt, sondern es ist schon mit der Natur da.»[76] Ein Mangel im menschlichen Bereich – etwa wenn jemand farbenblind oder gehörlos ist – wird häufig ausgeglichen durch Kompensation oder eine besonders entwickelte Fähigkeit auf einem anderen Gebiet. Ein Mangel ist etwas Außermoralisches. Er kann nicht der Grund für eine moralische Bewertung der betreffenden Person sein, er stellt aber die moralische Forderung an die Mitwelt, Hilfe anzubieten, wo sie nötig ist.

Ein ***Irrtum*** ist dann gegeben, wenn es keine Entsprechung zwischen den Tatsachen, also der Wirklichkeit, und dem gibt, was wir darüber denkend feststellen. Der Irrtum ist eine Aussage, die «nicht wahr» ist. Das aber setzt voraus, dass die Existenz von Wahrheit nicht in Abrede gestellt wird und ein freier gesellschaftlicher Diskurs über wahr bzw. falsch erlaubt ist. Wo dies nicht der Fall ist, weil Denkverbote errichtet werden, sprechen wir von totalitären Strukturen. Wo Wahrheit und Unwahrheit mit Gewalt auf dem gleichen Level der Geltung gehalten werden, kippt die Toleranz in ihr Gegenteil, ja Spaemann kann mit Recht feststellen, dass absolute Toleranz «gleichbedeutend (ist) mit absoluter Intoleranz.»[77] Unter den uralten «Geistlichen Werken der Barmherzigkeit» findet sich auch die Aufforderung: «die Unwissenden (Irrenden) lehren». Das ist gesagt gegen eben diese falsche Toleranz, die mit der notwendigen Achtung der Person auch die Achtung seiner falschen Ansichten verbindet. Der Irrtum selbst ist außermoralisch, er kann einem Menschen nicht als Schuld angerechnet werden. Unmoralisch, weil unbarmherzig und inhuman, handelt hingegen, wer aus Feigheit schweigt und Menschen sehenden Auges in die Falle ihrer Irrtümer laufen lässt. Das gilt auch für das weite Feld sexueller Selbstverwirklichung. Die verbreitete Annahme, der Konsum von Pornografie sei unschädlich für die menschliche Seele und insbesondere die psychische Entwicklung von Kindern und Jugendlichen, ist ein Irrtum. Seinen Kindern nicht zu sagen, wohin es führt, wenn man tut, was alle tun, ist eine schwerwiegende Unterlassung.

Eine ***Krankheit*** ist dann gegeben, wenn ein physischer oder psychischer Organismus seine normalen Funktionen nicht erfüllen und bestimmte Dinge nicht mehr leisten kann bzw. es sogar zu Fehlfunktionen kommt. Wenn ein Mensch erst einmal krank ist, kann man ihm keine Vorwürfe machen, auch dann nicht, wenn er die Krankheit durch seine falsche Lebensweise selbst hervorgerufen hat. Krankheit heißt immer: Jemand kann nicht anders, selbst wenn er es anders möchte. Kranken muss man auf jede Weise zur Heilung verhelfen. Die Kirche hat Hospitäler betrieben, und sie bietet nach der Praxis und Weisung Jesu[78] auch spirituelle Heilung durch

Gebet an. Im Umgang mit Kranken ist aber auch Klugheit geboten; deshalb gibt es eine auf den ersten Blick so inhumane Einrichtung wie die Quarantäne, mit der die epidemische Ausbreitung der Krankheit unterbunden und Menschen vor Ansteckung bewahrt werden. Das gilt auch für Fehlformen der Sexualität. Pädophilie – das sexuelle Begehren von Kindern – ist ganz gewiss «krank», auch wenn es immer wieder Versuche gegeben hat, diese wohl nicht therapierbare Neigung in das Spektrum «normaler» erotischer Präferenzen einzureihen. «Vom Jugendamt dem pädophilen Pflegevater ausgeliefert»[79], hieß eine Schlagzeile im Juli 2019 in der «Welt».

Eine ***Schuld*** ist im zwischenmenschlichen Bereich dann gegeben, wenn wir einem Menschen etwas auf unbedingte Weise Zukommendes schuldig bleiben, es ihm rauben. Geprägt von den Schrecken des Holocausts hat der französisch-jüdische Philosoph Emmanuel Lévinas (1906–1995) zeit seines Lebens nach dem Widerständigen gesucht, das in einer Welt menschenfressender Ideologien, monströser Freiheitsansprüche des Subjekts und eines nicht enden wollenden Entschuldigungswahns die Macht des Ego durchbricht. Er hat es gefunden im «Antlitz des Anderen», von dem eine gebieterische Macht ausgeht. Das Antlitz des Anderen sagt: «Du sollt mich nicht töten», und es fordert: «Du sollst mich in meinem Sterben nicht alleine lassen.»[80] Indem ich dem Anderen ins Gesicht sehe, bin ich ihm Antwort und Verantwortung schuldig. Lévinas sieht die Ethik deshalb als «die erste Philosophie»[81]. Philosophieren meint, so Lévinas, «hinter die Freiheit zurückgehen, die Einsetzung entdecken, durch welche die Freiheit von der Willkür befreit wird.»[82] Wo Sexualität primär von Ansprüchen ausgeht, wird sie asymmetrisch, wird sie zur Gewalt und zur Vergewaltigung. Sex wird zum Recht über den Anderen, verkommt zur postfaktischen Rechtfertigung. Schuld kann zum Verbrechen werden, lateinisch zum *crimen.* Ein crimen muss man diskriminieren, nicht freilich den Kriminellen. Die Kirche hat immer unterschieden zwischen der Sünde, die man «hassen» (Hebr 1,9), und dem Sünder, den man in Liebe annehmen und dem «siebzigmal siebenmal» (Mt 18,22) vergeben werden soll.

Eine ***Sünde*** ist dann gegeben, wenn sich Schuld rot färbt, weil sie sich im Angesicht des einmal erkannten Gottes ereignet, weil hier mit *Wissen, Willen* und in *Freiheit* im Horizont der absoluten Liebe etwas Böses geschieht oder etwas Gutes unterlassen wird. Das Böse erlangt noch einmal eine andere Qualität. Die Lieblingspuppe wird gewissermaßen vor den Augen des Kindes zertreten. Das Böse wird nun auch theo-logisch zum Unding. Der Katechismus der Katholischen Kirche sagt: «Die Sünde ist ein Verstoß gegen die Vernunft, die Wahrheit und das rechte Gewissen; sie ist eine Verfehlung gegen die wahre Liebe zu Gott und zum Nächsten aufgrund einer abartigen Anhänglichkeit an gewisse Güter. Sie verletzt die Natur des Menschen und die menschliche Solidarität.»[83] Mit dem Gewissen ist, wie schon die alten Griechen wussten, ein Mit-Wissen gegeben. Ich weiß selbst und von innen heraus, was ich mir und anderen antue. Im Alten Testament lässt Jesaja Gott sagen: «Ich will mein Gesetz in ihr Herz geben und in ihren Sinn schreiben.» (Jer 31,33) Im Blick auf das AT ist unser moderner Sündenbegriff reduziert. Sünde ist dort im Kern Kultfrevel: «Du sollst dich nicht vor anderen Göttern niederwerfen und dich nicht verpflichten, ihnen zu dienen.» (Ex 20,5) Gottes Ordnungen sind «tabu» (oder, wie die Bibel sagen würde: «heilig»). An das Heilige zu rühren, ist das Schlimmste überhaupt. Die Bibel nennt es «Gräuel». Die pansexuelle Welle, die gerade über uns hereinbricht, muss biblisch vom Ersten Gebot her betrachtet werden – als Kotau vor der Fratze eines falschen Gottes.

Wer sich im Dschungel der Liebe umtut, sollte damit rechnen, dass es *alles* gibt, und jedenfalls auch: Mangel, Irrtum, Krankheit, Schuld und Sünde. «Ich bin ein Mensch, und nichts Menschliches ist mir fremd», wusste schon der antike Komödiendichter Terenz (195–159 v. Chr.).

Wir leben in einem Zeitalter universeller Toleranz; und es ist richtig, Menschen mit Verständnis, Barmherzigkeit und Respekt vor der je eigenen Geschichte und dem subjektiven Weg zu begegnen. Das ist aber nur dann stimmig, wenn man auch das *gegebene Gute* und die Weise im Blick behält, wie man von jedem gegebenen Punkt aus (und also auch aus dem größten Schlamassel) da hinkommt. Das muss sogar im Vordergrund stehen. Sonst zäumt man das Pferd (respektive die Moral) von hinten, nämlich vom Scheitern am Guten statt vom Guten selbst auf. Das Gute zu benennen erfordert allerdings manchmal Mut, weil seine schiere Erwähnung schon als Ausgrenzung missverstanden werden kann.

Kapitel 4
Judith Butler meets Thomas von Aquin

Der derzeit aggressivste Angriff auf Moral, Natur und Vernunft wird von einer US-Amerikanerin vorgetragen: Judith Butler (*1956). Viele können sich keinen größeren geistigen Kontrast zwischen zwei Menschen vorstellen als den zwischen der wilden Zerstörerin der abendländischen Anthropologie und Thomas von Aquin (1225–1274), dem Mann, der sie grundlegte und nicht nur das christliche Nachdenken über den Menschen bis heute bestimmt. Vielleicht sitzen die beiden aber einmal im Himmel beieinander und haben sich bei aller grundsätzlichen Differenz doch einiges zu sagen. Wo berühren sich aber der gewaltige, Gott und Welt bedenkende Universalphilosoph und fromme mittelalterliche Mönch und das Feminismus-Idol, die bekennend lesbische Literaturwissenschaftlerin aus Ohio?

Judith Butler ist der theoretische Kopf der *Gendertheorie*. Besonders ein in den frühen 90er Jahren des letzten Jahrhunderts erschienenes Buch von ihr – «Das Unbehagen der Geschlechter»[84] – stellte das philosophische Nachdenken über den Menschen fundamental in Frage und bestimmt seither den anthropologischen Diskurs.

Butler benutzte die Tatsache, dass es im Englischen zwei Begriffe für das deutsche Wort «Geschlecht» gibt – *sex* und *gender* –, um ihre Lehre von der Auflösung des Naturschemas Mann/Frau in eine Vielzahl gleich wertzuschätzender Geschlechter greifbar zu machen. *Sex* meinte das biologische Geschlecht, also *männlich* oder *weiblich*. Der Begriff *gender* war bis dahin unbedeutend, er bezog sich auf das grammatikalische Geschlecht eines Nomens (der –, die –, das –,). Butler benutzte das herumliegende Wort, um ihre Ansicht darzutun, dass der Mensch bis in die Tiefe seiner menschlichen Identität von gesellschaftlichen Zuweisungen – sprich: von «Konstrukten» – bestimmt ist.

Was man bestimmen kann, kann man ausgrenzen. So untersuchen *Gender Studies* heute die Auswirkungen des Begriffes Geschlecht auf die Macht im (marxistisch verstandenen) Überbau, also der «Produktion» von Wissenschaft, Kunst, Kultur und Religion. Judith Butler wollte und will im gesellschaftlichen Diskurs immer nachhaltiger durchsetzen, dass es in Zukunft nicht mehr um *Sex* – also die biologische Identität des Menschen – geht, sondern um das «soziale Geschlecht» und um das «Geschlecht», das ich mir per Autodesign aussuche. Es fehlte nicht an Spöttern, die das sofort mit «Ich bin die Hosen, in die ich steige, und lasse das in meinen Pass eintragen» kommentierten.

Die Wortkombination *Gender Mainstreaming* meint die politische Strategie, mit der diese Abdankung der Natur von der Annahme einiger linker Geisteswissenschaftler zur allgemeinen Meinung und zur zivilen Standardansicht wird.

In einem Interview gab Judith Butler Einblick in die biografische Urintention ihres Denkens. Beim Studium von Spinoza und Hegel ließ sie ein bestimmter Punkt nicht los – dass wir Menschen uns «nach Anerkennung sehnen und dass wir ohne Anerkennung nicht leben können. Das interessierte mich sehr, aus diversen persönlichen Gründen. Ich war eine junge Lesbierin und wollte wissen, ob es Normen gab, die mein Begehren anerkannten.»[85]

Man kann sich gut vorstellen, aus welchen Tiefen persönlicher Verunsicherung und permanenter gesellschaftlicher Entwertung das gesprochen ist. Man sollte da gut hinhören, denn es eröffnet ein Feld, in dem die Worte «Ich», «Norm», «Begehren» und «Identität» eine Rolle spielen. *Ich* und *mein Begehren* fallen für Judith Butler in eins. Normen sind bei der Einheit von Ich und Begehren erst einmal äußerlich, sind vielmehr erst dann von Relevanz, wo sie «mein Begehren» anerkennen und das fragile Ich nicht auslöschen. «Meine Identität», sagt Judith Butler, «ist vom sozialen Problem der Anerkennung nicht zu trennen.»[86] Judith Butler definiert Identität radikal individuell; so meinte sie in einem anderen Interview: «Ich möchte nicht einfach einig sein mit etwas [...] Eigentlich bin ich ständig uneinig mit allem. Vor allem mit Identifikation.»[87]

Auch Thomas von Aquin hat über die Ich-Konstitution nachgedacht und dabei einen bedeutenden philosophischen Fortschritt erzielt. Auch für ihn geht es um die Aufwertung des Menschen durch einen Akt fundamentaler *Anerkennung*, den er freilich tiefer fundiert sieht als über die Instanz Gesellschaft. Auch für Thomas kommt die Existenz vor der Essenz, das Sein vor dem Sosein. Der Mensch ist – vor allen Einhausungen in Rassen, Klassen, Rollen, Erwartungen und fixen Schemata – erst einmal «da», ein Geschöpf, ein Kind Gottes; mit Freiheit begabt und auf das Gute und immer Bessere hin ausgerichtet.

Im Islam, im Hinduismus, ja in allen archaischen Gesellschaften ist der Ausstieg aus kulturell verordnetem Sosein, auch so etwas wie die Emanzipation der Frau, undenkbar. Vom Wesen des Christlichen her ist sie aber geradezu logisch. Menschen müssen nicht bleiben, was sie sind. Sie können sich entwickeln und verändern.

Thomas hätte Judith in ihrer Urintention vielleicht gut verstanden: Es muss im Menschen etwas geben, das sich gegen alle Bilder und Klassifizierungen von ihm wehrt, die zu seiner Auslöschung herangezogen werden. Philosophischer Protest gegen den «Essentialismus» artikulierte sich in der Philosophiegeschichte übrigens immer wieder, ganz stark etwa bei Emmanuel Lévinas.

Wie kann man Thomas von Aquin als den Ersten in der Reihe der Anti-Essentialisten verstehen? Im dualistischen[88] Horizont der gesamten griechischen Antike stellte sich Menschsein als ein der Welt des Werdens und Vergehens zugehöriger, im Grunde zu überwindender negativer Zustand dar. Die Idee oder Form (vom Menschen) galt als wichtiger und realer als ihr zufälliges Aufscheinen in der Vielfalt einzelner Wesen.

Dass der Mensch mehr ist als eine aufblitzende Momentaufnahme im Ganzen des Seins, konnte gewissermaßen erst über einen Umweg entdeckt werden. Mit dem Auftauchen des biblischen Schöpfergottes steht hinter der Welt und ihren Erscheinungen plötzlich nicht mehr ein eigentliches «Sein» oder eine rätselhafte Idee, sondern eine *Person,* ein absoluter, freier, transzendenter und guter Gott – mit anderen Worten: ein Jemand, der will, was ist.

Mit Thomas von Aquin verlässt der Mensch die kosmische Kälte einer zufälligen Hervorbringung; auch er ist *Person* – ein Wesen, das von Gott mit Leib und Seele, Geist und Freiheit «propter seipsum existens»[89] (um seiner selbst willen existierend) gewollt ist und deshalb höchste Wertschätzung verdient. Der Schöpfer schaut das Geschöpf an, ein gewissermaßen gleichartiges Wesen. Die Menschenwürde jedes einzelnen Menschen gründet genau in dieser metaphysischen Anerkennung. Thomas verteidigt den freien Selbststand des Menschen sogar gegen Gott.

Und noch etwas kommt hinzu: Für Thomas sind Geist/Seele und Leib keine trennbaren Größen mehr; der Mensch ist *Geist in Leib.* Und seine Erlösung besteht keineswegs darin, dass die Seele eines Tages aus dem vermeintlich niederen Leib befreit wird, sich die Individualität des Menschen auflöst und er wieder vom Allgemeinen aufgesogen wird. Das Christentum spricht explizit von der In-Karnation, der Fleischwerdung des Wortes und der Auferstehung des *Leibes* und reklamiert so die für immer bleibende Individualität des Menschen.

Judith Butler betreibt De-Inkarnation, um das Individuum zu retten. Der Körper ist für sie nichts als eine gestaltbare Oberfläche.

Thomas sagt: Ich bin, was ich in der bleibenden Einheit von Geist und Leib von Gott her als freies Wesen sein darf. Judith Butler sagt: Ich bin bis ins biologisch Körperliche hinein, was ich sein möchte – notfalls gegen Gott und die Welt. Übersetzt in den Plural der Genderbewegung und des Auftauchens einer Vielfalt sexueller Lebensentwürfe: Wir, die wir anders sind, möchten dazugehören; wir möchten in unserem Anderssein nicht ausgeschlossen sein aus der Gattung Mensch. Man muss darin den Aufschrei der Ausgeblendeten wahrnehmen – und es ist verständlich, dass er gerade von jungen Menschen gehört wird, die eine starke Beziehung zur Gerechtigkeit haben.

Judith Butler hätte freilich mehr Recht gehabt, hätte sie vom geheimen Imperativ sozialer Rollenzuschreibungen und Rollenidentitäten gesprochen. Aber es mussten «Geschlechter» sein, damit sogar die biologische Konstitution des Menschen marginalisiert werden kann. Niemand kann aber sein Geschlecht wählen. Sich die Welt herzurichten, wie sie mir gefällt, das kann nur Pippilotta Viktualia Rollgardina Pfefferminz Efraimstochter Langstrumpf – und die ist Fiktion. Mein biologisches Geschlecht ist mein Schicksal, zu dem ich mich so oder so verhalten kann. Ein Mann kann mütterliche Züge haben, er wird deshalb noch nicht zur Mutter. Und ein Vater, der das Kind nicht gezeugt hat, wird nie der Vater, sondern immer der Stiefvater des Kindes sein – ein Not-Behelf und kein Ideal.

Die mittlerweile von Pressure Groups betriebene, trickreich in Gesellschaft und Politik eingeführte Annahme, es gebe nicht zwei, sondern sechzig Geschlechter, wird von der Naturwissenschaft nicht gedeckt. Kein Biologe glaubt das. Es gibt nur *Männer* und *Frauen,* freilich eine Vielzahl von inneren Einstellungen zur unveränderlichen chromosomalen Bestimmung, ein Mann oder eine Frau zu sein. Die 58 vermeintlichen Geschlechter haben kein Fundament in der Empirie der Genetik; ihr Fundament sind Gefühle.

Die Gendertheorie nutzt eine bestimmte Tatsache, dass es nämlich eine vergleichsweise geringe Anzahl von Menschen gibt, die unter Genderdysphorie leiden – das heißt, sie sind transsexuell[90] (= Ich lebe in extremer Dissonanz zu meinem biologischen Geschlecht) oder intersexuell (= Ich wurde mit zweideutigen Geschlechtsmerkmalen geboren) –, um dogmatisch zu verkündigen: *Jeder* kann sein Geschlecht frei wählen. Das tun transsexuelle und intersexuelle Menschen nun gerade nicht. Sie leiden – manchmal bis hin zum Suizidversuch – unter ihrer Konstitution. Dr. Alexander Korte spricht von einem «Hype» unter verunsicherten Jugendlichen, die das nicht wissen, aber vom Gedanken angesteckt sind, Geschlecht sei eine wählbare Sache, der man chemisch nachhelfen könne. Offenkundig gibt es anwachsende Zahlen, die Korte auf den medialen Dauerbeschuss und die reißerische Berichterstattung über das Thema zurückführt; hinzu kämen noch die vielen Internetforen, «in denen junge Leute euphorisiert über ihre Behandlung berichten und als Vorbilder fungieren.»[91]

Gegen den ersten Augenschein halte ich Gender in seinem Überspielen der Biologie für latent leibfeindlich[92] – eine spätmarxistische Fortsetzung der cartesianischen Spaltung[93] in Geist und Natur, im Grunde die neueste Schleife der seit der Antike bekannten Gnosis[94].

Hanna-Barbara Gerl-Falkovitz hat vor kurzem auf den französischen Philosophen Michel Henry und sein Werk «Incarnation» aus dem Jahr 2000 hingewiesen: «Leib ist die Konkretion des Fleisches; im Fleisch sind Mann und Frau identisch, in der Konkretion des Leibes sind sie verschieden.» Die Gendertheorie verstehe den «Körper als gleichsam vorgeschlechtliches Objekt: Man kann ihn willentlich überschreiben und lässt so den Unterschied von Zeugen und Gebären oder die leibhafte Erotik von Eindringen und Empfangen verschwinden. Frau ‹kann› sich als Mann bestimmen und umgekehrt. Stattdessen zeigt Henry den Leib als je spezifisch geschlechtliche Ankunft im Dasein, also bei sich selbst.»[95]

Sicher ist: Das Empirische kann man nicht dauerhaft unterdrücken. Die Natur wird sich zurückholen, was man glaubte, ihr rauben zu können; sie ist stärker als die ethischen Plattenbauten, die sie eines Tages überwuchern wird. Den Tiger, hatte Chesterton einmal bemerkt, kann man von seinen Streifen nur befreien, indem man ihn tötet.

Manches, was da Existenzrecht für sich beansprucht, entspringt den Leiden an fragmentierter Sexualität, die nach Heilung und Annahme, nicht nach Ausschluss ruft. Wenn Gender für eines gut ist, dann dafür, uns die Augen zu öffnen für die Komplexität nichtheterosexueller Lebenswelten. Die Übergänge zwischen diversen Formen sexueller Selbstverwirklichung sind in einer Weise fließend, dass die Entgegensetzung *heterosexuell versus homosexuell* wenig hilfreich ist. So gibt es statistisch gesehen vielleicht mehr Menschen, die sich als bisexuell verstehen oder ausprobieren, als solche, die statt einer monogamen Mann-Frau-Beziehung eine monogame Mann-Mann- oder monogame Frau-Frau-Beziehung leben möchten. In der Realität gibt es Dreierbeziehungen, gar Gruppenbeziehungen. Und es gibt Menschen, die nur auf sich und gar nicht auf andere bezogen sein möchten.

Die wahre Entgegensetzung, um die der Diskurs gehen muss, besteht daher in der Frage, ob die Vielfalt der genannten Lebensformen in einem ethischen Nebeneinander bestehen kann, in dem Eines so gut oder schlecht wie das Andere ist – die klassische sakramentale Ehe so gut wie das polyamoröse[96] Arrangement – oder ob es eine «natürliche» Idee gibt, die leitend und ordnend das Humanum bestimmt. Von dieser Idee geht die christliche Anthropologie aus, wie sie sich von den ersten Seiten der Heiligen Schrift her darlegt. Diese Anthropologie muss freilich noch lernen, dass Menschen aus unterschiedlichen Gründen an der göttlichen Leitlinie scheitern können, ohne dass man sie aus der Community hinausmobbt.

Schon ihrer Kinder wegen können sich Christen die Anstrengungen der Differenzierung nicht ersparen, als würde sich die sexuelle Selbstverwirklichung in einer Art ethikfreiem Raum abspielen und als ob man dem Ganzen nur mit etwas Toleranz begegnen müsse. Im weiten Feld sexueller Identitäten – natürlich auch in der «Heteronormalität» – gibt es gelingendes Leben, und es gibt aber auch Mangel, Irrtum, Krankheit, Schuld und (für Christen auch) Sünde.

Die Kategorien sind oszillierend und häufig nicht klar voneinander zu trennen. Manches, was am Anfang vielleicht Versuchung zur Sünde war und wirklich Sünde wurde, als von der Person kein Widerstand dagegen aufgebaut wurde, verwandelte sich in krankhafte Sucht, von der ein Mensch geheilt werden muss, um wieder «normal sündigen» zu können. Oder etwas, das schon als Schuld erkannt ist, wird plötzlich im Licht der Liebe Gottes gesehen: «Ich erkenne meine bösen Taten, meine Sünde steht mir immer vor Augen. Gegen dich allein habe ich gesündigt, ich habe getan, was dir missfällt.» (Ps 51,5–6)

Natürlich ist «Cruising»[97], die süchtige Suche nach schnellem Sex – ob heterosexuell oder homosexuell – ein Phänomen an der Grenze von Sucht und Freiheit, in sich unmoralisch und vor dem Angesicht Gottes Sünde, dazu noch eine, wie es bei Paulus heißt, die vom Himmelreich ausschließt. Eine Kirche, die sich das nicht mehr laut zu sagen getraut, emanzipiert sich von der Heiligen Schrift. Anders gesagt: Sie dankt ethisch ab.

Da wir in einer gebrochenen Welt leben – Papst Franziskus spricht vom «Feldlazarett»[98] – und alle geschlechtlichen Artikulationen aller Menschen davon betroffen sind, bedarf es der mutigen Aufklärung, der reinigenden Läuterungen, der hilfreichen Begleitungen und der Angebote von Heilung, jedenfalls nicht idealistischer Verklärung.

Wir wollen der Frage nach dem natürlich Guten nicht weiter nachgehen, drei Dinge aber für den weiteren Gang der Argumentation festhalten, die in der Ökologie des Menschen unstrittig real und gut gebahnt sind:

1. Es ist natürlich und gut für alle Menschen, dass sie einen Vater und eine Mutter haben. Was das bedeutet, werden wir noch sehen.
2. Es ist natürlich und gut für alle Menschen, dass es Grenzen der Selbstverwirklichung gibt und niemand über das Leben eines anderen Menschen in der Weise verfügen darf, dass er ihm das Leben und die Lebenschancen nimmt.
3. Es ist natürlich und gut für alle Menschen, wenn die Sexualität vor Instrumentalisierung und Übergriffigkeit geschützt wird, damit sie wieder sein darf, was zu sein sie immer gedacht war: *Körpersprache der Liebe.*

Kapitel 5
Der Kästner-Check – oder: Sex im Ranking der Werte

Wenn die Körpersprache der Liebe flankierende Maßnahmen braucht, weil es da etwas zu schützen gibt – um was geht es dann? Es geht um vier Begriffe: das *Leben,* die *Liebe,* die *Freiheit* und die *Lust.*

Unter ihnen gibt es ein Ranking. Das Erstgegebene ist das *Leben.* Wir sind ungefragt da. Kommen in einem luxuriösen Geburtshaus oder einer stinkenden Slumhütte zur Welt. Finden uns vor in der Lüneburger Heide oder am Bosporus. Werden geboren im Jahr 449, 1976 oder 2033. Über Erfahrung und Reflexion kann uns aufgehen, dass dieses Da-Sein eine Herkunft hat, die unser Elternhaus übersteigt. Christen sagen, dass unsere Existenz nicht zufällig ist, dass sie aus *Liebe* kommt und in der *freien* Realisierung von Liebe sinnvoll und fruchtbar wird.

Die Liebe setzen wir uns nicht auf wie einen Hut, der nicht zu uns gehört. Sie ist natürlich für uns. Wenn wir lieben, sind wir ganz in unserem Element. Niemand befiehlt Vätern und Müttern, ihr Baby anzulächeln. Sie tun es natürlicherweise, aus einer ihnen so gegebenen Natur. Sie tun es, weil sie einfach unbändige Lust dazu haben. Die *Lust* ist auch sonst das Fest, auf dem sich *Leben* und *Liebe* begegnen.

Auch wenn es vielen nicht gefällt: Die Freiheit kommt nicht vor dem Leben. Leben muss sein, bevor wir uns darin einrichten, unsere Freiheit entdecken und lernen, sie zu gebrauchen. Der Mensch ist schon Mensch im vollen Sinn des Wortes, wenn er ein Säugling ist, und er ist es noch immer, wenn er in der Demenz die Verfügungsgewalt über sich verloren hat. Leben beginnt in Unfreiheit und endet in Unfreiheit. *Freiheit* ist kein oberster Wert, denn jemand könnte sie dazu benutzen, sie gegen andere zu verwenden[99] oder sie – im freien Entwurf seiner selbst – gegen das eigene Leben zu richten.

Der Christ, der weiß, dass er sein Leben keinem irrationalen Zufall verdankt, sondern einem Schöpfergott, der auf innigste Weise in dem und mit dem verbunden ist, was er geschaffen hat, könnte mit dem Philosophen Josef Pieper antworten: «Die einmal ins Dasein gerufene Kreatur kann niemals wieder völlig aus der Wirklichkeit verschwinden – selbst wenn sie, die Kreatur, selbst danach verlangen sollte, in einem möglicherweise [...] auf Selbstauslöschung und gar auf Rückkehr ins Nichts gerichteten Impuls.»[100]

Die *Freiheit* kann nicht hinter das Leben zurückgehen, nicht einmal dann, wenn sie sich selbst auslöschen möchte, weil sie die Liebe nicht mehr erkennen kann, die Ursprung und Ziel des Lebens ist. In gewisser Hinsicht ist ja die *Liebe* noch fundamentaler als das *Leben.* Aber wir entdecken sie später; dann nämlich, wenn wir die Botschaft des Lebens entziffert haben. Denn manchmal ist das Leben eine nur schwer lesbare Mitteilung dessen, der das Leben schlechthin ist.

Nun könnte jemand sagen: Für mich ist *Lust* der oberste Wert. Ich ordne ihm *Freiheit, Liebe,* ja sogar das *Leben* unter. Eine solche Haltung entlässt drei falsche Sätze aus sich:

1. Ich lebe meine Lust, auch wenn ich dabei meine Freiheit verliere. In diesem Fall sprechen wir von einem zwanghaften Verhalten, von (Sex-)Sucht. Das vermeintliche Paradies, für das ich alles gebe, erweist sich als Gefängnis, das mich in Einsamkeit einschließt.

2. Ich verschaffe mir Lust, auch wenn darin keine Liebe ist. In diesem Fall der Abwesenheit oder des Ausschlusses von Liebe *benutzt* die Lust den anderen; beide Partner werden durch die lieb-lose Generie-

rung von Lust entwürdigt. Und selbst da, wo beide nur ihre Lust suchen, erlangt die Selbstbefriedigung zu zweit nicht die eigentlich gesuchte Verschmelzung mit dem anderen meiner selbst. Allein bleibt allein. Zwei, die einander nichts zu sagen haben, gehen «gebraucht» und traurig auseinander.

3. Ich diene meiner Lust, auch wenn ich dabei Leben zerstöre. Dieser Fall ist der häufigste. Der Bruch des Eheversprechens geschieht vielfach aus diesem Motiv heraus. Er zerstört das Leben des betrogenen Partners und belastet das Leben der Kinder auf eine unerträgliche Weise. Auge in Auge teilt man den Ehebruch ungern mit – siehe Emmanuel Lévinas. Auch spontaner Sex, bei dem die beiden Partner eine Schwangerschaft riskieren, ist hochgradig destruktiv – geschieht er doch vielfach unter der unausgesprochenen Prämisse, die «Katastrophe Kind» sei durch dessen Tötung reparabel. Es geschieht an einem Kind, dem man auch nicht in die Augen sieht. Schützende Augenlider hat das Kind übrigens bereits in der 9. Schwangerschaftswoche; in der 26. Woche macht es die Augen auf. Manche nie.

Die Liebe im Test

Alle vier Begriffe können wir nun einem Test unterziehen. Ich nenne ihn den Kästner-Check. Kann man sagen: *«Es gibt keine Liebe. Außer: Du liebst»*? In gewissem Sinne Ja. Wenn wir der Liebe nicht in konkreten Taten und Zeichen Sichtbarkeit und reale Präsenz verschaffen, ist sie in unserer Welt nicht da. Kälte und Leere breiten sich in den Beziehungen aus; das Leben erscheint sinnlos und unfruchtbar.

Das heißt aber wiederum nicht, dass es absolut keine Liebe gibt, wenn wir sie nicht vollbringen. Liebe ist da. Wir geben sie gewissermaßen nur weiter. Oder wir weigern uns, das zu tun. Etwas hindert uns daran. Kinder spiegeln die Liebe ihrer Eltern, und sie spiegeln genauso alle Störungen der Liebe, alles Nicht-lieben-Können. Wo es herrührt? Oft kommt es wohl aus Beziehungsdefiziten und Verlassenheitserfahrungen in der frühen Kindheit.

Alle gelernte Liebe hinge aber in der Luft und wäre nur eine weitergegebene Täuschung, wenn die vielen Facetten der Liebe nicht der Ausfluss einer Liebe *vor* der Liebe wären, der Liebe im Inneren Gottes, der Liebe, die Gott «ist» (1 Joh 4,16): «Wir haben die Liebe, die Gott zu uns hat, erkannt und gläubig angenommen. Gott ist Liebe, und wer in der Liebe bleibt, bleibt in Gott und Gott bleibt in ihm.»

Liebe kommt vom Geliebt-Werden und Geliebt-Sein. Oder sie ist grundlos – vielleicht schön, aber metaphysisch[101] grundlos. Weil Liebe gewissermaßen alles ist, alles umfängt und ohne die Liebe alles nichts ist, so ist auch liebloser Sex ein Widerspruch in sich. Sex ist die natürliche Körpersprache der Liebe. Wir wissen aber auch: Körper können lügen. Judas hat Jesus mit einem Kuss verraten. Heinrich VIII. küsste Mary Boleyn noch, als er schon mit Anne Boleyn ins Bett ging, die er später hinrichten ließ, als er ihrer überdrüssig wurde. Die Lüge zerstört jede Gemeinschaft. Darum gilt für die Sexualmoral: Sex ohne Liebe ist ein No-Go!

Die Freiheit im Test

Wie steht es mit der Freiheit und dem Kästner-Check? Kann man sagen: *«Es gibt keine Freiheit. Außer: Du nimmst sie dir»*? Wieder so ein Satz, der nur zur Hälfte stimmt!

Freiheit ist elementar fürs Menschsein. Sonst würden wir unterhalb unserer humanen Möglichkeiten bleiben; wir wären sozusagen nicht bei uns, würden uns selbst nicht besitzen, würden Marionetten ähneln und fremdgesteuert handeln.

Der Philosoph Immanuel Kant hat das Wesen der Aufklärung geradezu mit einer neuen Wertschätzung der Freiheit, nämlich dem «Ausgang des Menschen aus seiner selbst verschuldeten Unmündigkeit»[102] verbunden. Es gibt viele, die deshalb für schrankenlose Freiheit plädieren, namentlich in moralischer Hinsicht, und die eine Orientierung an Gut und Böse durch das Leitbild der Authentizität ersetzten. Irgendwann in den 68er Jahren des letzten Jahrhunderts wechselten viele junge Menschen ihre Idole; nicht mehr Gandhi oder Martin Luther King – Inbegriff der «Guten» – schmückten jetzt die Wände der Jugendzimmer. Nun thronte der nackte Frank Zappa auf der Toilette; es prangte die barbusige Kommunardin Uschi Obermaier an der Blümchentapete, und der (auch im wahren Leben dauerhaft) bekiffte Dennis Hopper durfte mit seiner Harley wehenden Haares durch die Kinderzimmer brettern. Cool!

Nun kam die Zeit der Charakter-Darsteller, setzten diejenigen Maßstäbe, die sich locker zu entwerfen wussten, sich schräg vom Standard absetzten, irgendwie originell, jedenfalls anders, eben «authentisch» daherkamen.

Wenn heute gerne davon gesprochen wird, man dürfe «niemand ausgrenzen», indem man ihn zwischen normal, verrückt oder krank einordnet, ist oft dieser Abschied von Gut und Böse gemeint, der jeder analytischen Bewertung den Boden entzieht. Wenn man sagt, Menschen seien eben verschieden oder «anders» und sonst nichts, macht man beiläufig Pädophilie, gekauften Sex und Pornografie zur Geschmackssache. Jemand *will* es so, und damit soll es gut sein. Mehr, so wird medial verordnet, darf es zu diesen Manifestationen der Autonomie nicht zu sagen geben, bei Strafe des Ausschlusses von der Welt.

Die Andersheit des Anderen wertzuschätzen ist die letzte Tugend, die verlangt wird. Bestimmte Dinge unanständig oder nicht ganz normal zu empfinden, ist aber in einer Welt, in der es noch Kinder gibt, nicht ganz zu vermeiden. Der Kulturphilosoph Charles Taylor erinnert an diese Realität: «Nur wenn ich in einer Welt lebe, in der die Geschichte, die Forderungen der Natur, die Bedürfnisse meiner Mitmenschen, die Pflichten des Staatsbürgers, der Ruf Gottes oder sonst etwas von ähnlichem Rang eine ausschlaggebende Rolle spielt, kann ich die eigene Identität in einer Weise definieren, die nicht trivial ist. Die Authentizität ist keine Widersacherin der Forderungen aus dem Bereich jenseits des eigenen Selbst, sondern sie setzt solche Forderungen voraus.»[103] Anders gesagt: Es gibt keine voraussetzungslose Freiheit.

Denn was ist Freiheit? Denken wir in Bildern: Für mich ist es eher die Tänzerin, die in wunderbar anmutigen Bewegungen scheinbar schwerelos über die Tanzfläche fliegt, als – sagen wir: der Freibeuter der Meere, der im Bugwind der Fregatte steht und sich die Freiheit um sein wildes Haupt flattern lässt. Die Tänzerin kennt beides: Himmel und Erde, Freiheit und Bindung, «Schwerkraft und Gnade» (wie ein berühmtes Buch der Philosophin Simone Weil[104] heißt). Der Freibeuter nimmt, was er kriegt. Er fühlt sich an kein Gesetz, kein Versprechen, keine Loyalität gebunden. In Wahrheit ist er nicht frei, sondern der Sklave seiner Gier. Er hat die Filme nicht verdient, die über ihn gedreht wurden.

Freiheit wird schön, indem sie *aus Freiheit* dem Leben dient, sich *in Freiheit* von der Liebe binden und führen lässt und darin zur Lust *befreit* wird. Was aber ist, wenn ich keinen Freiraum (mehr) zur Freiheit habe, weil ich mich gebunden habe, gebunden weiß oder vom Schicksal gebunden werde?

Zu sagen ist: Es gibt gutes Leben vor und nach der Freiheit. Ein Kind, das sich im Gehorsam seinen Eltern anvertraut und nicht über die Straße geht, weil es sein Vater so will, handelt «gut», auch wenn die Freiheit hier nur im Vertrauen besteht. Und wenn die Stunde kommt, in der es heißt, «ein anderer wird dich gürten und dich führen, wohin du nicht willst» (Joh 21,18), so ist das Anvertrauen in die Freiheit Gottes, der mir Zeit und Stunde bestimmt, nicht das dumpfe Abdanken meiner Selbstbestimmung, sondern eine überragende Tat der Freiheit. Die Freiheit der Freiheiten ist Gott, wie er das Leben des Lebens, das Gute am Guten und die ungetrübte, weil endlose Wonne und Lust ist.

Die Lust im Test

Machen wir den Kästner-Check noch mit dem Satz: *«Es gibt keine Lust. Außer: Du suchst sie mit Leidenschaft.»* Natürlich hat Freud Recht, wenn er sagt, der Mensch sei ein unermüdlicher Lustsucher. Deshalb sind alle prüden Lustverbote auch Müll. Die menschliche Lusterwartung zu dämpfen ist vielleicht stoisch[105], aber nicht christlich.

Vielleicht sollten wir zunächst feststellen: Die Steigerung von Lust heißt nicht Kokain, sondern Freude. Frauen werden es nie verstehen, dass die Lust bei Männern zwei Sekunden nach dem Orgasmus aufhört. Lust blitzt auf und verschwindet, wenn das Objekt der Lust keine Lust mehr spendet, weil man satt, befriedigt, müde, eben lustlos ist. Wäre da nicht der tief brummende Grundton der Freude da, der Lust wie Nichtlust grundiert, es wäre für die Liebe zu wenig. Das macht die Lust nicht schlecht und diskreditiert die tief menschliche Sehnsucht nach Glück nicht.

Bevor die Moral «moralisch» wurde, war sich die große Tradition der Philosophie in einem Punkt einig: «Die Ethik ist eine Antwort auf die Frage nach dem Glück.»[106] Am Ursprung aller menschlichen Handlungen steht «das Streben nach dem Guten, das sich nicht von dem Verlangen nach Glück trennen lässt»[107]. Christlich ist es, die Glückserwartung eher noch zu steigern, statt sich mit dem schon von Friedrich Nietzsche veräppelten «ein Lüstchen für den Tag, ein

Lüstchen für die Nacht»[108] zu begnügen. Die christliche Existenz mündet in der ewigen Seligkeit – und das darf man sich unbeholfenerweise durchaus erotisch vorstellen.

Spätestens an diesem Punkt trennt sich eine ungläubige von einer christlichen Moral. Denn wenn man zu wissen glaubt, dass die Uhr denkbarer Wonnen tickt, nimmt man vielleicht doch mit, was man kriegt, und steigt auch mit achtzig und Pflegestufe 1 noch aus der Ehe aus, weil etwas Verheißungsvolles mit sechzig daherkommt. Wenn der greise Simeon aber Recht hat mit seiner Erkenntnis, in Frieden scheiden zu können: «… denn meine Augen haben das *Heil geschaut»* (Lk 2,30), muss der «Lustgreis» nicht sein, der in seiner Verzweiflung das Letzte aus dem bisschen Leben herausholt und von der Illumination seiner verblassenden Erinnerungen an gehabte Lüste lebt.

Die selige Wonne, die Gott in Aussicht stellt, ist in diesem Leben nicht zu erlangen, aber zu erahnen in der Wärme menschlichen Beieinanders, gesteigert noch in einer rauschhaften Erfahrung wie der sexuellen Vereinigung, in der hinreißenden Schönheit von Natur, überhaupt in allen sinnlichen Genüssen – daher das Wort «Sensation» – für Haut, Augen, Ohren, Nase und Zunge. Es lägen Tränen auf dem Schönen, wäre es nur ein zauberischer Fake und nicht der Vorgeschmack der Wirklichkeit. Man kann durchaus mit Stephen Hawking sagen: «Die Religion ist ein Märchen für diejenigen, die sich vor der Dunkelheit fürchten.» Man kann darauf aber auch mit dem Oxforder Mathematiker John Lennox retournieren: «Der Atheismus ist ein Märchen für diejenigen, die sich vor dem Licht fürchten.»[109]

Kapitel 6
Zivilmoral, oder: Was alle tun, weil es alle tun

Wie man von einer Zivilreligion spricht, so kann man auch von einer Zivilmoral sprechen. Den Begriff der Zivilreligion führte Jean-Jacques Rousseau (1712–1778) in seinem «Contrat social» in die Welt des Geistes ein.

Rousseau suchte nach der übergreifenden geistigen Klammer einer auseinanderfallenden Gesellschaft. Diese Bindekraft konnte seiner Meinung nicht mehr durch die offenbarte christliche Religion geleistet werden, die von «unfassbaren Mysterien» geprägt sei und aufgrund ihres Absolutheitsanspruches notwendig intolerant sei: «Anstatt den Frieden auf Erden einzuführen, bringen die Dogmen Eisen und Feuer dorthin.» Deshalb begab sich Rousseau auf die Suche nach einem verpflichtenden Bekenntnis jenseits kirchlicher Verordnungen, «nicht regelrecht als Dogmen einer Religion, sondern als Gesinnung des Miteinanders». Aus bekennend religiösen Bürgern wurden Anhänger einer diffusen bürgerlichen Religion.

Der amerikanische Soziologe Robert N. Bellah (1927–2013) belebte den Begriff der Zivilreligion für die USA neu und sah darin jene vorpolitischen, religiösen Anteile, «tiefsitzende Werte und Bindungen» in der Kultur, die Identität schaffen und das Funktionieren des politischen Gemeinwesens ermöglichen. George W. Bush dankte es ihm.

Zivilreligion gibt es auch hierzulande. Konfessionen, von denen sich Menschen gelangweilt abwenden, neigen dazu, ihren Bedeutungsverlust zu kompensieren, indem sie sich wertorientiert und staatstragend gebärden; man kann auch sagen: indem sie in eine Zivilreligion mutieren, gegen die niemand mehr etwas haben kann, weil sie die Grenzen der Zustimmung so weit nach außen verschiebt, dass kein vernünftiger Mensch sich ihren Allgemeinplätzen mehr verweigern kann. Aus Dogmen, die man verteidigt, solange man sich ihrer nicht schämt, werden Werte, die niemand bestreitet, als deren Bewahrer man sich aber andient und in Szene setzt. Liturgien gleiten hinüber in Staatsakte und umgekehrt. Solche Konfessionen sonnen sich für eine Weile noch im Allgemeinen, schließlich verbrennen sie daran, weil sie das Besondere nicht mehr darstellen, für das man sie zu anderen Zeiten aufgesucht hat.

Wie sich die Zivilreligion jenseits konfessioneller Bezüge und gläubiger Voraussetzungen etabliert, so auch das, was man Zivilmoral nennen könnte. Gemeint ist damit die Fortsetzung von Moral jenseits traditioneller Moralen. Wenn jemand bekundet, er handle «moralisch», will er damit sagen, dass er sich so verhält, wie es richtig und gut ist. Menschen wollen noch dann, wenn sie das Böse tun, gut sein, und ihr «Gutsein» rechtfertigen.

Im Horizont der Zivilmoral werden sperrige Moralen, denen die Zustimmung abhandenkommt, auf Akzeptanz hin «reformuliert» und dabei inhaltlich immer weiter entkernt, bis die formell geforderte Scheidung zwischen Gut und Böse in nichts mehr besteht als in der Einladung, sich auf die richtige Seite zu schlagen. Das Gewissen besteht dann im Gefühl, zu den Guten zu gehören. Zivilmoral ist das Umkippen von Moral in Moralismus.

Dass eine Kirche nicht mehr das Gute im Sinn hat, dessen Verteidiger zu sein sie als moralische Instanz einmal angetreten ist, zeigt sich, wenn die Sehnsucht nach Anschluss an sündige Zustände, subtile Ideologien und zerfallende Beziehungswelten größer ist als die Kraft, das Gute zu formulieren und auch gegen Widerstände dahinein einzuladen. Man muss dabei nicht gleich an Sex denken.

Eine Moral, die mit der Zivilmoral flirtet, um mehrheitsfähig zu bleiben, paktiert mit dem Schlechten, verklärt das Böse und gibt sich den «Wonnen der Gewöhnlichkeit» (Thomas Mann) hin. Damit verliert sie ihr einziges Kapital, ihre kritische Kraft. Sie «taugt zu nichts und wird weggeworfen» (Mt 5,13). Moral ist, sie auch noch im blamierten Zustand auf sich anzuwenden und in Demut für alle aufrecht zu erhalten.

Kennzeichen der Zivilmoral ist, dass sie keinen Begriff von wahr und falsch hat (und haben kann), wie sie auch nicht von gut oder böse sprechen kann. Was wahr, was falsch, was gut, was böse wäre, darüber gibt es in der pluralen Gesellschaft, der sich die Zivilmoral chronisch anschmiegt, ja kein Einvernehmen. Die Zivilmoral will eine Moral sein, die wahr und falsch, gut und böse in einem Höheren aufhebt, in dem sich alle Gutgesinnten wiederfinden und nur die ausgeschlossen sind, die sich dem guten Willen verschließen. Darin ist die Zivilmoral tugendhaft wie keine Moral vor ihr. Toleranz ist ihre höchste und einzige Tugend, die sie mit höchster Intoleranz in der Währung wertschätzender Rede einfordert. Der Andere ist anders. Mehr ist über ihn nicht zu sagen, darf über ihn nicht gesagt werden. Wir wissen ja nicht, was das Falsche ist. Höchste Unmoral ist die Ausgrenzung von etwas, das jemand als böse oder falsch klassifiziert. Solche Wertung. ja wertende Rede überhaupt, wird von der Zivilmoral unnachsichtig bekämpft und inquisitorisch ausgemerzt. Den Ausgrenzer muss man ausgrenzen. Das Gute gut und das Böse böse zu nennen, ist inkorrekt, weil darin Absolutheitsansprüche zum Ausdruck kommen, die mangelnde Toleranz verraten und damit gegen das Ich-bin-okay-du-bist-okay-Gebot verstoßen wird.

Die Zivilmoral ist verdeckt antiintellektuell und vernunftfeindlich.

Die Vernunft lebt von der kritischen Scheidung der Begriffe; sie ist nichts anderes als Kritik. Sie steht in denkbarem Kontrast zur political correctness, weil die Vernunft nur vernünftig sein kann, indem sie auf das Ganze der Wirklichkeit bezogen ist, Unterscheidungen vornimmt, Werturteile fällt, sich unbegrenzt artikuliert und nicht durch willkürliche Setzungen sprachlos gemacht wird. Jedoch: Die kritische Vernunft selbst wird jetzt zum Bösen.

Eine starke Quelle der Zivilmoral ist die Wahrnehmung typischer Verhaltensmuster in visuellen Medien, die unterschwellig normativ wirken. Weichen diese Verhaltensmuster von erlernten Verhaltensmustern ab, durchlaufen sie eine Akzeptanzspirale von «schockierend» über «interessant» zu «normal» über «wünschenswert» bis «angesagt». Kennzeichen der Zivilmoral ist, dass sie beständig im Wandel ist, ohne dass dies wirklich ins Bewusstsein vieler Menschen tritt.

Das trifft auch auf die Darstellung von Liebe und Sexualität zu. Dominierten in den 50er Jahren des letzten Jahrhunderts noch idealisierende romantische Darstellungen der Liebe zwischen Mann und Frau, die mit kirchlicher Sexualmoral zwar nicht kongruent, aber auch nicht dissonant waren, so verlor sich dieser Typus innerhalb von zwanzig Jahren und wurde «unmöglich», um danach einer Visualisierung endlicher und scheiternder Lieben Platz zu machen, nicht selten in polemischer Abkehr von der Doppelmoral kirchlich verordneter, dabei heimlich scheiternder ewiger Liebe.

Wieder zwanzig Jahre später dominierten Filme, in denen Liebe in kümmerlichen gestischen Versuchen des Zueinanderfindens, in episch erzählten Ausbrüchen aus eingefrorenen Lebenslügen oder als krudes Sex-Ding erschien. Kaum hatte sich diese Welle erschöpft, tauchten Outing-Filme wie im Schwarm auf, zunächst der männlichen Homosexualität, dann auch der weiblichen Homosexualität, in denen sich wieder die idealisierende romantische Darstellung zu wiederholen schien: «Wahre Liebe», die sich gegen eine Welt böser Vorurteile durchzusetzen vermag.

Standardmäßig heterosexuell verheiratete (am Ende noch glückliche) Menschen gibt es im aktuellen kinematografischen Kosmos so wenig wie geflügelte Pferde.

Der Streamer *Netflix* ist vorne dran mit neuen Kicks. Im Quotenhit «365 Tage» wurden Menschenraub und Vergewaltigung ästhetisiert – nun sucht der Film «Cuties» Voyeure für die Sexualisierung von Kindern: «Eleven-year-old *Amy* starts to rebel against her conservative familiy's traditions when she becomes fascinated with a free-spirited dance crew»[110], heißt es scheinheilig.

Das wurde allerdings bereits durch die Wirklichkeit getoppt. Die Münsteraner und Bergisch-Gladbacher Pädokriminellen, die brutale Vergewaltigungen von Kindern filmten, fanden offenbar 30.000 begeisterte Zuschauer im Netz.[111] In der Zivilmoral ist möglich, was noch nicht angezeigt wurde.

Erst einmal darf gegen die Zivilmoral nichts gesagt werden, obwohl manches dazu gesagt werden müsste. Robert Spaemann bringt die Dinge auf den Punkt: «Dem vom Mainstream Abweichenden wird nicht mit Argumenten erklärt, inwiefern er irrt, sondern es wird ihm gesagt: ‹Das hättest du jetzt nicht sagen dürfen› […] Wahrheit zu beanspruchen gilt als Intoleranz. Dabei ist das Gegenteil richtig. Wahrheitsansprüche erheben heißt, eine Meinung der diskursiven Prüfung aussetzen. Wenn es Wahrheit nicht gibt, dann kann es eine solche Prüfung gar nicht geben, dann sind Diskurse nur verschleierte Machtkämpfe, eine Meinung ist dann nicht wahr oder falsch, sondern herrschend oder abweichend und im letzteren Fall der Ächtung ausgesetzt. Natürlich entspringt das Wahre nicht erst dem Diskurs. Es wird durch ihn nur überprüft.»[112]

Geben wir doch einfach einmal eine ungeordnete Blütenlese von Überzeugungen der Zivilmoral wieder, wie sie gerade als äußerbare Meinung begegnen, ohne dass sie Skandal erregen oder auch nur Naserümpfen erzeugen. Keine dieser Wortmeldungen habe ich erfunden – als da sind:

- Alle Menschen haben ein Menschenrecht auf Sex.
- Die monogame Ehe ist ein Auslaufmodell.
- Für Sex muss man nicht heiraten.
- Liebe ist romantisch und hält, solange die Gefühle tragen.
- Sex und Liebe kann man prima trennen.
- Es ist heute normal, viele sexuelle Beziehungen in seiner Biografie zu haben.
- Sex ist unverbindlich.
- Bindung ist dann angesagt, wenn ein Kind unterwegs ist.
- Der Sinn von Sex ist die Beschaffung von Lust.
- Frauen wollen es doch auch.
- Liebe nimmt mit der Zeit halt ab.
- Unsere Kinder sind Wunschkinder; sie wurden alle geplant.
- Er hat mir ein Kind gemacht.
- Wenn keine Kinder kommen, gibt es Hormone und noch ganz andere Möglichkeiten.
- Für behinderte Kinder ist es besser, man treibt sie ab, bevor sie geboren werden.
- Gute Freunde können auch Sex haben.
- Die Bibel ist in Sachen Liebe inkompetent. Die Kirche ist leib- und sexualfeindlich.
- Alle Priester sind notgeil.
- Der Zölibat ist pervers.
- Enthaltsamkeit macht neurotisch.
- Männer sind geborene Voyeure.

- Scham zu zeigen, ist ein Anzeichen von Verklemmtheit.
- Kinder sollte man so früh als möglich mit Sex konfrontieren.
- Kinder sollte man über die Vielfalt sexueller Wahlmöglichkeiten informieren.
- Heranwachsende Mädchen sollte man frühzeitig mit der Pille versorgen.
- Homosexualität oder Heterosexualität – das ist eine Frage der persönlichen Vorlieben.
- Wenn man sich beim Start in die Ehe gegenseitig einen Seitensprung zugesteht, ist das in Ordnung.
- Gelegentliche Seitensprünge sind normal.
- Frau: Für einen One-Night-Stand habe ich immer etwas in der Handtasche; man weiß ja nie.
- Mann: Vor dem Club-Besuch am Wochenende wechsle ich das Bettlaken; man weiß nicht, wer noch kommt.
- Gegen den Trieb kann man nichts ausrichten.
- Ein Partnerwechsel kann langjährige Beziehungen auffrischen.
- Pornografie ist anregend für das Sexleben eines Paares[113].
- Masturbation macht glücklich.
- Leihmutterschaft muss legalisiert werden.
- Familie ist, wo Kinder sind.
- Wenn meine Frau keine Lust hat, muss ich mir anderswo Befriedigung verschaffen.
- Promiskuität[114] ist normal, sofern Kondome benutzt werden.
- Abtreibung ist Verhütung.
- Männer gehen eben fremd.
- Partner sollte man vor weitergehenden Bindungen im Bett testen.
- Wahrscheinlich neigen wir alle zur Polyamorie.
- Die Pille ist die Lösung der Überbevölkerung und gut für Entwicklungshilfe.
- Mein Körper/Bauch gehört mir.

- Zur Dreierbeziehung braucht es nur Mut.
- Sex zu kaufen ist einen unschöne, aber tolerable Lösung für solche, die auf dem freien Markt gerade nichts finden …

Man könnte das Spektrum endlos erweitern. Und wenn einem gerade nichts mehr einfällt, schlägt man beim Friseur eine ganz normale Frauenzeitschrift auf und wird in eine neue Spielart von Sex eingeweiht, zum Beispiel «Cuckolding»[115]. Sie wissen nicht, was das ist? Müssen Sie auch nicht.

Würde man die obenstehende Liste in eine Excel-Tabelle einfügen und sie mit Multiple-Choice-Optionen versehen (etwa: Stimme ich zu / Stimme ich tendenziell zu / Stimme ich nicht zu / Finde ich unerträglich …), so bekäme man quer durch die Bevölkerung voraussichtlich ein überwiegend zustimmendes Meinungsbild zu Aussagen, die vor wenigen Jahrzehnten noch helle Empörung hervorgerufen hätten. Das Erstaunliche ist, wie schnell sich Auffassungen gewandelt haben und wie sie weiterhin permanent im Wandel sind.

Charles Taylor urteilt in seinem Aufsehen erregenden Buch *Das Unbehagen an der Moderne:* «Dass die Menschen ihre Liebesbeziehungen und die Fürsorge für ihre Kinder opfern, um ihre Karriere zu verfolgen, ist nicht das wirklich Eigentümliche. So etwas hat es vielleicht immer schon gegeben. Das Ausschlaggebende ist, dass sich heute viele Menschen dazu aufgefordert fühlen, dass sie meinen, sie müssten so handeln, und dass sie spüren, ihr Leben wäre irgendwie vergeudet oder unerfüllt, wenn sie nicht so verfahren würden.»[116]

Die real existente Biobäuerin aus dem bayrischen Nachbardorf, die ihren Freundinnen von den Erfahrungen im Swingerclub vorschwärmt, nimmt sich kurios aus in einem Umfeld, in dem Kinder zur Schule gebracht werden, die Siloanlage stinkt, die Kühe muhen und die Glocken noch immer zum Angelus läuten. Die Großmutter hat wahrscheinlich noch den Rosenkranz gebetet. Innerhalb von drei

Generationen hat sich ein kultureller und moralischer Wandel vollzogen, wie er sich zuvor in tausend Jahren nicht ereignete.

Nun muss man sich davor hüten, alles schlechtzureden. Der freiere Umgang der Geschlechter, der vertriebene Muff, der Abschied vom Verdrängen und Beschweigen des Sexuellen, das Aufdecken des Dunkel-Gewalttätigen auf Dörfern gegen Frauen und Kinder, die Lockerung der Kleiderordnung, das neue Selbstbewusstsein der Frauen, die gewachsene Achtsamkeit für Missbrauch – all das sind Errungenschaften, die auch auf dem Dorf niemand mehr missen möchte.

Dennoch sind Auffassungen Allgemeingut geworden, die teilweise oder sogar diametral der Lebensordnung der Vorgängergenerationen widersprechen. Und sie sind «Moral», denn auch in noch so kuriosen Settings existieren Wertschablonen, die sich auf das Gute, nicht Schädliche, das Plus an Leben und Lebensfreude beziehen. Settings, die überblenden, dass Prozesse ablaufen, die weitreichend sind.

Sanft gleitet das christliche Abendland in eine irrlichternde Unbestimmtheit hinüber, von der man nicht weiß: Sind wir noch Christen; haben wir das Christliche überwunden; oder sind wir unmerklich regrediert in einen heidnischen Zustand? Bei Licht betrachtet organisieren wir nämlich gerade den Abschied von den Zehn Geboten, die Unterminierung der klassischen Anthropologie[117] seit Aristoteles und Platon, die Zerstörung der Familie, und wir bewirken nebenbei noch die Überalterung der Bevölkerung.

Dass die Zivilmoral mit traditionellen Auffassungen der Kirche nicht harmonisiert, fällt weiter nicht auf. Man hat sich auseinandergelebt. Die sollen mal ein bisschen mit der Zeit gehen, sagen die Leute am Stammtisch. Und die Finger von den Messdienern lassen. Aber die dem Gasthaus gegenüberliegende Kirche ist weiter weg als der Nordpol. Beherrschend sind Konsumthemen, durchmischt mit etwas Politik.

Die Menschen wissen vielleicht gar nicht, dass das scheinbar Schicksalhafte des moralischen Wandels, der Rhythmus, bei dem ein Jeder mitmuss, kein Automatismus ist. Er ist in weiten Teilen gemacht, wie Mode gemacht wird. Es gibt eine große, gemeinsame, linksliberale Erzählung, die vom Familienbild bei Marx und Engels über viele Beteiligte – den frühen Feminismus, Planned Parenthood[118], den Kinsey-Report, die Sexuelle Revolution, den Kampf für das Recht auf Abtreibung – bis hin zu Gender und dem Christopher Street Day reicht. In diesem Koordinatensystem ereignete sich eine bis heute wirksame zusammenhängende Theoriebildung, in der man sich gegenseitig die Bälle zuwarf. Und die Leute glauben, sie gingen bloß mit der Zeit und es wäre irgendwie «modern», so zu denken …

Kapitel 7
Die Sexuelle Revolution und ihr geheimer Treiber

Die Sexuelle Revolution ist ganz bestimmt eine große Erzählung. Beanspruchten andere «Weltwenden» den Umsturz politischer Systeme, bewirkten sie die Spaltung von Glaubensgemeinschaften oder kämpften sie um die Neuverteilung der Welt, so träumen die Mütter und Väter der Sexuellen Revolution von der Veränderung des Menschen in seinem intimsten Milieu: der Art, wie wir lieben, wie wir unsere Kinder zeugen und wie wir sie erziehen. Und sie übersetzten ihre Optionen nicht ohne Erfolg in alltägliche Handlungen.

So unterschiedliche Geister wie der Soziologe Niklas Luhmann (1927–1998), der Kulturphilosoph Charles Taylor und Benedikt XVI. sahen in der Sexuellen Revolution eine grundstürzende Veränderung des Sozialverhaltens. Luhmann spricht von der Atomisierung der Intimbeziehungen und weist auf den paradoxen Umstand hin, dass früher Liebesbeziehungen zu Sexualbeziehungen wurden, während heute Sexualbeziehungen die Last aufgebürdet sei, Liebe zu erzeugen. Sex aufzuschieben, würde «als ein kaum noch zu begreifender Irrweg angesehen».[119]

Taylor lässt in den 60er Jahren des vorigen Jahrhunderts sein «Zeitalter der Authentizität» beginnen. Es geht um immer stärkere Individualisierung. Treiber sei ein neues Verständnis von Sexualität, resp. eine Revolution in der Sexualmoral. Diese Revolution habe sich, so Taylor, vollzogen durch die «Relativierung von Keuschheit und die Erklärung, Homosexualität sei eine legitime Option.»[120]

Papst Benedikt befindet sich also in guter Gesellschaft, wenn er davon spricht, dass «in den 60er Jahren ein ungeheuerlicher Vorgang geschehen ist, wie es ihn in dieser Größenordnung in der Geschichte wohl kaum je gegeben hat. Man kann sagen, dass in den zwanzig Jahren von 1960 bis 1980 die bisher geltenden Maßstäbe in Fragen der Sexualität vollkommen weggebrochen sind und eine Normlosigkeit entstanden ist, die man inzwischen abzufangen sich gemüht hat».[121]

Eine Revolution kommt nie aus dem Nichts; sie kommt nie ohne Grund, und sie reißt keine Mauern ein, die nicht vorher schon morsch waren. Revolutionen sind immer Dramen der Gerechtigkeit. Angegriffen wird immer die Autorität, der Staat, die Kirche, Gott, jede Instanz, die eine bestehende Ordnung sichert.

Revolutionen erzeugen verwilderte Zustände und Anarchie, nach denen mühsam die Teile des Gesellschaftslebens neu und anders akzentuiert zusammengefügt werden müssen. In der Regel bringen sie, um Durchschlagskraft zu erzeugen, totalitäre Strukturen hervor, die wiederum Opfer erzeugen. Mahnende Beispiele sind der «Holodomor»[122], der von Stalin im Zug der Zwangskollektivierung und Devisenbeschaffung befohlene Völkermord an etwa vier Millionen ukrainischen Bauern, oder auch Maos Chinesische Kulturrevolution von 1966 bis 1976, der bis zu 100 Millionen Menschen[123] zum Opfer fielen.

George Orwell hatte das Monströse zwischen revolutionärem Wollen und faktischem Tun in «Die Farm der Tiere» auf die Formel gebracht: «Die Tiere draußen blickten von Schwein zu Mensch und von Mensch zu Schwein, und dann wieder von Schwein zu Mensch; doch es war bereits unmöglich zu sagen, wer was war.»[124]

Revolutionen sind also eine zweischneidige Sache. Manchmal schaffen sie Luft zum Atmen, manchmal ersetzen sie schlimme Zustände durch noch schlimmere.

Das gilt auch für die Sexuelle Revolution. 2017 brachte ARTE eine zweiteilige französische Dokumentation «Befreite Lust – Befriedigung und Spaß», in denen der in den fünfzig Jahren seit 1967 zu Tage tretende Kulturbruch im Stil einer Siegergeschichte abgefeiert wurde. In der Ankündigung der Sendung bei ARTE wird das Unwiderstehliche eines globalen Ereignisses zelebriert: «Freie Liebe, Offenheit, Selbstbestimmung: Am Tag nach der Vereidigung von Donald Trump, am 21. Januar 2017, gingen in Washington, San Francisco, Tel Aviv, London, Manila, Berlin und Paris Millionen von Menschen auf die Straße, um für die Errungenschaften des Feminismus und der Sexuellen Revolution zu demonstrieren.»[125]

Die Errungenschaften hatten ihren Preis: In der Dokumentation kommen permanent Opfer vor, Frauen, die für ihren Abtreibungswunsch in die Illegalität abgedrängt wurden, homosexuelle Menschen, die geächtet und diskriminiert wurden, «Sexarbeiterinnen», denen die gesellschaftliche Anerkennung versagt wurde.

Dass es noch andere Opfer und Kollateralschäden[126] gegeben haben könnte, kommt nicht in den Blick. Die Dokumentation folgt nur einem Vektor: dem Verlassen von repressiven, lustfeindlichen Zuständen und der radikalen Suche nach Spaß und individueller Freiheit.

Weil sie Freiheit ins Persönliche herunterbricht und Fortschritt lustvoll greifbar macht, erscheint die Geschichte der Sexuellen Revolution als ideale Parallelerzählung zur Geschichte der Moderne. Wie aber die Moderne selbst längst fraglich geworden ist, so ist auch die Sozialgestalt, in der heute befreite Sexualität gelebt wird, durchaus nicht die Ankunft im Paradies.

Das vielleicht wichtigste Ereignis der Sexuellen Revolution war nicht ihr Anfang, aber ein bis heute wirksamer Katalysator und Beschleuniger. Ich spreche von der Erfindung eines die Empfängnis verhütenden Hormonpräparates durch ein Team um den österreichisch-amerikanischen Chemiker Karl Djerassi (1923–2015). Djerassi selbst nannte sich einerseits «Die Mutter der Antibabypille», glaubte aber vornehmlich, «ein Mittel für die Unabhängigkeit und Selbstbestimmung der Frau» gefunden zu haben.

Doch folgen wir für einen Moment dem Vektor von «Befreite Lust». Die Dokumentation setzt bei Dr. Alfred Charles Kinsey (1894–1956) an, der mit seinem 1948 erschienenen Report die prüde Nation vor den Kopf stieß und bis heute als der vielleicht wichtigste Sexualforscher und eigentliche Auslöser der Sexuellen Revolution gilt.

Kinsey zeichnete das Bild einer Nation, die nach außen hin Anstand zelebrierte, unter der Decke aber alle nur denkbaren Formen sexueller Grenzüberschreitung betrieb. Was die ARTE-Doku aber verschwieg: Kinsey beschrieb weniger Amerika als Kinsey. Der Mann, der sich öffentlich als konservativer Wissenschaftler und verheirateter Vater von vier Kindern ausgab, war nicht nur ein lausiger Forscher, der auf skrupellose Weise zu wertlosen, weil falschen Erkenntnissen kam. Kinsey selbst führte ein Doppelleben. Besessen von Sex in jeder Form, nötigte er seine Mitarbeiter zum Sex oder zum Filmen von sexuellen Handlungen und unterhielt mit seinem Institut enge Beziehungen zu pädophilen Kriminellen, die Sex mit Kindern filmten. Kinsey war brennend an der «Orgasmusfähigkeit» von Säuglingen und Kindern interessiert und sammelte Filmchen dazu.

Aus heutiger Sicht fragt man sich, warum den Lesern seines Hauptwerkes «Sexual Behavior in the Human Male» die Begeisterung nicht auffiel, mit der Kinsey von ihm organisierte Kinderschändung darstellte: «Es ist sicher, dass ein noch höherer Anteil der Jungen multiple Orgasmen hätte haben können, wenn die Situation es erlaubt hätte. […] Sogar die jüngsten Säuglinge, 5 Monate alt, sind zu solch wiederholten Reaktionen in der Lage. […] Das Maximum, das beobachtet wurde, waren 26 Höhepunkte in 24 Stunden [ein 4-jähriger und ein

13-jähriger Junge. *Anm. d.Ü.]*, und der Bericht weist darauf hin, dass in derselben Zeiteinheit noch mehr möglich gewesen wäre.»[127]

Alfred C. Kinsey sollte nicht die einzige merkwürdige Gestalt unter den Vätern und Müttern der Sexuellen Revolution bleiben. Es wimmelt darin von schrägen Gestalten, die Theoriebildung zur persönlichen Entlastung betrieben. Die «Planned Parenthood»-Gründerin und langjährige Präsidentin Margaret Sanger (1879–1966) verließ ihren Mann und die drei Kinder, um sich sexuell zu verwirklichen. Sie war eine Eugenikerin, die auch Zwangssterilisationen gut fand.[128]

Auch Schwulen-Vordenker Magnus Hirschfeld[129] war Eugeniker und Rassenhygieniker; er beteiligte sich sogar an Genitalverstümmelungen. Eine andere Lichtgestalt, der Sexualforscher Helmut Kentler («Vater der Sexualpädagogik der Vielfalt»), war ein krimineller Kuppler[130], der mit staatlicher Hilfe reihenweise Kinder an Pädophile vermittelte.

Mit den Helden der Sexuellen Revolution lässt sich keine Saga stricken. In Amerika nicht, in Deutschland nicht, in Frankreich nicht, wo gerade der Vorzeigeliterat Gabriel Matzneff als der zynische Päderast enttarnt wird[131], der er zeitlebens war und woraus er in seinen Büchern nie einen Hehl machte. Es ist die immer gleiche Geschichte des ewigpubertären Egomanen, der seine Selbstverwirklichung auf Kosten der seelischen Vernichtung von Kindern und Jugendlichen betreibt.

ARTE feiert seine Helden und freut sich an Bikinis, Miniröcken und der neuen Generation, die auf «Befreiung, Aufbruch und Selbstbestimmung» drängt. Die Antibabypille wird fokussiert auf das «Recht auf Lustbefriedigung», das durchzusetzen das große Ziel der Bewegung ist. Geknackt werden soll «die herrschende Sexualmoral als Herrschafts- und Unterdrückungsinstrument eines autoritären Systems.»

Das war natürlich eine marxistische Parole, die auf das 19. Jahrhundert und eine andere Quelle der Sexuellen Revolution, auf Friedrich Engels, hinweist. In *Der Ursprung der Familie, des Privateigentums und des Staats*[132] beschreibt Engels den «ersten Klassengegensatz» in der Geschichte: die monogame Ehe. Verständlicherweise schließt an diese Sicht der Dinge die facettenreiche Geschichte des Feminismus an, die in einer frühen Phase die Traktoristin hervorbrachte, die – so denke ich – auch nur eine neue Variation ausbeutender Unterdrückung der Frau darstellte. Das Patriarchat mutierte nur zum Staat.

In den späten Sechzigern und Siebzigern des 20. Jahrhunderts sind wieder klassenkämpferische Töne zu hören. Über die Lektüre von Wilhelm Reich entdecken sowohl die amerikanischen Hippies wie die linke Szene in Deutschland und Frankreich «in Rauschmitteln und Sexualität umstürzlerisches Potential.»[133]

Herbert Marcuse lieferte mit *Triebstruktur und Gesellschaft* eine fertige Theorie, wonach die «Unterdrückung des Eros […] eine soziopathologische Dynamik in Gang setzt, die zur Herrschaft des Menschen über den Menschen führt und schließlich Krieg und Massenmord hervorbringt».[134] Gute Gründe für mehr freien Sex!

ARTE würdigt an dieser Stelle die Berliner Kommune 1, in der es nach Dieter Kunzelmann neues Leben geben soll, getragen von «der Leidenschaft der an sich selbst Interessierten».[135] Der ihm zugeschriebene Spruch: «Was geht mich der Vietnamkrieg an, wenn ich Orgasmus-Schwierigkeiten habe», stammt zwar nicht von Kunzelmann, sondern von Rainer Langhans, er markiert aber das in jenen Jahren stattfindende Umkippen von politischer Weltverbesserung in privaten Hedonismus[136] und Esoterik.

Das hatte Marcuse nicht erhofft. Die flotten Kommunarden und

Kommunardinnen, von der Zeitschrift «Stern» («Sex sells») nackt abgelichtet, erstreben die Zerschlagung der Kleinfamilie und propagieren die freie Liebe. Die Kommune 1 wird, so ARTE, «weltweit Vorbild für ein neues Lebensmodell». Für welches?

Man rätselt: «Familie» als Floating-Größe, als ein assoziativ sich strukturierendes Sozialgebilde, als Kommen und Gehen von mit Leidenschaft an sich selbst interessierten Geschlechtswesen?

«Es war so», schreibt Katharina Wulff-Bräutigam, Kind einer Münchner Kommunardin und eines 68er-Rebellen, «dass wir unseren Eltern bei der Verwirklichung ihrer Ego-Trips im Wege standen.»[137] Auch die Autorin Sophie Dannenberg («Das bleiche Herz der Revolution») erinnert sich und differenziert: «Noch heute denke ich gern an meinen Kinderladen zurück. Es war eine glückliche Zeit. Die Welt war wild und geheimnisvoll. Wir waren glückliche Kinder. Und einige von uns wurden sexuell missbraucht. [...] Der Missbrauch fand nicht vor Ort statt. Aber er hatte dort seinen Ursprung. Unsere Eltern taten das nicht, weil sie pädophil waren. Sie taten es, weil sie Sex mit Kindern für fortschrittlich hielten, weil sie dachten, dass Scham und Hemmung bourgeois seien, und weil es entsprechende Texte von Wilhelm Reich und Fotobücher von Will McBride gab, wo missbrauchte Kinder fröhlich in die Kamera lachten. [...] Rückblickend könnte man sagen, sie haben es nicht so gemeint. [...] Im Grunde haben sie nur ihre revolutionäre Pflicht getan.»[138]

Was von ARTE nicht thematisiert wird, aber ins Auge springt: Die Welt der Männer und Frauen driftet immer weiter auseinander. Männer verrohen in virtuellen Welten. Frauen ziehen sich in gewaltfreie Zonen zurück. Für was braucht man eigentlich Männer? Ein Männer-Bashing greift um sich. Das vermeintlich schwächere Geschlecht schlägt zurück.

ARTE thematisiert nicht, wie Männer und Frauen wieder zueinander finden könnten in eine Art komplementäre Harmonie. Die scheint für immer zerschlagen. Stattdessen wird von getrennten Welten erzählt, die weniger *miteinander* zu tun haben, als dass sie durch *parallele* Forderungen nach Liberalisierung und Akzeptanz besonderer Lebensweisen verbunden sind.

Einerseits etabliert sich eine starke männlich-homosexuelle Kultur, von der gleich noch die Rede sein wird. Andererseits wächst ein vielschichtiger Feminismus, der einmal aggressiv männerfeindlich sein kann, ein andermal verschworen lesbisch daherkommt, dann wieder sich aus Forderungen nach Gleichberechtigung, Menschenwürde und Selbstbestimmung herleitet, wie ihn etwa Johanna Dohnal vertritt (und wie ihn Männer und Frauen gemeinsam vertreten können). Sie sagt: «Die Vision des Feminismus ist nicht eine ‹weibliche Zukunft›. Es ist eine menschliche Zukunft. Ohne Rollenzwänge, ohne Macht- und Gewaltverhältnisse, ohne Männerbündelei und Weiblichkeitswahn.»[139] Hier geht es um die Feststellung subtiler Ausgrenzungen im Blick auf eine gemeinsame humane Entwicklung von Männern und Frauen.

Schon beim Wort «Selbstbestimmung» werden aber die Dinge mehrdeutig. Ist damit «Gewalt gegen Frauen» gemeint? Der Kampf gegen Sexismus am Arbeitsplatz, gegen übergriffige Männer, gegen Genitalverstümmelung? Oder geht es um das vermeintliche «Menschenrecht auf Abtreibung»?

Darauf zielte der sogenannte «Tarabella-Bericht», zu dem sich das Europaparlament 2015 mit 441 Ja-Stimmen, 205 Enthaltungen und 52 Nein-Stimmen bekannte. Darin fordert das Parlament das «Recht der Frauen auf sexuelle und reproduktive Gesundheit» – eine gezielt designte Worthülse, die in das Wörterbuch des Unmenschen gehört. Gemeint ist nämlich nicht in erster Linie Empfängnisverhütung, sondern Abtreibung. Abtreibung wird für Christen und öko-logisch denkende Menschen niemals etwas Anderes als die Tötung eines Kindes und auch niemals Gegenstand einer Güterabwägung sein, so sehr Frauen auch durch eine unverhoffte Schwangerschaft in Not geraten.

An dieser Stelle muss man auf Simone de Beauvoir (1908–1986) aufmerksam machen, spielt die Gefährtin von Jean-Paul Sartre doch gleich in mehreren Strängen der Sexuellen Revolution eine Schlüsselrolle: in einem Feminismus, der sich von Männern abgrenzt; in der Vorbereitung der Gendertheorie; und im Kampf für das Recht auf Abtreibung. Die Gendertheorie nahm sie vorweg mit ihrem berühmten Diktum: «Man ist nicht als Frau geboren, man wird es.»[140] Im Stil einer Amazone machte sie ihre beiden eigenen Abtreibungen publik und richtete in ihrem Pariser Salon eine eigene Abtreibungsstation ein: «Was sich in meinem Körper zutrug, ging doch niemanden außer mir etwas an.»[141] Wiederum gelingt ihr die Vorwegnahme eines verhängnisvollen Slogans, nämlich: «Mein Bauch gehört mir!»

Die Schwangerschaft empfand Simone de Beauvoir «gleichzeitig als eine Bereicherung und als eine Verstümmelung. Der Fötus ist ein Teil ihres Körpers und auch wieder ein Parasit, der auf ihre Kosten lebt.»[142]

Nicht weniger folgenreich ist ihre Dekonstruktion des Verhältnisses von Mann und Frau in der Veröffentlichung ihrer dramatischen Beziehung zu Jean-Paul Sartre, die ebenso heftig und andauernd wie fragil und offen für andere «Zufallslieben» ist: «Ich hatte nicht den Wunsch, dass Sartres Existenz sich in der eines anderen Wesens spiegeln und fortsetzen solle: Er genügt sich, er genügte mir. Und ich genügte mir.»[143]

Bald dreht sich ein buntes Karussell männlicher und weiblicher Geliebter, begleitet von psychischen Abstürzen und immer neuen Experimenten. «Ich liebe das Leben so sehr», schreibt Simone de Beauvoir, «und verabscheue den Gedanken, eines Tages sterben zu müssen.

Und außerdem bin ich schrecklich gierig: ich möchte vom Leben alles, ich möchte eine Frau, aber auch ein Mann sein, viele Freunde haben und allein sein, viel arbeiten und gute Bücher schreiben, aber auch reisen und mich vergnügen, egoistisch und nicht egoistisch sein [...] Und wenn es mir nicht gelingt, werde ich wahnsinnig vor Zorn.»[144]

Wie ARTE ausführlich anhand der historischen Diskriminierung und der berührenden Entstehungsgeschichte[145] des Christopher Street Days belegt, spielt Homosexualität im Fortgang der Sexuellen Revolution eine immer stärkere Rolle, ja wird mehr und mehr zum heimlichen Treiber fortschreitender Emanzipationen. Für die endlich errungene Akzeptanz homosexueller Lebensstile, ja die Welle der Sympathie dafür in der Öffentlichkeit, bietet ein ARTE-Interpret eine einfache Erklärung: Besonders männliche Homosexuelle mit ihrer hemmungslos gelebten Promiskuität[146] führten eben sinnlich und schamlos vor: «Hallo, es gibt ihn – den schrankenlosen Sex. Man muss nur wollen.» Das ziehe Menschen aller sexuellen Präferenzen an.

Das mag stimmen, denn obwohl nach seriösen Schätzungen nur etwa drei bis sieben Prozent der Menschen eine homosexuelle Identität haben, übt der CSD mit seiner ausgestellten Zelebration von Geilheit eine massensuggestive Wirkung aus. Gay Pride[147] mit Schlabberzungen und gepolsterten Männerhöschen. Den Kölner Umzug – mittlerweile ein größeres Ereignis als der Rosenmontagszug – säumen Tausende von Voyeuren und Sympathisanten, die sich mit Regenbogen-Fähnchen einschwingen in die Atmosphäre aus Solidarität und Bewunderung. Selbst nicht schwul oder lesbisch – oder nur ein bisschen –, sind wir wieder bei Sigmund Freud und seiner Feststellung, der Mensch sei eben ein unermüdlicher Lustsucher. Und das darf jetzt sein?

Karneval kommt übrigens von *Carne vale* = Fleisch adé!; vor der

Fastenzeit mussten die letzten Fleischbestände verzehrt werden, damit sie nicht verdarben. Mitgemeint war natürlich die Eindämmung der fleischlichen Gelüste. Der CSD toppt den Karneval durch ein «Servus Carne!»; in ihm feiern die römischen Bacchanalien[148] mit ihrer orgiastischen Aufhebung aller Schranken fröhliche Urständ.

Es gibt den gemeinsamen Nenner, der die vielfältigen Ansätze aus Klassenkampf, Feminismus, Menschenrechtsbewegung, Gendertheorie, «Planned Parenthood» und die schillernde Vielfalt der Queer-Initiativen zusammenbindet: maximale individuelle Freiheit zu sexueller und «reproduktiver» Selbstverwirklichung; Abbau aller emotionalen Hemmnisse in der Bevölkerung und aller gesetzlichen Vorbehalte auf politischer Ebene. «Dabei», heißt es bei ARTE, «kam es zu Synergien zwischen den verschiedenen Akteuren der Sexuellen Revolution: Die feministischen Forderungen nach Aufhebung des Abtreibungsverbots und die ersten Kämpfe für die Entkriminalisierung der Homosexualität beschleunigten den Prozess der Emanzipation.»

ARTE dokumentiert dann, wie sich die Sexuelle Revolution in konkreten gesellschaftlichen und rechtlichen Veränderungen niederschlägt, etwa bei der Gleichstellung der Homo-Ehe mit der traditionellen Ehe und dem Adoptionsrecht für homosexuelle Paare. Über den Durchbruch «Homo-Ehe» spottet ein Kommentator: Darum könne es der Sexuellen Revolution natürlich nicht gehen; man habe nur ein Symbol gestürmt. Wozu brauche man «Ehe»? Das Ziel sei ihre Abschaffung!

Dokumentiert wird die Durchsetzung von Sex für alle in allen Varianten vom Kindergarten an. Wie weit die Vorstellungen gehen, macht das pädagogische Konzept «Sexualpädagogik der Vielfalt»[149] deutlich, das von der scharfzüngigen Kritikerin Birgit Kelle so bissig wie detailreich kommentiert wird:

«Dildos, Potenzmittel (für die Sekundarstufe!), Lack, Leder, Latex, Aktfotos, Vaginalkugeln und Handschellen sollen [...] beispielsweise als Unterrichtsmaterialien von den Schülern ‹ersteigert› werden – für verschiedene Parteien eines Mietshauses, in dem zwar kein einziges heterosexuelles Paar mit Kindern wohnt, was dem Lebensraum der meisten Kinder in Deutschland am nächsten käme, dafür aber alleinerziehende Mütter, Lesben mit und Schwule ohne Kind, aber auch ein klassisches Heteropaar ohne Kinder. Nicht geklärt ist, wer von ihnen die Handschellen bekommt.

Bildung? Die Schüler können alternativ den ‹neuen Puff für alle› kreieren. Auch ganz spaßig. Das Haus soll im Unterricht mit allerlei Zimmern bestückt werden, indem man der pädagogisch wertvollen Fragestellung nachgeht: ‹Welche sexuellen Vorlieben müssen in den Räumen wie bedient und zufriedengestellt werden?›, wobei explizit verschiedene sexuelle Präferenzen und auch Praktiken benannt werden sollen.»[150]

Beim Thema Pornografie ist sich ARTE nicht sicher, wie man das, was längst auch Linke in ihren Lifestyle integriert haben, ethisch einordnen soll. Gab es da nicht mal Stichworte wie brutale Entwürdigung der Rasse Frau? Konsumobjekt? Warencharakter? Dann unterscheiden wir halt eben in schlechte (fantasielose, langweilige) und gute (inspirierende, stimulierende) Pornografie. Die geht als politisch korrekt durch, ebenso wie die handwerklich saubere Dienstleistung von Sexarbeiterinnen; Einwände von Feministinnen und Menschenrechtlern erscheinen im einen wie im anderen Fall nicht erwähnenswert.

Wie die Zukunft aussieht? Die Katholische Kirche, Erzgegner aller Protagonisten der Sexuellen Revolution, taucht nur noch am Rand auf, wahrscheinlich aus den gleichen Gründen, die Harald Schmidt zu sagen veranlassten: «Die Kirche zerlegt sich gerade sehr solide selbst.»[151]

Dennoch: «Der Kampf um die sexuelle Befreiung», heißt es bei ARTE, «scheint auch im 21. Jahrhundert noch nicht zu Ende zu sein. Auch wenn sich traditionelle Geschlechterzuschreibungen immer mehr auflösen, noch immer müssen Homosexuelle, Transsexuelle oder auch Sexarbeiterinnen weltweit um ihre Rechte kämpfen.» Zum Schluss darf eine Vorkämpferin der neuen Sexualmoral ihre Vision vortragen. Sie spricht davon, dass sich hoffentlich bald alle geschlechtlichen Zuschreibungen, insbesondere die von Mann und Frau, in nichts auflösen. Pansexualität[152] stünde am Horizont einer postbiologischen, von jeder Natur emanzipierten Welt. Schon morgen könne man Kinder in Retorten züchten, und Frauen wären damit endgültig nicht mehr belastet.

So ganz scheint die Sexuelle Revolution wiederum nicht zu greifen: So wollte eine Studie des Bundesumweltministeriums («Zukunft? Jugend fragen!»)[153] im Jahr 2018 wissen: «Was ist Jugendlichen wichtig?». Das Ergebnis überraschte viele: Stabile soziale Beziehungen stehen für die Jugendlichen an erster Stelle. «Einen Partner haben, dem man vertrauen kann» fanden 78 % *sehr wichtig* und 17 % *eher wichtig*. Für 67 % der Jugendlichen war «Ein gutes Familienleben führen» *sehr wichtig* und immerhin für 25 % noch *eher* wichtig.

Wenn eines im Kulturbruch deutlich geworden ist, dann die Tatsache, dass wir es mit einer in sich konsistenten neuen Anthropologie zu tun haben, die mit der christlichen (wie übrigens schon mit der jüdischen) Anthropologie nicht kompatibel ist.

Thomas Söding spricht von der Monogamie als dem «identity marker des frühen Christentums»[154]. In der Tat gipfelt das biblische Bild vom Menschen in monogamer Liebe, die noch einmal gekrönt wird durch die mystische Aufladung der Mann-Frau-Verbindung durch Jesus in der Analogie Christus/Kirche. Von der Bibel her gibt es keine irgend geartete Brücke zu einem Menschenbild, in dem die zivilisatorischen Tabus, die nicht ohne Grund da sind, aufgehoben werden.

Die paraliturgischen CSD-Prozessionen machen hinreichend klar, dass es hier nicht um sexuelle Lockerungsübungen geht, sondern um «Kult», um andere Götter, denen zu opfern ist. Die Knie sind zu beugen, und zu bekennen ist das Ende der komplementären Zuordnung der Geschlechter, die Aufkündigung der Verantwortung für unsere Kinder und die Leugnung der leiblich-geistlichen Koordinaten des Menschseins.

Die traditionelle christliche Moral erscheint wie eine Negativfolie für alles, was anders werden soll: Die Komplementarität von Mann und Frau soll aufgelöst, biologische Konstanten sollen aus dem menschlichen Design gelöscht, die uralte Bindung von Sex und Fruchtbarkeit an Gegengeschlechtlichkeit und Liebe soll abgelöst, die Dauerhaftigkeit und Exklusivität von Liebe soll ins Exotische verwiesen, dafür Promiskuität zum Normalfall erklärt werden; gelten soll ein Lustrecht für alle und ein Tötungsrecht von Kindern im Kontext von Geburtenregelung, usw.

Die Sexuelle Revolution entpuppt sich als blasphemische Heilslehre, gebaut um den Satz: «Es ist gut, dass der Mensch allein bleibt.» Sie ist ein Programm für Einsamkeit, eine Monadologie. Sie tilgt Hingabe und Transzendenz und verwandelt die Kolonie des Menschlichen in ein Biotop von Raupen, aus denen nie Schmetterlinge werden.

Wir haben es mit «einer anthropologischen Erschütterung ohnegleichen»[155] zu tun, auf die Christen noch keine Antwort gefunden haben. Statt in Ruhe an einer alternativen Kultur zu arbeiten, wimmelt es vor fließenden Übergängen und nachträglichen Rechtfertigungen von Pleiten, Pech und Pannen. Alles geht in eine Richtung, und nicht etwa vom permissiven Getümmel ins Christliche, sondern umgekehrt: Vom Christlichen in die vermeintliche neue Freiheit.

Kapitel 8
Christsein als Option

Das Europaparlament hat 2019 ein besonders krasses Beispiel für den Abschied vom «christlichen Abendland» produziert. Im Straßburger Europaparlament wurde eine Resolution verabschiedet, mit der Polen gerügt wurde, weil die osteuropäischen Ignoranten in puncto Sexualaufklärung nicht auf der Höhe der allgemeinen Standards sind.

Schälen wir einmal die ethische Monstrosität aus dem Wust von Gendersprech heraus: Damit – so heißt es in der Resolution – «Jugendliche [...] gefahrlos sexuelle Erfahrungen [...] machen können», sei der Zugang zu «sicheren und rechtmäßigen Abtreibungen unabdingbar.»[156] Mit anderen Worten: Damit etwas größere Kinder sorgenfreien Spaß im Bett haben, soll der polnische Gesetzgeber dafür Sorge tragen, dass kleine Kinder, die dabei zufällig entstehen, getötet werden dürfen. Und für diesen mörderischen Vorschlag findet sich eine Mehrheit von 471 Stimmen (!), bei 128 Gegenstimmen und 57 Enthaltungen.

Christen in Westeuropa machen in diesen Tagen die Erfahrung, dass sie fürs Erste die Verlierer im Kampf um die Köpfe und Herzen der Menschen sind. Ihre traditionellen Ansichten wurden und werden bekämpft. Ihre Autorität ist durch die Verbürgerlichung vieler Christen und die Schande, die einige ihrer hervorgehobenen Vertreter über sie gebracht haben, gebrochen. Ihren Werthaltungen fehlt es an Plausibilität.

Die Mehrheit der Bevölkerung hat sich von der Weltsicht und dem Menschenbild der Christen ab- und einem neuen, irrationalen Humanismus, der zu individueller Freiheit verlockt, zugewandt. Dass dieser «Neohumanismus», wenn wir ihn einmal so nennen wollen, auf Dauer von Erfolg gekrönt sein wird, ist mehr als fraglich. Es ist ein ungedeckter Scheck und eine Wette auf die Zukunft.

Einer so grundstürzenden Veränderung wie der Abschaffung von Mann und Frau ist mit Argumenten kaum, allenfalls mit Abwendung und Geduld zu begegnen. Es handelt sich um ein Langzeitexperiment, dessen Folgen wir in der nächsten Generation sehen werden.

Verbleiben Christen nur in einem kulturkritischen Lamento, ändert sich nichts am Gang der Dinge.

Christen eröffnen sich derzeit vier Möglichkeiten:

1. Sie kapitulieren.
2. Sie bekämpfen den «Neohumanismus».
3. Sie passen sich an.
4. Sie leben ihr Christsein bewusst als alternative Option[157], ohne sich deshalb aus der Gesellschaft zurückzuziehen.

Die erste Möglichkeit wählen alle, die gerade die Kirche verlassen.

Die zweite Möglichkeit wählen jene, die frontal angreifen, was in der Tat angegriffen werden muss, weil es ideologisch ist oder weil es der Vernunft und den guten Sitten widerspricht. Durch die intellektuelle Immunisierung, die Politisierung und moralische Ausgrenzung Andersdenkender, mit der sich beispielsweise Gender gewappnet hat, kann man dieser verdeckt totalitär agierenden Neuorganisation unserer Gesellschaft derzeit nicht diskursiv entgegentreten.

Die dritte Möglichkeit wählen jene, die an die assimilierende Kraft des Christlichen glauben und sich gerade an der Harmonisierung widerstreitender Elemente und der Integration der neuen Weltsicht in ein weiter gefasstes christliches Weltbild abarbeiten.

Das ist grundsätzlich nicht falsch; schließlich konnte das Christentum schon in der Antike den unvermeidlichen Zusammenstoß mit der griechischen Philosophie in größeren Reichtum und neue Fruchtbarkeit verwandeln. In dieser frühen Phase seiner Entwicklung schuf das Christentum die Matrix für eine Fülle kultureller Aneignungen in seiner langen Geschichte. Die Kirche hat eben auch in geistiger Hinsicht einen großen Magen. Ich glaube aber zumindest kurzfristig nicht an diese Möglichkeit. Derzeit sieht es eher nach Magenverstimmung aus.

«Sind wir wirklich anschlusswillig?»[158], hatte Kardinal Marx in Hinsicht auf die Missbrauchsstudie gefragt, auf die kritische Kraft der Vernunft hingewiesen und vor Fundamentalismus gewarnt. Die Frage ist wohl eher, ob wir *anschlussfähig* sind – und zwar auf beiden Seiten. Ich halte die Kirche im derzeitigen Zustand für nicht sonderlich anschlussfähig, zumindest solange sie sich nicht ihrer Altlasten entledigt und neues Profil gewonnen hat.

Darf man Kierkegaards Tagebucheintrag von 1836 auf die Kirche unserer Tage ummünzen? «Man befürchtet momentan nichts mehr als den totalen Bankrott, dem, wie es scheint, ganz Europa entgegengeht. Und vergisst darüber die weit gefährlichere, anscheinend unumgehbare Zahlungsunfähigkeit in geistiger Hinsicht, die vor der Tür steht.»[159]

Vielleicht darf man die geistige Lage so sehen. Denn da ist ja noch die Frage, an was man anschließen möchte. Thomas von Aquin konnte an Aristoteles anschließen, weil dessen radikale Rationalität mit dem Logos des Christlichen in erstaunlicher Weise zusammensang und Thomas ein die Zeitalter überspannendes Gespräch beginnen konnte, in dem er zustimmte, ablehnte, ausschied und übernahm. Solange sich der «Neohumanismus» aber noch im Zustand einer sterilen Ideologie befindet, sind alle Anschlussversuche und gleitenden Übergänge geplante Frustrationen. Versucht man trotzdem den Kompromiss, läuft man Gefahr, seine Identität zu verlieren. Am Ende *wird* man noch missioniert.

«Sich bei solchen Rat zu holen, die einem anderen Weg folgen, ist nutzlos», hatte der Weise Konfuzius[160] einst befunden. Ich weiß nicht, ob er den Münchner Kardinal daran erinnert hätte, als dieser jüngst meinte: «Was lernt die Kirche von der Welt? Denken.»[161]

Dialog ist sinnvoll, aber man darf darüber seine Identität nicht verlieren. Im Leben eines kleinen Kindes ist der entscheidende Schritt der Ausgang aus der symbiotischen Einheit mit der Mutter. Das Kind lernt «Ich» zu sagen und sich zu unterscheiden von der Anderswelt.

Es gibt aber nicht nur die Identität der Einzelperson. Es gibt auch eine «Wir-Identität», die man zunächst in der Familie erfährt, dann in der Kirche: Wir sind Christen. In einem säkularisierten Umfeld kann das Christliche nur überleben durch bestimmte verinnerlichte Momente der Unterscheidung, die in allen Mitgliedern der Community wiedererkennbar da sind. In Zeiten brüchig gewordener Identitäten leben alle, auch Christen, wie Schiffbrüchige:

«Der Schiffbrüchige», schreibt José Granados, «hat nur ein Ziel: sich über Wasser zu halten. Er schwimmt nicht, um ein Ziel zu erreichen, sondern um nicht unterzugehen; ihm fehlen der Horizont und der Kurs. Gleichzeitig lebt der Schiffbrüchige von Fragmenten: von Stücken des Bootes, das nicht mehr fährt, von Einzelteilen, die nicht mehr zusammengesetzt werden können.»[162]

Bleibt nur die Möglichkeit Nummer 4: «Christsein als Option», auf die zuletzt der renommierte Berliner Sozialwissenschaftler Hans Joas (*1948)[163] hingewiesen hat: «Die Optionalität des Glaubens ist [...] durch die Verfügbarkeit prinzipiellen Unglaubens gegeben, dann auch durch die Bedingungen religiösen Unglaubens.»[164] Joas schreitet das durch die Säkularisierung entstandene Szenario ab und kommt zum Schluss: «Das Selbstgefühl, mit dem Unglauben an der Spitze des Fortschritts zu stehen, ist ebenso perdu[165], wie umgekehrt die pharisäische Selbstgewissheit, durch den Glauben schon ein besserer Mensch zu sein.»[166]

Der Abschied von einem Kirchenbild, in dem sich das Christentum in Besitz glaubte, eine Fülle von Privilegien genoss, in einen breiten gesellschaftlichen Konsens eingebettet war und in bestem Einvernehmen mit den staatlichen Instanzen lebte, dazu auch zu manchem Kompromiss bereit war, dürfte der Vergangenheit angehören. Ein Gesetz nach dem anderen wird erlassen, das Christen nicht mittragen können, weil es sie im Kern ihrer Werthaltungen verletzt und zu offenem Widerspruch herausfordert. Der Staat, der dienen sollte, wird zur Gefahr.[167]

Das *müsste,* wird man genauer sagen, Christen herausfordern, nicht zuletzt deshalb, weil es ja nicht in erster Linie um sie geht, sondern um das Gemeinwohl, dem Christen noch einmal tiefer verpflichtet sein sollten als andere Bürger. Quälend zu lesen, wie kirchliche Verantwortungsträger sich oft in Kommentaren winden, um nur ja die gutnachbarlichen Beziehungen mit dem Staat nicht zu gefährden.

Christsein als Option muss nicht in jedem Fall den Kompromiss suchen. Die Kirche, die sich auf Jesus beruft, kann sich nicht von den realen Menschen und den realen Machtverhältnissen verabschieden, um auf der Insel der Seligen eine sektiererische Sonderwelt, eine «Kirche der Reinen», zu schaffen. Dann würde sie aus 27 Mitgliedern bestehen. Sie wird immer in maximaler praktischer und spiritueller Solidarität mit den Menschen um sie herum leben, aber sie wird sich, wo immer ihre Identität bedroht ist, in Distanz zu Mehrheiten, Herrschaftseliten und bestimmenden Kräften der Allgemeingesellschaft befinden.

«Christsein als Option» wird kaum je den Dialog verweigern dürfen; und die Kirche wird sich nicht für etwas Besseres halten. Sie wird darüber aber dennoch die Gewissheit nicht aufgeben, den «Schatz im Acker» (Mt 13,44) gefunden zu haben. «Christsein bedeutet, sich selig und gesegnet und somit als Träger der Glückseligkeit für die anderen zu wissen», heißt es im Brief von Papst Franziskus an das pilgernde Volk Gottes in Deutschland[168].

Im Gestus der Option darf die Kirche, die sich mit der Macht verbündet hatte, wieder sein, was sie zu ihren besseren Zeiten war: *anziehend anders*. Sie wird dazu befreit, den Beweis von Geist und Kraft zu erbringen – und nicht den Beweis von Geld und Einfluss. «Das kann Interesse wecken an dem, was die jeweils anderen eigentlich artikulieren – in ihrem Glauben oder in ihrer Kritik an einer bestimmten Religion oder an aller. Damit können Neugierde auf den anderen und eigene Lernbereitschaft Einzug halten ins Religionsgespräch.»[169]

Das Defizit der Kirche ist ja nicht ein Defizit an Gedanken, sondern ein Defizit an Sein. Als eine – durch Unachtsamkeit und fehlende innere Disziplin von Führungspersonen – ins Unmoralische abgesunkene Macht sind wir gesamtgesellschaftlich in Ungnade gefallen. Wenn wir als Option wieder Zuspruch finden wollen, müssen wir Moral (also flankierende Schutzmacht) *sein,* statt bloß an ihrer theoretischen Nachjustierung zu feilen.

«Der gute Mensch bringt aus dem guten Schatz seines Herzens das Gute hervor, und der böse Mensch bringt aus dem bösen das Böse hervor.» (Lk 6,45) Mit der Kirche ist es genauso. Die Kirche kann ihre Moral nicht tragen wie ein falsches Hemd. Was die Kirche für Familien mit Kindern tut, indem sie etwa bezahlbaren Wohnraum schafft, ist wichtiger, als was sie familienpolitisch fordert. Und was sie Kindern sexuell vorlebt, ist wichtiger, als was sie an neuer Sexualmoral zu Papier bringt. Bevor die Kirche Moral lehrt, muss sie wieder zu einer moralischen Instanz werden – und überhaupt ein wahrnehmbares Profil gewinnen.

Um eine Vorstellung davon zu gewinnen, was «Christsein als Option» heißen könnte, hilft es, auf die vorkonstantinische Zeit zu blicken. Es ist die Einladung an ein derzeit kaum etablierbares Christentum, ein noch nicht etabliertes, dafür überaus anziehendes Christentum kennenzulernen.

Ich möchte Sie bitten, mit mir einige Abschnitte aus dem Diognetbrief zu betrachten. Die Schrift stammt aus der zweiten Hälfte oder dem Ende des zweiten Jahrhunderts, wurde also wenige Generationen nach Jesu Tod verfasst. Die literarische Gattung ist die «Apologie»[170], also Verteidigungsrede. Es gibt Antworten auf Fragen wie: «Auf welchen Gott vertrauen die Christen? Was ist das für eine innige Liebe? Warum ist der christliche Glaube erst jetzt aufgetaucht?» Das Publikum waren Heiden, also nichtgetaufte Zeitgenossen.

In der Zeit, in der der Diognetbrief verfasst wurde, werden Christen erstmals wegen des Titels «Christen» verfolgt. Mit Ausnahme von Kaiser Commodus (er regierte 180–192) werden von allen römischen Imperatoren dieser Zeit blutige Verfolgungen von Christen berichtet. Christen lebten daher in einem höchst unfreundlichen Milieu, zogen aber dennoch immer mehr Menschen an, einfach durch ihr Leben. Der evangelische Pfarrer und Theologe Jochen Teuffel hat ihren Lifestyle einmal mit «Christsein als passionierte Fremdlingschaft»[171] überschrieben; das trifft es gut. Lesen wir aus dem fünften Kapitel des Diognetbriefs:

> *[…] Die Christen nämlich sind weder durch Heimat noch durch Sprache noch durch Sitten von den übrigen Menschen unterschieden. Denn sie bewohnen weder irgendwo eigene Städte noch verwenden sie eine abweichende Sprache noch führen sie ein absonderliches Leben. Wahrlich nicht durch irgendeine Einbildung oder Träumerei vorwitziger Menschen ist ihnen diese Lehre ersonnen worden, auch machen sie sich nicht zum Kämpfer einer menschlichen Lehre wie manche andere. Und*

sie bewohnen griechische und nichtgriechische Städte, wie es ein jeder zugeteilt erhalten hat; dabei folgen sie den einheimischen Bräuchen in Kleidung, Nahrung und der übrigen Lebensweise, befolgen aber dabei die außerordentlichen und paradoxen Gesetze ihres eigenen Staatswesens. Sie bewohnen ihr jeweiliges Vaterland, aber nur wie fremde Ansässige; sie erfüllen alle Aufgaben eines Bürgers und erdulden alle Lasten wie Fremde; jede Fremde ist für sie Vaterland und jede Heimat ist für sie Fremde. Sie heiraten wie alle und zeugen Kinder, jedoch setzen sie die Neugeborenen nicht aus. Sie haben gemeinsamen Tisch, kein gemeinsames Lager. Sie sind im Fleische, aber sie leben nicht nach dem Fleisch. Auf Erden halten sie sich auf, aber im Himmel sind sie Bürger. Sie gehorchen den bestehenden Gesetzen und überbieten durch ihre eigene Lebensweise die Gesetze. Sie lieben alle und werden von allen verfolgt. Sie werden verkannt und verurteilt, sie werden getötet, und dadurch gewinnen sie das Leben. Arm sind sie und machen doch viele reich; an allem leiden sie Mangel, und zugleich haben sie Überfluss an allem. Missachtet werden sie und in der Verachtung gerühmt; verlästert werden sie und doch für gerecht befunden. Geschmäht werden sie und segnen; sie werden verhöhnt und erweisen Ehre. Obwohl sie Gutes tun, werden sie wie Übeltäter bestraft; mit dem Tode bestraft, freuen sie sich, als ob sie zum Leben geboren würden.

Das ist mit «Christsein als Option» gemeint: Nicht der Ausstieg aus der Solidarität, nicht der Rückzug aus der Gesellschaft und dem normalen Leben, wohl aber die Formation einer profilierten, unprätentiösen und sichtbaren Alternative – mitten unter allen. Die Christen des Diognetbriefs sind gute Bürger *(«Sie gehorchen den bestehenden Gesetzen und überbieten sie durch ihre eigene Lebensweise»)*, folgen aber auch den *«außerordentlichen und paradoxen Gesetzen ihres eigenen Staatswesens»*, was sie in Konflikt mit herrschenden Ordnungen, bis hin zum Martyrium, bringen kann.

Wenn es heißt, sie seien *«im Fleisch»*, aber lebten nicht *«nach dem Fleisch»*, so steht im griechischen Urtext dafür das Wort *sarx,* das Paulus gerne verwendete; es meint zugleich das Fleisch des Körpers, aber auch das Gegenstück zu Geist und geistiger Lebensweise. Nicht «nach dem Fleisch leben» bedeutet also: nicht auf die altbekannte sündige Weise – also in Neid, Hochmut, Unzucht und Gier – leben. «Christsein als Option» zu realisieren, bedeutet, zu einer Gemeinschaft zu finden, die einen Unterschied macht, damit aber auch ein Stück «Entheimatung» *(«wie fremde Ansässige»)* aus dem hinzunehmen, wie alle leben und was alle tun: *«Sie haben gemeinsamen Tisch, kein gemeinsames Lager.»*

Und natürlich ist die Sichtbarkeit eines optional gelebten Christseins eine ethische: *«Sie heiraten wie alle und zeugen Kinder, jedoch setzen sie die Neugeborenen nicht aus.»* Das Aussetzen und Töten von Säuglingen, der sogenannte Infantizid[172], war in der gesamten Antike weitverbreitet und «ein Teil des Standardrepertoires römischer Laster.»[173] Sogar in die Gründungslegende Roms ging ein versuchter Infantizid ein: Romulus und Remus wurden angeblich als Säuglinge in den Tiber geworfen, überlebten aber.

Auch in der vermutlich noch etwas älteren *Didaché,* der Zwölfapostellehre, wird der für Christen typische ethische Unterschied herausgearbeitet; es gibt einen Weg des Lebens und einen Weg des Todes. In dem Text heißt es: «Du sollst nicht töten, nicht ehebrechen, nicht Knabenschänden, nicht Unzucht treiben, nicht stehlen, nicht Zauberei treiben, nicht Giftmischen, du sollst ein Kind nicht abtreiben und das Geborene nicht töten, nicht den Besitz deines Nächsten begehren.»[174]

Für den Historiker Henry Chadwick war die alternative ethische Wucht und Dynamik der Christengemeinden im Vergleich ihrer Umwelt die herausstechende Dimension des frühen Christentums – also ihre handfeste kollektive Anstrengung, nach anspruchsvollen Geboten zu leben, dazu die Aufwertung der Frauen, die Integration der Unfreien und Sklaven, die Hinwendung zu den Hungrigen, Kranken, Armen, Heimatlosen, Witwen und Fremden – «die stärkste Einzelursache für den missionarischen Erfolg des Christentums».[175]

Christsein als Option verwirklichen, heißt demnach: Barmherzig zu sein, den Schwachen und Kranken in der Mitte zu haben, aber zugleich in profilierter Andersheit den «Weg des Lebens» zu gehen und die Befremdung auf sich zu nehmen, die das mit sich bringt.

Option heißt Einladung; nicht Macht, die den anderen mit Gewalt verändern will. Sie eröffnet dem, der sucht, eine lebendige Möglichkeit, am Schatz des Glaubens zu partizipieren. Gelebte christliche Zellen hätten den Charakter von Oasen. Die Beispiele aus der frühen Christenheit zeigen, worin die verlockende Andersheit der Christen im Kern bestand: in ihrer betont anderen Einstellung zum Leben. Während die gesamte Umwelt das volle Programm devianter Sexualpraxis – Ehebruch, Polyamorie, Prostitution, Pädophilie, Päderastie, Abtreibung, Kindesaussetzung, Kindesmord – praktizierte, das wir in den Bestrebungen der Sexuellen Revolution als das Neueste einmal mehr angepriesen finden, lebten die frühen Christen so, dass sie das *einfach nicht taten.*

Wer sich in die optionale Anderswelt aufmachte, wer sich also auf den Weg der Taufe machte, lernte, womit er sich *nicht* einlassen durfte: «Unzucht, Unreinheit, Ausschweifung, Götzendienst, Zauberei, Feindschaften, Streit, Eifersucht, Jähzorn, Eigennutz, Spaltungen, Parteiungen, Neid, maßloses Trinken und Essen und Ähnliches mehr» (Gal 5,19–21). Unzucht und Unreinheit stehen übrigens in dieser und in anderen maßgeblichen Listen ganz vorne. Man versteht plötzlich auch, dass Sexualmoral keine Organisation von «Lustrechten für alle» ist, sondern erst einmal Lebenssicherung, Lebensförderung und Lebensschutz, dann gerne auch Lebenslust.

Eine «neue Sexualmoral», die ihre Kinder umbringt, ist weder sexy noch moralisch. Sie ist eine Lüge.

Was *Christsein als Option* heißt, erfahren heute schon junge Menschen, die sich angezogen fühlen von der Dynamik, der Freude und dem Ernst, den Aufbruchsbewegungen und starke Orte ausstrahlen. Ob bei Weltjugendtagen, Prayerfestivals, in Taizé oder bei internationalen Taizé-Treffen, auf einem Christival, bei Nightfever, beim Salzburger Pfingsttreffen der Loretto-Gemeinschaft oder evangelikalen Pfingsttreffen, in den Gebetshäusern und auf der MEHR-Konferenz, bei Adoray in der Schweiz oder beim KEY2LIFE-Festival in Österreich – überall kann man erfahren, wie sie zu Tausenden kommen, die jungen Leute, von denen andere sagen, sie seien pastoral nicht mehr zu erreichen, und wie sie darum ringen, in ein anderes Leben zu gelangen. Sie, die häufig aus nichtkirchlichen Kontexten kommen, finden andere Jugendliche beim Lobpreis oder bei einer Bibelarbeit, und sie entdecken einen außergewöhnlichen, herausfordernden Bezugsrahmen, zu dem sie gehören, und in dem sie sich existenziell neu aufstellen möchten.

Und natürlich stellen sie ethische Fragen. Sie wissen, es wird nicht ohne Transformation abgehen: Du musst dein Leben ändern![176] Man muss nur mit Priestern sprechen, die bei solchen Gelegenheiten halbe Tage nicht aus dem Beichtstuhl kamen. Nicht wenige Jugendliche entschließen sich, eine Zeit in einem Basical, einer Jüngerschaftsschule, einer Home Base – wie immer die Formationen genannt werden – zu verbringen. Sie, die Christen werden wollen, bringen in der Regel zum Teil erhebliche Belastungen mit.

Leiter, die sich der jungen Leute annehmen, berichten von analogen Erfahrungen, wie sie Johannes Hartl aus dem Augsburger Gebetshaus kennt:

«Wer eine Zeit hier verbringen will, braucht oft erst einmal eine Detoxikation, bevor er bereit ist für das Evangelium.»

Gemeint ist das Anschauen und Heilen von Abhängigkeiten und unfrei machenden Elementen – durchaus in der Breite der Suchtformen: Smartphone, Medikamente, Pornografie usw. Sie suchen nach dem neuen Anfang, wobei sie mehr oder weniger verkorkste Starterfahrungen in konventionellen Mustern gelingenden Lebens verarbeiten müssen. Häufig kommen sie aus den neuen Puzzlewelten instabiler Beziehungen, aus brüchigen, temporären Konstellationen ihrer Väter und Mütter (oder Väter- und Mütter-Stellvertreter), und sie bringen den Vater mit der emotionalen Eisenwand mit, die zwischen Beruf und Kindern zerrissene Mutter, überhaupt Verlassenheitserfahrungen von un-heimlichen, Heimat verweigernden, letztendlich auch spirituell leeren «Elternhäusern», aus denen sie in erste Sexualbeziehungen flüchteten, denen keine Dauer verheißen war, die ihre seelischen Wunden nicht heilten, dafür neue Wunden schlugen.

Nicht wenige haben die Erfahrung einer Abtreibung oder die Beteiligung an einer Abtreibung in der Biografie. Immer mehr Mädchen und junge Frauen berichten von Übergriffen und von Missbrauch (in auffälligem Kontrast zur kirchlichen Binnenwelt, wo in aller Regel die männlichen Jugendlichen betroffen sind).

Den Sex, der Kindern und Jugendlichen von allen Seiten gönnerisch und als Quelle von Spaß angetragen wird, erleben Jugendliche zwiespältig: einerseits durchaus als Inbegriff von Glück und Entgrenzung, als maximale Befriedigung und lustvolles Abenteuer, dann wieder als gefährlich, verletzend, anarchisch – und manchmal nur noch als apersonales Surrogat: hautferner, virtueller «stuff». Rund um sie herum ist Sex der neue Gott. Aber dieser Gott ist nicht nur nett. Unversehens lockt er in ein vermintes Paradies.

Und viele Jugendliche machen eben andere als die positiven Erfahrungen, die man ihnen verheißen hat, nämlich «die des Mysteriums der Sünde, die des Schmerzes, die der Ungerechtigkeit, die der Ignoranz, die der fehlenden religiösen Praxis, die des Denkens, die jeglichen Elends», wie man mit Papst Franziskus anfügen kann.

Die jungen Leute brauchen jedenfalls eine andere Vision von Liebe und Sexualität, als sie wohlmeinende Kirchenvertreter anbieten, die ihnen versichern, sie würden das alles jetzt auch nicht mehr so eng sehen.

Teil II
Die Kirche und ihr Sexproblem

Wenden wir uns nun der Katholischen Kirche im Speziellen zu. Sie hat eine lange Geschichte mit der Sexualität. Entgegen der Annahme vieler ist das, was die Kirche zu Liebe und Sexualität zu sagen hat, keine spätgeborene Theorie. Wenige, freilich starke Urimpulse in der Heiligen Schrift entfalteten eine weitreichende Wirkung, wurden angereichert und ausgebaut. Man sollte die biblische Basis wenigstens in den Grundzügen kennen.

Im Buch Genesis wird in mythologischer[177] Sprache die Schöpfung und darin – als Krönung der schöpferischen Initiative Gottes – die Erschaffung des Menschen geschildert. Genauer gesagt gibt es zwei Schöpfungsberichte vom Menschen, die später redaktionell vereinigt wurden. Im ersten Kapitel des Buches Genesis (Gen 1,27–31), im sogenannten «priesterlichen Schöpfungsbericht», lautet die fragliche Passage:

> *«Gott erschuf den Menschen als sein Bild, als Bild Gottes erschuf er ihn. Männlich und weiblich erschuf er sie. Gott segnete sie und Gott sprach zu ihnen: Seid fruchtbar und mehrt euch, füllt die Erde und unterwerft sie und waltet über die Fische des Meeres, über die Vögel des Himmels und über alle Tiere, die auf der Erde kriechen! Dann sprach Gott: Siehe, ich gebe euch alles Gewächs, das Samen bildet auf der ganzen Erde, und alle Bäume, die Früchte tragen mit Samen darin. Euch sollen sie zur Nahrung dienen. Allen Tieren der Erde, allen Vögeln des Himmels und allem, was auf der Erde kriecht, das Lebensatem in sich hat, gebe ich alles grüne Gewächs zur Nahrung. Und so geschah es. Gott sah alles an, was er gemacht hatte: Und siehe, es war sehr gut.»*

Prägend wurden fünf Gedanken, die man der mythologischen Rede entnehmen kann. Ich gebe sie einmal etwas holzschnittartig wieder:

Erstens, dass Gott überhaupt der *Schöpfer* des Menschen ist, dass er ihn also planvoll, mit Willen und Bedacht, in die Welt gesetzt hat.

Zweitens, dass er ihn nach seinem Bild «als Bild Gottes» erschuf, was sagen will, dass er ihn mit göttlichen Momenten – Vernunft, der Erkenntnis von Gut und Böse, dem freien Willen – begabt hat und ihn zum einzigen Geschöpf gemacht hat, das seinen Schöpfer erkennen kann. «Gott», heißt es in Weisheit 2,23, «hat [...] ihn zum Bild seines eigenen Wesens gemacht.» Dieser Gedanke ist insofern wichtig, als wir nach dem Sündenfall im Zustand des gebrochenen Bildes leben, will sagen: dass wir unser wahres Wesen, unsere Identität nur wie in zerbrochenen Scherben sehen.

Drittens, dass Gott ihn komplementär – nämlich entweder männlich oder weiblich, sowie aufeinander bezogen – erschaffen hat.

Viertens, dass er den Menschen mit einer Sonderstellung in der Welt versehen hat, ihn zum Beherrscher und Verwalter (Hüter) der Schöpfung bestimmte.

Fünftens, dass Gott sich – um ein Bild zu gebrauchen – die Hände reibt und befindet: «Und siehe, es war sehr gut.»

Im zweiten Schöpfungsbericht, man nennt ihn den «jahwistischen Schöpfungsbericht», treten noch einmal neue Gedanken auf den Plan; es heißt da von der Zeit, in der es «noch keinen Menschen (gab), der den Erdboden bearbeitete» (Gen 2,5–25):

> «*... Da formte Gott, der HERR, den Menschen, Staub vom Erdboden, und blies in seine Nase den Lebensatem. So wurde der Mensch zu einem lebendigen Wesen. Dann pflanzte Gott, der HERR, in Eden,*

im Osten, einen Garten und setzte dorthin den Menschen, den er geformt hatte. […] Gott, der Herr, *nahm den Menschen und gab ihm seinen Wohnsitz im Garten von Eden, damit er ihn bearbeite und hüte. Dann gebot Gott, der* Herr, *dem Menschen: Von allen Bäumen des Gartens darfst du essen, doch vom Baum der Erkenntnis von Gut und Böse darfst du nicht essen; denn am Tag, da du davon isst, wirst du sterben. Dann sprach Gott, der* Herr: *Es ist nicht gut, dass der Mensch allein ist. Ich will ihm eine Hilfe machen, die ihm ebenbürtig ist. Gott, der* Herr, *formte aus dem Erdboden alle Tiere des Feldes und alle Vögel des Himmels und führte sie dem Menschen zu, um zu sehen, wie er sie benennen würde. Und wie der Mensch jedes lebendige Wesen benannte, so sollte sein Name sein. Der Mensch gab Namen allem Vieh, den Vögeln des Himmels und allen Tieren des Feldes. Aber eine Hilfe, die dem Menschen ebenbürtig war, fand er nicht. Da ließ Gott, der* Herr, *einen tiefen Schlaf auf den Menschen fallen, sodass er einschlief, nahm eine seiner Rippen und verschloss ihre Stelle mit Fleisch. Gott, der* Herr, *baute aus der Rippe, die er vom Menschen genommen hatte, eine Frau und führte sie dem Menschen zu. Und der Mensch sprach: Das endlich ist Bein von meinem Bein und Fleisch von meinem Fleisch. Frau soll sie genannt werden; denn vom Mann ist sie genommen. Darum verlässt der Mann Vater und Mutter und hängt seiner Frau an und sie werden ein Fleisch. Beide, der Mensch und seine Frau, waren nackt, aber sie schämten sich nicht voreinander.»*

Auch hier finden wir in mythologischer Verdichtung wieder eine Reihe von Gedanken, die Geschichte geschrieben haben:

Erstens, dass der Mensch *von unten,* «von Staub genommen», also erdhaft, materiell ist …

Zweitens, dass Gott dem «rechten Erdenkloß» (Thomas Mann in den Josephsromanen) *von oben* her Leben einhaucht, ihn durch Inspiration und Beseelung zu dem Besonderen macht, das ihn von der ganzen übrigen Schöpfung unterscheidet.

Drittens, dass er sein Lieblingsgeschöpf in paradiesische Umstände beordert: ein bisschen Gartenarbeit, ansonsten: Genießt es bitte!

Viertens, dass es eine Kondition gibt, deren Nichtbefolgung sich todbringend auswirkt: Vom Baum der Erkenntnis von Gut und Böse darf nicht gegessen werden. Das meint die Ursünde: Usurpation der Autonomie Gottes. Der Mensch, der nicht mehr Gott «ähnlich» sein möchte, sondern selbst Gott spielt und sich vom Verwalter zum Herrn und Gesetzgeber aufschwingt, der sich in die Schöpfung nicht mehr einfühlt, sie nicht mehr nach-denkt, sondern sich der hybriden Vorstellung hingibt, er sei zum Designer aller Dinge berufen.

Fünftens, dass er den Menschen als Gemeinschaftswesen erschuf: «Es ist nicht gut, dass der Mensch allein ist.»

Sechstens, dass der Schöpfer die Aufhebung des Alleinseins des Mannes nicht durch eine Verdoppelung des Mannes bewirkte, sondern in der Erschaffung eines anderen Wesens, das wunderbarer Weise vom Mann doch als «endlich Bein von meinem Bein und Fleisch von meinem Fleisch» erkannt und bewundernd angenommen wird. Das Wunder ist: Der Mann findet sich im «Andern seiner selbst» (Hegel) wieder.

Dass *siebtens* die Frau bei ihrem ersten Auftritt in der Bibel scheinbar nur als «Hilfe» ins Spiel kommt, zudem noch «aus der Rippe des Mannes» genommen, hat Irritationen ausgelöst und manchmal dazu beigetragen, dass man Frauen als nachgeordnete, zum Dienen bestimmte Sorte Mensch wahrnahm. Nun ist das hebräische Wort *ezer* (= Gehilfin) das gleiche Substantiv, mit dem sich der Gott Israels als «starker Helfer» (2 Chr 16,9) in der Not zeigt. Die von Gott herkommende Würde der Frau musste nicht erst Epheser 5,28 heilend geradeücken: «Darum sind die Männer verpflichtet, ihre Frauen so zu lieben wie ihren eigenen Leib. Wer seine Frau liebt, liebt sich selbst.»

Achtens, dass die Frau für den Mann etwas so Begehrenswertes ist, dass man ihretwillen «Vater und Mutter verlässt», um das Anhängsel seiner Frau und «ein Fleisch» mit ihr zu werden. Im Sex bleiben Mann und Frau also nicht bei sich, sondern ihre Fragmentierung wird aufgehoben in eine höhere, sich im Fleisch ereignende Einheit.

Neuntens, Nacktheit und Scham treten auf. Im Paradies ist FKK, was sich kein großer Maler entgehen ließ. Schutz vor übergriffigen Blicken sind eine Folge der Sünde und der sinnlichen Begierde, der Konkupiszenz[178]; ein Wort, das noch Karriere machen sollte.

Sexualität taucht an namhafter Stelle in den Zehn Geboten auf, und zwar im Sechsten Gebot: «Du sollst nicht die Ehe brechen!» (Ex 20,14). Das Alte Testament ging sehr hart mit Ehebrechern um. Wurden sie ertappt, stand die Todesstrafe an. Hauptsächlich auf diesem Sechsten Gebot wurde ein gewaltiges Gebäude christlicher Sexualmoral aufgebaut, mit dem das ganz Feld sexueller Lebensäußerungen angeschaut wurde, was sich aber – wie man heute klarer sieht – nicht aus dieser isolierten Weisung herleiten lässt.

Wichtig wurde dann, was Jesus über die Ehe sagt. Jesus knüpft an die Schöpfungsgeschichte an, betont noch einmal die neue Qualität der Verbindung von Mann und Frau («nicht mehr zwei, sondern ein Fleisch») und geht streng um mit gewissen Lockerungen

(Mose hatte zerstrittenen Eheleuten erlaubt, eine Scheidungsurkunde auszustellen):

«Jesus entgegnete ihnen: Nur, weil ihr so hartherzig seid, hat er euch dieses Gebot gegeben. Am Anfang der Schöpfung aber hat Gott sie männlich und weiblich erschaffen. Darum wird der Mann Vater und Mutter verlassen und die zwei werden ein Fleisch sein. Sie sind also nicht mehr zwei, sondern ein Fleisch. Was aber Gott verbunden hat, das darf der Mensch nicht trennen. Zu Hause befragten ihn die Jünger noch einmal darüber. Er antwortete ihnen: Wer seine Frau aus der Ehe entlässt und eine andere heiratet, begeht ihr gegenüber Ehebruch. Und wenn sie ihren Mann aus der Ehe entlässt und einen anderen heiratet, begeht sie Ehebruch.» (Mk 10,9–12)

Auffällig ist, dass Jesus hier das mit der Zeit milde gewordene Gesetz verschärfend in Erinnerung ruft. Das ist auffällig und passt nicht zur gängigen Verkündigung vom sanften Jesus.

Gelegentlich hat die Kirche die Schläge nicht verdient, die sie wegen ihrer strikten Haltung zur Unauflöslichkeit der Ehe empfängt. Man schlägt den Sack. Wenn jemand scheinbar unbarmherzig ist, dann müsste man zuerst auf Jesus zu sprechen kommen und nicht auf die Kirche, die ihn wörtlich nimmt. Jesus sieht genau hin, auch bei der Samariterin am Brunnen:

Jesus sagte zu ihr: Du hast richtig gesagt: Ich habe keinen Mann. Denn fünf Männer hast du gehabt und der, den du jetzt hast, ist nicht dein Mann. Damit hast du die Wahrheit gesagt. (Joh 4,17–18)

Es gibt aber auch die andere Seite bei Jesus. Er macht die Samariterin, «die in einer illegitimen Beziehung lebt» (Joh 4,18), trotzdem «zu einer Glaubensbotin»[179].

Der barmherzige und kluge Jesus zeigt sich auch in der Art, wie er einer Falle, die ihm die Pharisäer gestellt hatten, entgeht. Im Blick der Liebe vergisst er die Welt und schaut auf die Ehebrecherin (Joh 8,2–11); sie wird aus der Ausgrenzung herausgenommen, das Umfeld stattdessen blamiert:

> *Jesus aber bückte sich und schrieb mit dem Finger auf die Erde. Als sie hartnäckig weiterfragten, richtete er sich auf und sagte zu ihnen: Wer von euch ohne Sünde ist, werfe als Erster einen Stein auf sie. Und er bückte sich wieder und schrieb auf die Erde. Als sie das gehört hatten, ging einer nach dem anderen fort, zuerst die Ältesten. Jesus blieb allein zurück mit der Frau, die noch in der Mitte stand. Er richtete sich auf und sagte zu ihr: Frau, wo sind sie geblieben? Hat dich keiner verurteilt? Sie antwortete: Keiner, Herr. Da sagte Jesus zu ihr: Auch ich verurteile dich nicht. Geh und sündige von jetzt an nicht mehr!*

Jesus fügt sich also nicht in den Chor der Saubermänner ein; er verurteilt nicht, aber er bemäntelt das Böse auch nicht. Der Hinweis auf ein besseres Leben erfolgt diskret, unter vier Augen. Der zentrale Blickwinkel ergibt sich durch das, was man «das Liebesethos Jesu» nennen könnte. Dazu zählt auch die Feindesliebe. Jesus wird gefragt: Welches Gebot ist das erste von allen? Und er antwortet:

> *«Das erste ist: Höre, Israel, der Herr, unser Gott, ist der einzige Herr. Darum sollst du den Herrn, deinen Gott, lieben mit ganzem Herzen und ganzer Seele, mit deinem ganzen Denken und mit deiner ganzen Kraft. Als zweites kommt hinzu: Du sollst deinen Nächsten lieben wie dich selbst. Kein anderes Gebot ist größer als diese beiden. (Mk 12,28–31)*

Paulus greift die Weisung Jesu auf und deutet sie im Römerbrief aus (Röm 13,8–10) – im Grunde eine mildernde Modifizierung alles bloß Gesetzlichen, bloß von der Gerechtigkeit her Kommenden:

> *Niemandem bleibt etwas schuldig, außer der gegenseitigen Liebe! Wer den andern liebt, hat das Gesetz erfüllt. Denn die Gebote: Du sollst nicht die Ehe brechen, du sollst nicht töten, du sollst nicht stehlen, du sollst nicht begehren! und alle anderen Gebote sind in dem einen Satz zusammengefasst: Du sollst deinen Nächsten lieben wie dich selbst. Die Liebe tut dem Nächsten nichts Böses. Also ist die Liebe die Erfüllung des Gesetzes.*

Im Epheserbrief (Eph 5,25–28) geht das Neue Testament noch einen Schritt weiter. Aus dem Schöpfungsgeheimnis (Mann und Frau werden in der Ehe zu Mitschöpfern) wird ein Bundes- und Erlösungsgeheimnis. Die Hingabe in der Ehe wird zum großen Sinnbild der Treue Gottes und der Hingabe Christi an die Kirche. Zugleich wird die Frau aufgewertet wie in keinem anderen antiken Text.

> *Ihr Männer, liebt eure Frauen, wie auch Christus die Kirche geliebt und sich für sie hingegeben hat, um sie zu heiligen, da er sie gereinigt hat durch das Wasserbad im Wort! So will er die Kirche herrlich vor sich hinstellen, ohne Flecken oder Falten oder andere Fehler; heilig soll sie sein und makellos. Darum sind die Männer verpflichtet, ihre Frauen so zu lieben wie ihren eigenen Leib.*

Gegen diese offenkundige Konzentration auf die Ehe wird oft auf die Freiheit verwiesen, von der in den Apostolischen Briefen häufig die Rede ist: «Zur Freiheit hat uns Christus befreit!» (Gal 5,1), heißt es da, oder auch: «Wo aber der Geist des Herrn ist, da ist Freiheit.» (2 Kor 3,17) Wie steht es mit meinen Wünschen, Gedanken und Handlungen in Hinsicht auf die «Freiheit eines Christenmenschen»[180]? Ist es letztlich mir selbst und meiner Freiheit überlassen, auf welche Weise ich mich sexuell selbstverwirkliche?

Das Neue Testament wertet die Freiheit hoch; Paulus singt sogar das Hohelied auf sie: «Ihr seid zur Freiheit berufen, Brüder und Schwestern», zugleich aber ist diese Freiheit mit einem Richtungspfeil versehen und mit einer heute schwerverständlichen Warnung verbunden: «Nehmt die Freiheit nicht zum Vorwand für das Fleisch, sondern dient einander in Liebe!» (Gal 5,13)

Für einen Moment sollten wir nun Wortforschung betreiben. Das griechische Wort für «Fleisch», das Paulus hier verwendet, ist *sarx* – und dieses Wort hat bei Paulus eine besondere Bedeutung. Wir denken vielleicht an die altmodische Wendung «fleischliche Gelüste», die einmal etwas mit Sexvermeidung zu tun hatte, aber heute eher verwendet wird, wenn sich Uneinsichtige dem veganen Megatrend entziehen und immer noch von Schweinshaxen träumen. Das Sexuelle ist bei *sarx* nur mitgemeint. *Fleischlich denken* heißt bei Paulus so viel wie: nicht vom Geist her, *nicht geistlich denken,* sich nicht an Gott orientieren, götzendienerisch anderen Mächten folgen, sie an erste Stelle setzen: Macht, Sex, Geld. Paulus wird in Gal 5,19–21 konkret:

> *«Die Werke des Fleisches sind deutlich erkennbar: Unzucht, Unreinheit, Ausschweifung, Götzendienst, Zauberei, Feindschaften, Streit, Eifersucht, Jähzorn, Eigennutz, Spaltungen, Parteiungen, Neid, maßloses Trinken und Essen und Ähnliches mehr. Ich sage euch voraus, wie ich es früher vorausgesagt habe: Wer so etwas tut, wird das Reich Gottes nicht erben.»*

Es gibt, Paulus zufolge, also eine Menge Gelegenheiten, den in der Taufe gewonnenen neuen Lebensstandard zu unterlaufen. Nun meint aber Paulus mit *sarx auch* – und sogar an herausgehobener

Stelle – sexuelles Fehlverhalten. Scheinbar nicht ganz zufällig startet seine Liste der «Werke des Fleisches» mit zwei sexuell konnotierten Begriffen. Paulus nennt zuerst die *porneia* – Walter Bauer übersetzt das in seinem Wörterbuch mit «Unzucht, d. Hurerei v. jeder Art illegitimen Geschlechtsverkehrs».

Nun schiebt Paulus auch noch die *akatharsia* hinterher, die Unreinheit, von der auch Römer 1,24 spricht («Darum lieferte Gott sie durch die Begierden ihres Herzens der *Unreinheit* aus …»). Man sollte das nicht zu schnell moralisch rahmen. Unreinheit ist für Paulus erst einmal das Gegenteil von *hagiasmos,* Heiligung[181]. Die Würde der Getauften ist unvereinbar mit der Leib und Seele besudelnden Vereinigung mit den alten Götzen. Auf Unzucht und Unreinheit erst folgen auf der Kellertreppe der Dekadenz die ebenfalls heidentypischen Substantive «Ausschweifung» und «Götzendienst».

Eine Schlüsselstelle für Paulus, wie für den gesamten christlichen Blick auf die Sexualität, entstammt dem ersten Korintherbrief. Korinth galt als Sündenpfuhl der Antike, so sehr, dass es ein eigenes Wort *korinthiazesthai* gab, das *zur Dirne gehen* bedeutete. Für die Christen, die an diesem Hotspot der Antike lebten und wohl auch die Stadtluft suchten, die bekanntlich frei macht, trifft Paulus nun in 1 Kor 6,12–20 einige wichtige Unterscheidungen hinsichtlich der Freiheit. Es ist übrigens die Schriftstelle, mit der gerade besonders viel Schindluder getrieben wird; manche möchten darin den Türspalt sehen, durch den man in die verwinkelten Kammern der Lüste gelangt. Häufiger zitieren sie nur den ersten Halbsatz von 1 Kor 6,12:

> *Alles ist mir erlaubt – aber nicht alles nützt mir. Alles ist mir erlaubt – aber nichts soll Macht haben über mich. Die Speisen sind für den Bauch da und der Bauch für die Speisen; Gott wird beide vernichten. Der Leib ist aber nicht für die Unzucht da, sondern für den Herrn*

und der Herr für den Leib. Gott hat den Herrn auferweckt; er wird durch seine Macht auch uns auferwecken. Wisst ihr nicht, dass eure Leiber Glieder Christi sind? Darf ich nun die Glieder Christi nehmen und zu Gliedern einer Dirne machen? Auf keinen Fall! Oder wisst ihr nicht: Wer sich an eine Dirne bindet, ist ein Leib mit ihr? Denn es heißt: Die zwei werden ein Fleisch sein. Wer sich dagegen an den Herrn bindet, ist ein Geist mit ihm. Meidet die Unzucht! Jede Sünde, die der Mensch tut, bleibt außerhalb des Leibes. Wer aber Unzucht treibt, versündigt sich gegen den eigenen Leib. Oder wisst ihr nicht, dass euer Leib ein Tempel des Heiligen Geistes ist, der in euch wohnt und den ihr von Gott habt? Ihr gehört nicht euch selbst; denn um einen teuren Preis seid ihr erkauft worden. Verherrlicht also Gott in eurem Leib!

In seiner formidablen Untersuchung über Frau und Mann im Urchristentum, einem seiner letzten Bücher, spricht Klaus Berger (1940–2020) vom Drang des Menschen nach Hingabe: «durch die eine Einheit entsteht, weil er an sich offenbar die Spuren einer Spaltung entdeckt, die er überwinden will, und zwar dadurch, dass er ‹wieder eins› wird. Sowohl Sexualität als auch Religion kann man in diesem biblischen Sinn definieren als unterschiedliche, aber doch ähnliche Wege mit dem Ziel, die zerbrochene Einheit wieder zu reparieren.»[182]

Wie kommt Vereinigung zustande? Dem biblischen Denken ist die neuzeitliche Trennung von Leib und Seele, Körper und Geist, vollkommen fremd. Mindestens in ihrem Horizont geschieht Vereinigung nicht durch Denken oder wortreiche Zusicherung, sondern in der Einheit von Geist und Leib, also *somatisch* (*soma* = Leib) und im Medium von *sarx* (= Fleisch). Paulus ruft dazu Genesis 2,24, den Dreh- und Angelpunkt des zweiten Schöpfungsberichtes, auf: «[…] und sie werden ein *Fleisch.*» Vereinigung geschieht zweifach: *Im Sex* durch den unüberbietbaren körpersprachlichen Ausdruck genitaler Einswerdung; *im Glauben* durch die Taufe, in der man Glied des Leibes Christi – *soma Christou* – wird.

So ist die Ehe als Abbild der göttlichen Vereinigung erlaubt. Wer mit einer Dirne schläft, erlebt zwar auch eine *somatische Vereinigung,* freilich eine illegitime. *Soma* kann im Altgriechischen auch die Bedeutung von *Sklave* oder *Diener* haben. Ein Sklave ist ein Leib-Eigener. In der paulinischen Perspektive auf die Ehe «gehören» Mann und Frau einander auf eine gerechte und ausgleichende Weise; sie geben sich nicht nur geistig, sondern gerade auch leiblich und existenziell einander zu eigen und sind einander Diener nach dem Vorbild Christi. Sex mit einer Dirne haben, heißt nun auch: ihr Leib-Eigener werden. Als Christ ist man aber gewissermaßen schon der Leib-Eigene des Herrn (und dann vielleicht noch der Leib-Eigene seiner Frau oder seines Mannes), was Menschen heute nur schwer verstehen, gehen sie doch davon aus, dass der Mensch sich zuerst einmal selbst gehört.

Dass man sich mit dem Körper vereinigt, davon aber existenziell nicht tangiert wird, weil Hingabe nicht Hingabe meint, weil man vielleicht körperlich miteinander spielt, weil man mit Kopf und Herz aber bei sich und vom anderen getrennt bleibt, hätte man damals nicht verstanden. So ist Unzucht «Lüge» – nämlich der körpersprachliche Widerspruch zur Verleiblichung der neuen gnadenhaften Realität, in der mein Leib dazu da ist, Gott zu verherrlichen, ja bis ins Letzte aufgeladen zu werden als «Tempel des Heiligen Geistes».

Wie dem entsprechen? Durch ein Leben im Licht göttlicher Ordnung und durch Absage an alle Körperlügen der Welt.

Bleibt noch der monumentale Satz in 1. Johannes 4,8, mit dem man alle christliche Moral überschreiben könnte:

«Wer nicht liebt, hat Gott nicht erkannt,
denn Gott ist (selbst) Liebe.»

Dieser Satz sollte alle Formen und Behausungen der Liebe überwölben. Nun wird er gerade von interessierter Seite gegen die Beheimatung der Sexualität in der Ehe ausgespielt, mit einem Zungenschlag, als hätte Johannes gesagt: *«Wer keinen Sex, hat Gott nicht erkannt; denn Gott (selbst) ist Sex.»* In Gott ist zwar die ganze Liebe zuhause – er *ist* ja sogar Liebe –, aber die ungestillte Suchbewegung des Erotischen ist ein irdisches Phänomen und keine innertrinitarische Realität. Ein eifersüchtig suchender Gott ist Gott nur in Hinsicht auf seine Lieblingsgeschöpfe.

Mit dieser Skizze ist ein im Grunde aus wenigen starken Koordinatenpunkten gebildetes biblisches Ordnungssystem gegeben, das einer spezifisch christlichen (und zu weiten Teilen auch jüdischen) Sexualmoral praktisch bis heute ihr typisches Gepräge verlieh, das sich von allen in der Religionsgeschichte ausformenden Ethiken zu Liebe und Sexualität unterscheidet.

Man kann nur staunen, wenn sich der evangelische Theologe Dirk Evers auf einer Tagung in Loccum «Kreuz und queer? Genderkompetenz in der kirchlichen Praxis» hinstellt und behauptet, es gebe keine «christliche Sexualmoral» – mit «männlich und weiblich erschuf er sie» (Gen 1,27) seien «die Menschen in ihrer sexuellen Vielfalt angesprochen»[183]. Exegeten sind dazu da, den Sinn aus einem Schriftwort herauszuholen – deshalb die Vorsilbe «Ex». Das hier ist zeitgeistaffiner Bibelhumbug, ein Meisterstück der Eis-egese – des Hineintragens (Vorsilbe «Eis» = hinein) von schierem Unsinn in ein sonnenklares Schriftwort.

Tief ist der Brunnen der Vergangenheit und nicht dazu da, dass man auf dem Grund des Bodens nur nach seinem eigenen Spiegelbild sucht.

Kapitel 9
Eine Ménage-à-trois[184] …

Von außen betrachtet erscheinen die Bemühungen der Katholischen Kirche, eine menschengerechte Haltung zur Sexualität zu gewinnen, wie Übungen in einem Naturschutzreservat. Im Leben der Bevölkerung ist das Sexuelle scheinbar vollkommen privatisiert und gesellschaftlich nur dann relevant, wenn bestimmte Freiheiten bedroht sind oder noch nicht gegeben erscheinen.

Die Debatte um die Sexualmoral innerhalb der Katholischen Kirche hat etwas von einer Ménage-à-trois, bei der man nicht weiß, ob alle Beteiligten auf ihre Kosten kommen.

Drei Faktoren sind im Spiel:

Sex, Moral und Kirche.

Faktor Sex: Sexuelles Verhalten hat eine Eigendynamik entwickelt, die sich in einer Art Zivilmoral niederschlägt – was man eben so tut, ohne dass die Polizei kommt oder die Nachbarn es absonderlich finden.

Faktor Moral: Es gibt Menschen, die wissenschaftlich über richtiges Handeln nachdenken. Man nennt sie (Sozial-)Ethiker und Moraltheologen.

Faktor Kirche: Es gibt eine verfasste Gemeinschaft, deren ethische Identität sich in Form einer «Lehre» darstellt.

Was haben sich die drei zu sagen? Was auf den ersten Blick nach einer unmöglichen Konstellation aussieht, könnte doch ein sinnvolles Gespräch werden. Es mag Zeiten geben, in denen sich das Sexualverhalten der Menschen aus vorhandenen Mustern löst und in wilder Weise neu organisiert. Raus aus Muff und Prüderie, raus aus Gesetzlichkeit und Doppelmoral, raus aus ethischer Überforderung und schrägen, überholten Annahmen!

Die christliche Sexualmoral, wie sie die Kirche lehrt, ist in einer langen Geschichte das geworden, was sie heute ist: ein Gebilde, das viele Menschen als einengend und belastend erfahren, weshalb sie lieber auf die Fanfarenklänge der neuen Freiheit hören, in der möglich sein soll, was sich im weiteren Verlauf des Abends ergibt.

Die sich in der Geschichte der Menschheit ereignende Dialektik[185] zwischen Freiheit und Moral ist häufig genug beschrieben worden[186]: Zeitalter, die sich in Laissez-faire[187] und sexueller Libertinage[188] gefallen, wechseln (in ihrem Niedergang) mit anspruchsvollen ethischen Konzepten, die wiederum mit schöner Regelmäßigkeit in Kontrollsucht, Puritanismus, Prüderie und Leibfeindlichkeit verfallen.

Möglicherweise befinden wir uns gerade auf dem Zenit der Bacchanalien und sollten nicht staunen, wenn uns ein neues «moralisches» Zeitalter bevorstünde.

Die Strenge christlicher Konzepte ist bekannt. Wo immer Christentum auftauchte, ging sein Erscheinen mit einer relativ rigiden Sexualmoral einher, wobei sich die im Barock sichtbare katholische Lust an Schöpfung und Sinnlichkeit im praktischen Miteinander toleranter erwies als Christentümer, in denen die Rocklänge erfunden wurde und man Sittenstrenge mit staatlicher Gewalt durchzusetzen versuchte. Das Christliche erscheint aber durchgängig als das Illiberale; und tatsächlich ist die Heilige Schrift kein Dokument, das eine entwickelte Toleranzstrategie in sich birgt: «Habt nichts zu schaffen», schreibt Paulus im 1. Korintherbrief, «mit einem, der sich Bruder nennt und dennoch Unzucht treibt, habgierig ist, Götzen verehrt, lästert, trinkt oder raubt; mit einem solchen Menschen sollt ihr nicht einmal zusammen essen.» (1 Kor 5,1)

Den hehren Anspruch und die verbindlichen Inhalte kirchlicher Moralvorstellungen schöpften die Christen aber nicht nur aus der Offenbarung. Ihre strengen Standards bestanden häufig in der Übernahme bereits vorhandener ethischer Vorbilder im Heidentum.

Der des Christlichen unverdächtige Soziologe und Philosoph Michel Foucault (1926–1984) stellte fest: «Man beschuldigt generell das Christentum, eine recht tolerante griechisch-römische Lebensweise ersetzt zu haben, die durch eine ganze Reihe von Entsagungen, Untersagungen und Verbote charakterisiert wird. Doch kann man beobachten, dass in dieser Aktivität […] die alten Völker eine ganze Reihe von Praktiken der Strenge entwickelt hatten, die die Christen ihnen unmittelbar entlehnten. Man sieht, dass diese Aktivität nach und nach mit einer gewissen sexuellen Strenge verbunden wurde, die die christliche Moral unmittelbar aufnahm. Es handelte sich nicht um einen Bruch in der Moral zwischen einer toleranten Antike und einem strengen Christentum.»[189]

Auf Dauer überleben nur Gesellschaften, in denen Sexualität nicht nur grundsätzlich bejaht und in eine gesamtmenschliche Sinnperspektive integriert, sondern auch eingebettet ist in gutes, sozialverträgliches Handeln. Menschen wollen instinktiv «gut» handeln und ihr Handeln in einem überindividuellen sozialen Horizont gerechtfertigt sehen.

Da die Kirche im Geruch steht, Menschen Normen aufzuoktroyieren, die sie weder mit ihrer Vernunft noch mit ihrem Leben einholen können und nur auf Treu und Glauben befolgen, muss die Kirche einerseits Glaubwürdigkeit zurückgewinnen, indem sie menschliche Sexualität in ihrem Sinn besser verständlich macht, in ihrer Vielfalt wahrnimmt und nach Möglichkeit integriert und andererseits eine Sprache entwickeln, die verständlich und hilfreich den Weg zu gutem Leben weist.

Der Kirche aus einseitigem Denken und unfruchtbaren Sprachspielen herauszuhelfen, ist der Auftrag der Moraltheologie, wobei es nicht wenige Vertreter des Faches gibt, deren Argumentationsweise mehr philosophische Ethik als Moral-Theologie ist[190]. Sie suchen nach Normen, die sie aus der Sache selbst (und der Unteilbarkeit des Guten) und nicht aus dem Menschen äußerlich bleibenden theologischen Einsprüchen herleiten wollen, wobei sie nicht selten in Konflikt kommen mit eindeutigen biblischen Auffassungen. Sie behelfen sich mit wissenschaftsbasierten Interpretationen, deren Ergebnisse nicht immer befriedigen.

Manchmal ist die Feststellung einer Differenz zwischen biblischem Denken und modernem Selbstverständnis besser als die faule Versöhnung durch Interpretationen im Konjunktiv 2: Wenn Paulus heute leben würde …

Dabei ist eine vorwiegend philosophisch arbeitende und lehramtskritische Moraltheologie in einer nicht weniger komfortablen Lage als die Kirche selbst. Man könnte ja fragen: Wer braucht das?

Menschen, die nicht glauben, lassen sich von Moral-«Theologen», also von Leuten, die ihr Mandat weniger aus der Binnenlogik von Wissenschaft als von der Glaubensgemeinschaft her empfangen haben, nicht sagen, wie ihr Sex sein soll. Und Menschen, die glauben, wollen nicht nur wissen, was als hypothetische Wissenschaftsmeinung gerade diskutiert wird, sondern auch, was von der Heiligen Schrift, der Überlieferung der Kirche und vom Schöpfungsplan Gottes her gut ist. Das ist aber der Auftrag der Kirche: dass sie nicht aus *sich* spricht, sondern das sagt, was sie von der Offenbarung her mitzuteilen und auszulegen hat.

Die drei Faktoren Sex, Moral und Kirche brauchen einander also. Deshalb ist es grundsätzlich gut, dass der Ruf nach einer «neuen Sexualmoral» laut wird, wenn auch die momentanen Umstände und der

Treiber des Neuaufbruchs zu denken geben. Darüber, was die aktuelle Missbrauchskrise mit der Forderung nach einer neuen Sexualmoral zu tun hat, darüber denke ich später nach.

Interessant ist, welche Akzente Papst Franziskus setzt. Immer wieder taucht bei ihm der Gegensatz von Moral und Evangelium auf, wobei er keinen Zweifel daran lässt, wem der Vorrang gebührt; die Verkündigung des Evangeliums muss «die erlösende Liebe Gottes zum Ausdruck bringen, die jeder moralischen und religiösen Pflicht vorausgeht, sie darf die Wahrheit nicht aufzwingen und muss an die Freiheit appellieren, sie muss freudig, anspornend und lebendig sein.» (EG 165)

An anderer Stelle macht er deutlich, «dass die christliche Morallehre keine stoische Ethik ist, dass sie mehr ist als eine Askese, dass sie weder eine bloße praktische Philosophie ist noch ein Katalog von Sünden und Fehlern. Das Evangelium lädt vor allem dazu ein, dem Gott zu antworten, der uns liebt und uns rettet – ihm zu antworten, indem man ihn in den anderen erkennt und aus sich selbst hinausgeht, um das Wohl aller zu suchen. Diese Einladung darf unter keinen Umständen verdunkelt werden! Alle Tugenden stehen im Dienst dieser Antwort der Liebe.

Wenn diese Einladung nicht stark und anziehend leuchtet, riskiert das moralische Gebäude der Kirche, ein Kartenhaus zu werden, und das ist unsere schlimmste Gefahr. Denn dann wird es nicht eigentlich das Evangelium sein, was verkündet wird, sondern einige lehrmäßige oder moralische Schwerpunkte, die aus bestimmten theologischen Optionen hervorgehen. Die Botschaft läuft Gefahr, ihre Frische zu verlieren und nicht mehr ‹den Duft des Evangeliums› zu haben» (EG 39).

Später werden wir noch auf den Begriff einer «responsiven» (= antwortenden) Ethik zu sprechen kommen. Ethik kann man als Lehre von den Pflichten begreifen – man nennt diesen Typus häufig eine «deontologische»[191] Ethik; man kann Ethik aber auch vom Prozess der menschlichen Entwicklung her verstehen, in dem man die «Antwort der Liebe» finden muss, wie Jesus die Antwort der Liebe fand und sie in gewisser Hinsicht *war;* freilich tat er das, ohne sich von den Geboten zu distanzieren, was manche übersehen.

Kapitel 10
Die Missbrauchskrise und ihre Bewältigung

Immer wieder holt das Thema Sex die Kirchen ein. Ob es die Evangelische Kirche ist, in der man gerade mit Verwunderung entdeckt, dass Missbrauchstäter vom Schlage Helmut Kentler oder Gerold Becker milieuprägend in ihr agieren durften. Oder ob man den Fokus auf die Katholische Kirche lenkt, die mit der Missbrauchskrise ihre vermutlich größte Kränkung seit 500 Jahren erfahren hat.

Mit diesem Lehrstück möchte ich mich nun intensiver befassen; es ist auch für evangelische Christen instruktiv. Gelegentlich werde ich auf Parallelen und Unterschiede hinweisen. Der Vatikan-Journalist Guido Horst urteilte: «Es kann durchaus sein, dass man irgendwann einmal in der Zukunft die Missbrauchsskandale seit Anfang des 21. Jahrhunderts als die große Katastrophe der Kirche der jüngeren Zeit werten wird, deren Auswirkungen die der Reformation vor 500 Jahren sogar noch an zerstörerischer Kraft übersteigen.»[192]

Auch die deutschen Bischöfe können bestimmten Fragen nicht länger ausweichen; Fragen, die ihnen von bodenlos enttäuschten Kirchenmitgliedern gestellt werden, sofern diese nicht gleich aus der Kirche austreten. Die Fragen lauten: Wie begegnet ihr der fatalen Realität des Missbrauchs durch einen bestimmten Typus von übergriffigen Klerikern? Wie kommen solche Leute in solcher Zahl ins Priesteramt und in die Ordenshäuser? Woher kommt das Phänomen der Vertuschung? Wie können wir in Zukunft sicher sein, dass unsere Kinder, die wir in die Kirche schicken, nicht wieder zu Opfern sexueller Gewalt werden?

Zur Verarbeitung der Missbrauchskrise hatte die Deutsche Bischofskonferenz daher im März 2019 zu einer großen Konferenz nach Lingen an der Ems eingeladen. Es sollte, ja, es musste zu einem Befreiungsschlag kommen. Dazu hatte man Fachtheologen eingeladen, unter anderem den renommierten Freiburger Moraltheologen Eberhard Schockenhoff (1953–2020), dem offenkundig eine besondere Rolle zugedacht war. Er sollte der Architekt einer neuen Sexualmoral* sein.

Merkwürdigerweise sprach nur einer der geladenen Fachtheologen – Philipp Müller aus Mainz – zum eigentlichen Thema Missbrauch durch Kleriker, nämlich in seinem Beitrag «Zur Zukunft der priesterlichen Lebensform»[193].

Noch vor der Konferenz in Lingen hatten bestimmte Theologen den Schulterschluss mit einigen in Erklärungsnot geratenen Bischöfen gesucht. Öffentlich wurde über tiefere, systemische Zusammenhänge

---

* Als ich gerade dabei war, letzte Hand an das vorliegende Manuskript zu legen, erreichte mich die Nachricht vom tragischen Tod des großen Moraltheologen. Mich nahm das mit. Wir befanden uns im gleichen Lebensalter, und ich hatte Eberhard Schockenhoff über Jahrzehnte hinweg als profunden Wissenschaftler und engagierten Ethiker schätzen gelernt. Besonders nahe ging mir, dass ich mich in eben diesem Moment, als er starb, in einem schmerzlichen Dissens mit ihm befand. Dieser Dissens ging tief, weil er nicht nur eine Lebenswunde in mir berührte, sondern auch der unmittelbare Anlass für dieses Buch ist. Ich konnte und kann auch jetzt die Kehre von Eberhard Schockenhoff nicht verstehen, die ihn bei seinem Versuch einer Neufundierung der Sexualmoral aus der Kontinuität der abendländischen Tugendethik hinaustrug in einen nicht mehr tragfähigen Psychologismus. Nun kann sich Eberhard Schockenhoff, auf dessen Erwiderung ich zählte, nicht mehr verteidigen. Dennoch möchte ich mein Nichtverstehen und meine Argumente ebenso respektvoll wie klar darlegen. Unbeschadet seiner sonstigen Verdienste glaube ich, dass Eberhard Schockenhoff zuletzt die falsche Spur in eine neue Sexualmoral legte.

nachgedacht und wurden die Weichen der Interpretation passend eingestellt: Der sexuelle Missbrauch sei im Kern Machtmissbrauch[194]; deshalb müsse man den Klerikalismus endlich bei der Wurzel packen. Man müsse über die Abschaffung des Zölibats nachdenken. Homosexualität müsse grundsätzlich anders bewertet werden, als es im Katechismus der Katholischen Kirche (KKK) der Fall ist. Man müsse eine Art von Gewaltenteilung in der Kirche einführen und die Hierarchie[195] unter Kuratel stellen.

Verschiedene Bischofsäußerungen ließen aufblitzen, wie tief Amtsträger in ihrer Identität verunsichert waren: Der Limburger Bischof Bätzing nannte die Kirche eine «Täter-Organisation»[196], und der Hildesheimer Bischof Heiner Wilmer war so tief erschüttert, dass er sogar mutmaßte: Er glaube, Machtmissbrauch stecke «in der DNA der Kirche».[197]

Gleich mehrere Bischöfe sprachen sich für eine «neue Sexualmoral» aus. Eben dazu sollte Eberhard Schockenhoff einen kühnen Vorschlag unterbreiten. Mit seinem Vortrag werden wir uns eingehender befassen müssen, denn er läuft auf bedeutende grundsätzliche Weichenstellungen hinaus.

In seltsamem Kontrast zu diesem Chor unterschiedlicher Stimmen nahm sich die Äußerung von Kardinal Müller aus, der die üppig wuchernden Erklärungsmuster unwirsch abtat, um die moralische Katastrophe des Missbrauchs in klassischer Terminologie auf den Punkt zu bringen: «Unzucht mit Jugendlichen und Erwachsenen ist eine Todsünde, die keine Macht der Welt für moralisch neutral erklären kann.»[198]

Schockenhoff war klug beraten, als er sein Referat mit dem Satz eröffnete: «Zwischen dem Missbrauchsskandal, der gegenwärtig die Kirche weltweit erschüttert, und dem Geltungsverlust der kirchlichen Lehraussagen zur menschlichen Sexualität besteht kein unmittelbarer Zusammenhang.»[199]

Wozu dann aber dieser Hauptvortrag? «Houston, wir haben ein Problem!» – reden wir über etwas anderes? Jedenfalls machte Schockenhoff klugerweise einen deutlichen Cut zwischen dem Missbrauchsdrama und der «Gleichgültigkeit oder (der) offenen Ablehnung», auf die «zentrale Aussagen der kirchlichen Sexuallehre bei vielen Menschen heute» stoßen. (Schockenhoff, S. 1)

Hatten sich die Organisatoren von Lingen versprochen, das Buschfeuer des Missbrauchs in einem anderen, womöglich noch größeren Feuer aufgehen zu lassen, es darin unsichtbar werden zu lassen? Dass es auch an der Ecke kirchlicher Sexualmoral schon lange brennt, ist ja ein offenes Geheimnis.

In gewisser Weise bediente Schockenhoff diese hintergründige Erwartung. Die Befassung mit der schmutzigen Realität übergriffiger Priester trat in den Hintergrund angesichts des Silberstreifs einer neuen «menschengerechten Sexualethik» (4), wie sie in Varianten seit den frühen 70er Jahren von diversen Autoren immer wieder eingefordert wurde.

In seiner Skizze führt Schockenhoff den Plausibilitätsverlust der kirchlichen Sexualmoral, «ihren unzeitgemäßen Charakter und ihren unüberbrückbaren Abstand zum Lebensgefühl der Moderne» (2) mehr oder weniger monokausal auf den epochemachenden frühchristlichen Denker Augustinus (354–430 n. Chr.) und eine ihm zu verdankende historische Fehlentwicklung zurück. Augustinus habe «seine Sexualität nach seiner Konversion nicht mehr als die ungetrübte Quelle von Lebensbejahung und Lebenslust» (3) empfunden; er habe fortan in einem inneren Zwiespalt gelebt und die Beschämung über seinen eigenen «Kontrollverlust» auf die Kirche übertragen, der er «ein vergiftetes Bild der Sexualität» (3) vererbte. Die Kirche sei immer noch nicht «aus dem Schatten des Augustinus hervorgetreten.» (3)

In der Kirche, namentlich «in ihren lehramtlichen Einzelaussagen zur vor- und außerehelichen Sexualität sowie zur gleichgeschlechtlichen Sexualität» sei «die negative Bewertung der sexuellen Lust und die Unfähigkeit, diese als eine Quelle menschlicher Daseinsfreude und Lebenslust positiv zu würdigen, nach wie vor wirksam.» (4)

Das Zweite Vatikanische Konzil, «Humanae vitae» und die intensive Reflexion über Ehe, Familie und Sexualität von Johannes Paul II. erwähnt Schockenhoff nicht oder wischt sie beiseite, indem er feststellt, «dass die Theologie des Leibes das sexuelle Begehren und den Triebcharakter des Eros nicht vorbehaltlos als einen positiven Ausdruck menschlicher Körperlichkeit und Lebenslust würdigen kann.» (3)

Lob bekommt hingegen Papst Franziskus und sein Lehrschreiben «Amoris laetitia»; hierin werde wie in keinem Lehrschreiben zuvor «die erotische Dimension der Liebe als eine selbstzweckliche Bereicherung und Ausdrucksform des gemeinsamen Lebens der Ehepartner» gesehen, «wobei es auch den triebhaft verlangenden Charakter des sexuellen Begehrens als Quelle menschlicher Daseinsfreude positiv würdigt.» (4)

Schockenhoffs optimistischer Blick auf die Lust und die menschliche Sexualität, der den habituell scheelen Blick der Kirche ersetzen soll, verdankt sich, wie er immer wieder betont, «Erkenntnissen verschiedener Humanwissenschaften über die Sinndimension menschlicher Sexualität», die den normativen Postulaten kirchlicher Sexualmoral «keinen Rückhalt mehr» (2) gäben.

Worin diese Erkenntnisse bestehen und warum sie der kirchlichen Lehre den Boden entziehen, darüber gibt Schockenhoff keinen näheren Aufschluss. Wie auch immer: Die neu gefundene Sinndimension erlaube, die Sexualität aus dem Kontext einer stringenten Hinordnung auf die Ehe von Mann und Frau und deren Sinngehalte herauszunehmen.

Obwohl Schockenhoff in seinem Vorstoß «keineswegs einen vollständigen Bruch mit den Grundüberzeugungen der bisherigen kirchlichen Lehre» (6) erkennen will, reizt er die Grenze aus. Es sieht so aus, als bewegten sich Eberhard Schockenhoff (und mit ihm eine Reihe deutscher Moraltheologen) eher nicht mehr in einer «Hermeneutik der Kontinuität», wie sie Papst Benedikt XVI. in der Auseinandersetzung um die richtige Auslegung des Zweiten Vatikanischen Konzils anmahnte[200].

Um sich «aus den normativen Fesseln der traditionellen Sexualethik zu befreien» (6), schlägt der Freiburger Moraltheologe einen Neuansatz vor, der den alten Grundsatz, «wonach die Ehe der exklusive Ort legitimer Sexualbeziehungen ist» (7), durch eine «offenere Reformulierung» (7) ersetzt, in der «die Alleingeltung der Ehe durch ihre Höchstgeltung» (7) ersetzt wird. Gewürdigt werden soll fortan «das lustvolle Erleben des eigenen Körpers» (6) und die reiche Palette sexueller Entfaltung für alleinlebende, nichtverheiratete und homosexuelle Menschen, denn auch «gleichgeschlechtliche Handlungen» verwirklichten – so Schockenhoff – «positive Sinnwerte, insofern sie ein Ausdruck von Freundschaft, Verlässlichkeit, Treue und Hilfestellung im Leben sind». (6)

Der emeritierte Papst Benedikt, dem diese pragmatische Reformulierung nicht entgangen war, sah sich umgehend zu einer Wortäußerung veranlasst, in der er die Abkehr von der Normativität der Heiligen Schrift und vom Lehramt der Kirche beklagte und auf die Enzyklika «Splendor veritatis» von Papst Johannes Paul II. hinwies, in der sein Amtsvorgänger eine Morallehre explizit verurteilt hatte, die «allein von den Zwecken des menschlichen Handelns her zu bestimmen sei»[201]. Das führe zu einem ethischen Relativismus und einer nur noch auf Güterabwägung bedachten Moral:

«Es gibt ein Minimum morale, das mit der Grundentscheidung

des Glaubens unlöslich verknüpft ist und das verteidigt werden muss, wenn man Glauben nicht auf eine Theorie reduzieren will, sondern in seinem Anspruch an das konkrete Leben anerkennt. Aus alledem wird sichtbar, wie grundsätzlich die Autorität der Kirche in Sachen Moral zur Frage steht. Wer der Kirche in diesem Bereich eine letzte Lehrkompetenz abspricht, zwingt sie zu einem Schweigen gerade da, wo es sich um die Grenze zwischen Wahrheit und Lüge handelt.»[202]

Der mit Papst Franziskus abgestimmte Brief des ehemaligen Papstes wurde in der Weltkirche durch die Bank mit Erleichterung aufgenommen, während es teilweise schrillen Widerspruch von Seiten einiger deutscher Moraltheologen gab, namentlich von Vertretern der «Beziehungsethik».

In der Begründung seines Neuansatzes weist Schockenhoff auf eben diese Beziehungsethik[203] hin, die unter deutschen Moraltheologen «weithin auf Zustimmung» (8) stoße. Konsens sei hier: «Beziehungsformen, in denen Werte wie Liebe, Freundschaft, Verlässlichkeit, Treue, gegenseitiges Für-einander-Einstehen und Solidarität gelebt werden, verdienen in moralischer Hinsicht Anerkennung und Respekt – unabhängig davon, unter dem Vorzeichen welcher sexuellen Orientierung sie gelebt werden. Umgekehrt gilt: Promiskuität, offene Mehrfachbeziehungen, Untreue und von vornherein unter Vorbehalt eingegangene Beziehungen sind moralisch fragwürdig, und dies ebenfalls unabhängig von der sexuellen Orientierung der Betroffenen.» (8)

Im Ganzen gewinnt man den Eindruck, Schockenhoff geht es um eine konsequente Liberalisierung der Sexualmoral und die Heimholung verlorenen Terrains, zudem sehr nachdrücklich um die moralische Rehabilitation gleichgeschlechtlicher sexueller Praxis. In diesem Kontext fallen dann andere Bastionen rund um die kirchliche Grundüberzeugung, der einzig sinnvolle und legitime Ort voll entfalteter Sexualität sei die sakramentale Ehe von Mann und Frau.

Im Grunde trug Schockenhoff nur erneut vor, was schon im Theologen-Memorandum von 2011, das auch von Eberhard Schockenhoff unterzeichnet wurde, Konsens der Reformwilligen war: «Die kirchliche Hochschätzung der Ehe und der ehelosen Lebensform steht außer Frage. Aber sie gebietet nicht, Menschen auszuschließen, die Liebe, Treue und gegenseitige Sorge in einer gleichgeschlechtlichen Partnerschaft oder als wiederverheiratete Geschiedene verantwortlich leben.»[204]

Dass man Wege in die Gemeinschaft der Kirche auch für die bauen muss, die mit den Weisungen der Kirche kollidierten oder in einer tragischen Lebenssituation schwierige Wege gehen, hat Papst Franziskus der Kirche ins Stammbuch geschrieben. Aber das mit einer vagen «Hochschätzung» der kirchlichen Norm zu bezahlen, ist so hilfreich, als würde der DFB verlautbaren: «Die verbandliche Hochschätzung des Fußballs und anderer Ballsportarten steht außer Frage. Aber sie gebietet nicht, andere Sportler auszuschließen, die sich fair an ihre Regeln halten.»

Das ethische Siegel verpassen sich gerade alle, auch die Polyamorie-Gruppen, die derzeit in den Großstädten aus dem Boden sprießen. Es gehe da, heißt es in einem Artikel in der NZZ, «nämlich (um) ‹verantwortungsvolle Nicht-Monogamie›, in der ‹alle involvierten Personen mit allen Bedingungen und Voraussetzungen einverstanden sind und sich aus eigenem Willen darauf einlassen›».[205]

Das verdient doch Anerkennung und Respekt?

Oder wo liegt der Fehler?

* * *

Bischöfe stehen ex officio in einem Zwiespalt: Sie sind die Hirten ihrer Schafe, aber sie sind es nur in Einheit mit der universalen Kirche. Manch einem Bischof mag der Magen gegrummelt haben in Blickweite des heraufziehenden Dilemmas: Die Weltkirche wird die von Schockenhoff skizzierte Bruchlinie wohl nicht überschreiten. Aber braucht es nicht zuweilen das Prophetische? Muss nicht jemand vorangehen, wenn es gilt, dem Neuen die Bahn zu brechen? Ist da nicht eine Vision am Horizont, die alle heiklen Fragen, bei denen sich die Kirche bisher aus dem zivilen Konsens herausgehalten hatte, auf einen Schlag löst? Müssen der Kirche «die Menschen vor Ort» nicht wichtiger sein als ein lebensfernes kirchliches Lehramt? Könnte nicht ausgerechnet der sexuell blamierten Katholischen Kirche eine fundamentale Neubewertung der menschlichen Sexualität gelingen – weltoffen, tolerant, ohne moralischen Zeigefinger? Wäre das nicht der oft beschworene Anschluss an das Lebensgefühl der Moderne?

Käme die Katholische Kirche damit nicht endlich aus dem Sperrfeuer der Medien, wo man sie Mal um Mal ob ihrer antiquierten Schlafzimmerdoktrin belächelte? Voreheliche Sexualität? Gehört doch auch unter katholischen jungen Leuten einfach dazu. Außereheliche Sexualkontakte? Kommt auf den Charakter der Beziehung an. Wiederverheiratete Geschiedene? Fällt unter das Thema Barmherzigkeit. Masturbation? Könnte man als lustvoll und unproblematisch würdigen. Sex zwischen Partnern gleichen Geschlechts? Hat wertvolle Aspekte. Die heranbrandende LGTB-Agenda? Wird integriert und läuft ins Leere!

Könnte sich die Kirche dann nicht endlich ihrer eigentlichen Aufgabe, der Verkündigung des Evangeliums, widmen? Würde eine entspannte Sicht auf die menschliche Sexualität nicht sogar ein Milieu schaffen, in dem die Vielen wiederkommen, die in Sachen Sex mit der Kirche über Kreuz gerieten? Könnte man nicht denken: Mitten in der Krise stehen wir vor der Wende zu einer lockeren, fröhlichen, menschengerechteren Kirche?

Solche Kosten-Nutzen-Rechnungen mag der eine oder andere Bischof angestellt haben.

Wer freilich an eine volatile Sexualmoral glaubt, die heute zur Tugend machen kann, was gestern Sünde war, müsste den Kalauer kontern: «Ab 1. Januar müssen Sie das nicht mehr beichten.» Wer von der Annahme ausgeht, man könne die Sexualmoral der Kirche in zentralen Punkten komplett neu konzipieren, um sie den gewandelten Bedürfnissen der Zeit anzupassen, macht sich Illusionen. Deren *Tao* neu zu schreiben, wäre, um es mit C.S. Lewis zu sagen, «der Aufstand der Äste gegen den Baum; hätten die Rebellen Erfolg, sie müssten plötzlich erkennen, dass sie sich selbst zerstört haben. Der menschliche Geist hat ebenso wenig die Macht, einen neuen Wert zu erfinden, wie eine neue Primärfarbe auszudenken oder eine neue Sonne und ein neues Firmament für ihren Lauf zu erschaffen.»[206]

Natürlich gibt es in Denken und Lehre der Kirche Fortschritt und Entwicklung. Das muss aber nach C.S. Lewis so geschehen, wie ein großer Dichter die Sprache aus ihrem meisterlichen Gebrauch organisch und von innen her in neuem Licht glänzen lässt. Es äußerst sich in Prozessen der Integration und Evolution. Wir können Dinge im Fortgang von Denken und wissenschaftlich bedachter Erfahrung sukzessive besser und präziser sagen. Jeder, der sich mit der Materie befasst, weiß auch, dass es in der Kirche eine unerträgliche Fixierung auf das Sechste Gebot gab und dass es in der bisherigen Lehrentwicklung Engführungen, zeitbedingte Einseitigkeiten, blinde Flecken und Unbedachtes gab – und dass Moral nicht atmet, wenn sie nicht Austausch mit den Humanwissenschaften sucht, neue Erkenntnisse kritisch sichtet und gegebenenfalls beachtet. Darin aber, dass die kirchliche Sexualmoral neu akzentuiert werden muss, um Menschen kraftvoll auf das Gute hin auszurichten und viele, gerade junge Menschen dabei mitzunehmen, dürfte kein Dissens bestehen.

Bevor ich mich mit dem Vorschlag von Eberhard Schockenhoff näher befasse, möchte ich noch einmal auf den Ausgangspunkt zu sprechen kommen, nämlich auf den strategischen Kunstgriff der Bischofskonferenz, zur Verarbeitung der Missbrauchskrise nach einer «neuen Sexualmoral» zu rufen.

Das hat bei vielen katholischen Christen – ich gestehe: auch bei mir – Irritationen ausgelöst. Um nicht missverstanden zu werden: Ich bin sehr für eine Neufundierung der Sexualmoral, schließlich bin ich Vater von drei Kindern, habe auch zwei Enkel und wünsche ihnen sehnlich, dass sie ein gutes ethisches Fundament vermittelt bekommen. Dazu wünsche ich mir eine Kirche, die mit klarer Stimme und guten Argumenten zur nächsten Generation spricht. Aber Zeitpunkt und Umstände des bischöflichen Anstoßes für eine «neue Sexualmoral» geben doch sehr zu denken. Man sollte – sagen Musiker – immer auf die Vorzeichen achten. Wenn sie verkehrt sind, klingt die ganze Oper falsch.

Kapitel 11
Die Allianz der Verschweigung

Was hat die Stunde geschlagen? In Rom steht John Joseph Kennedy der Disziplinarabteilung der Glaubenskongregation vor und ist damit der Mann, auf den die Flutwellen der schlechten Nachrichten heranbranden. Um die 1000 (!) neue Missbrauchsverbrechen seien allein im Jahr 2019 nach Rom gemeldet worden; er fühle sich vollkommen überfordert von der schieren Quantität: «… wenn ich meine Mitarbeiter klonen könnte und diese an jedem Tag der Woche in drei Schichten arbeiten würden, dann könnten wir die notwendigen Schritte nach vorne machen.»

Aus aller Herren Länder kämen immer neue Hiobsbotschaften. In einem Jahrzehnt, so Kennedy, habe sich die Zahl der Fälle vervierfacht. «Wenn ich nicht Priester und Vater eines missbrauchten Kindes wäre, würde ich wahrscheinlich aufhören, zur Messe zu gehen.»[207]

Warum kommt das jetzt erst hoch? Warum hört das scheinbar nie auf? Und warum gibt es immer neue Schleifen, in denen sich scheinbar das Gleiche ereignet, nämlich Verdrängung und Vertuschung, statt radikale Aufarbeitung?

Um das zu verstehen, muss man zwei Typen von ausgelöschter Wirklichkeit betrachten. Den ersten Typ nenne ich die *theologische Immunisierung*. Um ihn zu beschreiben, muss ich an einen Heiligen erinnern, den ich sehr verehre, auch wenn ich gerade lerne, dass auch die größten Gottesmänner unfassbar in Zusammenhänge verstrickt sein können, denen sie nicht gewachsen sind. Ich spreche von Johannes

Paul II. und von seinem Anteil an den Dramen um den Wiener Erzbischof Groër, den «Legionäre Christi»-Gründer Marcial Maciel Degollado und eine Fülle anderer Fälle, in denen der Papst einfach nicht glauben wollte, was man ihm hinterbrachte.

Als der marienfromme, leutselige Wallfahrtspriester und Benediktinermönch Hans Hermann Groër Nachfolger des weltläufigen Kardinals König Erzbischof von Wien wurde, löste das im Jahr 1986 ein mittleres Kirchenbeben in Österreich aus. Dass es so kam, war auf direkte Einwirkung des Papstes zurückzuführen, der alle Vorschläge aus Wien in den Wind schlug und einen unbekannten, intellektuell nicht besonders hervorgetretenen Priester aus dem Hut zauberte. Möglicherweise war an der Personalie ein polnischer Priester und Religionslehrer in Hollabrunn beteiligt, der mit Karol Wojtyła einst das Priesterseminar in Krakau besuchte und gelegentlich nach Rom reiste, um dem Papst über die österreichischen Zustände zu berichten und ihm einen personalen Befreiungsschlag zu empfehlen.

Nicht ganz zehn Jahre später, am 26. März 1995, erschien eine Titelgeschichte des Nachrichtenmagazins *Profil*, die mit der Headline «Groër hat mich sexuell missbraucht» aufmachte. Josef Hartmann, ein früherer Schüler aus der Zeit, in der Groër Lehrer im Knabenseminar Hollabrunn war, hatte von sexuellen Übergriffen des Priesters berichtet und löste in den Folgejahren eine Serie von übereinstimmenden Zeugnissen anderer Opfer aus. Mehr und mehr stellte sich heraus, dass das gesamte klerikale Umfeld von der Schwäche des Mannes für pubertierende Knaben wusste.

Die Causa Groër entwickelte sich zusehends zu einem zerstörerischen Drama für die Kirche im ganzen Land, zumal der Kardinal weder echte Reue zeigte, noch die Dinge überhaupt kommentierte. Offenkundig erhielt er über lange Zeit Rückendeckung durch seinen Förderer auf dem Papstthron, bis der Wiener Weihbischof Christoph Schönborn zur Lösung des Konflikts herangezogen wurde und die

Kirche halbwegs aus der Krise führte. 1998 trat Schönborn mit drei anderen Bischöfen vor die Presse, um zu erklären, dass der Ruf eines Kardinals der Kirche nicht wichtiger sein könne als das Wohl junger Menschen.

Ein Satz Schönborns blieb in der Erinnerung: «Es gibt nur einen Weg: den Weg der Wahrheit.»[208]

Noch fataler erwies sich das Vertrauen, das Johannes Paul II. einem vermeintlich frommen und mit geistlichen Früchten gesegneten Mann schenkte, im Fall des mexikanischen Priesters Marcial Maciel Degollado (1920–2008), eines Psychopathen und sexuellen Schwerverbrechers, der sein virtuos organisiertes Doppelleben so geschickt vor dem Papst verbergen konnte, dass dieser in ihm nur den Gründer einer über die Maßen boomenden geistlichen Gemeinschaft sah, mit der den ungeliebten Jesuiten linientreue Konkurrenz erwuchs: jünger, schneller, frömmer, erfolgreicher.

Seit den 50er Jahren des letzten Jahrhunderts hatte es immer wieder Hinweise (auch an den Vatikan) gegeben, dass es mit der Heiligkeit der Gründerpersönlichkeit nicht weit her sein konnte; sie reichten von Urheberrechtsfälschung über Drogenmissbrauch hin zu schwersten sexuellen Delikten: dem seriellen homosexuellen Missbrauch von Schülern und Seminaristen bis hin zur Zeugung unehelicher Kinder, die später den Missbrauch durch den eigenen Vater bezeugten[209].

Offenkundig scheiterte eine kanonische Untersuchung, die Joseph Ratzinger 1999 als Präfekt der Glaubenskongregation ins Werk setzte, am Widerstand von Johannes Paul, der die Vorwürfe für erfundene Diskreditierungen von interessierte Seite hielt. Vor allem das unmittelbare Umfeld des Papstes – sein Sekretär Dziwisz und Kardinalstaatssekretär Sodano – hielt treu zu Maciel, der es bei keinem Rombesuch versäumte, gefüllte Briefumschläge mitzubringen und «bedürftigen» Personen zuzustecken, was wohl verhinderte, dass der Papst deutlicher zu hören bekam, was er hätte hören müssen.

Noch kurz vor seinem Tod, Ende 2004, empfing Johannes Paul II. den Gründer der Legionäre aus Anlass von dessen 60-jährigem Priesterjubiläum und dankte ihm für «einen von den Gaben des Heiligen Geistes erfüllten priesterlichen Dienst».

Erst als Joseph Ratzinger selbst Papst war, konnte er gegen den Mexikaner entschieden vorgehen, wie überhaupt Benedikt der Papst war, der am meisten von allen gegen Missbrauch unternahm[210]. Tat Kardinal Sodano ihm deshalb bei der Ostermesse 2010 den Tort an, eine fatale Grußadresse an den Papst zu richten, als dieser gerade unter dem unmittelbaren Eindruck der Welle von Missbrauchsnachrichten aus den USA stand? Der Obervertuscher Angelo Sodano (*1923) erdreistete sich tatsächlich, zu sagen: «Heiliger Vater, das Volk Gottes ist mit Dir und wird sich nicht von dem unbedeutenden Geschwätz dieser Tage beeinflussen lassen.»[211]

Die *theologische Immunisierung,* die sich in diesen Geschichten manifestiert, geht davon aus, dass Papst Johannes Paul II. und mit ihm viele andere lautere Bischöfe die Tragweite von Missbrauchsvorwürfen nicht erkannten, weil sie die Heiligkeit des Amtes mit einem wenigstens subjektiven Vollkommenheitsstreben von Priestern und Bischöfen in eins setzten, und es einfach nicht glauben konnten oder glauben wollten, dass ein Repräsentant Christi zum Knabenschänder oder Vergewaltiger von Frauen absinken konnte. Es gab für sie keine Bedingung der Möglichkeit dafür.

Letztlich verbindet die katholische Denkform das Marianische mit der Kirche: «Gebenedeit ist die Frucht deines Leibes: Jesus» – das gilt eben auch für die Kirche. Die Heiligkeit des Leibes der Frau, die den Herrn zur Welt brachte, ist auch die Heiligkeit des Leibes Christi – sprich: der Kirche –, aus der der Herr immer neu hervorgeht als reale

Gegenwart. Hände, die den Leib des Herrn austeilen, können nicht Hände sein, die Messdienern an die Hose gehen. Irreal! Dämonisch! Undenkbar!

Ich selbst habe lange nicht glauben können, dass es im Orbit der Kirche Bischöfe gibt, die sich junge Ordensfrauen halten, damit sie ihnen zu Diensten sind. Wie sagte Kardinal Schönborn ehedem: «Es gibt nur einen Weg: den Weg der Wahrheit.»

Es sollte nicht die letzte Schleife in der Auslöschung von Wirklichkeit sein. Derzeit haben wir es mit einem zweiten Typ zu tun; ich nenne ihn *relationale Immunisierung:* Das Ausmaß des Missbrauchs darf nicht bekannt werden, weil Verantwortungsträger auf vielerlei Weise mit Tätern in Beziehung stehen, sie kennen, verstrickt sind in Mitwissen, vielleicht sogar gewisse Neigungen mit ihnen teilen. Menschen in geschlossenen Systemen schützen andere, um sich selbst nicht abschaffen zu müssen.

In Deutschland wird mehr oder weniger der Eindruck erweckt, als habe die Katholische Kirche das Problem erkannt und im Griff, und als könne sie sich nun der Zukunft und anderen Themen widmen. Man tut so, als wäre hierzulande nicht Amerika, worüber man sagenhafte Berichte liest, wie den von der Diözese Duluth in Minnesota[212], die Konkurs anmelden musste, weil 40 Millionen US-Dollar an Missbrauchsopfer zu zahlen waren, da man in 92 Gemeinden mehr als drei Dutzend Priester als Vergewaltiger überführte.

Aber der Teppich ist zu klein, um nicht die Absicht zu erkennen und verstimmt zu sein. Epidemischen klerikalen Missbrauch ins große Ganze einer allgemeinen Sexualmoral zu entsorgen, ist vielleicht die nächste Stufe der Vertuschung und eine besonders elegante Volte der Exkulpation: Das Böse gehört einer alten Moralität an – «wir» sind die Aufklärer und so auf eine neue Weise moralisch. Statt über Untaten, ihre Gründe und die Maßnahmen ihrer Eliminierung reden wir vom sicheren Ufer einer neuen Moral über «die jeweils *andere* Bettdecke, das *fremde* Portemonnaie, die *nachbarliche* Mülltonne» (der reformierte Theologe Peter Bukowski)[213].

Einer von denen, die sich nicht mehr auf die Straße trauen, ein Priester, sagte mir zuletzt: «Für die Missbrauchsstudie wurden – singulär in der jüngeren deutschen Rechtsgeschichte – alle Personalakten von Priestern geöffnet. Ohne Unterschied stehen wir da wie mutmaßliche Verbrecher. Nur: Die Personalakten der Bischöfe sind bis heute unter Verschluss.» Nun waren im Fall Pottbäcker[214] aber Bischöfe und Generalvikare gleich in Serie involviert.

Recht ist nicht, Reue zu verteilen, Zerknirschung zu verallgemeinern und spätgeborene Unbeteiligte mit einer Art Erbsünde zu belasten. Durch den Ruf nach einer neuen Sexualmoral schimmert Existenzangst und Schmerzvermeidung: Es könnte nicht mehr weitergehen, wenn der Schwarze Peter bei «uns» hängenbleibt.

Bringen wir auf den Punkt, was als das nicht Sagbare verdrängt wird: Die Untersuchungen zu den sexuellen Übergriffen im Raum der Kirche brachten eine prekäre Besonderheit ans Licht – prekär, weil sie diametral einem Trend zuwiderläuft, der Kirche und Gesellschaft im Moment geradezu monothematisch beherrscht. Überall bemüht man sich aus einsichtigen Gründen um Toleranz gegenüber Menschen, die sich nicht heterosexuell definieren. Ausgerechnet in der Missbrauchskrise aber waren Priester mit einer bestimmten Neigung das Problem. In der übergroßen Zahl der Fälle – nimmt man die weltweiten Untersuchungen kursorisch zusammen, kann man von etwa 80 % ausgehen –, bezieht sich der Missbrauch auf übergriffige Handlungen von *Männern an heranwachsenden Jungen,* während sexuelle Übergriffe in der Gesamtgesellschaft einen hohen Überhang im heterosexuellen Bereich aufweisen.

Wenn die MHG-Studie[215] etwas bewiesen hat, dann, dass es Täter und Nichttäter gibt, und dass keinerlei Veranlassung dazu besteht, die einen mit den anderen in einen Topf zu werfen.

Wahrscheinlich gibt es derzeit keine Berufsgruppe, die es schwieriger mit öffentlicher Akzeptanz hat als die Berufsgruppe der Priester. Wer sich als solcher durch seine Kleidung in der Öffentlichkeit kenntlich zeigt, muss damit rechnen, ignoriert, gemobbt, gar als «Kinderficker» bezeichnet zu werden. Wenn man jedoch die von der Studie vorgelegten Zahlen analysiert und sie mit anderen Studien vergleicht[216], sieht man, dass der berechtigte Zorn eine große Zahl von Unschuldigen trifft. Die weitaus überwiegende Zahl der Priester kann überhaupt nicht in Zusammenhang mit Missbrauch gebracht werden, auch nicht mit heterosexuellem Missbrauch. Die MHG-Studie, die auch an dieser Stelle mit den Zahlen aus Amerika übereinstimmt, sagt, dass die Gesamtzahl 4,4 % ausmacht, fast 96 % aller Priester also als unbescholten gelten müssen.

Auch der oft genannte Zölibat spielt in der Genese des Missbrauchs durch Priester keine Rolle[217], wie nicht zuletzt die MHG-Studie betont. Die 80 % erscheinen noch einmal dramatischer, stellt man in Rechnung, dass es unter Priestern zwar eine höhere Zahl von Personen mit homosexueller Identität geben mag als in männlichen Vergleichsgruppen, man aber dennoch davon ausgehen muss, dass die weit überwiegende Zahl der Priester eine heterosexuelle Identität haben[218].

Weil Täter oft viele Opfer haben, kann man davon ausgehen, dass nur eine Minderheit von homosexuellen Priestern übergriffig geworden ist, dass es also eine Mehrheit von enthaltsam lebenden homosexuellen Priestern gibt, deren Integrität genauso geschützt werden muss wie die von heterosexuell orientierten Priestern.

Statt sich dieser Besonderheiten in einem offenen Diskurs anzunehmen, wird im weiten Umkreis eine Art intellektueller Tabuzone errichtet und mit hohem akademischem Aufwand im Nebel gestochert. So lud im November 2018 das Universitätszentrum Graz zu einer Tagung «Begünstigen die Machtstrukturen der Kirche den Missbrauch?»[219], bei der immer wieder von Klerikalismus und Machtmissbrauch die Rede war – gewissermaßen zur Entsexualisierung von Missbrauch. Mantraartig wurden Gründe zweiter Ordnung vorgebracht, statt von der peinlichen Sache zu sprechen, nämlich von sexuellen Handlungen, die sexuellen Triebwünschen entspringen.

«Es geht nicht an», stellte etwa Irmtraud Fischer, eine der Organisatorinnen der Grazer Tagung, bündig fest, «Homosexualität und Missbrauch in ursächlichen Zusammenhang zu stellen»[220]. Gewiss ist es perfide, wenn jemand sagt: Vorsicht vor Homosexuellen, das sind alles potenzielle Täter. Andererseits aber muss man sagen: An Jungen vergreift sich ein Mann nicht, so er nicht bisexuelle oder homosexuelle Neigungen zu Adoleszenten hat. Um diese Gruppe von Priestern geht es.

Die Bemerkung von Irmtraud Fischer ist also nur teilweise korrekt. Sie verdunkelt in dem, was sie ausblendet, sogar mehr, als sie erhellt. Sie geht nämlich weder auf das Phänomen der erotisch-sexuellen Neigung von Männern zu Jungen in der Pubertät ein, noch auf die Tatsache, dass dieses Phänomen massiv in bestimmten Kontexten auftaucht, eben auch in der Kirche.

Der ebenfalls anwesende Magnus Striet machte eine «Überhöhung und Sakralisierung des Klerus, die Beichtpraxis, in der Menschen bis heute schuldhafte Sexualität vermittelt werden würde, und die Erbsündenlehre, die seit Augustinus die Kirche bestimmte»[221], als auslösende Faktoren aus.

Nun ist bei asymmetrischem Sex immer Macht im Spiel; ebenso finden wir Mutanten von Sakralisierung. Das ist bei Pfarrern nicht anders als bei Filmregisseuren, Rockidolen, Casting-Agenten, Pultstars, Dax-Vorständen, Theaterintendanten und Yogalehrern; nicht anders als auch bei Gerold Becker und seinen Freunden von der Odenwaldschule[222]. Sie alle hören auch – nachdem sich das Opfer ausgezogen hat – die Beichte und verteilen Erlösung, freilich ohne Lizenz.

An dieser Stelle muss auf ein paralleles Vertuschungsszenario in der Evangelischen Kirche hingewiesen werden, von dem wiederum Licht einfällt auf die katholischen Vertuschungsübungen. Kaum hatte man sich durch den Bericht von Bischöfin Fehrs[223] der peinlichen Tatsache von Missbrauch im protestantischen Milieu (und in quantitativ analogem Ausmaß) gestellt, entzog sich die Interpretin auch schon der Sache und dem eigentlichen Diskurs – und zwar mit einem neomarxistisch inspirierten rhetorischen Trick. Nicht nur von Fehrs wird die Rede von «gewalttätiger Sexualität» bis heute notorisch durch «sexualisierte Gewalt» ersetzt. Im ersten Fall ist das Böse im Sex verortet – lustkultisch ein No-Go! –, im zweiten Fall ist die *Gewalt* das Böse; sie hat sich nur sexuell maskiert. In einem Fall bedienen sich Triebwünsche der Gewalt, im anderen Fall nimmt Machtstreben sexuelle Formen an. Man erkennt mit hinreichender Klarheit: «Sexualisierte Gewalt» ist Vertuschung auf Evangelisch[224]. Sonst dürfte man ja sagen: Hätte das Kind Lust dabei empfunden, wäre der Missbrauch kein Missbrauch gewesen – nur das Gewaltsame hätte das Ereignis zur Untat gemacht.

Scheinbar ohne Gewalt ging es ja bei Helmut Kentler zu, der in einem Bericht über den 13-jährigen «Ulrich» zur Kenntnis gab: Sein «Vorteil war, dass er gut aussah und dass ihm Sex Spaß machte; so konnte er pädophil eingestellten Männern, die sich um ihn kümmerten, etwas zurückgeben.»[225]

Nur wo sich sexuelle Begegnungen auf Augenhöhe und in Freiheit ereignen, wo sie in exklusiver, treuer Liebe ihre «Zähmung» finden, ist die Asymmetrie sexueller Beziehungen aufgehoben und wird der Einbruch in die Intimität zu einem gewünschten Zeichen. Jenseits von Liebe hausen die Vergewaltigung und alle anderen instrumentellen Zurichtungen, etwa die Merkantilisierung von Sex. Wären klerikale Gewalt und wäre das sakramentale Priestertum der Kern des Übels, so hätten vornehmlich autoritäre Prälaten ein Problem. Das ist aber nun keineswegs der Fall. Missbrauchstäter kommen aus allen Schattierungen; es sind konservative Priester ebenso darunter wie aufgeschlossene Liberale, die Gewalt verabscheuen und denen jedweder klerikale Habitus abgeht.

Was zwischen den priesterlichen Missbrauchstätern und ihren Opfern passiert, ereignet sich im Raum einer sexuellen Präferenz, die Magnus Hirschfeld, der Godfather der Queer-Bewegung, mit dem griechischen Wort «Ephebophilie» (von *ephebos* = Jüngling, junger Mann)[226] belegte; gemeint ist die homosexuelle/bisexuelle Neigung von Männern zu pubertären und postpubertären jungen Männern.

Hirschfelds Nomenklatur gilt unverändert bis heute. Von der Ephebophilie unterschied er die «Pädophilie» (von griech. *pais* = Knabe, Kind), womit das sexuelle Interesse an Kindern beiderlei Geschlechts gemeint ist, und die «Androphilie» (von griech. *anthros* = Mann), womit die Liebe auf Augenhöhe zwischen erwachsenen Männern gemeint ist. Wie weit man Magnus Hirschfeld in seiner Einschätzung zur Verbreitung ephebophiler Neigungen folgen kann, steht dahin. Hirschfeld schätzte: «Die *beiden Hauptgruppen,* von denen jede etwa 45 % der gesamten [männlichen] Homosexuellen betragen dürfte, sind die *Ephebophilen,* die Personen vom Beginn bis zum Abschluss der Reife, also im Jünglingsalter von etwa 14–21 Jahren, lieben, und die *Androphilen.*»[227]

Hirschfeld ersetzte mit dem Begriff «Ephebophilie» den älteren Terminus «Päderastie» (von griech. *pais* = Knabe und *erastes* = Liebhaber), der in der Literatur vornehmlich auf eine Praxis in der griechischen Antike hinwies: Aristokraten – Pädagogen und Philosophen – hielten sich Knaben aus der Schicht der Sklaven und Unfreien, angeblich, um sie zu bilden, aber doch wohl in erster Linie, um sexuell mit ihnen zu verkehren[228]. Rekrutiert wurden die Knaben in der Regel im *Gymnasion* (von griech. *gymnos* = nackt) und auf der *Palästra,* dem Sportplatz, wo sich die unbekleideten olivenölglänzenden Leiber der halbwüchsigen Jungen unter der Anleitung ihrer Lehrer im Ringkampf und anderen Männer- und Kampfdisziplinen übten.

Kein Wunder, dass Reminiszenzen dieser Art das Kopfkino aller geneigten Literaten von Nietzsche bis Thomas Mann beflügelten; sie schwärmten von der Antike und bedienten sich voyeuristisch an den Stränden von Venedig oder Taormina. Was in der Antikenbegeisterung des 19. Jahrhunderts häufig als «pädagogischer Eros» verklärt wurde, ist aus heutiger Sicht ein Verstoß gegen die Menschenrechte und ein Verbrechen, das sich leider noch immer in Sportvereinen, Internaten und nun eben auch in der Sakristei ereignet. Im Fokus: Ministranten.

Hinsichtlich Missbrauch und Macht ist homo- oder bisexuelle Ephebophilie durch drei Aspekte gekennzeichnet: Erstens geht es um einseitige Triebwünsche zwischen Menschen des gleichen Geschlechts, zweitens um Übergriffe von Älteren an Jüngeren[229], drittens um Gewalt zwischen mächtigen Missbrauchern und ohnmächtigen Opfern. So rief es einiges Kopfschütteln hervor, dass auch die von der Deutschen Bischofskonferenz veranlasste MHG-Studie zum Urteil kam: Homosexualität sei «kein Risikofaktor für sexuellen Missbrauch».[230]

Die MHG-Studie erklärt die ominösen 80 % der Übergriffe auf Jungen mit einem Täterprofil, das eine Fülle von wenig bestimmten Merkmalen ausweist, deren Schnittmenge – so mein Eindruck – dazu dient, das Sexuelle an der sexuellen Handlung gezielt herunterzuspielen. So hören wir zur Häufigkeit statistischer Merkmale, bei der untersuchten Tätergruppe seien zu 29,6 % emotionale/sexuelle Unreife – *was heißt nun das? … und das könnte man bei fest jedem Merkmal aufs Neue fragen* –, zu 27,7 % depressives Verhalten, zu 21,6 % Persönlichkeitsstörung, zu 17,7 % Merkmale der Pädophilie, zu 13,1 % Alkoholmissbrauch, zu 9,8 % Verhaltensauffälligkeit im Kinder- und Jugendalter, zu 5,8 % an Autonomie mangelndes Verhalten, zu 3,4 % Angst/Panikattacken/Paranoia/Hypochondrie, zu 2,4 % zwanghaftes Verhalten, zu 1,8 % Schizophrenie, zu 1,2 % Merkmale der Ephebophilie, zu 1,2 % sonstige sexuelle Präferenzstörungen, zu 0,3 % Narzissmus, zu 0,3 % Drogenmissbrauch und zu 6,7 % sonstige psychische Auffälligkeiten[231] zu verzeichnen.

Diese Zergliederung liest sich gerade so, als habe Knabenschändung mit allem zu tun, bloß nicht mit Knabenschändung. Das erstaunt einen, der es erlebt hat.

Das Faktum gehäufter Übergriffe auf Jungen wird rätselhafterweise daran festgemacht, dass es «ambivalente Aussagen und Haltungen der katholischen Sexualmoral zur Homosexualität»[232] gäbe – eine Einsicht, auf die niemand kommen kann, der die eindeutigen Passagen des KKK[233] zu Rate zieht, wie immer man diese bewertet. Von Ambivalenz kann jedenfalls nicht die Rede sein. In der Studie wird aber der Eindruck erweckt, als sei Homophobie paradoxer Weise mitursächlich für Missbrauch – eine Betrachtungsweise, deren Schlüssigkeit sich mir bis heute entzieht. Selbst in den denkbar tolerantesten Gesellschaften, in denen Homosexualität «normal» ist, bleiben pädophile und ephebophile Handlungen immer Schattenhandlungen und werden entsprechende Triebwünsche immer versteckt sein.

Werden die Dinge *nicht* angeschaut, bleibt etwas hängen – und zwar an beiden, scheinbar so konträren Beteiligten. Das kirchliche Amt gerät noch tiefer ins Abseits; es wird im öffentlichen Ansehen zur Nische für abseitige Charaktere. Und das der Aufklärung Entzogene wird selbst zum besten Erzeuger von Homophobie.

Die Sachlage ähnelt einer analogen Konstellation in den 80er Jahren des vorigen Jahrhunderts. Die Partei der Grünen, die sich aus dem linksliberalen Spektrum als ökologische Alternative etablierte, kämpfte für eine neue Freiheit sexueller Selbstbestimmung, umarmte die sexuelle Diversität und herzte unschuldig die Pädophilie. Zehn Jahre später zerriss das Gewebe der Ideologie, und alle entdeckten plötzlich ihr Herz für Kinder und den Abscheu vor der Schande und den Schändern.

Schafft die Kirche keine Transparenz, tun es andere für sie. Wer hinter Klostermauern heimlich auf welche Weise orientiert ist, und wer mit wem da in der Sakristei was tut, ist ein gefundenes Fressen für investigative Journalisten wie den französischen Soziologen und schwulen Aktivisten Frédéric Martel[234]. Unterstützt von einem ganzen Team von Rechercheuren hatte sich Martel der Fleißaufgabe unterzogen, vier Jahre lang in Rom und im Vatikan zu sondieren, wie die Dinge stehen. Schließlich legte er seine Ergebnisse auf 671 Seiten nieder.

Es liest sich schockierend, auch wenn glaubwürdige Zeugnisse von Mitgliedern der Kurie – Bischöfe und Kardinäle öffneten Martel bis ins Päpstliche Gästehaus Santa Marta hinein die Türen – eindeutige Fakten und bloße Vermutungen nicht immer klar zu unterscheiden sind: Es gibt, wie aus seinen Interviews und Recherchen hinreichend hervorgeht, in vatikanischen Gefilden eine nicht unbeträchtliche Anzahl von Priestern, Bischöfen und Kardinälen, die homosexuell oder bisexuell sind, dies zum Teil auch offen eingestehen. Martel findet das begreiflicherweise nicht weiter schlimm und liefert eine schier endlose Erzählung zu seiner Aussage:

«Der Vatikan ist eine der größten homosexuellen Communities der

Welt, und ich bezweifle, dass es selbst im Castro in San Francisco, diesem symbolträchtigen, wenn heutzutage auch eher gemischten Lesben- und Schwulenviertel, so viele Homosexuelle gibt.»[235]

Martel unterteilt seine klerikalen Probanden in drei Gruppen: bekennende Homosexuelle (ohne deren bereitwillige Hilfe Martels Report nicht zustande gekommen wäre), sogenannte «Schranks»[236], das sind Homosexuelle, die sich noch nicht geoutet haben oder die noch nicht geoutet wurden, und konservative Homosexuelle, die in einer Art Selbsthass Homosexualität am schärfsten angreifen.

Ob es nun im Vatikan eine «Klerikernormalität» ist, ob es «mindestens 80 %» sind oder ob es «die Mehrheit» ist, wie Martel an verschiedenen Stellen seines Buches mutmaßt, ist Lesen in der Glaskugel. Niemand wird es je zu ermitteln vermögen. Aber dass es viele (und dass es nicht nur im Schatten des Petersdoms mehr geworden) sind, steht außer Frage.

Sagen wir es nüchtern: Wer die Vorstellung hat, es gäbe im Klerus der Katholischen Kirche derzeit eine Normalverteilung – will sagen: Es müssten im Durchschnitt der Kleriker etwa durchschnittlich so viele Personen mit einer homosexuellen Identität geben wie in der Allgemeingesellschaft –, gibt sich der ersten Illusion hin.

Die zweite Illusion besteht in der Meinung, das sei nur im Vatikan so. Es gibt gewiss Unterschiede in den verschiedenen Ortskirchen, aber tendenziell dürfte die Katholische Kirche in vielen Ländern davon betroffen sein.

Die dritte Illusion besteht in der Annahme, diese spezielle Verteilung tangiere die moralische Integrität der Kirche nicht. Es sind ja nicht nur Martel und seine Rechercheure, die sich im grauen Umfeld des Vatikans und bis in die einschlägigen Clubs umgetan haben und fündig wurden. Keine Woche vergeht, in der nicht wieder ein römischer Kleriker traurigen Stoff für die Yellow Press liefert. Man mag es nicht mehr lesen.

Die vierte Illusion besteht in der Annahme, der Umstand eines sukzessive mit homosexuellen Priestern durchsetzten Klerus habe nichts mit Missbrauch zu tun. Frédéric Martel – Soziologe, schwul, nicht irgendein homophober Fundamentalist – wagt die kühne These: «Hinter den meisten Missbrauchsfällen stehen Priester und Bischöfe, die die Täter aufgrund ihrer eigenen homosexuellen Orientierung schützen, weil sie Angst vor der Entdeckung und einem Skandal haben. Eben jenes Klima, in dem Geheimnisse kultiviert wurden und gediehen, das notwendig war, um den hohen Anteil an Schwulen in der Katholischen Kirche zu verschweigen, hat die Verbrechen und das Vertuschen von sexuellem Missbrauch möglich gemacht.»[237]

Ich denke, das ist überzogen. Aber *dass* es in vielen Fällen so war und leider noch immer ist, steht auch für mich außer Frage.

Das genau ist gemeint mit *relationaler Immunisierung;* es geht um den not- oder interessegeleiteten Versuch der Nichtaufklärung: Jemand kennt jemand, den man nicht hineinreiten möchte. Verwandte, Freunde, Genossen, Mitbrüder gehen selten zur Polizei; sie verschreiben sich lieber der Maxime des patriotischen Dichters Hoffmann von Fallersleben (1798–1874): «Der größte Lump im ganzen Land, das ist und bleibt der Denunziant.» So entstehen aus Co-Abhängigkeit sprengfeste Klüngel.

Martel gibt auch eine Erklärung für den Umstand der speziellen Anziehung des Priesteramtes auf schwule Männer. Mit der Zeit nach dem Konzil und dem Pontifikat Pauls VI. habe sich ein Mentalitätswechsel vollzogen: Das mit dem Zölibat verbundene Priesteramt sei mit dem Aufkommen der Sexuellen Revolution zunehmend unattraktiv für heterosexuelle Männer geworden, zugleich habe die Ästhetik des Liturgischen[238] und der Machtbonus des Amtes eine starke Anziehung auf junge, fromme, der Kirche verbundene Männer ausgeübt, die im Grunde keusch leben wollten und in diesem Kontext nach einer sozialen Rolle suchten. Mit der Wahl des Priesteramtes sei man auch gleich der peinlichen Frage enthoben worden: Warum bist du nicht verheiratet, warum hast du keine Familie?

In dieser Perspektive erschien das zölibatäre Priestertum plötzlich weniger als eine Berufung zu radikaler Ganzhingabe als eine ideale Existenzform für Homosexuelle, die ihre Neigung wegdrücken mochten, statt sie frei auszuleben. Für sie mochte der Zölibat auf den ersten Blick keine Mühe und kein Opfer, sondern eine Art «Natürlichkeit» darstellen, vielleicht sogar einen Rettungsanker, um nicht in einer Flut verwirrender Gefühle für sich selbst und andere unterzugehen.

Dass dies auf viele zutrifft, die sich mit dem mühelosen Verzicht auf die Frau ein anderes Problem einhandelten, geht freilich nicht nur aus der Vielzahl menschlicher und spiritueller Katastrophen hervor, die Martel auflistet, als wären sie der Standard einer gewissen klerikalen Lebensweise. Analoges liest man im Bericht der Pennsylvania Grand Jury. Mit noch größerer Deutlichkeit geht das aus der Website www.bishop-accountability.org hervor, einer in Deutschland ganz unvorstellbaren Art von Pranger.

Bei Bishop-Accountability handelt es sich um eine von Opfern betriebene amerikanische Internetplattform zum sexuellen Missbrauch in der Katholischen Kirche Amerikas, wobei nicht klar unterschieden wird zwischen Formen intergenerationeller Übergriffe und Vergewaltigungen auf der einen Seite und «Unmoral» auf der anderen Seite – gemeint sind meist Fälle, in denen öffentliche Manifestationen (Teilnahme von Klerikern an Orgien, Priester auf dem Straßenstrich) und homosexuelle Beziehungen zwischen Erwachsenen im Raum der Kirche (Priesterseminare, Klöster, Pfarrhäuser) Skandal machten – Ereignisse, an denen Bischöfe, Priester, Seminaristen beteiligt waren.

Der aus dem Amt gejagte ehemalige Kardinal Ted McCarrick gehört in diese Szenerie; und hier spielte in der Tat das so oft beschworene klerikale Machtgefälle einmal eine Rolle. Obwohl man meinen sollte, dass Seminaristen erwachsene Menschen sind, die sich wehren können, tauchen immer wieder Klagen heterosexueller Seminaristen auf, die sich als Opfer von Nötigungen, Belästigungen und moralischen Provokationen fühlen.

Wie «Catholic National Register» berichtete, verfassten im Jahr 2018 über ein Viertel von 180 Seminaristen in Honduras einen offenen Brief, um gegen die grassierende homosexuelle Praxis im Priesterseminar von Tegucigalpa zu protestieren. Die Seminaristen forderten in ihrem Schreiben, dass man die homosexuellen Seminaristen entlässt, auch wenn sie Freunde der Seminarleitung seien. Die Plattform «Queer.de» beobachtete diesen und andere Fälle aufmerksam: «Wörtlich heißt es in dem Brief, dass es im Seminar ‹wegen sehr unmoralischen Situationen zu Spannungen kommt, insbesondere wegen aktiver Homosexualität›. Diese ‹Epidemie› würde jedoch von der Seminarleitung vertuscht.»[239] Im vorliegenden Fall musste der zuständige Weihbischof zurücktreten.

«Queer.de» hatte schon die einschlägigen Skandale im Seminar von St. Pölten[240] dokumentiert und auch über den irischen Primas Diarmuid Martin berichtet, der seine Seminaristen aus dem nationalirischen Priesterseminar Maynooth herausnahm und nach Rom schickte – ausgerechnet nach Rom, möchte man sagen –, weil Maynooth ein «ungesunder Ort» sei.

«Es gibt», gab der Bischof zu Protokoll, «verschiedene Vorwürfe: Einer ist, dass es eine homosexuelle, schwule Kultur gibt, dass Studenten eine App namens Grindr benutzen, eine schwule Dating-App, was unangemessen für Seminaristen ist.»[241]

«Queer.de» informierte seine Leser auch über Berichte von sexuellen Übergriffen in Maynooth. Es ist beispielsweise die Rede von einem Seminaristen, der sich an die Polizei gewandt hatte, weil er in den Jahren 2007 bis 2009 von einem Priester belästigt wurde: «Der im College angestellte Geistliche soll ihn mehrfach unsittlich berührt und mit ihm aufdringlich über Sex gesprochen haben. ‹Ich bin nicht homophob, aber der Priester hat seine Machtposition und seinen Einfluss missbraucht›, so das namentlich nicht genannte mutmaßliche Opfer.»[242]

Mir selbst sind durch zufällige Gespräche – nicht durch gezielte Recherche – mit ehemaligen Seminaristen allein vier deutsche Priesterseminare bekannt, in denen es zu analogen Problemen kam; in einem Fall kam es zu harschen Eingriffen durch die Diözeseanleitung, in den beiden anderen Fällen waren die Reaktionen offenkundig lasch oder nicht vorhanden.

Die Kette der Beispiele könnte (allein aufgrund der Quellenlage aus Amerika) ad infinitum fortgesetzt werden.

Der amerikanische Jesuit James Martin, der sich für eine neue kirchliche Sicht auf Homosexualität einsetzt, hat, nachdem er sich das Buch von Frédéric Martel angeschaut hat, bestätigt: «Es gibt heute in der Kirche viele schwule Priester, Bischöfe und Kardinäle im Amt. Aber die meisten von ihnen halten, wie ihre Hetero-Kollegen, an einem Leben in Keuschheit und Zölibat fest.»[243]

Das sehe ich auch so – ich hoffe zumindest, ich irre mich nicht –, wobei ich mich auch nicht durch die skeptische Einschätzung einer erfahrenen Therapeutin verunsichern lasse, die mir schrieb: «Die männliche Identität wird vom Jungen in der frühen psychosozialen Entwicklung erworben und insbesondere durch prägende männliche Gegenüber bestätigt. Wenn ihm aus irgendwelchen Gründen nicht gelungen war, die Männlichkeit zu integrieren, wird er sie womöglich weiter bei anderen Männern suchen, etwa durch erotisches Begehren. Der Drang, sich diese schmerzhaft ersehnte Dimension der Kernidentität durch gleichgeschlechtlichen Sex gleichsam ‹einzuverleiben›, kann, etwa in stressigen Lebenssituationen, unwiderstehlich werden.»

Ich kann mit dem Gedanken leben, dass es schwule Heilige gab, schwule Bischöfe und schwule Päpste, wenn ich mir auch keine Vorstellungen von den spirituellen und existenziellen Herausforderungen eines solchen Settings mache. Schließlich gibt es im Horizont Gottes «erfülltes Leben trotz vieler unerfüllter Wünsche»[244]. Wer hier allzu enge Grenzen zieht, könnte sich eines Tages wundern, wen er ausschloss.

Mir geht es aber wie vielen anderen: Ich kann schlecht mit dem Gedanken leben, dass das Apostolische Amt zu einem gleichgeschlechtlichen Refugium wird, in das sich Heterosexuelle nur mit einer gewissen Beklemmung begeben, als hätten sie sich im falschen Club verlaufen.

Ich kann auch schlecht mit dem Gedanken leben, dass sich im Priesteramt die von Martel beschriebenen schwulen sozialen Mentalitäten und Lifestyles entwickeln; sie heben sich elitär ab vom «Familiengeist» der Mütterlichkeit und Väterlichkeit der «Mitbürger der Heiligen und Hausgenossen Gottes» (Eph 2,19), von dem Papst Franziskus häufig spricht.

Das Volk Gottes hat auch ein Recht auf die Frage, wie es zu der verheerenden Schieflage durch solche kommen konnte, die es nicht so genau mit dem Zölibats-Versprechen nahmen und nehmen. Das gilt übrigens in gleichem Maße vom Umgang mit heterosexuellen Ungereimtheiten wie dem lässigen Umgang mit Konkubinaten[245].

Mit das Schlimmste, was jetzt passieren könnte, wäre eine Hexenjagd auf schwule Priester, Bischöfe und Kardinäle. Das Anliegen von James Martin, integre homosexuelle Kleriker aus der Schusslinie zu nehmen und ihre Arbeit für das Reich Gottes nicht durch pauschale Anschuldigungen zu diskreditieren, ist unbedingt zu unterstützen. Ich kenne homosexuelle Priester, und zwar nicht nur aus einer verhängnisvollen Konstellation in meiner eigenen Biografie – worüber gleich noch zu reden sein wird. In zwei Fällen mündeten die Geschichten im Abbruch; einer schrieb mir:

«Ich hielt das Doppelleben einfach nicht mehr aus …»

Ein anderer legte sein Ordensgewand ab und verschwand in der Lack- und Lederszene.

Andere, mir persönlich bekannte homosexuelle Priester gehen eindrucksvoll und glaubwürdig mit ihrer Neigung um. Bei aller sonstigen Offenheit zwischen uns hat mir allerdings nur einer seine Neigung offen anvertraut. Für die anderen gilt: Ich weiß es – und sie wissen, dass ich es weiß. Aber es ist eine Schamschwelle zwischen uns, die nicht überschritten wurde und die zu überschreiten nicht meine Sache wäre. Eigentlich schade. Sie würden in meiner Achtung steigen, wenn auch hier Offenheit da sein könnte.

Von einem Priester weiß ich, dass er seine gleichgeschlechtliche Hingezogenheit als Lebenswunde empfindet, aber spirituell verantwortlich damit umgeht.

Oft ist ja die Erfahrung eigener Vulnerabilität der entscheidende Faktor für eine vertiefte Beziehung zu Christus: «Meine Gnade genügt dir; denn sie erweist ihre Kraft in der Schwachheit.» (2 Kor 12,9).

Eine Variante des Umgangs mit der eigenen Neigung ist der schwule Priester, von dem ich hörte. Er soll gesagt haben: «Ich behelfe mir mit Epikie[246] …»

Die Kirche muss mit Entschiedenheit das ethische Ziel verfolgen, ihr Verhältnis zu homosexuellen Menschen auf eine gute Grundlage zu stellen. Allzu oft in der Geschichte hat sich das Spießertum zur Bestätigung seiner eigenen Wohlanständigkeit an ihrer Ausgrenzung beteiligt. «Es ist schmerzlich, festzustellen», sagt der Psychiater und Psychotherapeut Manfred Lütz, «dass auch manche Christen sich an solchen Kampagnen beteiligten oder derartige Haltungen an den Tag legten. Das schuf den Nährboden für jene menschenverachtende Ideologie, die im Schatten der Ressentiments Krematorien baute.»[247]

Die Kirche darf nicht vergessen: Es gibt eine Schuldgeschichte, und sie hat einiges aufzuarbeiten in Hinsicht auf die Diskriminierung und Ausgrenzung homosexueller Menschen, die immer nur unter dem Aspekt sexueller Sünde in den Blick kamen; sie sind aber (wie übrigens jeder Christ) vor, nach und während der Sünde erst einmal Gottes geliebte Kinder. Homosexuelle – auch homosexuelle Priester – müssen in der Kirche gut leben können; sie haben ein Recht darauf, Wertschätzung zu erfahren, und sie haben es, unter der Voraussetzung, dass sie kein Doppelleben führen, nicht nötig, sich zu verstecken. Auch ihretwegen muss das Unsägliche in der vollen Breite angeschaut werden: Verbrechen oder in Verbrechen mündende Pathologien ebenso wie die unzüchtigen Handlungen und Lebensstile von solchen, die Seminare in einen Kontakthof verwandeln und Klöster und Pfarrhäuser in Rückzugsorte für eine eheähnliche Lebensgemeinschaft mit dem schwulen Freund. Die küssenden Mönche unter dem Torbogen sind kein derber Schwank von Boccaccio[248], sondern die Beobachtung einer Exerzitien-Teilnehmerin in einer deutschen Abtei. Es ist kein Witz, sondern eine Tragödie für die Betroffenen: für die schmusenden Mönche nicht weniger als für die Abtei und die ganze Kirche.

Wenn derzeit kirchliche Verantwortungsträger scheinbar hilflos vor der Frage stehen, warum die Leute in einer nie dagewesenen Abstimmung mit Füßen die Kirche verlassen, sollten sie darüber nachdenken, woher der Vertrauensverlust in eine Gruppe von Menschen kommt, die vor wenigen Jahrzehnten noch der Inbegriff von Vertrauenswürdigkeit war: Mönche, Ordensleute, Priester, Bischöfe, Kardinäle.

* * *

Wo genau aber kommt die Allianz der Verschweigung her? Welche Interessen verbergen sich dahinter?

Nicht nur im Vatikan, wo Frédéric Martel die Dinge öffentlich gemacht hat – auch in Deutschland leben nicht wenige Priester, Ordensleute, Religionslehrer und Theologen mehr oder weniger offen in einer homosexuellen Beziehung oder einem Konkubinat mit einer Frau. Die Leute in den Gemeinden wissen es; einige begegnen dem Faktum mit Toleranz und Verständnis, andere schauen betreten weg oder wechseln die Gemeinde.

Ähnlich ist die Situation an den Hochschulen: Die Studenten wissen genau, wie ihre Professoren leben. Einige teilen das Subversive an der nichtkonformen Lebensweise ihrer Lehrer und rufen mit ihnen nach Öffnung, nach Modernität, nach einer anderen Kirche, in der «so was» geht. Andere sind kritisch (oder erheben sich gar über sie), meiden sie und ihre uneindeutige Lehre, so sie nicht Prüfungen bei ihnen ablegen müssen.

Die Kleriker, das darf man annehmen, die da permanent im halböffentlichen Konflikt leben, möchten lieber heute als morgen aus der Schattenexistenz hervortreten. In einer offenen Partnerschaft können sie ihre Präferenzen nicht ausleben, weil sie gleich zweifach in höchste Not kämen. Erstens ist ihre homosexuelle Beziehung oder ihr Konkubinat in klassischer katholischer Moraltheologie nicht vorgesehen; zweitens stehen sie im Bruch ihres Versprechens an Gott, «um des Himmelreiches willen» in eheloser Keuschheit zu leben. Auszusteigen würde sie nicht nur ihres Amtes und ihrer Reputation berauben, sondern auch ihrer ökonomischen Grundlage. Etwas anderes als Theologie haben sie nicht gelernt. Da sie ihr Leben nicht ändern möchten/wollen/können – wollen sie die Theorie ändern, die sie beschuldigt.

Sagen wir auch das: Es ist anzunehmen, dass auch deutsche Bischöfe die Integration homosexueller Lebensweisen nicht aus reinem Altruismus betreiben.

Sei es, dass sie selbst homosexuell sind und deshalb dem Einbruch schwuler Lifestyles in die Kirche tatenlos zugesehen haben oder zusehen.

Sei es, dass sie *das* nun nicht gerade sind, dass sie aber durch persönliche Nähe oder – nach Bischofsart – durch ein Band väterlicher Freundschaft mit denen verbunden sind, die sie nach dem Kirchenrecht entlassen müssten.

Sei es, dass sie den Konflikt mit selbstbewussten Leuten scheuen, denen sie vital oder intellektuell unterlegen sind.

Sei es, dass sie nicht wissen, wohin mit denen, die sie materiell zu versorgen hätten.

Sei es, dass sie dem konzertierten Öffentlichkeitsdruck durch die LGBT-Community, die kirchlichen Verbände und die liberalen Medien nicht mehr standhalten.

Sei es, dass es ihnen in der Vergangenheit nicht gelang, genügend geeigneten priesterlichen Nachwuchs zu generieren.

Sei es, dass sie – ziemlich am Ende ihres Kirchenlateins – sich sagen: Bei homosexuellen Priestern sind wenigstens keine Vaterschaftsklagen zu erwarten.

Sei es, dass sie sich den Gemeinden verpflichtet fühlen, die nach Versorgung in der Pastoral, der Seelsorge, rufen: Der Bischof möge bitte liefern! Planstellen wollen adäquat besetzt, der Apparat will unterhalten sein. Ganz ohne Priester? Nicht denkbar in einer Kirche, die katholisch sein möchte, auch wenn einige Theologen glauben, an dieser Stellschraube drehen zu sollen.

Und was dergleichen an sekundären, aber umso wirkungsvolleren

Motiven sonst noch zu nennen wären. Also nimmt man die Priester, wie sie sind oder woher man sie kriegt.

Es gibt – wie man sieht – ein ganzes Bündel von höchst realen Motiven, das zu den immer gleichen Forderungen nach Akzeptanz von Homosexualität, Dekonstruktion des sakramentalen Weiheamtes, Aufheben des Pflichtzölibats, Weihe für Frauen usw. führt. Ist es – frage ich bis zum Beweis des Gegenteils – diese Motivlage, die zur Allianz der Verschweigung beiträgt, und die zum Zudecken dessen einlädt, was dringend aufgedeckt gehört? Wird deshalb der Missbrauch ins Ungefähre entsorgt?

Schon vorab zur Publikation der bischöflichen Missbrauchsstudie hatte der «Spiegel» – von wem auch immer gefüttert – eine Zusammenfassung geleakt, in der ein bestimmtes Ergebnis strategisch wohl besser aus Hamburger Redaktionsstuben als aus Bischofsmund an die Öffentlichkeit gelangen sollte: «Die grundsätzliche Ablehnung der Katholischen Kirche zur Weihung homosexueller Männer ist dringend zu überdenken.»[249] Angesichts der bekannten Bruchkante «Ephebophilie» ist diese Empfehlung nicht nur unverständlich, rätselhaft oder fahrlässig. Sie verhöhnt die tausendfach dokumentierten Opfer homosexueller Gewalt.

Es muss für Homosexualität gelten, was für Heterosexualität auch gilt: Sexualität findet jedenfalls *diesseits* des Paradieses statt. Die Handelnden sind keine Engel, sondern sündige Menschen mit einer vielfachen Brechungen unterworfenen Geschichte. Im Drama freier Selbstentwürfe können Menschen zur Liebe finden oder sich und andere zerstören. Himmel und Hölle liegen oft nur eine Handbreit voneinander entfernt.

Im Rahmen einer weitgespannten freiheitlichen Rechtsordnung ist es jederfrau und jedermann unbenommen, sich für eine polyamoröse, bisexuelle oder homosexuelle Lebensweise zu entscheiden. Er sollte nur damit rechnen, dass auch in dem, was ihm wichtig ist und selbstverständlich erscheint, Abgründe lauern. Und dass es Ausuferungen von Sexualität gibt, die inkompatibel mit den Geboten Gottes sind.

Es könnte ja eine List der Geschichte sein, dass ein über den kirchlichen Binnenraum hinausgehendes Phänomen ausgerechnet im notorischen Verdrängungsmilieu der Katholische Kirche öffentlich wurde und aufgearbeitet werden muss. Die Vergewaltigung von Jungen ist nicht nur in der Katholischen Kirche ein Verbrechen. Das Meiste, was in Internaten, Sportvereinen, Jugendverbänden usw. an Verbrechen geschieht, liegt noch in einem gigantischen Dunkelfeld[250].

Man darf annehmen, dass es einen bestimmten Typus von Männern gibt, die Heranwachsende begehrenswert finden und die es dorthin zieht, wo die obskuren Objekte ihrer Begierde zu finden sind.

Eberhard Schockenhoff, andere deutsche Moraltheologen und eine Reihe von Bischöfen möchten aber mehr. Sie möchten den Ausstieg aus dem ethischen Sonderfall und den Einstieg in eine Art theologische Normalität von Homosexualität. Ihr Ansatz hätte, würde ihm die Kirche zustimmen, Folgewirkungen für die gesamte Sexualmoral, auf die wir noch zu sprechen kommen. Deshalb müssen wir die Argumentationsstruktur noch einmal an ihrem direkten Auslöser betrachten:

Weil es homosexuellen Missbrauch gab, soll Homosexualität theologische Akzeptanz erfahren.

Und deshalb soll die gesamte sexualethische Lehre der Kirche auf andere Füße gestellt werden.

Die Annahme gilt, dass dieser Prozess *relationaler Immunisierung* entspringt.

Die Musik klingt nicht.

Weil die Vorzeichen nicht stimmen.

Kapitel 12
Ein Vater darf alles sein, nur nicht geil auf sein Kind

In der laufenden Auseinandersetzung um den Missbrauch in der Katholischen Kirche ist immer wieder die Forderung nach radikaler, absoluter, größtmöglicher Transparenz erhoben worden. Ich teile das, weiß aber auch, dass Transparenz weh tut. Wenn eines deutlich geworden ist in den bisherigen Untersuchungen, dann die Tatsache, dass viele darin verstrickt waren und (soweit sie heute noch im Amt sind) verstrickt sind, eben nicht nur die Täter, sondern auch die Personalverantwortlichen, die Ausbilder, die Freunde, die nachbarlichen Mitbrüder, möglicherweise ganze Seilschaften – jedenfalls ein großer Kreis von Menschen, denen man aus der Sicht von heute attestieren muss: Ihr wart dabei! Ihr wusstet es, hättet es wissen müssen! Ihr habt geschwiegen! Habt nicht bedacht, was man Euch einmal vorwerfen wird: *Komplizen* zu sein.

Als der Vorsitzende der Deutschen Bischofskonferenz, Kardinal Reinhard Marx, die Missbrauchsstudie der Öffentlichkeit vorstellte, fragte ihn die Journalistin Christiane Florin:

«Eine Frage noch zur persönlichen Verantwortung. Hier sind jetzt über sechzig Bischöfe versammelt; gibt es einen oder zwei, die im Zuge ihrer Beratungen gesagt hätten: Ich habe so viel persönliche Schuld auf mich geladen, ich kann eigentlich diese Verantwortung des Amtes nicht mehr tragen?»

Antwort Kardinal Marx: «Nein.»[251]

Wer will aber ausschließen, dass diejenigen, die sich jetzt anschicken, die Lösung zu sein, selbst ein Problem haben oder das Problem sogar sind? Eine bittere Annahme. Er trifft möglicherweise genau die Falschen. Bis in die 90er Jahre konnten kirchliche Verantwortungsträger möglicherweise nicht wissen, dass bestimmte Formen der Übergriffigkeit nicht therapierbar sind. Und dass es nicht damit getan war, reuige Sünder wieder anzunehmen, die Geschichte unter den Teppich zu kehren und den Missetäter in einer weiter entfernten Gemeinde erneut auf die Leute loszulassen.

Ich habe mich dazu entschlossen, meine eigene Geschichte nicht von der Forderung nach unbedingter Transparenz auszunehmen; ich werde sie erzählen, auch wenn es mir und anderen weh tut, ich dabei Freunde verliere und mich angreifbar mache. Es ist die Geschichte eines homosexuellen Übergriffs, einer mich tief verwundenden Verletzung.

Gewiss gibt es Missbrauchsopfer, denen es weitaus schlimmer ergangen ist als mir. Es ist aber vielleicht hilfreich, wenn Menschen, die jetzt über Sexualmoral und Missbrauch reden, einmal konkret erfahren, wie es ist, wenn die Vertrautheit einer kindlichen Welt zerbricht, und was einer tun muss, um seine aus den Fugen geratene Welt wieder bewohnbar zu machen.

Als es mir passierte, habe ich eine Kirche erlebt, die nicht in der Lage war, mich zu schützen, und die später – als die Dinge ans Tageslicht kamen – nicht einzuordnen vermochte, was mir widerfuhr. Dass ich heute noch in der Katholischen Kirche bin, sie liebe und nicht für den Abgrund des Bösen in der Welt halte, kommt mir selbst als ein mittleres Wunder vor.

Ich habe mich aus Glauben noch einmal bewusst für die Katholische Kirche entschieden, obwohl ich ihre Abgründe vielleicht besser kenne als die meisten. Die so unvorstellbar Besudelte, vor den Augen aller Welt Entstellte, ist «meine Kirche». So Gott will, werde ich ihr treu bleiben, welche Schlammlawinen auch immer noch über sie hinwegrollen mögen.

Der Missbrauch durch einen homosexuellen Priester, den ich als Jugendlicher erfuhr, hatte schlimme lebensgeschichtliche Folgen für mich. Viel Porzellan wurde zerschlagen, nicht nur in meiner eigenen Biografie, auch in meinem Umfeld und in den Seelen von Menschen, die ich liebte und liebe. Ich vermeide es inzwischen, von mir als «Opfer» zu sprechen, weil ich keine Mitleidsrhetorik brauche und weil es mir zunehmend unerträglich ist, wie das Wort «Opfer» dazu benutzt wird, um ganz anderen Interessen Durchschlagskraft zu verleihen. Davon wird noch zu reden sein.

Als Betroffener wünsche ich mir etwas sehr Schlichtes: dass Täter aus dem Amt entfernt werden und zuverlässige Vorkehrungen getroffen werden, damit ein Charakterprofil, das ich gleich beschreiben werde, nachhaltig und sicher vom Priesteramt ferngehalten wird. Mehr nicht.

Was habe ich erlebt? Geboren wurde ich in einem kleinen Dorf am Rhein, in dem in den 60er Jahren des vorigen Jahrhunderts die katholische Welt scheinbar noch in Ordnung war. Mit vielen anderen Jungen war ich Ministrant und durfte in den opulenten liturgischen Inszenierungen meiner Pfarrei eine kleine Rolle spielen.

In der Grundschule gab es katholische Lehrerinnen, die es tatsächlich noch schafften, die Kinder klassenweise am helllichten Mittwochnachmittag zum Kinderrosenkranz in der Kirche zu versammeln. Wir mussten dabei knien.

Da ich als Kind eine schöne Stimme hatte, durfte ich wochentags in der Frühe «Requiem»[252] in der Knabenschola singen. Wir schnitten Berge von Gras für die Fronleichnamsprozession, stellten Fahnen auf, richteten blumenreiche Altäre her, spielten Choräle in der Kirchenmusik.

Doch die heile Welt hatte Risse. Da es mit der Sonntagsmesse nicht getan war, war von uns verlangt, dass wir auch noch die Nachmittagsandacht besuchten, wozu wir am örtlichen Kino vorbeimussten. Dort standen unsere Freunde aus weniger frommen Elternhäusern, warteten auf den Beginn von «Fuzzy gegen Tod und Teufel» und lästerten über uns, die wir feingeschniegelt und mit dem Gesangbuch in der Hand in die Kirche mussten.

Das Elternhaus, ein Arbeiterhaushalt mit einer alle Beteiligten überfordernden Nebenerwerbslandwirtschaft, war problematisch. Der Vater hatte vom Krieg ein Trauma zurückbehalten. Ein halbes Kind noch, hatte man ihn zum Soldaten gemacht; als Flakhelfer überlebte er den Hamburger Feuersturm und danach, in Kriegsgefangenschaft, ein Hungerlager in Frankreich. Heimgekehrt, hätte er wohl zunächst Psychotherapie gebraucht; aber man verhalf ihm – wie man das damals so machte – zu einer Ehe. Mindestens in ihrer ersten Hälfte war sie geprägt von cholerischen Ausbrüchen meines Vaters und von Gewalt, die sich hauptsächlich gegen mich, das älteste von vier Kindern, richtete.

Heute glaube ich den Grund zu kennen. Meine Mutter hatte, bevor ich zur Welt kam, eine Totgeburt. Nun war ich ihr erstes Kind, das sie entsprechend vergötterte und wohl lieber hatte als meinen groben, psychisch gequälten Vater. Es war wohl schiere Eifersucht, die mich als Kind immer wieder die Schmiedehand meines Vaters spüren ließ.

Die Brutalitäten gegenüber dem geliebten ersten Kind vertieften den Riss zwischen den Eheleuten. Meine Mutter muss wohl auch keine guten Erfahrungen mit Sexualität gemacht haben, was man aus vielen abwertenden Äußerungen und Gesten entnehmen konnte.

Das Ideal eines Mannes stellte für sie der vermeintlich asexuelle Priester dar. So einer zu werden, war wohl ihr Lebenstraum für mich, ihren ältesten Sohn. Allerdings gab meine schulische Karriere zu diesen Hoffnungen keinen Anlass; nach dem zweiten Sitzenbleiben nahm der Vater den pubertierenden, in sich vergrabenen Totalversager von der Schule und steckte ihn in eine Lehre: «Wenn man auf der Schul' nix taugt, muss man halt schaffe gehn …» Der Konflikt wurde damit nicht entschärft.

Endlich glaubte meine Mutter, eine Lösung gefunden zu haben: Der Junge musste aus dem Haus! Als ich 15-jährig war, lieferte sie mich an der Pforte des örtlichen Pfarrhauses ab. Der Pfarrer war so entgegenkommend, mich unkompliziert und kostenlos in seine Obhut zu nehmen. Ich atmete auf. Trotz der horrenden Dinge, die bald geschehen sollten, suchte ich nur noch ganz selten den Weg nachhause. Meine Mutter ahnte nicht, dass die Pfarrhoftür für mich zur Tür ins Fegefeuer werden sollte.

Anfangs fühlte ich mich wie im Paradies. Ich erlebte einen überaus väterlichen Menschen, der sich in jeder Weise meiner annahm, der mir ordentliche Kleider kaufte, mich auf Reisen mitnahm, mich in seine Pläne einweihte, mich die Komplet mitbeten ließ, mir beibrachte, wie man an einem feinen Tisch mit Messer und Gabel umging, dazu auch eine weiße Serviette benutzte, wenn die arme, kaum wahrgenommene Haushälterin den Herren serviert hatte und wieder in der Küche verschwand.

Der Priester hatte als Seminarist am Krieg teilgenommen und hielt sich viel darauf zugute, etwas vom wahren Leben (und dem scheinbar gefährlichen Charakter von Frauen) erfahren und im Dreck der Schützengräben gelegen zu haben, «nicht wie die Bürokraten im Ordinariat». Er entstammte einem begüterten Elternhaus und hatte die Geldmittel für einen größeren Wagen, einen ambitionierten Haushalt mit etwas Luxus, jedenfalls exquisiten Weinen und diversen Spirituosen. Denen wurde ausgiebig zugesprochen, wovon ich, der mir nicht einmal die Barthaare sprossen, nicht ausgeschlossen war.

Als Hausbewohner befand ich mich in einer privilegierten Rolle, aber ich war nicht der einzige Junge im Umkreis des Pfarrers. Sein ganzer Stolz stellte die halbe Hundertschaft an Ministranten dar, die insbesondere an den kirchlichen Hochfesten auf perfekte Performances getrimmt waren. Die erlesene Schar der Oberministranten, zu denen ich gehörte, obwohl ich mich bei der liturgischen Choreografie eher tölpelhaft anstellte, wurde häufiger zu Essen und ausufernden Trinkgelagen eingeladen.

Ich erinnere mich noch an eine Fahrt ins umliegende Weinland, und dabei besonders an den vollalkoholisierten Zustand des Wagenlenkers bei der Rückfahrt. Fahrtenlieder schmetternd und im Zickzackkurs, der uns Halbwüchsige im Fond jauchzen ließ, schaukelte er die Limousine in den Pfarrhof. Wir fanden das cool, vermieden es aber, jemandem vom Charakter dieser Exkursionen zu berichten. Sie sollten uns wohl sagen: Priester sein ist eine tolle Sache – die Steigerung von Ministrant, ein großes Abenteuer für geborene Chefs.

Natürlich sollten wir alle Priester werden wie er.

Umsonst wird man ja nicht Oberministrant.

Der Kontrast zwischen der tristen Welt eines kleinen, bierholenden Schriftsetzerlehrlings und dem noblen Ambiente im Pfarrhaus konnte nicht krasser sein. Ich hatte das große Los gezogen. Ich hatte einen Vater gefunden, wie ich ihn mir kaum besser vorstellen konnte, auch wenn ich wieder an einen Choleriker geraten war; er konnte in Tobsuchtsanfälle ausbrechen, wenn irgendetwas nicht nach seinem Willen lief. Weil er selbst ein meisterlicher Improvisator und eigentlich am liebsten Domorganist geworden wäre, zitterten sich die hilflosen

Aushilfsmusiker an hohen Feiertagen durch die Liturgie. Jeder Patzer, der ihnen unterlief, konnte zur Eskalation geraten.

Eines Tages geschah das Unvorstellbare. Es war Sommer, sehr heiß. Es gab irgendetwas Schweißtreibendes zu schleppen. Ich packte mit an. Es machte mich stolz, gebraucht zu werden, gab mir ein Gefühl von kameradschaftlicher Anerkennung.

Wir saßen erschöpft und schwitzend auf einer Bettkante, auf Körperfühlung. Geschafft! Zwei Bierflaschen waren zur Hand. Die Bügelverschlüsse ploppten. Wir stillten unseren Durst. Der Pfarrer legte seinen Arm um mich. Das hatte er schon öfter getan. Aus irgendeinem Grund mochte ich das nicht. Aber jetzt konnte ich mich dem wohl nicht entziehen.

Plötzlich spüre ich seinen Kopf an meinem Kopf, seine Lippen auf meinem Nacken. Ich höre sein erregtes Keuchen, rieche den Bieratem, spüre seine Zunge, und plötzlich – die heftig zupackende Hand im Schritt meiner Hose …

Ich weiß nicht mehr, wie ich mich aus der Umarmung befreite, wie ich ihn zurück und aus dem Zimmer stieß. Ich weiß nur noch, dass ich den Riegel der Tür vorspannte und minutenlang mit zitternden Flanken im Raum stand.

Diese Konvulsionen von damals habe ich heute noch im Erinnerungsprogramm meines Körpers. Ich weiß für immer, wie sich das anfühlt.

Ich war ahnungslos, ein halbes Kind noch, kaum richtig in der Pubertät. Und ich war im Netz. War gefangen. Ob sich heute noch jemand vorstellen kann, dass ich keine Worte und keine Begriffe dafür hatte, zu deuten oder zum Ausdruck zu bringen, was mir da widerfuhr? Hätte ich Worte dafür gehabt, ich hätte nicht gewusst, an wen ich mich wenden soll. Meine Mutter, die den Pfarrer verehrte? Meinen

Vater, mit dem ich über Kreuz war? Die Polizei? Den früheren Kaplan, einen integren, vorbildlichen Priester? Ja, an ihn vielleicht – aber er war weit weg. Was hätte ich ihm sagen sollen? Es lagen ja keine Worte bereit. Vor allem war ich selbst weit weg von jeder Form von Verstehen, von jeder Möglichkeit, an das heranzukommen, was mich schüttelte.

In mir war wortloser Ekel. Es war der Moment, in dem etwas begann, was über Jahre nicht aufhören sollte: eine Trennung von anderen Menschen, als trüge ich eine Art Kainsmal[253] mit mir herum, einen Bann durch Berührung. Ich fand mich eingeschlossen in mich, schleppte ein dunkles Geheimnis mit mir herum, eine Schuld, die ich mir paradoxerweise selbst anrechnete, statt mich in Zorn auf den Anderen zu befreien.

Es brauchte fünfzehn Jahre, in denen sich mein inneres (mehr und mehr auch äußeres) Drama zuspitzte, ehe ich von außen dazu provoziert wurde, meine Monade zu verlassen und zum ersten Mal zu reden.

Auch später noch fiel es mir schwer. Fast fünfzig Jahre nach der Tat hatte ich endlich den Mut, die Begleitung eines Psychotherapeuten in Anspruch zu nehmen, um die Wunden meiner Kindheit, die Wunde der verheerenden Grenzüberschreitung, die Wunde meiner gestohlenen Jugend, in Ruhe anzuschauen und in einen Prozess der Annahme und Vergebung zu kommen.

Bis dahin hatte ich eingehendere Fragen meiner Frau, meiner Kinder und Freunde nach meinen frühen Jahren immer unwirsch abgetan, hatte Bilder vernichtet und Zeugnisse über diese Zeit vergraben. Ich lebte mein halbes Leben mit der Fiktion, dass dieses Leben, mein richtiges Leben, mit dreißig Jahren erst begonnen habe – mit einem wenig heroischen Akt von Befreiung: einer Flucht.

In der Psychotherapie erst wurde mir deutlich, dass ich das Kind, das ich selber war, verachtete, dass ich dieses Kind noch immer nicht sein wollte, dass ich diesem Kind die Schuld anrechnete, die ihm von anderen angetan wurde.

Ich hätte das Pfarrhaus verlassen müssen, hätte vor ihn treten müssen mit dem Satz: «Ich verlasse dich, du hast mein Genital berührt!» Es gab kein Du. *Herr Pfarrer, ich verlasse Sie! Sie haben mein Genital berührt!* Was für unmögliche, blasphemische Sätze!

Jemand hätte mich da herausholen müssen, aber diesen Jemand gab es nicht. Ich blieb – lebte fortan in Spannung, ja panischer Furcht, dass sich wiederholen könnte, wofür ich keine Worte hatte und was ich von mir abspaltete.

Nichts war wie vorher. Die Gefahr war da, und diese schreckliche, meine Tage und Nächte begleitende Angst! Diese Angst vor Nähe, vor Körperkontakt, vor Umarmungen, vor sentimentalen Momenten, in denen er mich an sich zog, in denen er wieder einmal kuschelig wurde, in denen sich der Übergriff wiederholen könnte. Ich hätte mit fliegenden Fahnen davonrennen müssen. Aber ich blieb, gefangen in der Falle der Dankbarkeit.

Heute weiß ich, dass es eine Travestie[254] der Geschichte vom verlorenen Sohn war. Der «Vater» hatte mir, dem «verlorenem Sohn», so viel Gutes getan; er hatte mich in Gnaden und ohne eigenen Verdienst angenommen, mich neu eingekleidet und mich an die reich gedeckte Tafel geholt. Nur fühlte es sich in seinen Armen so falsch an.

Nach einer gewissen Zeit wurde ich halbwegs aus der unmittelbaren Notlage erlöst. Der Pfarrer musste, weil Konflikte anderer Art eskalierten und er sich gesundheitlich und psychisch am Ende fühlte, die Gemeinde verlassen. Er kam in eine kleine Gemeinde in einer abgelegenen Bergregion einer anderen Diözese, wo er bald wieder eine stattliche Schar von Ministranten um sich versammelte.

Ich vermutete lange Jahre, dass die Diözesanleitung von der Übergriffigkeit des Priesters wusste und es ein interdiözesanes Abkommen zur «Entsorgung» problematischer Priesterbiografien gab. Denn auffälligerweise befanden sich gleich mehrere Kleriker aus der Diözese in dieser Region, in der sich Fuchs und Hase gute Nacht sagten – und alle wirkten sie psychisch angeschlagen und irgendwie aus dem Verkehr gezogen.

Nachforschungen ergaben, dass ein solches Abkommen nicht existierte, es sich zumindest nicht in den Akten der fraglichen Diözese fand. Im Grunde bin ich sicher, dass es ein Agreement gegeben haben muss. Wie sollte sonst dieses «Nest» einer Suffragandiözese[255] in der Erzdiözese entstanden sein?

Der Pfarrer zog also fort, nicht ohne seinen «Sohn» großzügig zu versorgen. Warum er mich da nicht fallen ließ? Ich weiß es nicht. Ich glaube, es war mehr als ein Schweigeabkommen.

Auch ich zog etwa zur gleichen Zeit fort aus meinem Heimatdorf. Es war im Jahr 1972. Ich hatte die Schriftsetzerlehre halbwegs erfolgreich abgeschlossen. Der Pfarrer hatte Höheres mit mir im Sinn. Und so viel ist richtig: Ohne ihn hätte ich vermutlich nie mein Abitur gemacht. Es fand sich auf seine Initiative hin das Internat einer Ordensgemeinschaft, wo ich das Abitur nachholen konnte, und er bezahlte mir die Ausbildung. Dann könne ich ja Priester werden. Ich hatte dazu keinen wirklichen Bezug, aber nahm das Angebot «dankend» an, ohne mir bewusst zu werden, dass ich gekauft war.

Der Priester hielt engen Kontakt. In den Ferien musste ich ihn besuchen, was meine Eltern traurig stimmte, was sie aber als Opfer für die «höhere Berufung» ihres Sohnes hinnahmen. Sie wussten nicht, dass die Besuche bei meinem Missbraucher für mich Horrortrips waren, die halbwegs heil zu überleben waren. Der kleine Ort in der Bergregion war eine Idylle; nachts hörte ich das Flüstern des Dorfbrunnens, wenn ich endlich allein in meinem Zimmer war. Zuvor galt es, sich rasch aus der unteren Etage zu verabschieden («Bin plötzlich wahnsinnig müde!»). Bloß keine ausufernden Weingespräche nach der Komplet! Schnell weg, die Schlafzimmertür geräuschlos verriegeln!

Der Kontakt zu meinen Eltern war schwierig; ich sah sie kaum noch, schwadronierte oberflächlich daher, konnte mich über nichts Tiefergehendes mit ihnen austauschen. Wie geht's dir? Gut! Mehr war aus mir nicht herauszubringen.

Im Internat lebte ich nun äußerlich frei, innerlich aber wie in einem geschlossenen Kassiber der Einsamkeit, der von höheren Kräften durch die Zeit geschoben wird. Äußerlich fröhlich, war ich in Wirklichkeit porendicht in mein Geheimnis eingeschlossen. Niemand kam an mich heran. Zu offener Rede darüber, wie ich mich fühlte und was ich auf dem Herzen trug, war ich nicht in der Lage. Stundenlang lag ich in meiner Internatsbude, döste vor mich hin, ergab mich Tagträumen. Wenn ich mit anderen zusammen war, konnte ich virtuos über objektive Sachen sprechen – über alles, was nichts mit mir zu tun hatte. Hätte mir jemand die Maske vom Gesicht gerissen, ich hätte alles abgestritten.

Zu wirklichen Freundschaften mit unverstelltem seelischem Austausch reichte es nicht hin, schon gar nicht mit Personen männlichen Geschlechts. Noch zwanzig Jahre später, als ich schon einen Verlag leitete, bekam ich Magenkrämpfe, wenn ich allein mit einem Mann in einem Zimmer war. Glücklicherweise besserte sich das später.

Wie fast jeder Junge träumte ich während der Jahre im Internat von Sex und sehnte mich nach einer Freundin. Aber ich war ja für etwas anderes bestimmt. Und so mischte sich die Scheu, ein Mädchen anzusprechen, in den Wunsch, meinen «selbstlosen» Förderer nicht zu betrügen. Der schickte Briefe mit Geld; und ich musste mich bedanken, was für mich eine herkulische psychische Aufgabe darstellte, galt es doch, Beziehung vortäuschen, Freude zu heucheln und Dank abzustatten.

Öfters passierte es, dass ich Folgebriefe mit Vorwürfen vom Internatspräfekten ausgehändigt bekam. Mit rotem Kopf musste ich lesen, ob das Geld nicht angekommen sei oder ob ich es nicht nötig hätte, mich zu bedanken. Es war wohl in dieser Zeit, dass ich heimlich eine Art Pelagianer wurde, indem ich mir sagte: Ich werde mir nie im Leben mehr etwas schenken lassen. Ich werde der Dankbarkeit nie wieder in die Falle gehen.

Ich hasste Dankbarkeit geradezu – eine Kategorie, die ich unbewusst im Umfeld von Abhängigkeit und Erpressung ansiedelte. In Hinsicht auf Gott ist das natürlich eine fürchterliche Einstellung: Wie kann ein Mensch überhaupt ein Verhältnis zu Gott haben, wenn er nicht Danke sagen kann?

Noch Jahre später beklagte sich meine Familie: Dir kann man gar nichts schenken! Warum willst du nicht, dass man dir eine Freude macht? In den Abgründen meiner Seele hatte *beschenkt werden* und *Danke sagen müssen* mit Erpressung zu tun.

Mit fortgeschrittenem Alter absolvierte ich die Schule nun mit Leichtigkeit und machte ein gutes Abitur. Ich wusste, was von mir erwartet wurde: dass ich in das Priesterseminar der Diözese eintrete. Ich tat es nicht. Wohl auch, um aus dem Dunstkreis meines Missbrauchers herauszukommen, wurde ich Novize in der Ordensgemeinschaft. In Wahrheit wäre ich lieber nach Kalifornien geflüchtet, um am Strand Haschisch zu rauchen und mich mit nackten Hippiemädchen den Freuden der Liebe hinzugeben.

Im Grunde hatte ich kaum eine nennenswerte geistliche Praxis: Wenn ich betete, dann höchst oberflächlich. Ich glaubte irgendwie an Gott, aber was war das für ein Gott! Es war ein Gott, der brutal meine Freiheit einforderte und mir deshalb rechts und links und hinten alles zustellte. Weil ich aus meinem Kassiber nicht herauskam und weil ich glaubte, nicht anders handeln zu können, legte ich mir nach Kreuzfahrerart den vorgezeichneten Weg als «Wille Gottes» zurecht. Die innere Parole, der ich folgte, lautete: Gott will es! Das ist so sicher wie das Amen in der Kirche. Punkt.

Der Termin des Ordenseintritts nahte. Ich hatte mir die Gemeinschaft kaum angeschaut und ließ mich ein paar Wochen treiben, bis mich der Brief des Novizenmeisters, eines feinen, asketischen Mannes, aufschreckte: Wo ich denn bliebe, man höre nichts von mir, ob ich es mir anders überlegt hätte. Umgehend versicherte ich, dass alles in bester Ordnung sei, packte meine Koffer und stieg in den Zug.

Ich weiß noch, wie ich «fromm» in der Kapelle kniete und mich von außen beim Beten beobachtete. Ich war einer dieser Studenten, die nie Probleme bereiten, ein passabler Theologe zudem. Natürlich wurde die regelmäßige Beichte erwartet. Ich wusste da nichts von Belang zu sagen. Dem gütigen Beichtvater, dem das verdächtig war, musste ich als ein asexuelles Wesen vorkommen. Soll es ja geben.

In Wahrheit kochte es in mir. Ich kultivierte den Zwiespalt zwischen Gehorsam und Lust, zwischen heroischer Keuschheit und verbotenen Träumen. Hätte es damals schon das Internet gegeben, ich wäre wahrscheinlich ersoffen in Pornografie. Im Grunde tat ich alles, um eine gespaltene Persönlichkeit zu werden, mit einer aufgeräumten, hellen Schauseite und einer weggedrückten Nachtseite, in der sich Phänomene von Voyeurismus und süchtigem Verlangen nach Sex entwickelten.

Dieses trügerische Arrangement geriet ins Wanken, als ich mich – schon nach der Diakonenweihe – in ein Mädchen verliebte. Ich hatte mich gerade unter vielen Windungen endgültig von meinem Missbraucher gelöst, indem ich ihn einfach nicht zur Feier einlud, was mir prompt den Vorwurf einbrachte, er habe nun erkannt, wer ich in Wahrheit sei: «... einer vom Stamme Nimm». Geld würde ich nehmen, aber sonst sei ich eiskalt und ohne Dank.

Das letzte stimmte nicht ganz. Ich hatte Urlaub und war dankbar: Ich musste nicht zu ihm.

Mein Bruder nahm mich nach Taizé mit, wo ich die bezaubernde S. kennenlernte und Feuer fing. Wie es der Zufall – oder wer sonst Regie führte – so wollte, kam sie just aus der Gemeinde, in der mein Missbraucher nun wirkte, worüber zu sprechen ich freilich geflissentlich mied. Wir waren uns sympathisch, sprachen viel und gern miteinander. In Sachen Liebe passierte nicht viel, nicht einmal geküsst haben wir uns. Was aber folgte, war ein intensiver brieflicher Austausch, in dem ich nach und nach meinen Zwiespalt zwischen Beruf und der Liebe zu ihr thematisierte.

Sie wollte davon nichts wissen, sprach ihrerseits, wovon ich nichts wissen wollte: von ihrem Pfarrer, der in seelischer Not sei, der vereinsame, ein Alkoholproblem habe usw. Sie habe das Gefühl, ich müsse mich unbedingt dieses Mannes annehmen, damit er nicht vor die Hunde gehe.

Ich wiegelte ab. Ich könne das nicht, sie müsse das bitte verstehen. Sie verstand mich nicht, mahnte mich eindringlicher, bis das Ganze schließlich eskalierte: Ich sei «ein Schwein», wenn ich nicht endlich über meinen Schatten springen würde.

Der nächste Brief an die ferne Geliebte kostete mich unglaubliche Kraft, denn ich musste zum ersten Mal das Siegel brechen, mit dem ich den Missbrauch in mir verkapselt hatte. Ich musste das Unsagbare sagen. Ich kotzte es heraus. Da war es in der Welt.

S. drang nicht weiter in mich ein, unser Kontakt verlor sich. Für mich war es aber nur ein erster, leider zunächst folgenloser Anfang. Ich schämte mich des Geschehenen, rechnete mir das Verhängnis als eigene Schuld an und unternahm nichts weiter. Professionelle Hilfe zu suchen, wäre dem Eingeständnis einer Lebenslüge gleichgekommen. Ich hätte riskiert, dass die Fassade zusammenbrach. Bloß das nicht!

Ich wollte mich zu dieser Zeit partout nicht meiner Realität stellen. Oder hatte ich nicht die Kraft dazu? Ich tat jedenfalls, was ich nicht hätte tun sollen: Ich ließ mich zum Priester weihen.

Der Tag meiner Primiz war kein schöner Tag; ich hatte derartige Allergieprobleme, dass mir der Hausarzt eine Kortison-Spritze geben musste, damit ich über die Runden kam. Ich hatte nichts vorbereitet, ließ die Feierlichkeiten über mich ergehen, improvisierte die nötigen Ansprachen. Alles war korrekt. Aber ich war nicht in meinem Element, kam seelisch weder an mich noch an die heiligen Handlungen heran, nahm den Dienst wie eine Rolle an, die jetzt zu spielen von mir verlangt wurde.

Es ging nach nicht einmal zwei Jahren schief. Ich sollte an der Universität meine Studien fortsetzen, was mich menschlich geradezu zerriss. Zur Hälfte war ich der fromme Priester, zur anderen Hälfte ein von Triebwünschen Getriebener, der nach visuellen Reizen, nach Berührungen und Hautkontakt gierte. Ich war drauf und dran, ein Doppelleben zu etablieren, vielleicht sogar den Fluch zu vervollständigen und ein missbrauchter Missbraucher zu werden.

Als ich meine Frau kennenlernte, spürte ich, dass ich im Zwiespalt nicht weiter existieren konnte, ohne mich selbst und andere zu zerstören. Ich konnte mich nicht einmal mehr irgendwohin schieben lassen, ein Habitus, den ich mir in den Jahren der Schmerzen angeeignet hatte. Ich musste mich entscheiden, musste etwas mit «Freiheit» anfangen, einem Wort, zu dem ich noch keine Beziehung entwickelt hatte. Ich ließ mich also beurlauben und kehrte von dort nicht mehr in meine alte Welt zurück – eine Welt, in der ich (was mir heute noch leidtut) schlimme Scherben hinterließ. Ich tat das mir eigentlich Unvorstellbare: Ich stellte den Antrag auf Laisierung, brach alle Brücken hinter mir ab.

Missbrauch nahm man Mitte der 80er Jahre nicht besonders ernst; man betrachtete ihn womöglich als wohlfeilen Grund für den Ausstieg aus dem Amt. Obwohl ich meinen Fall ausführlich dargestellt und Namen genannt hatte, wurde ich nicht mit dem Täter konfrontiert, was ich eigentlich erwartet hatte. Wollte man die Wahrheit nicht wissen? Drangen die Vorwürfe von den römischen Instanzen, denen mein ausführlich mit Missbrauch begründetes Gesuch auf Laisierung 1985 vorgelegt wurde, gar nicht bis in die deutsche Diözese, in der mein Missbraucher noch immer wirkte?

Wir heirateten, als kein Signal von der Kirche kam, ohne kirchliche Zustimmung. Erst sechs Jahre später kam die Bewilligung meines Antrages, ohne Kommentar und ohne dass man mich dazu noch einmal gehört hatte.

Wir konnten unsere Ehe endlich auch sakramental besiegeln. Bis dahin war ich kirchenrechtlich gesehen ein «fugitivus» – ein Flüchtling, ein irregulär Abgehauener.

Weil ich mich bis zu diesem Punkt wie ein Ertrinkender an den Sicherheiten einer fingierten Existenz geklammert hatte, geschah der Übergang nicht bruchlos; ich verzieh mir den ersten wahren Akt von Freiheit in meinem Leben lange nicht, rechnete ihn mir auf mein vermeintliches Schuldkonto. Dabei war er lebensrettend. Ich hätte meine Dissoziation[256] vorangetrieben in immer größere innere Spaltungen und wäre verkommen in hilflosem Selfhelp.

Die Freiheit, die ich mir nahm, wird mich lebenslang daran erinnern, dass sie ein Geschenk Gottes ist – ein Geschenk nicht nur für mich, ein Geschenk für *jeden*. Sonst hätte uns Gott als Roboter erschaffen. Und er hätte sich selbst als Superhirn verfasst, das alle Abweichungen schlecht funktionierender Menschmaschinen gnadenlos erfasst. Gott ist aber Liebe und das Anziehende, das Menschen in Freiheit und durch Freiheit auf einen immer eindeutigeren Weg zum Guten bringt.

Sich Freiheit nehmen, hat einen hohen Preis. Manchmal muss man dafür alle Sicherheiten, alle Zustimmung, alles Wohlwollen hinter sich lassen und durch die Gasse der allgemeinen Verachtung gehen. Aber an Gott – an Gott muss man festhalten und immer weiter die Ohren aufsperren, um seinen Ruf ins Leben nicht zu überhören.

Unsere Ehe wurde mit drei Kindern und zwei Enkeln gesegnet. Meine Frau und ich führen ein geistliches Leben. Wir fühlen uns auf ungewöhnlichen Wegen geleitet, zuletzt doch wunderbar geführt und reich beschenkt. Dem Herrn gehört unser Leben. Der Glaube der Kirche ist unser Glück. Wir versuchen ihn, so gut wir es können, zu leben und an andere Menschen weiterzugeben.

Was ich hier *nicht* erzähle, ist die komplizierte Geschichte meiner Verletzungen und deren Jahrzehnte währenden psychischen Folgen. Nur so viel: Wer immer missbraucht wurde, muss den «Lieben Gott» neu suchen und weite Wege der Öffnung, der Heilung und der Selbstannahme gehen. Auch ich war an einem Punkt, an dem ich mir sagte: Ich werde in meinem Leben niemand mehr an mich heranlassen, mich niemand mehr anvertrauen, keine Geschenke mehr annehmen, niemand mehr danken müssen, von niemand mehr abhängig sein und mich von keinem mehr führen lassen[257].

Ein solcher Mensch ist nicht nur eine beziehungstechnische Herausforderung für seine Mitwelt; er ist auch ein struktureller Atheist (oder mindestens ein Deist[258]), so sehr die fromme Fassade das Gegenteil zu bekunden scheint.

Zwei Dinge will ich doch nennen, die mich über die Jahre in hellere Regionen brachten: das Gebet und die Beichte. Es war wohl erst in Taizé und in den 90er Jahren, dass ich richtig beten lernte: Aufatmen in heilsamer Stille, ganz lange in Gottes guter Gegenwart sein. Vielleicht war es sogar das aus tiefer innerer Freude auftauchende, in weit herkommender Freude aufleuchtende Gesicht von Frère Roger, das mich beeindruckte und in mir ein anderes Gottesbild hervorrief, Anfänge von Heilung.

Später riet mir ein guter Freund zum täglichen Rosenkranz; seit vielen Jahren möchte ich ihn nicht mehr missen. Er ist für mich die Verbindungsschnur zwischen den unausdenkbaren Geheimnissen Gottes und den Rätseln meiner Biografie. Du gehst hinein und kommst anders wieder heraus: in heiterer Gelassenheit, manchmal tiefer Freude. Du weißt, du bist geführt. ER ist da.

Von ähnlicher Bedeutung war für mich das Sakrament der Versöhnung. Seit über zwanzig Jahren gehe ich alle paar Wochen zur Beichte – anfangs wohl ziemlich falsch und voller halbgarer Selbstanklagen, dann änderte sich das. In der Beichte lernte ich *von mir* reden – ich konnte das ja nicht. Das war das Wichtigste, dazu eine realistische Selbsteinschätzung. Hier machte ich erste Schritte in liebevoller Selbstannahme.

Heute ist die Beichte ein wunderbares Gottesgeschenk: Ich darf mich befreien lassen von dem Ballast von gestern und neu starten wie in einen verheißungsvollen Sommertag. Im Ganzen hat mich immer das Wort von Frère Roger getröstet, wonach die Wunden der Kindheit «die Quelle neuen Lebens» sind. Das ist wahr.

Weil ich so nahe dran war, glaube ich heute ziemlich genau rekonstruieren zu können, was in meinem Missbraucher vorging und welches Charakterprofil er hatte. Mein anfänglicher Hass auf ihn verwandelte sich in Jahrzehnten zunehmend in Verstehen, dass er, der Täter, wahrscheinlich selbst ein Opfer seiner Umstände war: des Krieges, vielleicht seines Elternhauses.

Geholfen haben mir dabei Exerzitien, die ich vor einigen Jahren bei einem indischen Priester machte. Mir wurde aufgetragen, wieder in Beziehung zu kommen mit meinem (längst verstorbenen) Missbraucher. Am Abend, auf der Bettkante meines Zimmers, kam ich auf eine verrückte Idee. Der Mann musste doch im Internet zu finden sein! Das gibt es doch gar nicht, dass einer, der so lange in der Öffentlichkeit stand, nicht im Internet auftaucht! Schon häufiger hatte ich versucht, Spuren von ihm zu finden, immer vergebens. An diesem Abend aber ging ich noch einmal auf Google/Bild, gab seinen Namen und den Ort ein – und sofort sprang mir im ersten Suchfenster sein Porträt ins Auge.

Mir schoss das Blut in den Kopf; mich überschwemmten die Bilder und Gefühle jener Tage. Das war eine Botschaft: Ich sollte für ihn beten, über ihn nachdenken, mich mit ihm versöhnen. Ich legte das Smartphone zur Seite, nahm den Rosenkranz zur Hand. Tage später suchte ich ihn noch einmal unter eben den Angaben, unter denen ich ihn tags zuvor entdeckt hatte; inzwischen aber war sein Bild wie von Zauberhand wieder gelöscht, warum auch immer.

Dass er mir noch einmal «gezeigt» wurde, bevor er endgültig im digitalen Orbit verschwand, ist eines der Zeichen, die ich gläubig deute.

Der Mann war homosexuell – mit einer ephebophilen Seitenprägung. Woher ich das weiß? Er sagte es mir nicht, aber die gestörte Weise, wie er mit mir und anderen halbwüchsigen Jungen umging, auch wie er von Frauen sprach, lässt keinen anderen Schluss zu. Er vergötterte seine Mutter; aber er verachtete zu gleicher Zeit geschlechtsreife Mädchen und jüngere Frauen, ignorierte sie, redete nicht mit ihnen oder sprach in sexistischer, geradezu obszöner Weise von ihnen. Die «Mädchenjugend» – es gab sie in der Gemeinde (mit verständlich linker Schlagseite) natürlich auch – ließ er links liegen. Der von älteren Frauen betriebene «Frauenbund» hingegen, in dem er der gefeierte Hahn im Korb war, blühte.

Wenn ich mit ihm im Auto fuhr, zog ich die Beine zur Seite, in der Furcht, dass er die Hand auf meinen Oberschenkel legen könnte, zumal er mir einmal in einem Anfall von Offenherzigkeit gesagt hatte, Frauen seien für ihn keine Gefahr, aber bei «Knabenschenkeln» könne er schon einmal schwach werden.

Wie wurde so jemand Priester? Ich denke, er war ein frommer junger Mann, der irritierende Neigungen in sich spürte, aber dem Ethos seiner Zeit und seiner katholischen Umwelt entsprechend «keusch» leben wollte. Das heroische Priesterideal kam seinen Wünschen und seinem kämpferischen religiösen Pathos entgegen. Sehr stark war in ihm der Wunsch, «väterlich» zu sein, als Vater der Gemeinde wahrgenommen zu werden, wiewohl er immer nur von der starken Mutter, kaum einmal von seinem Vater, einem geschäftigen Unternehmer, sprach.

Die pastorale Arbeit ruft nach väterlichen Menschen. Wo Priester dieser Suche aus vollem – besser gesagt: reinem – Herzen begegnen können, entfalten sie Segen und finden selbst ihr Lebensglück darin, Hirte und Vater zu sein.

Meine Heimatgemeinde empfand meinen Missbraucher tatsächlich als einen starken *pater familias,* der kraftvoll und uneigennützig für alle möglichen Dinge sorgte, bei denen es etwas zu entwickeln gab. Die Kirche wurde renoviert, ein Pfarrheim wurde gebaut; er investierte sogar privates Geld in den Ausbau der Kirchenmusik. Wahrscheinlich wirkte er lange Jahre, vielleicht sogar anderthalb Jahrzehnte, ohne sich etwas zu Schulden kommen zu lassen. Diese väterliche und durchaus auch schöne Seite an ihm bekam ich in geradezu übertriebener Weise zu spüren. Ich sollte «sein Sohn» sein, sein Geschöpf. Er wollte etwas aus mir machen, etwas nach seinem Bilde – einen Priester, wenn es auch anfangs so aussah, als habe er sich das untauglichste Material der Welt ausgesucht: einen gescheiterten, in seinem Selbstbewusstsein am Boden zerstörten spät pubertierenden Schlacks.

So weit wäre die Welt noch halbwegs in Ordnung gewesen, hätte ich den großen Bruch nicht erlebt, den Bruch zwischen Vatersehnsucht und Triebwunsch, der von einer Minute auf die andere die Welt auf den Kopf stellte. Ein Vater darf alles sein, nur nicht geil auf sein Kind.

Genau diesen affektiven Mechanismus habe ich aber am eigenen Leib erfahren. Der Mann, der meine Jugend kaputtmachte (und fast mein Leben zerstört hätte), hatte eine echte Sehnsucht danach, mir den Vater zu ersetzen, wirklich «mein Vater» zu sein, bis der verhängnisvolle und unter der Decke gleichzeitig wirkende Triebimpuls in ihm die Oberhand gewann, ich das Objekt seiner Begierde wurde und er mir an die Hose ging.

Fortan wollte er mir wohl immer noch imposanter beweisen, dass sein Vatersein kein Fake war. Aber die Grenze war überschritten, und sie war jederzeit wieder in Akten sexueller Gewalt überschreitbar. Das Drama lag jede Minute in der Luft. Ich hatte den zweiten Vater verloren. Und dass ich den dritten Vater, den «Lieben Gott» im Himmel, verlieren sollte, ahnte ich zum damaligen Zeitpunkt noch nicht.

«Du hast den Vater gleich dreimal verloren, hast dreimal dein Herz zugemacht», spiegelte mir mein Psychotherapeut, was in der Tiefe geschehen war. Während ich drinsteckte in meinem Verhängnis, hatte ich ein grausames Gottesbild – ein Gott, der *wollte,* der mir die Freiheit abnahm, der mich irgendwo hin verfügte. Ich hisste die weiße Flagge, kapitulierte auf der ganzen Linie und meinte, es wäre fromm, nackten Gehorsam zu beweisen und zu sagen: «Dein Wille, Vater, geschehe!»

Ich habe seither lange nachgedacht, was ein wahrer Vater ist, wofür es ihn gibt, was ein Kind von ihm erwarten darf: Er beschützt dich, deinen Körper, deine Seele. Er gewährt dir Intimität. Er befreit dich aus der Symbiose mit der Mutter und hilft dir, ein freier, erwachsener Mensch zu werden. Er ist ein starkes und gerechtes Vorbild, ein Mann, dem du nacheifern kannst.

Er ist, wie du sein möchtest.

Er zeigt dir, wie der Vater im Himmel ist …

Ich habe die Kernerfahrung des gebrochenen Vaters häufiger mit Fachleuten besprochen, und sie bestätigten mir, dass das Umkippen von echter Väterlichkeit in übergriffige Begierde nicht untypisch für «ephebophile» Täter sei, ob sie nun im Priesteramt auftreten oder – wesentlich häufiger noch – in familiären Kontexten auf verhängnisvolle Weise die Grenzen überschreiten.

Ich mag das von Magnus Hirschfeld eingeführte Wort «Ephebophilie» (griech.: Liebe zu Jünglingen) nicht, lehne es im Grunde ab, weil es ein übler Euphemismus ist. Liebe ist es ja in den seltensten Fällen; häufig ist es nur die instrumentelle Abrichtung, der Gebrauch eines Jungen zur Stillung der eigenen Lust.

Früher benutzte man das deutsche Wort «Knabenschänder» für die gleiche Sache. Man meidet dieses Wort heute, weil es der nachhaltig betriebenen Akzeptanz sexueller Präferenzen nicht dienlich erscheint und weil es nach älteren Herren klingt, die im Schutz der Nacht den Straßenstrich abgrasen. Das Wort trifft aber exakt die existenzielle Erfahrung von mir und anderen Betroffenen. Wie du dich fühlst, wenn du das erlebt hast? «Geschändet» trifft es leider genau – geschändet, entehrt und benutzt.

Knabenschänderische Priester haben aber nicht nur verbrannte Erde in den Seelen junger Menschen hinterlassen. Sie schändeten, entehrten, benutzten das Priesteramt, ja sie brachten die ganze Kirche in Schande und Verruf. Sie sorgten dafür, dass Menschen die Katholische Kirche verachten, als wäre sie ein Sammelbecken von Korrupten und Perversen. Sie tauchten all die Anständigen, die ihr Leben für die Ausbreitung des Evangeliums gaben und geben, ins Zwielicht. Sie nahmen das ganze Volk Gottes in Sippenhaft.

Je länger ich persönlich mit dem Thema gerungen habe, desto deutlicher wurde mir, dass ich nicht bei meinem Groll stehenbleiben darf, den ich der Tatsache verdanke, dass sich mir ein abgründiger Aspekt von Homosexualität in die Erinnerung gebrannt hat. Ich sehne mich danach, Menschen gerecht zu werden, die sich ihre sexuelle Orientierung nicht ausgesucht haben. Ihnen muss die Kirche, soweit es irgend geht, entgegenkommen mit Verständnis und der Eröffnung von Lebensmöglichkeiten. Hier wie überall gilt das Axiom von «et … et»: das ganze Gesetz und die ganze Barmherzigkeit.

Der simpelsten Agenda zu folgen und Homosexualität pauschal als normale Farbe auf der sexuellen Palette der Moral zu etablieren, erscheint mir aufgrund «unserer» Kirchenerfahrungen – ich benutze noch einmal den Plural – als ein Irrweg. Und es gibt eine Reihenfolge: Wenn die Kirche ihr existenzielles Problem mit homosexuellem Missbrauch gelöst hat, muss sie nachdenken, wie man homosexuellen und bisexuellen Menschen, die sich der Herausforderung eines christlichen Lebens stellen möchten, eine bessere Heimat in der Kirche geben kann.

Eines durch das andere zu lösen, führt noch tiefer in die Krise.

Kapitel 13
Allein oder mit andern – oder: Wessen Problem ist der Missbrauch?

Als es noch die Osterbeichte gab, mussten Beichtwillige befürchten, dass aus den Grüften des Beichtstuhls die Frage kam: «Allein – oder mit andern?» Abgesehen von der manchmal recht indezenten Frage hat die Kirche mit Recht immer sehr genau darauf geachtet, wer das *Subjekt* der Sünde ist. Denn es gibt schließlich Verführung zur Sünde und Grade der Beteiligung. Und nicht zu selten rechnen sich Menschen etwas als Sünde an, wo sie in Wahrheit Opfer der Sünde anderer sind. Von einer «sozialen Sünde» hat die Kirche immer nur «in einem analogen Sinn»[259] gesprochen. Sündige Strukturen seien «Ausdruck und Wirkung persönlicher Sünden»; und die persönliche Sünde habe es an sich, «Menschen zu Komplizen» zu machen.

Das sollte man gut vor Augen haben, wenn in Hinsicht auf den Missbrauch sehr schnell von systemischen Problemen gesprochen wird. Auch in unserem Fall gilt: Wenn man die Ungeheuerlichkeit von Missbrauch in der Kirche angehen möchte, sollte man erst nach den Subjekten der Handlung, dann nach den Komplizen des Handelnden und an dritter Stelle erst nach den sozialen oder strukturellen Möglichkeitsbedingungen der Handlung sehen. Die Tat muss eingegrenzt werden, sonst wird aus Serbien der Erste Weltkrieg und die letzten Dinge werden schlimmer, als es die ersten schon sind.

Wenn sich einzelne Verantwortungsträger und Kommentatoren im Ton vergreifen und Missbrauch zu einem Problem des gesamten Gottesvolkes machen, muss man ihnen trocken entgegenhalten, dass es genau das nicht ist. Kühl gesagt, handelt es sich um ein innerklerikales Problem. Laien sind, sofern sie nicht Mitwisser, Beteiligte oder Opfer sind, nicht betroffen.

Sobald man aber von einem innerklerikalen Problem spricht, muss man sofort eine weitere Einschränkung machen: Allen einschlägigen Studien zufolge ist die weitaus überwiegende Zahl der Priester in keiner Weise durch Missbrauch belastet – es sei denn durch Mitwisserschaft. Es ist höchst ungerecht, alle Priester in Sippenhaft für den Missbrauch einer bestimmten Tätergruppe zu nehmen; auch der oft genannte Zölibat spielt in der Genese des Missbrauchs durch Priester – wie bereits festgestellt – keine Rolle, sooft uninformierte Medien das auch behaupten.

Immer wieder wird der Missbrauch durch einen mittlerweile klar umrissenen Täterkreis dazu benutzt, die etwas angejahrte Forderung nach Abschaffung des Zölibats aufzufrischen. Priester also, die sich nichts zu Schulden kommen ließen, sollen ihre Lebensart ändern, weil solche, die sich etwas zu Schulden kommen ließen, mit sich, Gott, der Welt und ihrem Triebverlangen nach halbwüchsigen Jungen nicht zurechtkamen?

Grenzen wir Serbien noch weiter ein: Der Missbrauch ist ein Problem, das Bischöfe haben, Generalvikare vielleicht noch, jedenfalls alle, die wussten (oder es hätten wissen können), dass sie zu Komplizen von Tätern wurden. Wiederum kühl gesagt, ist es *ihr* Problem, nicht «unser» Problem, nicht mein Problem. Ich bereue nur Sünden, die ich begangen habe.

Und man kann noch weiter einschränken: Durchaus nicht alle Bischöfe machten sich mitschuldig – sei es, weil sie spät ins Amt kamen, sei es, weil gerade *sie* persönlich den Mut hatten bzw. haben, den Finger auf die Wunde zu legen, statt krankhaft nach sekundären Ursachen für das Ungeheuerliche suchen, wobei sie sich theologischen

Beistand holten, um eine halbwegs schlüssige «Erzählung» zu designen.

Etwa die von Magnus Striet: «Die kirchenintern provozierte und gepflegte Homophobie verschärft indes das Problem. Denn nicht homosexuelle Orientierungen als solche stellen ein Problem dar, sondern eine nicht in die Persönlichkeit integrierte Sexualität und ein Raum, der mit seiner Doppelmoral für entsprechende Personen attraktiv ist. Pädophile Neigungen dürfen um keinen Preis ausgelebt werden, weil sie Menschen ein Leben lang traumatisieren können; Gleiches gilt für den Missbrauch von Minderjährigen. Für homosexuell liebende Menschen aber nicht.»[260]

Ein bisschen erinnert das an Rosa von Praunheim und seinen legendären Film «Nicht der Homosexuelle ist pervers, sondern die Situation, in der er lebt». Die Kirche ist also schuld mit ihrer Doppelmoral. Wäre sie weniger homophob, hätten wir lauter Persönlichkeiten mit «integrierter Sexualität», jede Menge homosexuell liebende Priester und kein Problem mit Missbrauch.

Das ist Unsinn. Schon im Kontext der amerikanischen John-Jay-Studie von 2010 hatte man auf psychosoziale Verursachungen wie etwa emotionale Unreife abgehoben, um ephebophile Präferenzstörungen zu erklären und den Reifungsverzug der Betroffenen kompensatorisch aufzuarbeiten. Das war naiv und hatte bloß den Effekt, dass therapierte Täter erneut in die Seelsorge eingespeist wurden, wo sie prompt wieder auffällig wurden.

Mit gleichem Recht, mit dem Homophobie als Verursacher ausgemacht wird, könnte man sagen: Homophobie ist als regulative Idee so lange angebracht, solange wir nicht gesichert wissen, warum ausgerechnet homosexuelle Männer in so hoher Zahl sexuellen Appetit auf Jungen haben. Dass es «homosexuell liebende Menschen» in großer Zahl gibt, auch im Priesteramt, wird damit nicht in Abrede gestellt. Aber die Katharsis[261], die so leichthin von der Kirche verlangt wird, ist dringend auch von der Community der Homosexuellen zu erwarten, die unbedingt ihre Bruchkanten klären muss. Die eine heißt Ephebophilie. Eine weitere: Promiskuität. In beiden Kategorien weicht die Gruppe signifikant von der «Heteronormalität» ab und ist da vom «homosexuell liebende(n) Menschen» noch ein ganzes Stück weit entfernt.

Erst insofern die wirklich Verantwortlichen für das entstandene Problem immer neue Beweise der Lösungsverweigerung abliefern, wird es zum Problem des gesamten Gottesvolkes.

Während auf der einen Seite die homoerotische Komponente am Missbrauch systematisch heruntergespielt wird – wegen einer Lobby, die diesen Zusammenhang tunlichst vergessen machen möchte? –, soll Homosexualität moraltheologisch aufgewertet werden. Insbesondere der Moraltheologe Stephan Goertz setzt sich für Appeasement zwischen den fremdelnden Welten ein, wenn er feststellt: «dass es […] eine Diskriminierung ist, wenn nur Heterosexuellen zugestanden wird, ihre Sexualität verantwortlich zu leben, und Homosexuellen nur die Antwort gegeben wird, dass sie komplett enthaltsam zu leben haben. Also: Das ist im Grunde eine Diskriminierung auf der Ebene der Moral. Und wenn man gegen Diskriminierung ist, meine ich, kann man auch den zweiten Schritt gehen und auch die strikte, schroffe Verurteilung von sexuellen Handlungen noch einmal überdenken.»[262]

Das ist suggestiv, aber nur zum Teil richtig. Auch heterosexuelle Menschen unterliegen strengen Limitationen in Hinsicht auf die Gestaltung ihres Sexuallebens und könnten sich in ihren lebenspraktischen Abweichungen «diskriminiert» fühlen.

Anders als früher diskriminiert die Kirche niemand mehr, der eine homosexuelle Neigung hat. Immer noch ist das Lehramt aber nicht bereit, homosexuellen Geschlechtsverkehr pauschal als gut und «natürlich» zu betrachten. Die Kirche lernt jedoch gerade, einen vielleicht besseren Unterschied zu machen zwischen solchen, die sich via Grindr in süchtig gesuchtem Sex ergehen, und solchen, die versuchen, ihre apersonalen Befriedigungswünsche zurückzustellen, ihre Sexualität zu humanisieren und eine monogame Beziehung zu leben.

Ob Bischof Overbeck gut beraten war, als auch er in das gleiche Horn wie Goertz stieß und die traditionelle Haltung der Kirche als «Ausdruck eines Vorurteils, das für Betroffene schwer zu ertragen ist und letztlich zu ihrer Diskriminierung oder gar Kriminalisierung beiträgt»[263] bezeichnete?

Man muss schon ein bisschen genauer auf die Dinge schauen. Die Kirche hat bislang homosexuelle Praktiken aus zwei Gründen skeptisch beurteilt: a) weil die Heilige Schrift eine klar ablehnende Haltung einnimmt, b) weil es als «contra naturam» angesehen wurde. Jene, die sich für die ethische Neutralität von nichtheterosexuellem Sex (und das ist ein weites Feld) einsetzen, bauen auf Neuinterpretation der Heiligen Schrift (oder den Abbau ihrer Relevanz), und sie halten den Naturbegriff für obsolet. Sie nehmen als gesichert an, dass man «Natur» nicht eindeutig feststellen könne.

Eine sinnvoll geordnete, auf das Gute ausgerichtete Schöpfung, eine Art *Tao*, wie es C.S. Lewis beschrieben hat, *darf* es, meint Striet, auch nicht geben, sonst wäre der Mensch nicht frei, und ein «Logos[264] [… gäbe] vor, was zu leben ist – und vor allem: was nicht gelebt werden darf»[265]. Magnus Striet steigert das noch: «Deshalb darf auch kein Gott akzeptiert werden, der nicht für die Freiheitswürde des Menschen steht.»[266]

Nun gibt es aber keine voraussetzungslose Freiheit, wie Robert Spaemann an vielen Beispielen gezeigt hat. Wir können aus 2 x 2 nicht = 5 machen, auch wenn uns der Logos vorgibt, was zu denken ist – und was nicht zu denken ist. Wir können nicht in einem anderen Körper geboren sein wollen, auch wenn ein Logos uns vorgibt, «was zu leben ist – und vor allem: was nicht gelebt werden darf.»

Wir können zum Beispiel auch nicht wollen, dass wir nicht glücklich sind. Selbst der Mensch, der den Suizid sucht, glaubt, dadurch glücklich zu werden. Wir können, sagt Spaemann, nicht einmal wollen, dass wir wollen, morgen nicht mehr wollen zu wollen. Es ist natürlich, glücklich werden zu wollen, natürlich (und damit vor aller bewussten, vernünftigen Entscheidung), dass wir wollen. Es ist natürlich, einem Kind zuzulächeln. Es ist natürlich, dass ich Vater und Mutter habe. Es ist natürlich, überdies biologisch feststellbar, dass es Mann und Frau gibt und dass sie aufeinander bezogen sind. Es ist natürlich, dass Eltern ihre Pflichten erfüllen. Es ist – wir werden es noch zeigen – natürlich für die Liebe, dass sie sich hingibt, aber nicht verkauft. Es ist unnatürlich, einem Kind die kalte Schulter zu zeigen. Es ist unnatürlich, die Worte Vater und Mutter durch Elter 1 und Elter 2 zu ersetzen[267]. Es ist unnatürlich, zu sagen, Frauen bräuchten keine Männer oder Männer bräuchten keine Frauen. Es ist unnatürlich, Kinder losgelöst von ihren leiblichen Eltern zu «produzieren» und sie irgendwelchen Interessenten mit Kinderwunsch zu überantworten. Und natürlich ist es vielleicht statistisch «normal», dennoch aber «unnatürlich», wenn ein Mann mit einem Mann ins Bett geht. Oder eine Frau mit einer Frau. Offenkundig sind die menschlichen Geschlechtsteile füreinander geschaffen – und jeder weiß, dass die Analöffnung eines Mannes «natürlich» nicht dazu geschaffen ist, Männern besondere Lusteffekte zu verschaffen[268]. Es hat keinen Logos, keinen Sinn. Es läuft nicht in der Logik der Natur. Dies festzustellen ist keineswegs diskriminierend, denn man kann die Wirklichkeit nicht diskriminieren. Die Wirklichkeit ist die Wirklichkeit.

Eben diese «Logik der Natur» wird häufig bestritten; sie wird als «Biologismus» oder «Naturalismus» verdächtigt, wobei man auf den englischen Logiker George Edward Moore und seine Forschungen zum «Naturalistischen Fehlschluss» hinweist, dazu noch auf den englischen Philosophen David Hume (1711–1776), der lehrte, dass man aus dem Sein kein Sollen folgern könne. Natürlich folgt aus dem Sein oder der Tatsache einer toten Katze nicht, dass man Katzen töten soll. Aber der Mensch ist eben kein Ding, aus dessen Sein ethisch nichts folgt, und er ist auch kein Tier, dessen Sollen in seiner Instinktnatur begründet ist. Das Sein des Menschen ist Existenz in Freiheit; er ist auf etwas aus, indem er vernünftig danach strebt, woraufhin er in einer gewissen Vorgegebenheit (wir sagen: von «Natur» aus) geleitet ist, nämlich auf das Gute.

Robert Spaemann hat darauf bestanden, dass alle «im Zusammenhang mit Leben auftauchenden Tatsachen [...] vektorielle Tatsachen [sind], die eine Richtung haben, eine Tendenz, deren Ziel erreicht oder auch verfehlt werden kann», und er untermauert seinen Gedanken wie so häufig mit einem schönen Beispiel: «Wenn ich in meinem Garten einen großen Hirschkäfer auf dem Rücken liegen und strampeln sehe, weil er nicht mehr laufen kann, dann drehe ich ihn um, weil das Strampeln der Beine nicht einfach ein *factum brutum* ist, sondern es drückt eine Tendenz aus. Der Käfer will laufen. Das ist alles.»[269]

Es gibt eine Vielzahl von humanwissenschaftlichen Versuchen, die den Nachweis erbringen sollten, Homosexualität gäbe es auch bei Tieren, was stimmt. Man wollte damit beweisen: Auch für Tiere ist es natürlich, schwul oder lesbisch zu sein: Also, wenn schon die Tiere, dann … Von einer gemeinsamen Natur könne bei Tieren und schon gar nicht bei Menschen die Rede sein. Dass Homosexualität «natürlich» – also ein genetisch bedingtes Schicksal – ist, glaubt heute nicht einmal mehr der Lesben- und Schwulenverband: «Es scheint, dass sexuelle Orientierung das Ergebnis einer komplexen Mischung aus biologischen, psychologischen und sozialen Faktoren ist.»[270] Das heißt: Es gibt eine Entwicklungsgeschichte – und manchmal ist die sexuelle Orientierung auch eine Entscheidung. Aber damit kann es kein Bewenden haben. Denn hier beginnt die große leidvolle Frage von betroffenen Menschen: Ich fühle das nicht. Ich kann diese allgemeine Natur nicht empfinden, sie mir nicht zu eigen machen. Ich fühle mich vom gleichen Geschlecht angezogen. Das ist *meine* Wirklichkeit, *meine* Natur[271].

Gibt es also ein Nebeneinander einer komplementären Natur von Heterosexuellen und einer nichtkomplementären Natur von Homosexuellen? Auf Einwände dieser Art pflegte Robert Spaemann stets zu antworten, das beweise nur, dass es eben Fehler in der Natur gebe, wie es die Löwenmutter gibt, die ihren Jungen nicht das Jagen beibringt. Das Phänomen Homosexualität sei im Wesentlichen durch einen spezifischen Mangel bestimmt, nämlich keine Hingezogenheit zum anderen Geschlecht zu empfinden und so eben nicht Vater oder Mutter werden und Leben weitergeben zu können.

Viel Aufsehen erregte ein Interview mit Robert Spaemann, das er im Jahr 2009 der «Welt» gab: «Unter meinen guten Freunden», meinte Spaemann, «sind mehrere Homosexuelle. Mit denen bin ich darin einig, dass die Abwesenheit der Anziehungskraft des anderen Geschlechts ein anthropologisches Manko ist.» Zwischenfrage des Interviewers Paul Badde: «Wieso?» Spaemann: «Weil auf dieser Anziehungskraft die Fortexistenz der menschlichen Gattung beruht. Darum kann man nicht sagen, die Abwesenheit dieser Anziehungskraft sei so normal wie die Existenz dieser Anziehungskraft. Auf dem einen beruht die Fortexistenz der Gattung und auf dem anderen eben nicht. Da fehlt etwas. Das muss jemand doch sogar, wenn es falsch wäre, sagen dürfen, ohne dass ihm Homosexuellenhass angehängt wird. Das ist geradezu lächerlich, wenn ich an meine homosexuellen Freunde denke.»[272]

An das Thema Manko knüpft auch meine eigene Geschichte an – weshalb ich glaube, dass Spaemann die Dinge richtig sieht. Der Mann, der sich an mir vergriff, wollte unbedingt ein Vater sein, obwohl er physisch und mental nicht in der Lage war, mit einer Frau ein Kind zu zeugen, um so in Wirklichkeit Vater zu werden. Bei mir wurde er es durch Kalkül. «Mein Vater» übernahm eine Rolle, der er nicht gerecht wurde, weil er nebenbei geil auf mich war. Welches Licht von dort her auf gehypte Phänomene wie Leihmutterschaft und Adoption durch gleichgeschlechtliche Paare fällt, muss ich hier nicht ausführen.

Im Januar 2020 verklagten zwei Missbrauchsopfer, die Helmut Kentler bei Pädophilen untergebracht hatte, das Land Berlin auf Schadenersatz[273]. Jede Adoption ist eine Not-Lösung, die eine wunderbare Rettung aus einer noch größeren Not sein kann, die aber auch eminente Gefahren in sich birgt – natürlich auch bei heterosexuellen Paaren, wie man an Woody Allen[274] sieht. Es fehlt an einem wichtigen Ingrediens: der Inzesthemmung[275], auch so ein Stück Natur, für das man dem lieben Gott nur dankbar sein kann.

Die Kirche steht also vor einer schwierigen Aufgabe, Menschen eine Heimat und einen Stolz zu geben, die – warum auch immer – nicht mitkönnen bei der komplementären Struktur menschlichen Lebens. Und sie haben Verlangen nach Sex, das sie nicht stillen können, wie es heterosexuelle Menschen tun. Die Kirche wird das Unnatürliche nicht natürlich nennen können. Sie wird die Darkrooms nicht zu heiligen Hallen verklären können und die wahllose, apersonale Befriedigung sexueller Bedürfnisse nirgendwo anders als zwischen krankhafter Sucht und selbstzerstörerischer Sünde einordnen. Aber es gibt homosexuelle Menschen, denen man die Anerkennung nicht versagen kann, weil sie die humane Welt einer stabilen, von Verantwortung getragenen Dauerbeziehung suchen. Das ist für Betroffene scheinbar eine hohe Hürde, und, wie man hört, selten genug. Ob man das dann in jedem Fall mit dem Wort «Sünde» belegen muss, steht dahin. Hier sind in der Tat nicht nur sensible Worte nötig.

✦ ✦ ✦

Eine kirchliche Segnung mit einem eigenen liturgischen Formular sehe ich nicht. Hier betreten wir den sensiblen Bereich der Symbole und Sakramente. Symbole sind Stellvertreter und Anzeiger verborgener Wirklichkeiten, keine leeren Rituale. Ein Symbol sagt aus, was *ist*. Die Sakramente sind die Körpersprache des Leibes Christi, die Körpersprache der Kirche. Zumindest in kirchlicher Perspektive ist die Freundschaft zwischen gleichgeschlechtlichen Menschen eben Freundschaft – und keine Sonderform des Sakraments der Ehe.

Ohnehin wissen die meisten Katholiken nicht mehr, worin das Sakrament der Ehe besteht. Die Kirche würde dem Missverständnis nur neue Nahrung geben, es handle sich dabei um eine unspezifische Zeremonie über unspezifische Absichten unspezifischer Personen.

Inzwischen kommt der wohlgemeinte Versuch, ein eigenes liturgisches Formular für gleichgeschlechtliche Segnungen zu erarbeiten[276], auch von anderer Seite unter Feuer. Der bekennend schwule Theologe Ruben Schneider überholt Eberhard Schockenhoff von links und erkennt in dessen Versuch, bestimmte eheanaloge homosexuelle

Konstellationen kirchlich zu etablieren, eine bürgerliche Attitüde: «Ich halte derlei Segnungen im Kern für eine anti-emanzipatorische Assimilation in ein heteronormatives System.»[277] Im Kampf gegen Diskriminierung müsse es der Queer-Bewegung auch in der Kirche um die Auflösung aller geschlechtlichen Zuschreibungen gehen. Verhindert werden müsse der falsche Jubel angesichts einer «progressiven Kolonisierung» unförmiger Lebensweisen durch die etablierten Institutionen, als wären sie bürgerlicher Kitsch. «Es handelt sich», so Ruben Schneider, «um eine Fortführung traditioneller, exklusiver und heterosexuell normierter Paarungsmuster, und dadurch wird im Endeffekt die Strukturierung bzw. prinzipielle Diskriminierung vielfältiger Lebens- bzw. Liebensformen nach heterosexuellem Muster weiter ausgebaut: Ein gutes Paar ist nur ein *verheiratetes* Paar – kein nicht-verheiratetes Tripel, kein Polygam und auch keine andere Lebensgemeinschaft.»[278]

Kapitel 14
Einwände gegen die Matrix einer neuen Sexualmoral

Betrachten wir nun die Schockenhoff-Skizze, die ich in Kapitel 10 kursorisch vorgestellt habe. Die «feierlichen Umstände» und die Prominenz, mit der eine Mehrheit der deutschen Oberhirten sie auf die Tagesordnung der Deutschen Bischofskonferenz hievte, sollte wohl deutlich machen: Hier ist die Blaupause einer künftigen, einer «neuen», einer «menschengerechten» Sexualmoral!

Ja, wir brauchen eine neue Sexualmoral! Aber ist das die Spur? In mir wehrt sich vieles. Was stört mich an der Skizze, die Eberhard Schockenhoff vorlegte?

Sie ist ein deutscher Alleingang

Was in der Kirche gemeinsam geglaubt und als gemeinsame Norm des Handelns gelebt wird, ist Sache aller. Ein deutscher Sonderweg ist weder durch eine vermeintliche Vorrangstellung in der Wissenschaft noch durch die prophetische Tat noch durch besondere regionale Nöte zu rechtfertigen. Wer sich trotzdem für befugt dazu hält, verletzt die Wesensbestimmung der «Einheit» in der Kirche und spielt mit dem Schisma[279].

Schockenhoffs Ansatz greift nur bedingt

«Ein Feuer», meinte jüngst ein Experte zur Waldbrandbekämpfung, «bekämpft man nicht von oben, sondern von vorne.» Wenn Moral das Herausfinden flankierender Maßnahmen zum Schutz von Leben, Liebe, Freiheit und Lust ist, dann muss «Moral» antizipatorisch[280] sein; sie muss vor der Verwüstung beginnen, muss im Blick haben, wo sich der Brand ausbreiten könnte, muss den Handlungen präludieren, statt den Dingen hinterherzulaufen. Sie muss da sein, wo die Not am größten ist. Schockenhoffs Skizze liest sich über weite Strecken wie eine postfaktische[281] Rechtfertigungsmoral für die vielfältigen biografischen Abweichungen einer Generation, die sich von der Kirche abwandte. Soll hier das Netz im Nachhinein weitmaschiger gemacht werden – zur Genugtuung aller älteren «Dissidenten», die sich in der klassischen Sexualmoral der Kirche verfangen hatten, und als Einladung an die Jungen, eine Kirche kennen zu lernen, in der man die Dinge nun locker sieht, eine Kirche, in der man durchschlüpfen kann, ohne mit herben Forderungen nach einer Veränderung des Lifestyles rechnen zu müssen?

Das gilt insbesondere für das heikle Thema Homosexualität. Denn das scheint ein Kernanliegen der Reformer zu sein, endlich die Vielfalt sexueller Lebensformen in der Kirche zu «habilitieren» (denn von «Rehabilitation» kann ja keine Rede sein). Nun ist Homosexualität ein hochdifferenziertes, vielfältiges Phänomen, und es wird nur unzureichend erfasst, wenn man in ihm die gleichgeschlechtliche Variante zu heterosexuellem Paarverhalten sieht.

Tatsächlich genügt ein flüchtiger Blick in die homosexuelle Literatur von André Gide bis Hubert Fichte, um zu verstehen, dass mindestens die männliche Homosexualität in vielen Fällen mehr mit der Suche nach rauschhafter sexueller Erfahrung als mit dem Aufbau einer personalen Zweierbeziehung zu tun hat. Schwule Theologen sehen in der «Homo-Ehe» ein bürgerliches Konstrukt und klagen Akzeptanz ein für alle nur denkbaren Formen homosexueller Selbstverwirklichung: «Wenn die Segnungen [*gemeint sind die eheanalogen Segensfei-*

ern für gleichgeschlechtliche Paare, d. A.] tatsächlich dazu dienen sollten, eine *Heterosexualisierung von Homosexualität* zu begründen und nonkonforme Lebens- und Beziehungsentwürfe queerer Katholik*innen abzuwerten, sind sie wohl eher Fluch als Segen.»[282]

Mit anderen Worten: Schockenhoff beschreibt einen recht beschränkten Ausschnitt realer Homosexualität. Selbst wenn es ihm gelänge, für diese eingeschränkte Variante kirchliche Akzeptanz zu finden, würde es dem Gros der Betroffenen zu wenig sein. Auch Ruben Schneider (siehe letztes Kapitel) legt diese Schwachstelle bei Eberhard Schockenhoff hinreichend frei. Es geht um die Frage: Kann man die Büchse der Pandora[283] *ein bisschen* öffnen, ohne zu bedenken, was damit freigesetzt wird? Oder weiß Schockenhoff am Ende, welche Tür er einen Spaltbreit aufmacht?

Sein Ansatz ist selbstreflexiv

Schockenhoff bewegt sich, aller scheinbaren Modernität zum Trotz, in der kirchlichen Monade. Sein Blick geht nicht wirklich nach außen – er geht vielmehr nach innen, zu denen, die mit Bauchkrämpfen «noch kirchlich» sind, auch zu all denen, die einmal dazugehörten und nun vielleicht noch halb. Die Wunden, die geleckt werden, sind die kircheneigenen. In seinen Reflexionen über die Aporien[284] der kirchlichen Sexualmoral kommen weder die Erfindung der Antikonzeptiva und ihre Langzeitfolgen (Abkoppelung der Sexualität von Liebe und Fortpflanzung) vor, noch die bizarren Früchte der Sexuellen Revolution, noch die Dekonstruktion der komplementären Geschlechterstruktur durch Gender, noch der Zerfall der Familie, noch das Milliardengeschäft und die Omnipräsenz von Pornografie, noch der verbrecherische Menschenhandel mit Leihmüttern, noch die finale Einsamkeit am Ende der Individualisierungsprozesse. Kurz gesagt: Es kommt die gesamte davongaloppierte Realität außerhalb der kirchlichen Bannmeile schlicht nicht vor.

Das alles wird ausgeblendet für eine zukünftige «kirchliche» Moral, die – von außen abgewertet, von innen desavouiert – den eigenen Wert nicht mehr kennt und auf etwas schielt, das es nicht gibt.

Gibt man sich der Illusion hin, die Herabsetzung der Toleranzschwelle würde eine Art Wende in der Akzeptanz bringen? Draußen, außerhalb der Kirchenmauern, sind die binnenkirchlichen Nachhutgefechte der berühmte Sack Reis, der gerade in China umfällt. Es fehlt die evangelisierende Perspektive, die Papst Franziskus anzumahnen nicht müde wird.

Wo ist die starke ethische Leitidee, in deren praktischer Verwirklichung Menschen die Kirche wieder als moralische Instanz begreifen können? Sollten wir nicht einmal an die Ränder gehen, nicht «nur an die geografischen Ränder, sondern an die Grenzen der menschlichen Existenz: die des Mysteriums der Sünde, die des Schmerzes, die der Ungerechtigkeit, die der Ignoranz, die der fehlenden religiösen Praxis, die des Denkens, die jeglichen Elends»?[285]

Die Rolle der Humanwissenschaften bleibt vage

Schockenhoff führt den Plausibilitätsverlust der katholischen Sexualmoral darauf zurück, «dass ihre normativen Postulate[286] an den Erkenntnissen verschiedener Humanwissenschaften über die Sinndimensionen menschlicher Sexualität keinen Anhalt mehr haben», benennt diese Erkenntnisse aber nicht. Das empfinde ich als professorales Schwingen mit der Wissenschaftskeule. Welche Erkenntnisse stellen welche Normen in Frage? Was ich dazu gelesen und was mir bislang dazu vorgetragen wurde, hat mich nicht überzeugt. Ich vermute, sie werden nicht angeführt, weil Schockenhoff sehr wohl weiß, dass aus Tatsachenfeststellungen niemals normative Postulate gewonnen werden können.[287]

Man sucht vergeblich nach der Heiligen Schrift und dem Lehramt der Kirche

Was die Konzeption Schockenhoffs mit der Heiligen Schrift zu tun hat, bleibt weitgehend im Dunkeln. Statt auf dem Wort Gottes zu fußen, verweist Schockenhoff fortlaufend auf Wissenschaft, deren scheinbar grundstürzende Ergebnisse er nicht referiert. In seiner Architektur einer neuen Sexualmoral, als die man seine Skizze lesen darf, taucht nicht eine einzige Bibelstelle auf.

Während die Konzilsdokumente und die Moralenzyklika von 1993 «Veritatis splendor»[288] (= Glanz der Wahrheit) von Papst Johannes Paul II. ein dichtes Gewebe von Schriftbezügen aufweisen, kommt Schockenhoffs Ansatz wie die Metatheorie zur Metatheorie daher. «Die Heilige Schrift», heißt es in der genannten Enzyklika, «bleibt in der Tat die lebendige und fruchtbare Quelle der Sittenlehre der Kirche, woran das II. Vatikanische Konzil erinnert hat: ‹das Evangelium ist [...] die Quelle jeglicher Heilswahrheit und Sittenlehre›.»[289]

Mit seiner Schriftferne steht Schockenhoff unter den Betreibern einer neuen Sexualmoral aber nicht alleine da[290]. Trügt mein Eindruck – oder brauchen sie die in der Heiligen Schrift greifbare Offenbarung Gottes nicht? Wer nur an die normative Kraft der Vernunft baut, ist häufig nahe an der normativen Kraft des Faktischen: Weil es Lüge gibt, ist Lügen erlaubt.

Wie es an Kongruenz mit der Heiligen Schrift fehlt, so fehlt es an dem Versuch, an die wichtigsten neueren Lehraussagen der Kirche anzuschließen. Diese sind – nachdem das Zweite Vatikanische Konzil das Thema Moral im Wesentlichen nur in «Gaudium et spes» ansprach – die Enzykliken «Humanae vitae» von 1968, «Veritatis splendor» von 1993, «Deus caritas est» von 2005, sowie die umfangreiche Lehrtätigkeit von Papst Johannes Paul II., der mit seiner «Theologie des Leibes» den in Deutschland zögerlich rezipierten, aber weltweit führenden Neuansatz einer menschengerechten Sexualität eingebracht hat.

Unzulässige Argumentation

Schockenhoff benennt die klassischen Baustellen, nämlich «voreheliche Sexualität», «gleichgeschlechtliche Sexualität», «künstliche Empfängnisverhütung», «Sexualität nichtverheirateter Menschen» – und wirft dem kirchlichen Lehramt vor, ihm gelinge es nicht, sie «als sinnvolle Entfaltungen des Grundprinzips der geordneten Selbstliebe und der Nächstenliebe verstehen zu lassen». Das kann das Lehramt nicht, weil die fraglichen normativen Begründungen nun einmal aus der Entfaltung des Liebesgebots allein nicht zu begründen sind. Und nie so begründet wurden. Die Ehe (und damit die Betrachtung von vorehelichen Beziehungen) basiert beispielsweise zunächst auf dem «ein Fleisch werden» von Genesis 2,24, das Jesus in Markus 10,8 bekräftigt.

Distanz zu «Natur» und Schöpfung

Daran, dass die kirchliche Sexuallehre «von der Schöpferhand Gottes in die menschliche Person eingeschrieben» (Papst Johannes Paul II.) sei, macht Schockenhoff drei Fragezeichen. Gewiss kann man darüber diskutieren, was genau in die menschliche Person «eingeschrieben» ist und was nicht. Aber würde man diesen Satz grundsätzlich bestreiten, hätten normative Aussagen keinen Anhalt, weder in einer Natur des Menschen noch im Schöpfungswillen Gottes. Normen, die freie Setzungen von Menschen sind, interessieren nur die, die sie setzen. Mich interessieren sie nicht.

Die Sehnsucht nach Anschluss

Schockenhoff beklagt den «unüberbrückbaren Abstand zum Lebensgefühl der Moderne». Aber gibt es das noch in der postpostmodernen Pluriformität der «Modernen» – einen festgefügten Begriff von «Moderne»? Gar ein darin identifizierbares «Lebensgefühl»? Hoffentlich ist damit nicht das gemeint, was ich in Kapitel 5 mit «Zivilmoral» beschrieben habe. Es ist sehr zu hoffen, dass die Kirche nicht auf den peinlichen Gedanken kommt, hieran Anschluss zu suchen.

Manchmal habe ich den Eindruck, als hingen bestimmte Vertreter der Kirche der Fiktion an, es gäbe so etwas wie nicht mehr angstbesetzten, nicht mehr ethisch qualifizierten und moralisch sanktionierten Sex, eine Art Wohlfühlmodus, wie ihn der Sexualpsychologe Christoph Joseph Ahlers beschreibt, für den Sex die Botschaft bringt: «Ich bin okay. Und die intensivste Form, das zu spüren, ist sexuelle Körperkommunikation. Das ist die tiefere Bedeutung von Sex. Das, was die Kirche Himmel nennt. Und die frohe Botschaft der Sexualpsychologie ist: Ein bisschen was davon können wir auch auf Erden haben.»[291]

Hoffentlich hat die Kirche auch morgen noch den Mut zur ambitionierten Alternative, zu Wesensverwirklichungen von Liebe, zum demütigen Anschluss an Wahrheit und zum eigenen Profil – wohin Genosse Trend die Menschen auch mehrheitlich treiben mag. Und hoffentlich erinnert die Kirche dann noch an 2. Korinther 3,3: «Unverkennbar seid ihr ein Brief Christi, ausgefertigt durch unseren Dienst, geschrieben nicht mit Tinte, sondern mit dem Geist des lebendigen Gottes, nicht auf Tafeln aus Stein, sondern – wie auf Tafeln – in Herzen von Fleisch.»

Braucht die nächsten Generation wirklich eine Kirche, die sich, ihrer eigenen Unzulänglichkeiten eingedenk, in den Sexualoptimismus einer gönnerischen Zivilmoral einklinkt?

Wir haben nüchtern von der Tatsache auszugehen, dass mittlerweile mehrere Generationen junger Menschen im Ganzen nicht mehr von einem christlichen Konzept von Liebe und Sexualität berührt wurden, ja dass selbst innerhalb kirchlicher Welten die jungen Leute nur noch mit unzusammenhängenden Versatzstücken einer kirchlichen Sexualmoral konfrontiert wurden. Sie teilen die Denke der Welt und nehmen an allgemeinen Handlungsweisen teil, ohne ihre Dissonanz zu kirchlichen Vorstellungen von Sexualität und Liebe überhaupt noch wahrzunehmen. Ihr Liebesleben ereignet sich längst auf einem anderen Planeten.

Nun werden diese jungen Leute, die keine Katechese[292] zu Liebe, Ehe und Sexualität erfuhren, die auch nur entfernt den Namen verdient, dafür instrumentalisiert, das abzuschaffen, was sie nicht kennen, und das herbeizuführen, was sie schon haben: einen gebrochenen Zustand. Und manche Ältere tun so, als müsse man jetzt von denen lernen, denen sie den Dienst der Vermittlung schuldig geblieben sind.

Soll die Katholische Kirche werden, wie Karl Barth 1976 schon die Evangelische erlebte, die «kummervoll sich mit der Welt vergleichende und darum eifrig nach […] Anknüpfungspunkten ausschauende, die auf allerlei Brückenschläge von hier nach dort bedacht, […] plaudernde, […] schielende und darum […] stotternde Kirche»[293]?

Die Kritik am hl. Augustinus

Eberhard Schockenhoff führt die Malaise des Plausibilitätsverlustes geradezu monokausal[294] auf die Erbsündenlehre des Augustinus zurück, wonach Sex mit Sünde identifiziert wurde und die Kirche ein «vergiftetes Bild von der Sexualität» gewonnen habe. Hier übertreibt er. Für kirchliche Sexualmoral steht heute beispielsweise eher die in aller Welt von einer jüngeren christlichen Generation dankbar angenommene «Theologie des Leibes», der ein vergifteter Blick auf Sex erst noch nachzuweisen wäre. Schockenhoff streift sie nur am Rande. Weil man dort einen eher skeptischen Blick auf Homosexualität wirft?

Und ja, Augustinus hat sich in der Erbsündenlehre folgenreich geirrt[295]. Aber dieser «vergiftete Blick» ist mir (Jahrgang 1953) in meinem ganzen Studium nicht mehr begegnet, eher schon peinliche Preisreden auf die Erotik im Hohen Lied, nicht selten im Modus hymnischer Konfession – ach, dass ich dich so spät erkannte!

Augustinus hat in seinen *Confessiones* mehr zu bieten als schräge Sexoptik: Wie er sein Leben und seine ethische Entwicklung im Dialog mit Gott ausleuchtet, ist auch heute noch zum Christ-Werden. Gewiss, der Augustinus in der zweiten Lebenshälfte war sexualpessimistisch. Aber selbst das kann zum Nachdenken anregen angesichts naiver Anschlussversuche der Kirche an eine scheinbar heile Welt der Liebe.

Der alte Claude Lévi-Strauss (1908–2009) jedenfalls hat gegen Ende seines Lebens seinen anthropologischen Optimismus zurückgenommen zugunsten einer prosaischen Sicht auf den Menschen: «Dieser Pessimismus gibt, so scheint mir, dem Optimismus die größte Chance, denn wenn wir sehr pessimistisch sind, werden wir uns der lauernden Gefahren bewusst. Nur wenn wir pessimistisch sind, werden wir den Mut zu notwendigen Lösungen finden. Dann können wir uns vielleicht wieder eine bescheidene Dosis Optimismus leisten.»[296]

Das emphatische Lob der Lust

Schockenhoff lobt hymnisch die Lust. Er spricht gleich mehrfach von der «ungetrübte(n) Quelle von Lebensbejahung und Lebenslust», rügt die nach wie vor wirksame «negative Bewertung der Lust und die Unfähigkeit, diese als eine Quelle der Daseinsfreude und Lebenslust positiv zu würdigen», und klagt die Kirche an, sie könne heute noch nicht den «Triebcharakter des Eros [...] vorbehaltlos als einen positiven Ausdruck menschlicher Körperlichkeit und Lebenslust würdigen.» Welcher halbwegs gereiste Zeitgenosse tut das denn heute noch? Die Lust und der Lusttrieb sind so ambivalent wie das Leben selbst. Was veranlasste einen Kopf vom Rang Eberhard Schockenhoffs, sich auf den neokatholischen Kitsch vom Schlage Uta Ranke-Heinemann[297] oder Herbert Haag[298] einzulassen und die Konkupiszenz zu verniedlichen? Ein netter Versuch, das Dynamit zu zähmen!

Lust kann wunderschön sein; sie kann aber auch anarchische Verwüstungen anrichten. Niemand, der kritisch wahrnimmt, wie sich die Geschlechter in den letzten fünfzig Jahren in ihrem Verhältnis zueinander – besser gesagt: auseinander – entwickelt haben, hängt heute noch dem Botticelli-Bild vom spielerisch-lustvollen Umgang der Geschlechter an. Eberhard Schockenhoff scheint von #MeToo noch nichts gehört zu haben.

Zwischen Männern und Frauen ist weithin Kampfzone. Und das liegt zu einem guten Teil nun doch nicht an der Kirche, sondern am Testosteron. Und an Männern, die Sexualität instrumentalisierten, ihr Lustrecht einforderten und sich schamlos nahmen, was sie von Frauen bekamen – mit deren Einwilligung und häufiger auch ohne. Denn von der neuen «Zu mir oder zu dir»-Freiheit profitierten hauptsächlich die Männer. Der Machismo zeigt auch außerhalb von Hollywood seine Fratze schamlos wie nie.

Nicht ohne Grund baut der Feminismus eigene, männerfreie Sonderwelten auf. Die Frauensprache in linker Literatur und im feministischen Diskurs ist gerade so rotzig und rüde, als müsse frau die Männersprache der untersten Schublade toppen; das Vokabular verbirgt nur schlecht die weiblichen Traumata oder stellt jedenfalls den Versuch dar, in die angesagte Tonlage einzuschwingen – noch immer die von Pussy Riot.

Auch in der weltweit feststellbaren Renaissance des unhöflichen, rohen, ja brutalen Mannes (Stichwort: Rebarbarisierung[299]) erwies sich die Sexuelle Revolution als Schuss in den Ofen. «Männer bieten Liebe für Sex und Frauen bieten Sex für Liebe.»[300]

Signifikant viele Menschen leben ab einem gewissen Lebensalter alleine, nicht wenige Frauen im schalen Gefühl, sie seien betrogen worden. Die schöne neue Welt einer generell lustvoll genossenen Sexualität, zu der Schockenhoff eine Brücke bauen wollte, scheint eine von der Realität nicht eingeholte (andere würden sagen: historisch widerlegte) Fiktion zu sein. Die relevante Literatur der letzten fünfzig Jahre – nehmen wir pars pro toto[301] John Updike mit «Couples» von 1968 oder – sogar früher noch – Martin Walser mit seinem Erstling «Ehen in Philippsburg» von 1957 – ist in weiten Teilen eine epische Verarbeitung der bitteren Früchte eines aus allen Fugen geratenen Umgangs mit der Liebe.

Nun ist die Lust zweifelsfrei ein Wert. Aber Lust ist ein der Liebe nachgeordneter, ihr in glücklichen Umständen mitgegebener Wert. Liebe kann durchaus noch sein, wo kein Vergnügen mehr dabei ist – etwa am Bett eines kranken Partners. Aber Lust kann nicht sein, wo es an Liebe fehlt. Da nämlich mutiert die Lust ins Böse, wo sie gekauft oder ohne Liebe oder gegen die Liebe eingefordert wird. Den emanzipatorischen Traum vom Lustrecht für alle sollte man spätestens beim Aufwachen ablegen. Viele Menschen – ich nenne einmal: Sadisten, Pädophile und Ephebophile – müssen damit leben, dass sie mit anderen Menschen keinen Sex haben werden, ohne ethisch ins Abseits zu geraten.

Eine Gebirgskette, die es nicht gibt …

Unter allen Vorschlägen, die Schockenhoff unterbreitet, ist die «Reformulierung» der Institution Ehe, wonach die «Alleingeltung der Ehe durch ihre Höchstgeltung abgelöst wird», gewiss der kühnste. Macht das einen Unterschied? Und ob! Man muss die Worte hier auf die Goldwaage legen. Durch sein zweifelhaftes Lob der Ehe («… der beste biografische und institutionelle Rahmen, innerhalb dessen menschliche Sexualität ihren optimalen Entfaltungsraum finden kann») bereitet Schockenhoff in Wahrheit die Abwertung der Ehe vor, in einem Akt folgenreicher Egalisierung. Die klassische Ehe verliert ihre Sonderstellung. Sie ist nicht mehr Gottes Masterplan, von dem her alle anderen Realisierungen menschlicher Sexualität zu denken sind.

Würde die Kirche dem Vorschlag folgen, wäre sie nur noch eine unter vielen sexuellen Selbstverwirklichungen – von «self sex» (wie Schockenhoff Masturbation tauft) über außereheliche Sexualität bis hin zu Homosexualität. Großzügigerweise dürfte sie noch den ehrenhaften ersten Platz einnehmen.

Die Ehe würde endgültig werden, was sie für viele heute schon ist: ein lebensfernes Ideal. Da winken die meisten ab. Sie wäre so etwas wie die Zugspitze, außerehelicher Sex die Hörndlwand, Masturbation das Sonntagshörnle und Homosexualität die Kampenwand. Lauter reizvolle Gipfel! Wer muss denn schon auf die Zugspitze?! Wir sind doch keine Akrobaten. Auch vom Laubenstein hat man eine schöne Aussicht!

Könnte man die Dinge allein von unten betrachten, also aus der Perspektive der Soziologie oder der Statistik, könnte man Schockenhoff ja zustimmen. Es gibt dies und das in unterschiedlicher Häufigkeit. Aber ein Theologe darf so nicht argumentieren, ohne komplett den Boden unter den Füßen zu verlieren.

Spätestens seit Augustinus wurde in der Theologiegeschichte endlos über den Zusammenhang des Innersten Gottes – dass er nämlich drei und eins ist – mit seiner Widerspiegelung im komplementären Zueinander der Geschlechter und ihrem Fruchtbarwerden im Kind (Familie als *imago trinitatis* = Abbild der Dreifaltigkeit) nachgedacht. Besonders Papst Johannes Paul II. hat immer wieder diese Zentralachse, dass nämlich das Geheimnis Gottes auch das Geheimnis der Anthropologie ist[302], herausgestellt. Der Schöpfer hat Mann und Frau komplementär aufeinander hin erschaffen. Und nicht nur das: Er hat das Ein-Fleisch-Werden zum universalen Paradigma der Erlösung erhoben: «Wie der Jüngling sich mit der Jungfrau vermählt, so wird dein Schöpfer mit dir verbunden sein, und wie der Bräutigam an der Braut sich erfreut, so freut an dir sich dein Gott.» (Jes 62,5)

Christus, der Bräutigam, nährt, pflegt, umsorgt und liebt die Braut Kirche; er gibt sich für sie hin und rettet sie. In der Hochzeit des Lammes vollzieht sich die Heimholung der Schöpfung in das, was ihr von Urbeginn zugedacht war. Die Ehe ist nicht der etwas höhere Gebirgszug im Vergleich der mittleren sexuellen Hügel. Vom Himmel her senkt sich das neue Jerusalem auf die Erde, «bereit wie eine Braut, die sich für ihren Mann geschmückt hat» (Offb 21,2). Die Ehe knüpft an menschliche Erfahrungen an, im Grunde aber ist sie unvergleichlich. Sie ist in Einem Gottes vollkommener Masterplan für Sexualität und Gottes privilegiertes Symbol für das Geheimnis der Erlösung durch Liebe.

Einmal mehr wird hier vom Glanz der Ehe geborgt, um Formen von Sexualität aufzuwerten, denen im Vergleich mit der Ehe etwas fehlt. Der Homosexualität fehlen die gegengeschlechtliche Komplementarität und die Fruchtbarkeit. Dem «Self Sex» fehlt ganz das reale menschliche Gegenüber. Der außerehelichen Beziehung fehlt die Treue. Ein Ganzes ist auseinandergenommen und erfährt teilhafte Realisierungen in seinen Fragmenten. Wir werden noch sehen, warum es ein «bisschen Ehe» ebenso wenig gibt wie ein «bisschen schwanger». Liebe geht nur ganz oder gar nicht; sie erlaubt keine Nebenabsprachen, Kompromisse oder vertraglichen Einschränkungen.

Der Umgang mit der «Selbstzweckformel»

«Handle so, dass du die Menschheit sowohl in deiner Person als in der Person eines jeden andern jederzeit zugleich als *Zweck,* niemals bloß als *Mittel* brauchest.»[303] So steht es bei Immanuel Kant in der «Metaphysik der Sitten», und dort im sogenannten Kategorischen Imperativ. Das ist eine zentrale Einsicht, der kein vernünftiger Mensch widersprechen wird. Wir dürfen einander nicht «gebrauchen». Sonst danken wir als humane Wesen ab. Wenn einer nur deshalb mein Freund ist, weil er mir Eintrittskarten in die Promi-Lounge verschafft, ist er nicht mein Freund; ich benutze ihn nur als Schlüssel zu irgendwas. Und wenn ich mit einer Frau nur deshalb ins Bett gehe, weil ich ein sexueller Hasardeur bin, benutze ich eine Frau für mein Ego, um sie danach gebraucht abzutun.

Das egoistische Interesse, das bei jedem Menschen gegeben ist, läuft immer auf eine Kosten-Nutzen-Rechnung hinaus. Zum Teil ist das ja auch legitim – wir brauchen einander schon auch als Mittel zu einem Zweck. Aber das darf nie die entscheidende oder gar ausschließliche Perspektive sein. Verbitterte Zyniker behaupten sogar häufiger, die Ehe sei ja auch nur ein Tauschgeschäft und somit eine andere Form von Prostitution: Dass sie «mich ranlässt», wird erkauft durch Blumen, Süßholz, Bargeld oder Unterhaltsversprechungen. Die einzige Form, in der das egozentrische Spiel von «Ich gebrauche dich» und «Du gebrauchst mich» aufgehoben wird in einem höheren Dritten, ist «Liebe»: Ich schenke dir, was du einzufordern kein Recht hast.

Nun gibt es eine Argumentationskette, mit der Schockenhoff das Tor aufmachen möchte für alle möglichen Formen von gegengeschlechtlichem, gleichgeschlechtlichem und selbstbezogenem Sex. Für einen Augenblick müssen wir uns der Anstrengung philosophischen Denkens unterziehen! In der Katholischen Kirche kommt eine Ehe dann *nicht zustande,* wenn einer der Partner a) im Grunde gar keine Ehe schließen will, wenn er b) keine unauflösliche Ehe schließen möchte, wenn er c) keine monogame Ehe (Einehe) eingehen will, wenn er sich d) nicht in Treue an den einen Partner binden will oder wenn er e) Nachkommenschaft heimlich oder offen ausschließt. Auf diese Wesensbestandteile bezog man immer einen lateinischen Satz aus der *Summa Theologica* des Thomas von Aquin, den auch Schockenhoff zitiert: *bonum ex integra causa, malum ex quolibet defectu.* Etwas frei ins Deutsche übersetzt heißt das: Das Gute entsteht dann, wenn es im Ganzen vollbracht wird; schlecht wird eine Sache schon dann, wenn auch nur etwas daran fehlt.

Nehmen wir einmal eine konkrete Ehe her, und man versteht sofort, was gemeint ist: Jemand ist bereit, wirklich eine unauflösliche, monogame Ehe zu schließen; er sagt auch Ja, wenn nach den Kindern gefragt wird, «die Gott euch schenken möchte», aber hat nebenbei eine Sexgeschichte laufen, die er durchaus nicht canceln will. Es ist scheinbar nur ein einziger kleiner Haken. Aber die Kirche sagt: Mit diesem Mangel kommt eine sakramentale[304] Ehe gar nicht erst zustande. Denn das da, sagt die Kirche, ist alles, bloß *nicht Liebe.*

Erinnern wir uns: «Liebe» ist die einzige denkbare Qualität, in welcher das wechselseitige Kosten-Nutzen-Kalkül (Kant: «… niemals bloß als *Mittel*») einer Beziehung aufgehoben ist in einem höheren Dritten; es ist das Momentum, in dem die Ehe wirklich das Geschäftsmäßige übersteigt und auf Höhe ihrer eigentlichen Bestimmung ankommt: dem Bund der Liebe, in dem sich Mann und Frau für immer einander zum Geschenk machen.

Mit einem einzigen Hintergedanken ist der Hochzeitsmarsch für die Katz.

Nun legt Eberhard Schockenhoff über diese nüchterne juridische Formel aber ein Raster von empirisch feststellbaren Funktionen: «Die gegenwärtige Sexualwissenschaft», so führt er aus, «unterscheidet verschiedene Sinndimensionen der Sexualität. Näher hin ist in ihr von der *Lustfunktion,* der *Beziehungsfunktion,* der *Identitätsfunktion* und der *Fortpflanzungsfunktion* die Rede.» Das mag sein, und es ist auch gut und schön so; aber wohlgemerkt: Wir befinden uns plötzlich auf einem ganz anderen Spielfeld, nämlich in der fluiden Welt der Psychologie[305] (die natürlich auch eine Ganzheitlichkeit im Auge hat) und reden nicht mehr von konstitutiven Wesensbestandteilen.

Und dann kommt der prekäre Satz, mit dem Schockenhoff die Grundsatzebene verlässt und fast unmerklich auf das andere Plateau springt: «Im Unterschied dazu (i. e. = *der Forderung nach gleichzeitigem Bestehen aller konstitutiven Wesensmerkmale*) geht die gegenwärtige Sexualethik davon aus, dass eine verantwortliche Gestaltung menschlicher Sexualität zwar die Integration aller Sinnwerte in das eigene Sexualverhalten fordert, einzelne sexuelle Handlungen aber auch dann bejahenswürdig bleiben, wenn sie *nicht* [kursive Heraushebung von mir] alle Faktoren zugleich realisieren.»

Dann geht es in schönstem Psycho-Jargon weiter: «Bei der sexuellen Begegnung eines Paares können einmal mehr die Wünsche des Einen, das andere Mal mehr die Erwartungen des Anderen den Ausschlag geben; nicht jeder Sexualakt muss zeugungsoffen bleiben; auch das lustvolle Erleben des eigenen Körpers (heute oft self sex genannt) kann einen verantwortlichen Umgang mit der eigenen Sexualität bedeuten, dann nämlich, wenn jemand allein lebt oder Rücksicht auf den Partner nehmen möchte. Schließlich verwirklichen auch gleichgeschlechtliche Handlungen positive Sinnwerte, insofern sie ein Ausdruck von Freundschaft, Verlässlichkeit, Treue und Hilfestellung im Leben sein können.»

Fertig ist die Fragmentierung – zunächst bezogen auf die Ehe. Das soll uns sagen: Wenn es schon in der Ehe mal so, mal so ist – warum sollte man nicht auch außerhalb der Ehe etwas loben, das beispielsweise vorrangig Lust ist, während Fortpflanzung ausgeschlossen ist? Wer feine Ohren hat, hört auch das Falsche heraus, wenn Schockenhoff *Amoris laetitita* lobt und sagt, das Papstschreiben anerkenne «wie kein lehramtliches Dokument zuvor *die erotische Dimension der Liebe* [kursive Heraushebung von mir] als eine *selbstzweckliche Bereicherung* und Ausdrucksform des gemeinsamen Lebens der Ehepartner, wobei es auch den triebhaft-verlangenden Charakter des sexuellen Begehrens als Quelle menschlicher Daseinsfreude positiv würdigt.» Hätte er statt von der «erotischen Dimension der Liebe» von «Liebe» gesprochen – der Satz würde stimmen.

So eröffnet er die schiefe Ebene, auf der mitrutscht, wer sich darauf begibt. Selbstzweck ist nun einmal nur die Liebe selbst. Die «erotische Dimension» ist gerade kein Selbstzweck; sie ist auch keine «selbstzweckliche Bereicherung» – sonst wäre sie ja ein von der Liebe ablösbares Etwas. Man muss also sehr vorsichtig sein mit «einzelne(n) sexuelle(n) Handlungen, [die ...] auch dann bejahenswürdig bleiben, wenn sie nicht alle Faktoren zugleich realisieren». In der Moralenzyklika *Veritatis Splendor* wird deshalb diese Tür des partiell Guten durch Fragmentierung entschlossen zugemacht: «Im Hinblick auf die sittlichen Normen, die das in sich Schlechte verbieten, gibt es für niemanden Privilegien oder Ausnahmen» (*Veritatis Splendor*, 96). In einem Seitensprung kann es wundervollen Sex geben; es gibt aber keinen relativ guten Seitensprung.

Das Widersprüchliche an der «Beziehungsethik»

Womit wir bei der «Beziehungsethik» wären, die man am besten auf den Punkt bringt, indem man sagt: Sie ersetzt das Paar Gut & Böse durch das Paar Besser & Schlechter. Schon in der Bibel taucht dieses ethische Argumentationsmuster auf, wenn der Hohepriester Kajaphas sagt: «Ihr bedenkt nicht, dass es besser für euch ist, wenn ein einziger Mensch für das Volk stirbt, als wenn das ganze Volk zugrunde geht.» (Joh 11,50) Wir haben es also mit einer Güterabwägungsmoral zu tun – in der philosophischen Welt lautet der Fachbegriff dafür «Konsequentialismus».

Der radikale Konsequentialismus lässt überhaupt keine Grenze im Vergleichen zu. Ein typisches Argument dieser tief in die Mentalität der Zivilmoral eingedrungenen Denkart ist: «Es ist doch besser, wenn ein behindertes Kind rechtzeitig abgetrieben wird, bevor man ihm und seinen Eltern so ein Leben zumutet.» Der Philosoph Martin Hähnel, Chefredakteur der «Zeitschrift für Ethik und Moralphilosophie (ZEMO)» spricht von einer «unerbittlichen Optimierungslogik», die «auf subtile Weise unsere natürlichen Intentionen manipuliert.»[306]

Es gibt einfach Dinge, die nicht unter die Normalfälle der ethischen Güterabwägung (Besser Eigentum oder Miete? Besser nach Kreta oder Mallorca?) gerechnet werden können. Der Zweck heiligt niemals die Mittel. Ein Seitensprung kann nicht richtig sein, auch wenn er dem Zweck dient, das eheliche Sexualleben aufzufrischen und dadurch die eine Ehe zu stabilisieren. Es ist ebenso wenig legitim, Embryos für die Stammzellenforschung zu verbrauchen, selbst wenn man damit wichtige Fortschritte in der Medizin erzielen könnte. Und es ist sicher falsch, dem Opfer einer Vergewaltigung durch die Abtreibung des Kindes «helfen» zu wollen. Doch wo ist das gegeben?

In seiner Nikomachischen Ethik nennt Aristoteles Ehebruch, Diebstahl, Mord: «Alle diese Dinge werden getadelt, weil sie *in sich selbst schlecht* sind und nicht ihr Übermaß oder ihr Mangel. Man kann bei ihnen also niemals das Rechte treffen, sondern immer nur sich verfehlen.»[307]

Thomas von Aquin baute diese Lehre von Dingen, die «intrinsece malum» (= in sich schlecht) sind, weiter aus und nannte: bewusste Lüge, Mord, Ehebruch, Diebstahl, zudem: Glaubensabfall und Gotteslästerung.

Der emeritierte Papst Benedikt sah mit Sorge auf diese Entwicklung in der Moraltheologie und brachte seine Beobachtungen 2019 zu Papier: «So konnte es nun auch nichts schlechthin Gutes und ebenso wenig etwas immer Böses geben, sondern nur relative Wertungen. Es gab nicht mehr das Gute, sondern nur noch das relativ, im Augenblick und von den Umständen abhängige Bessere.»[308]

Benedikt schreibt weiter, dass Papst Johannes Paul II., selbst ausgewiesener philosophischer Ethiker, das so nicht stehen lassen konnte: «Er konnte und durfte keinen Zweifel daran lassen, dass die Moral der Güterabwägung eine letzte Grenze respektieren muss. Es gibt Güter, die nie zur Abwägung stehen. Es gibt Werte, die nie um eines noch höheren Wertes wegen preisgegeben werden dürfen und die auch über dem Erhalt des physischen Lebens stehen. Es gibt das Martyrium. Gott ist mehr, auch als das physische Überleben. Ein Leben, das durch die Leugnung Gottes erkauft wäre, ein Leben, das auf einer letzten Lüge beruht, ist ein Unleben. Das Martyrium ist eine Grundkategorie der christlichen Existenz.»[309]

Mit der Erwähnung des Martyriums richtet Benedikt den Scheinwerfer auf das Wesentliche: Dass Leute ihr Leben geben, um Wahrheit oder Gott zu bezeugen, macht im pragmatischen Geschäft der Güterabwägungsmoral keinen Sinn. Christsein verliert seinen letzten Ernst und verdunstet in der Mediokrität gerade passender ethischer Arrangements.

Nun darf man deshalb die Beziehungsethik nicht in Bausch und Bogen abtun. Den Begriff der «Beziehung» in die moralische Betrachtung einzubeziehen, ist ein wertvoller Gedanke. Gott *ist* Beziehung. Beziehung ist Liebe. Und die Liebe, heißt es in Röm 13,10, «ist [...] die Erfüllung des Gesetzes». Darum ist «Beziehung» auch im menschlichen Bereich nichts Akzidentelles; ein Aspekt, auf den etwa der charismatische Bischof Klaus Hemmerle (1929–1994) immer wieder hingewiesen hat.[310]

Freilich sollten Beziehungsethiker im Auge haben, dass es für Christen drei fundamentale Beziehungen gibt, ohne die alle andere Rede von Beziehung in der Luft hängt:

Die erste Beziehung ist die Beziehung des Geschöpfes zu seinem Schöpfer – mithin die Abdankung aller Versuche, sich selbst zu erschaffen.

Die zweite Beziehung ist die Beziehung des Verlorenen zu seinem Erlöser – mithin die Abdankung aller Formen von radikalem Selfhelp und Selbsterlösung.

Die dritte Beziehung ist die Beziehung des handelnden Menschen zu seinem Richter – mithin die Absage an Entschuldigungswahn und Selbstjustiz.

Bei der handelsüblichen Beziehungsethik hat man freilich häufiger das Gefühl, sie wäre mehr von einer pragmatischen Optimierung des Handelns unter der geschlossenen Wolkendecke als von steilen theologischen Axiomen bestimmt.

Die Missachtung der Kollateralschäden von Fragmentierung

Mit einigen Gründen wage ich die Vermutung, dass mehr oder weniger alle unethischen Handlungen im Bereich von Sexualität und Liebe eine einzige Quelle haben: Sie sind *Kollateralschäden von Fragmentierung.* Menschen sind immer auf das Ganze des Guten hin ausgerichtet. Wo das Ganze des Guten nicht mehr angestrebt wird (oder aus außermoralischen Umständen nicht angestrebt werden kann) oder wo es nur zum Teil und gegen die Natur realisiert werden kann, kommt eine gefährliche Unwucht ins Spiel, an der niemand Gefallen finden kann. Ich möchte das an verschiedenen Beispielen verdeutlichen – zunächst an meiner Geschichte.

- Der Mann, der mich **als Jugendlichen missbrauchte,** hatte eine fragmentierte Sexualität. Deren auffälligstes Merkmal war ein bestimmter Widerspruch, der sich aus der gewählten Lebensweise ergab. Als homosexueller Mann war er nicht in der Lage, physisch Vater zu werden. Dennoch kam das eigentliche ausgeschlossene Element Vatersein sehr stark in ihm zum Ausbruch. Ich sollte «sein Sohn» sein, was im Rahmen einer natürlichen Beziehungsstruktur nicht möglich war – ich war vielleicht 15 Jahre alt, hatte natürliche Eltern; er war Mitte 50. Der Mann war ein Fremder für mich. In seinen lebensweltlichen Radius gelangte ich durch den äußerlichen Umstand eines natürlichen Vaters, der gewalttätig war. Die von meiner Mutter herbeigeführte, vermeintlich bessere Lösung einer (nie so genannten) Adoption erwies sich als fataler Akt der Auslieferung. Ich wurde sein Besitz. Meinem Ersatzvater fehlte verständlicherweise die Inzesthemmung, von der ich – ein halbes Kind noch – vorreflexiv annahm, sie müsse bei einem väterlichen Menschen gegeben sein. Überdies fühlte ich mich geschützt, weil ich das gleiche biologische Geschlecht hatte wie mein Mentor. Von der Möglichkeit gleichgeschlechtlicher Anziehung ahnte ich nichts. Die Katastrophe nahm ihren Lauf, als das unterschwellig vorhandene Begehren die Oberhand über die künstlich herbeigeführte Vaterschaft gewann. Geilheit siegte über Güte. Von da an band uns ein Geheimnis aneinander. Von meiner Seite war es das Eingesperrtsein in wortlosen Ekel und die vermeintliche Pflicht zur

Dankbarkeit. Von seiner Seite war es wahrscheinlich ein Gefängnis aus Schuldvorwürfen, Selbstanklagen und andauernder Versuchung; eine Realität, die er durch immer verrücktere Geschenke ungeschehen machen wollte. Ich konnte mich der Korrumpierung erst viel später entziehen. Fazit: Fragmentierte Sexualität, in der das natürlich Gute nicht angestrebt wird oder angestrebt werden kann, produzierte eigentlich nicht gewollte Ersatzhandlungen – Kollateralschäden –, die sowohl beim Täter wie beim Opfer Liebe und Freiheit beschädigten und einen hochgradig inhumanen Zustand herstellten, der alle unglücklich machte.

- Nehmen wir einen zweiten Fall, den Schockenhoff ethisch neu bewerten möchte: die **Masturbation.** Schockenhoff spricht von «self sex» und dem «lustvolle(n) Erleben des eigenen Körpers». Dass man ein liebevolles Verhältnis zu seinem Körper bekommen und dabei auch seine Fähigkeit zu geschlechtlicher Lust entdeckt, ist wichtig. In der Tat war das lange kein Thema für die Kirche. Viele Jahrhunderte saß sie einer angstbesetzten mythologischen Vorstellung auf, wonach das Vergießen des Samens das Vernichten von Leben bedeuten würde; man stellte sich vor, dass fertige «kleine Männlein» im Schoß der Frau (und ohne deren Mitwirkung) zu Menschen heranwüchsen. Natürlich hat die Kirche gelernt, dass die Selbststimulation in der Entwicklungsphase keine «intrinsece malum» (= ein in sich Böses) ist. Sie freilich im Stil von Jugend- und Frauenzeitschriften zu einer einzigartigen Lustquelle zu erheben, wo einschlägige Ratgeber sie gerade als «spirituelle Praxis»[311] verklären, ist ebenso unbedacht wie realitätsfern. Zunächst: Masturbation ist fragmentierte Sexualität. Ein Fake. Ohne den imaginierten Partner im Kopfkino geht nichts. Die Intention geht auf Vereinigung und das, was diese Verschmelzung begleitet: ekstatische Lust. Nun kann sich niemand mit sich selbst vereinigen; deshalb kommt es zu einer virtuellen Ersatzhandlung, mittels derer das Gefühl erzeugt wird, der vermeintlich wesentliche Sinn von Sexualität sei auch außerhalb der liebenden Begegnung von Mann und Frau zu erzeugen. Vielleicht ist ja das geflügelte Wort «Omne animal post coitum triste est» (= «Jedes Lebewesen ist nach dem Koitus traurig»), das seit über 2000 Jahren in verschiedenen Varianten durch die Literatur geistert, diesem Umstand geschildert, dass dauerhaft praktizierte Masturbation eher in selbstbezogene Obsession und virtuelle Einsamkeit führt als in körpersprachlichen Dialog und befriedigenden Frieden. Das Thema Masturbation muss man heute vor allem in Hinsicht auf das Milliardengeschäft Pornografie betrachten. Noch vor dreißig Jahren bedurfte es in der Regel der Fantasie, um sich den Partner vorzustellen, mit dem man sich in wilden Spielen erging. Nun braucht man dazu keine Fantasie mehr, sondern nur noch einen Internetzugang. Der Drift nach immer noch geileren pornografischen Stimulantien substituiert die Realität aus Fleisch und Blut, die sukzessive gar nicht mehr gesucht wird. Statistiken zeigen: «Immer mehr junge Männer vermeiden Sex mit ihrer Partnerin, haben aber eine ausgeprägte sexuelle Selbstbetätigung mit Stimulation durch multimediale Internetpornografie, von der die Partnerinnen in der Regel nichts wissen.»[312] Als Ersatz für Fremdgehen haben Leute eine Affäre mit dem Monitor. Unter der Überschrift *Die Liaison mit dem Internet* liest man im «Focus»: «Viele Betroffene sitzen [...] stundenlang vor dem Rechner und befriedigen sich selbst, während der Partner davon nichts ahnt. Immer mehr vom ‹Stoff› wird benötigt, um sexuelle Befriedigung zu erhalten, und mitunter wird enorm viel Zeit dafür aufgewendet. Manch einer masturbiert sich dabei sogar wund und blutig. Dennoch können die Betroffenen aus der Abhängigkeitsspirale nicht einfach aussteigen.»[313] Wir haben hier ein besonders klares Beispiel für fragmentierte Sexualität. Kollateralschäden werden wegdiskutiert. Bei Eberhard Schockenhoff scheint das nicht angekommen zu sein. Seine Annahmen kreisen noch immer ratgeberhaft um das «lustvolle Erleben des eigenen Körpers».

- Nehmen wir ein drittes Beispiel: das **Adoptionsrecht** für homosexuelle Paare. Längst ist es durchgesetzt oder wird durchgesetzt, trotz der Tatsache, dass einige bekennende Schwule diesen Schritt nicht mitgehen wollten. So bekannte die Designikone Harald Glööckler[314]: «Ich stehe zu meinen konservativen Ansichten: Ich finde es falsch, wenn zwei Männer oder zwei Frauen Kinder adoptieren. [...] Ein Kind braucht einen Vater und eine Mutter, es braucht beide Pole in seinem Leben, deshalb werde ich niemals Kinder adoptieren.» Bereits im April 2012 hatte Glööckler die Meinung vertreten, ein Kind solle in «optimale Zustände kommen. Optimal ist Mutter und Vater.» Das muss an dieser Stelle nicht diskutiert werden. Die Sexualität von zwei Männern oder zwei Frauen bleibt, was immer man dabei auch lustvoll empfindet, die Vereinigung von zwei Gleichen. Sie verschmelzen nicht im Anderen ihrer selbst; eine Fruchtbarkeit im direkten Sinn ist unmöglich. Um ein plastisches, gewiss etwas schräges Bild zu bringen: aus der Begegnung von Gold und Gold wird nur, was zuvor schon war: Gold, nichts Drittes. Bei heterosexuellem Sex kann aus der Begegnung von Kupfer und Zink Messing hervorgehen. Mit anderen Worten: Es gehört zu homosexuellem Sex die Nichtfruchtbarkeit dazu, mithin das implizite Ja zur Tatsache, dass ich nicht Vater oder Mutter werden kann. Gleichzeitig zeigt sich angesichts der Vehemenz, mit der sich homosexuelle Paare äußern, dass die Sehnsucht nach Kindern auch bei ihnen nicht oder kaum zu stillen ist. Nun ist das mit dem Kinderkriegen so eine Sache. Eine gute Bekannte von mir hat drei Kinder in der Babyphase an Kindes Statt angenommen und ihnen zusammen mit ihrem Mann eine unglaublich behütete Kindheit geschenkt. Die mittlerweile erwachsenen Kinder sagen auch «Mama» und «Papa» zu ihren Stiefeltern; aber jedes der Kinder war von immenser Unruhe getrieben, seinen leiblichen Vater, seine leibliche Mutter zu finden und in eine Beziehung mit den Eltern zu kommen. Eines der Kinder reiste um die halbe Welt, um den wenig beglückten Vater auszumachen. Kinder haben ein Recht auf Mutter und Vater. Stiefeltern zu sein, ist immer ein Not-Behelf, besonders dann, wenn das Kind kein inneres Verhältnis zu seinem zweigeschlechtlichen Ursprung entwickeln kann, weil es mit zwei Müttern oder zwei Vätern aufwächst. Kinder zu haben – man muss es so grundsätzlich sagen – war nie und wird nie ein Elternrecht sein. Wohl gibt es ein klares Kindesrecht, die Eltern zu haben, die das Kind zeugten. Besonders schlimm wird es dort, wo aus der schmerzlichen Sehnsucht nach dem auf natürlichem Weg verweigerten Kind Kinder geplant, bestellt, «gekauft» werden. Das gilt übrigens für heterosexuelle Paare genauso wie für homosexuelle Paare. Insbesondere das Thema «Leihmutterschaft» wird derzeit gepusht, als habe man es mit einer wunderbaren Errungenschaft unter modernen Menschen zu tun. Trotz der Vorreiterrolle von Elton John, Kim Kardashian, Sarah Jessica Parker und Tyra Banks halte ich Leihmutterschaft für menschenunwürdig, wobei man die Causa Michael Jackson gar nicht erst betrachten muss. In jedem einzelnen Fall von Leihmutterschaft geht es um Produktion von Menschen auf Wunsch anderer. Leihmutterschaft ist nicht hip, sondern ein Verbrechen. Ein Verbrechen am Kind, das zum Beispiel seine reale Mutter nie kennenlernt und der gebärenden «Mutter» entrissen wird. Ein Verbrechen an der realen Mutter, der ihr Recht auf «ihr» Kind abgekauft wird. Und schließlich ein Verbrechen an der Geburtssklavin, die an ihrer intimsten Stelle – der Gabe, in symbiotischer Nähe zum Kind Leben zu schenken – missbraucht wird oder sich aus ökonomischer Not missbrauchen lässt. Und da es oft Frauen in bitterarmen Ländern sind, die sich für diese Maßnahme seelischer Selbstzerstörung hergeben, ist die Bestellung aus Hollywood oder Köln auch ein Akt von Neokolonialismus, vergleichbar der Ausbeutung ukrainischer Fleischfabriksklaven oder asiatischer Textilarbeiterinnen, nur schlimmer. Nach «fair trade» wird es Zeit für «fair born» und «fair educated». Und wieder zeigt sich: *Fragmentierte Sexualität* hat eine Entelechie[315] in sich, die sie nicht loswird. Und häufig führt das Getriebensein in einer fragmentarischen Form von Sexualität zu Kollateralschäden, denen die Schockenhoff'sche Vision einer neuen Sexualmoral nicht gerecht wird.

- Und um noch ein viertes Beispiel zum Thema *Kollateralschäden durch Fragmentierung* zu bringen: Weil die **Ehe zwischen Mann und Frau** keinen besonderen Stellenwert mehr hat, sie vom Staat auch nicht mehr privilegiert wird, sagen sich viele junge Leute: Wenn ein Kind kommt, ist immer noch *irgendwann* Zeit für festere Bindungen, sei es nun in Form einer klassischen Ehe, einer sakramentalen Ehe oder in Form einer privaten Übereinkunft. Das kann gut gehen, muss aber nicht gut gehen. Nun kommt also ein Kind – und es entsteht eine asymmetrische Situation. Oft ist es die Frau, die jetzt den Zeitpunkt gekommen sieht, an dem eine definitive Bindung des Vaters an der Tagesordnung wäre. Es kann sein, dass der Mann sich nun an sein Versprechen erinnert und tatsächlich ein Zeichen der Liebe und der Bereitschaft zur Übernahme von Verantwortung setzt. Es kann aber auch sein, dass der bindungsscheue (vielleicht durch Erfahrung vorsichtig gewordene) Mann die letzte Gelegenheit zur Flucht ergreift. Vielleicht mutmaßt er sogar, dass seine von der biologischen Uhr getriebene Partnerin willentlich eine Schwangerschaft herbeigeführt hat, um ihn zu binden. Partner- und Eheberatungen können ein Lied davon singen, dass diese Konstellation mittelfristig zum Beziehungskiller par excellence wird: «Du hast mich ja nur wegen des Kindes geheiratet», sagt die Frau. «Du hast mich ja nur durch das Kind eingefangen», sagt der Mann. Und ausgetragen wird das Drama auf der Seele des Kindes. Klar ist, worin die verursachende Fragmentierung besteht: Erst kommt die Liebe (Kant würde sagen: der *Selbstzweck*), dann das «Für immer»-Versprechen, dann ist das sichere Nest gegeben für die Vereinigung, dann kann das Kind kommen und in der Liebe von Vater und Mutter selbst ein liebender Mensch werden. Diese Reihenfolge entspricht aus guten Gründen dem Masterplan Gottes.

Vor einigen Jahren besuchte ich St. Petersburg und schloss mich einer Führung an. Eine kluge junge Dame gab den Guide – und wir hatten auf den langen Bootsfahrten durch die Kanäle jede Menge Zeit, um uns auszutauschen. Sie sei Lehrerin, könne aber von dem Gehalt nicht einmal eine Wohnung in der Stadt bezahlen. Deshalb – und um ihre kleine Familie ernähren zu können – mache sie in der zweiten Hälfte des Tages Stadtführungen.

Worin denn ihre kleine Familie bestehe, wollte ich wissen.

Aus der alten Mutter, die für ihr Kind sorge, das sie leider nur am Wochenende zu Gesicht bekomme.

Einen Vater gibt es nicht?

Nein, einen Vater gibt es nicht.

Trennung, Scheidung?

Nein, er sei weg, zahle nicht. Sie wisse auch nicht, wo er sich aufhalte.

Und dann brach es aus der sympathischen jungen Dame heraus: Die ganze Generation von Männern ihres Alters sei «nicht zu gebrauchen». Das Problem sei der hohe Alkoholkonsum, die Weigerung, Verantwortung für das Kind oder die Kinder zu übernehmen und die

Möglichkeit zu verschiedenen parallelen Sexbeziehungen. «Sex ist billig. Viele junge Frauen leben davon, dass sie mehrere Männer mit ins Bett nehmen und dafür einen materiellen Ausgleich bekommen.»

Also Prostitution?

«Ja, so kann man es auch nennen. Aber es ist Not. Sie machen das nicht gerne.»

«Und die Kinder», wollte ich wissen, «in solchen Umständen kann man doch keine Kinder bekommen? So ohne Männer …»

Antwort: «Viele Frauen rechnen gar nicht mehr mit Männern; sie lassen sich absichtlich ein Kind machen, damit es etwas zum Liebhaben in ihrem Leben gibt.»

«Deshalb auch die hohen Abtreibungszahlen? Ich habe gehört, dass in Russland jede zweite Schwangerschaft so beendet wird.»

«Ja, Abtreibung ist normal. Es gibt Frauen, die haben ein Dutzend Abtreibungen hinter sich.»

Mich machte dieses Gespräch – auch der hilflose Abschied von der jungen Frau – nachhaltig traurig. Ich dachte mir: Ist das die Endstufe?

Kapitel 15
Hast du nicht andern Segen? – Homosexualität in der Bibel

Die berechtigte Suche nach gutem Leben auch für die, die sagen: *Ich bin homosexuell, hier stehe ich und kann nicht anders,* ist mehr als die Suche nach einem soziologischen Ort; für religiöse Menschen ist es die Suche nach einer Beheimatung in Gott, eine Heimat auch in der Gemeinschaft der Gläubigen.

Die Katholische Kirche hat immer wieder betont, dass die Neigung alleine nicht sündhaft ist, wohl aber die Praxis, wobei selten unterschieden wird zwischen Weisen homosexueller Selbstverwirklichung, wie wir sie aus der Dating-App-Kultur, von den Berichten aus Darkrooms und Cruisingbars[316] oder von den Chemsex-Orgien[317] kennen und dem Bestreben, treue Freundschaft zu leben. Kaum jemand hat die Kirche in dieser Frage härter angegriffen als Dorothee Sölle (1929–2003): «Die kirchliche Repression gegen Homosexuelle, die sich offen zu ihrer Partnerwahl bekennen (weil sie wissen, dass das Verbergen und Verdrängen den Sinn menschlicher Sexualität zerstört), ist ein schwerer Angriff gegen die Ebenbildlichkeit des Menschen mit Gott. Hier wird Religion zur Aufrechterhaltung einer Herrschaftskultur missbraucht und werden Menschen in Angst- und Schuldgefühle hineinmanipuliert.»[318]

Schweres rhetorisches Geschütz – wobei zu fragen ist, warum die Annahme der Kirche, eine bestimmte Praxis sei Sünde, ausgerechnet gegen die «Ebenbildlichkeit des Menschen mit Gott» verstößt und worin das Herrschaftsinteresse der Kirche denn bestehen sollte. Der

Kern des Angriffs aber lautet: Nicht der Homosexuelle sündigt, sondern die Kirche, die ihm falsche Angst einjagt.

Menschen mit gleichgeschlechtlichen Neigungen erleben ihre Umwelt wohl in einem Wechselbad der Gefühle. Sie erleben eine Gesellschaft, die endlich Akzeptanz gewährt, die Toleranz aller einfordert und Diskriminierung sanktioniert. Aber sie werden auch mit der Auskunft der Philosophie konfrontiert, Homosexualität sei normal im statistischen Sinn, aber deshalb nicht auch schon «natürlich». Jemand, der gläubig und homosexuell ist, mag sich in dem Lied von Huub Oosterhuis wiederfinden: «Ich steh vor dir mit leeren Händen, Herr; / fremd wie dein Name sind mir deine Wege. / Seit Menschen leben, rufen sie nach Gott; / mein Los ist Tod, *hast du nicht andern Segen?* / Bist du der Gott, der Zukunft mir verheißt? / Ich möchte glauben, komm mir doch entgegen.»[319]

Sehr viel hängt an der Frage, ob und wie die Kirche von der Heiligen Schrift her in dieser Frage gebunden ist. Die Antwort lautet bisher: Ja, sie ist gebunden. Die Heilige Schrift ist und bleibt *norma normans non normata*[320] des Glaubens, auch wenn katholische Christen in Zweifelsfragen der Auslegung auf die letztgültige Auslegung durch das Lehramt der Kirche verwiesen sind[321].

Dies gilt auch für ethische Fragen, deren Beantwortung man zunächst aus der Heiligen Schrift selbst erheben muss, wobei es die Hilfestellung durch wissenschaftlich betriebenes Textverständnis gibt. Nun gibt es zahlreiche exegetische Versuche, die Äußerungen der Heiligen Schrift über Homosexualität neu und anders zu lesen, etwa vom Tübinger Neutestamentler Michael Theobald[322]. Bevor wir uns mit seinen Argumenten befassen, die pars pro toto für andere Kommentare stehen, schauen wir uns einmal den biblischen Befund an. Wir sollten uns auf archaische Rechtsordnungen und einen harschen, ja brutalen – eben vormodernen – Umgang mit dem Thema gefasst machen.

Zunächst: Von expliziter Homosexualität ist in der Bibel recht selten die Rede; dazu wird nirgendwo von gleichgeschlechtlichen Beziehungen berichtet oder gar von Liebesgeschichten zwischen Menschen gleichen Geschlechts erzählt. Wenn jedoch in der Heiligen Schrift davon die Rede ist, so in einer scharf ablehnenden Haltung – etwa in Lev 20,13: «Schläft einer mit einem Mann, wie man mit einer Frau schläft, dann haben sie eine Gräueltat begangen; beide haben den Tod verdient; ihr Blut kommt auf sie selbst.» In Lev 18,22 wird das Verbot des Bei-einem-Mann-Liegens in den Kontext der Abgrenzung Israels[323] von den umliegenden Heidenvölkern gestellt. Sexuelle Abweichung ist Verunreinigung, Rückfall in die falsche Welt der Heiden; sie verletzt den heiligen Namen Gottes, geht gegen das «Ich bin der Herr, euer Gott!», das Eingang und Ausgang aller Gesetze (Ex 3,14 und Ex 20,2) ist. In Lev 18,22–24 lautet es: «Du darfst nicht mit einem Mann schlafen, wie man mit einer Frau schläft; das wäre ein Gräuel. Keinem Vieh darfst du beiwohnen; du würdest dadurch unrein. Keine Frau darf vor ein Vieh hintreten, um sich mit ihm zu begatten; das wäre eine schandbare Tat. Ihr sollt euch nicht durch all das verunreinigen; denn durch all das haben sich die Nationen verunreinigt, die ich vor euch vertrieben habe.»

Homosexueller Verkehr wird mit Entehrung in Verbindung gebracht; es ist das, was die Feinde tun, die Sodom umstellen und maximale Entwürdigung fordern: «Sie riefen nach Lot und fragten ihn: Wo sind die Männer, die heute Nacht zu dir gekommen sind? Bring sie zu uns heraus, wir wollen mit ihnen verkehren.» (Gen 19,5) Die Übersetzungen winden sich an dieser Stelle; von «verkehren» spricht die Einheitsübersetzung, von «beiwohnen» die Lutherübersetzung, von «erkennen» die Elberfelder, von «uns an ihnen befriedigen» die NLB. Die einzig sachgemäße Übersetzung wäre nicht jugendfrei.

Der Vorgang ist auch aus der Gegenwart unter dem Stichwort *prison rape* bekannt. Human Rights Watch geht gemäß Wikipedia[324] davon aus, dass rund 140.000 der im Jahr 1996 in den Vereinigten Staaten inhaftierten Männer während der Haft vergewaltigt wurden. Auch hier weisen die Berichte auf Entwürdigung hin – und zwar derer, die am unteren Ende der Gefängnishierarchie stehen, etwa Missbrauchstäter.

Im Neuen Testament nimmt der pharisäisch geschulte Apostel Paulus den Tenor des Alten Testaments 1:1 auf. Vorausschicken muss man, dass es Paulus nicht vorrangig um Ethik und die Erstellung eines Kanons von Lastern und Untaten geht. Die leitende Perspektive des Römerbriefes ist die Auflehnung gegen Gott und seine Schöpfungsordnung. Die sexuelle Unordnung nimmt Paulus nur her, um ein damals für jedermann verständliches Beispiel vor Augen zu führen. «Für jeden Juden war klar», schreibt Ulrich Wilckens, «dass die in der griechisch-römischen Welt unanstößige Homosexualität unter allen sexuellen Vergehen für die Sünde der Heiden besonders typisch sei.»[325]

In einer prophetischen Gerichtsrede gegen die Heidenvölker beschwört Paulus den «Zorn Gottes» auf sie herab, weil sie «die Wahrheit durch Ungerechtigkeit niederhalten.» (Röm 1,18) Wieso? Paulus kommt auf die Erkennbarkeit des göttlichen Gesetzes durch die Vernunft zu sprechen. Die Heidenvölker seien unentschuldbar, denn «seit Erschaffung der Welt» könne man Gottes «unsichtbare Wirklichkeit an den Werken der Schöpfung mit der Vernunft» ablesen (Röm 1,20). Und worin besteht nun das Böse, das für Paulus Gottes Zorn herausfordert? «Sie vertauschten die Wahrheit Gottes mit der Lüge, sie beteten das Geschöpf an und verehrten es anstelle des Schöpfers – gepriesen ist er in Ewigkeit. Amen. Darum lieferte Gott sie entehrenden Leidenschaften aus: Ihre Frauen vertauschten den natürlichen Verkehr mit dem widernatürlichen; ebenso gaben auch die Männer den natürlichen Verkehr mit der Frau auf und entbrannten in Begierde zueinander; Männer treiben mit Männern Unzucht und erhalten den ihnen gebührenden Lohn für ihre Verirrung.» (Röm 1,25–27) Gott liefert die Unverständigen quasi den Folgen ihrer Verkehrtheit aus.

In 1 Kor 6,9–10 verstärkt Paulus dieses vernichtende Urteil noch, verbindet es sogar mit einem Ausschluss aus dem Himmelreich: «Wisst ihr denn nicht, dass Ungerechte das Reich Gottes nicht erben werden? Täuscht euch nicht! Weder Unzüchtige noch Götzendiener, weder Ehebrecher noch Lustknaben, noch Knabenschänder, noch Diebe, noch Habgierige, keine Trinker, keine Lästerer, keine Räuber werden das Reich Gottes erben.»

Ähnlich in 1 Tim 1,9–10, wo Paulus eine Liste derer aufführt, für die das Gesetz da ist: «solche, die Vater oder Mutter töten, für Mörder, Unzüchtige, Knabenschänder, Menschenhändler, für Leute, die lügen und Meineide schwören und all das tun, was gegen die gesunde Lehre verstößt …»

Paulus geht es dabei weniger um einen Kanon moralischer No-Gos als um die neue Lebensweise dessen, der sich durch die Taufe in Christus eingesenkt und unauflöslich mit ihm verbunden, auf jede Weise mit ihm vereint weiß. Paulus setzt das Ein-Fleisch-Werden des Unzüchtigen mit der Dirne in schärfsten Gegensatz zum Ein-Geist-Sein mit Christus. «Wer sich […] an den Herrn bindet, ist ein Geist mit ihm» (1 Kor 6,17) und muss deshalb vor jeder Form von Hurerei und Unzucht Reißaus nehmen, denn der «Leib ist […] nicht für die Unzucht da, sondern für den Herrn und der Herr für den Leib.» (1 Kor 6,19–20)

Die strenge, leibbezogene Weisung des Paulus wird noch unterstrichen durch eine dreifache Steigerung: «Wisst ihr nicht, dass euer Leib ein Tempel des Heiligen Geistes ist, der in euch wohnt und den ihr von Gott habt? Ihr gehört nicht euch selbst; denn um einen teuren Preis seid ihr erkauft worden. Verherrlicht also Gott in eurem Leib!»

Stufe 1: Leib ist nicht mehr Leib, sondern Trägermedium des Heiligen Geistes.

Stufe 2: In Christus sein, ist «Enteignung»: Nicht nur mein Bauch, mein ganzer Leib gehört nicht mehr mir.

Stufe 3: Diese neue, kontrastive Existenz wird unmittelbar mit dem Kreuzestod Jesu und dem Vergießen seines Blutes verbunden: Das Blut Jesu ist der Preis, den er für mich gezahlt hat.

Nicolas T. Wright (*1948), der derzeit vielleicht angesehenste Exeget in der angelsächsischen Welt, hat es sich zur Angewohnheit gemacht, seine anmerkungsschweren wissenschaftlichen Werke unter dem Halb-Pseudonym «Tom Wright» auf populäre Weise herunterzubrechen. So befasst er sich auch mit dem Fremdeln moderner Auffassungen von Liebe und Sexualität, hält man sie gegen die Auskunft der Heiligen Schrift. Er sagt:

«Gerade weil das ultimative Ziel weder in einem unkörperlichen Himmel noch schlicht in einer Reorganisation des Lebens auf der gegenwärtigen Erde besteht, sondern in der Erlösung der gesamten Schöpfung, besteht unsere Berufung darin, *heute* auf eine Weise in unserem Körper zu leben, die das Leben antizipiert, das wir *dann* leben werden. Eheliche Treue ist ein Echo und eine Antizipation der Treue Gottes gegenüber der ganzen Schöpfung. Andere Arten von sexueller Aktivität symbolisieren und verkörpern die Entstellungen und den Verfall der gegenwärtigen Welt. Mit anderen Worten: Christliche Sexualethik ist nicht einfach eine Ansammlung alter Regeln, die wir heute locker beiseitelegen können, weil wir es besser wissen.»[326]

Man könnte meinen, die Sprache der Bibel sei eindeutig. Aber es gibt Stimmen, nach denen man Dinge differenziert betrachten müsse. So warnt Michael Theobald vor einem Biblizismus[327], der die «kulturgeschichtliche Prägung» alter Texte missachtet und nicht sieht, was «in ihnen tatsächlich verhandelt wird», denn es sei ja «denkbar, dass diese Texte unsere Probleme gar nicht haben – auch weil der heutige anthropologische Wissensstand ein ganz anderer ist als der ihre –, und sie uns deshalb gar nicht weiterhelfen können.»

Man fragt sich einmal mehr: Was ist der so häufig bemühte «anthropologische Wissensstand»?

Theobald kommt zu folgenden Ergebnissen: *Erstens:* Von lesbischer Liebe sei nirgends – weder im Alten noch im Neuen Testament – die Rede. Was aber meint dann Röm 1,26–27? «Ihre Frauen vertauschten den natürlichen Verkehr mit dem widernatürlichen; ebenso gaben auch die Männer den natürlichen Verkehr mit der Frau auf und entbrannten in Begierde zueinander ...»

Dass in der Heiligen Schrift nirgendwo so deutlich von Frau-Frau-Sex die Rede ist wie von Mann-Mann-Sex, erklärt sich hinreichend aus der männerbezogenen Perspektive der Zeit. Nun gibt es mühsame Versuche, den «widernatürlichen Verkehr» in Röm 1,26 von der Annahme zu entfernen, es könnte sich um lesbischen Sex handeln. Das geht bis hin zu Vermutungen, es könne (wegen Lev 18) einmal mehr Sex mit Tieren gemeint sein; eine andere Vermutung führt auch Theobald als recht plausibel an: «Frauen vertauschen den natürlichen Gebrauch ihrer Sexualität mit einem ‹gegen die Natur›, wenn sie nicht-koitalen Geschlechtsverkehr im Dienst der Empfängnisverhütung praktizieren.»

Das ist aber wohl eher Theologie im Optativ. Allein der deutliche Parallelismus («ebenso gaben auch ...») will sagen: Man muss nicht spekulieren, was «widernatürlicher Verkehr» heißen könnte. Gemeint ist, was der unbefangene Leser der deutschen Übersetzung versteht.

Und auch die Tatsache, dass Paulus, wo nun also von lesbischem Sex die Rede ist, das eher umschreibende griechische Wort *para physein* (= gegen die Natur) verwendet, weil er über kein griechisches Äquivalent für homosexuellen Sex verfügte, entspricht dem sprachlichen Usus seines Umfelds. So finden wir bei dem römisch-jüdischen Historiker Flavius Josephus (37 n. Chr. – nach 100 n. Chr.) die Formulierung «Das Gesetz anerkennt kein sexuelles Verhältnis außer der *kata physin* (= natürlichen) Vereinigung von Mann und Frau …»[328]

Die *zweite* Feststellung von Theobald bezieht sich auf 1 Kor 6,9–10: Hier sei zwar die Päderastie kritisch bewertet, aber das, worum es heute gehe, nämlich um «homosexuelle Partnerschaften in der Kirche», das sei gar nicht angesprochen. In der Einheitsübersetzung heißt es: «Weder Unzüchtige noch Götzendiener, weder Ehebrecher noch Lustknaben, noch Knabenschänder, noch Diebe, […] werden das Reich Gottes erben.»

Zwei griechische Worte müssen wir etwas genauer betrachten: *malakos* und *arsenokoitēs*. Das Wort *malakos,* das die Einheitsübersetzung und auch die Lutherbibel mit «Lustknabe» wiedergeben, heißt in wörtlicher Übersetzung «Weichling»[329]; wäre nur der Strich-Junge gemeint, müsste es wohl durch *paides* (= Knabe) ergänzt werden. Das zweite Wort *arsenokoitēs* ist ein Kompositum aus *arsēn* (= Mann) und *keitē* (= einer, der jemandem beiliegt). Eine etymologische Handhabe, daraus allein den zum *malakos* passenden Knabenschänder zu machen, gibt es nach Auffassung der Exegeten Anthony Giambrone OP[330] und Ulrich Wilckens nicht; sie ergibt sich auch nicht aus der Tatsache, dass Homosexualität in der antiken Welt vornehmlich durch die Praxis der Knabenliebe ein öffentliches Phänomen war. Mittlerweile gibt es eine Fülle von Belegen, dass die Antike die vielfältigen Spielarten von Homosexualität sehr wohl kannte. «Gleichgeschlechtlicher Verkehr», sagt Ulrich Wilckens, «ist damals in der gleichen Breite, vom brutalen Koitus bis hin zu erotisch verfeinerten Formen, praktiziert worden wie in homosexuellen Kreisen heute.»[331]

Die öfters geäußerte Annahme, der fromme Mann Paulus habe nicht gewusst, was in Rom, Athen, Ephesus und Korinth abging, hat wenig für sich. Übersetzt man 1 Kor 6,9–10 näher am Text, sagt Paulus: «Hört auf, euch weiter selbst zu belügen. Weder sexuell unzüchtig lebende Menschen noch Götzenanbeter, weder Ehebrecher noch männliche Prostituierte, noch Männer, die Homosexualität praktizieren […] werden das Reich Gottes erben.»

Michael Theobalds Annahme, «von einer pauschalen Verwerfung homosexuellen Verkehrs» könne «bei diesem Vers nicht die Rede sein», steht auf eher schwachen Füßen.

Wie dem auch sei: Auffällig ist, dass Paulus in seiner Auflistung der Ausschlusskriterien vom Himmelreich gleich fünfmal sexuell konnotierte Begriffe bringt, bevor er auch noch die Diebe, die Habgierigen, Trinker, Lästerer und Räuber anführt. Denn jüdische Hörer oder Leser assoziierten auch «Götzendienst» mit Sex, mit Fruchtbarkeitskulten und kultischer Promiskuität.

Letztlich kommt auch Theobald nicht umhin, wenig biblisches Verständnis für sexuelle Lebensentwürfe jenseits der monogamen Ehe auszumachen; so geht sein Blick doch wieder über die Heilige Schrift hinaus – auf die griechische Philosophie und die modernen Humanwissenschaften: «In der griechischen Tradition wusste man demgegenüber mitunter auch um die Möglichkeit von auf Veranlagung beruhender Homosexualität; z. B. spricht Aristoteles, Nikomachische Ethik 7,6,1148b, von der Päderastie, ‹zu der den einen die Neigung von Natur anhaftet, den anderen, z. B. solchen, die von Jugend auf missbraucht worden sind, infolge der Gewohnheit›. Eine derartige Einsicht kommt heute in ganz neuer Weise als von der Heiligen Schrift her nicht mehr zu bewältigende humanwissenschaftliche Herausforderung auf die Theologische Ethik zu: Gibt es wirklich irreversible gleichgeschlechtliche Veranlagungen bzw. Ausprägungen solcher Veranlagungen aufgrund bestimmter Sozialisationsfaktoren, wie Psychologie und Sozialwissenschaft nahelegen, dann können diese theologisch nur als Modifikationen der Sexualität als Schöpfungsgabe begriffen werden.»

Mit anderen Worten: Nach Aristoteles gibt es homosexuellen Sex a) durch natürliche Neigung, b) durch Missbrauch – oder, um es in der Terminologie dieses Buches zu sagen: durch einen Kollateralschaden fragmentierter Sexualität. Glaubt man der Psychologie und den Sozialwissenschaften[332], so gibt es die «irreversible gleichgeschlechtliche Veranlagung». Beides sei, so Theobald, durch die Heilige Schrift nicht mehr zu bewältigen.

Ich nehme auch an, dass man durch Interpretation und Hermeneutik eine Menge kann, aber nicht, den pauschalen Affront der Heiligen Schrift gegen jede Form homosexueller Praxis in sein schieres Gegenteil zu verwandeln.

Tom Wright sieht die Dinge so: «Das Problem besteht natürlich darin, dass die moderne Welt, genau wie ein Großteil der antiken Welt, zu dem Schluss gekommen ist, dass das, was manchmal ‹ein aktives Sexualleben› genannt wird, nicht nur die Norm ist, sondern dass niemand, der richtig bei Trost ist, darauf verzichtet. Die einzige Frage ist: Welche konkreten Formen sexueller Aktivität empfindest du als aufregend, erfüllend oder den Lebenswert steigernd? Die frühe und die normative christliche Tradition hebt sich an dieser Stelle gemeinsam mit der großen jüdischen Tradition und an dieser Stelle sogar mit der späteren islamischen Tradition vom normalen Ansatz des Heidentums in seinen alten und modernen Formen mit einem strengen ‹Nein› ab. Während der gesamten ersten christlichen Jahrhunderte, als jede Art von Sexualpraktik, die in der Menschheit jemals bekannt war, in der antiken griechischen und römischen Gesellschaft weit verbreitet war, bestanden Christen wie Juden darauf, dass die ausgelebte Sexualität auf die Ehe zwischen einem Mann und einer Frau zu beschränken sei. Heute wie damals denkt der Rest der Welt, das sei verrückt. Der Unterschied besteht leider darin, dass heute auch die halbe Kirche dasselbe denkt.»[333]

Israel war rings umgeben von devianter, zum Teil auf grausame Weise entmenschlichter Sexualität. Israel alleine verschloss sich in der Tora dem, was alle tun, weil es alle tun – nennen wir es: den «Weg der Heiden». Bevor Israel lernte, dass «Liebe die Erfüllung des Gesetzes» (Röm 13,10) ist, versuchte man mit rabiaten Mitteln – Androhung der Todesstrafe für abweichendes Verhalten – die Vorgabe zu erfüllen. Im Ganzen ging Israel diesen damals wie heute anstößigen Sonderweg der Nichtakzeptanz verwilderter Sexualität aus weitaus tieferen, nämlich theo-logischen Gründen, als denen eines archaischen, um nicht zu sagen primitiven Ressentiments.

Israel sah seine Berufung darin, das «auserwählte Volk» zu sein, in dem alle Völker gesegnet sein würden. Dieser Segen bestand in dem von Gott selbst herbeigeführten Ausgang aus dem Exil der Entfremdung und Sünde und der Wiederherstellung der ursprünglichen Schöpfungsordnung. Israel agierte nicht eine Bildungsstufe hinter der allgemeinen Toleranz für alles; Israel verstand sich von den Patriarchen bis zu Paulus und der frühen Kirche als Avantgarde in einer von Gott geführten Renovation der ursprünglich heil gewesenen und am Ende auf göttliche Weise wieder geheilten Welt.

Die Heilige Schrift ist von der ersten bis zur letzten Seite unter der Prämisse der von Gott gegebenen Schöpfungsordnung in Genesis 1 und 2 zu lesen. Wie ernst das gemeint war, sieht man an der Gestalt des Täuferpropheten Johannes, der nicht nur als Umkehrrufer, sondern – was gerne übersehen wird – auch als Märtyrer in Sachen Ehe ins Evangelium einging: «Herodes hatte nämlich Johannes festnehmen und in Ketten ins Gefängnis werfen lassen wegen der Herodias, der Frau seines Bruders Philippus. Denn Johannes hatte zu ihm gesagt: Es ist dir nicht erlaubt, sie zur Frau zu haben.» (Mt 14,3–4)

In dem Humanisten und Heiligen Thomas Morus (1478–1535) hat Johannes einen Nachfolger gefunden. Die Rolle des Herodes übernahm Heinrich VIII., der seinen Frauentausch kirchlich legalisiert wissen wollte.

Die Kirche – als ein anderes Israel – hat also Grund, an die von Jesus bestätigte Schöpfungsordnung aus Genesis 1 und 2 anzuschließen. Der Masterplan steht; und er ist nicht durch einen Plan B modifizierbar. Insofern wird es nicht geben können, was sich manche erhoffen: eine grundsätzliche Aushöhlung der ehelichen Unauflöslichkeit oder eine nahtlose Rehabilitation und Integration aller Formen von Homosexualität in ein weitherzigeres Christentum. Eine Ehe wird immer eine Ehe bis zur Scheidung durch den Tod, und Homosexualität wird auch in der Humanisierung personaler Liebe immer eine mit einer Wunde gezeichnete Liebe sein. Freilich wird man auf neue Weise sehen müssen, wie Jesus mit Verwundeten umging.

Auf jeden Fall kann man von der Heiligen Schrift her Folgendes sagen: Eine durch Entscheidung herbeiführbare, frei zu wählende homosexuelle, bisexuelle, diverse Lebensweise, wie sie die Genderbewegung als Option schon in den schulischen Unterricht meint einbringen zu müssen, ist durch die Heilige Schrift nicht gedeckt und kann auch durch virtuose Uminterpretation nicht hergestellt werden. Menschen können das für sich einfordern, Pädagogen können das lehren, Regierungen können entsprechende Gesetze erlassen. Auch Christen können da mitspielen, sie sind ja freie Menschen, aber sie müssen damit rechnen, dass sie in einen fundamentalen Konflikt mit den Geboten und Verheißungen Gottes kommen oder bestimmte Partien aus der Heiligen Schrift eliminieren müssen, wenn sie nicht gleich die ganze Heilige Schrift als irrelevant für ihr Sexualleben ansehen.

C.S. Lewis hat auf die Konsequenzen hingewiesen: «Wenn alles, was *Das ist gut* sagt, abgetakelt ist, bleibt immer noch das, was *Ich will* sagt.»[334]. Nicht nur das Evangelium ist dann ethisch entkernt; auch Ethik ist ein Wort, auf das man verzichten kann.

Nun gibt es Menschen, denen eine heterosexuelle Lebensweise verstellt ist, weil sie durch bestimmte Erfahrungen – sexuell konnotierter Übergriff, Verlassenheitserfahrungen in der Kindheit, fehlender Vater, ungelöste Mutterbindung, Phänomene infantilen Regredierens – den Schritt auf den gegengeschlechtlichen Partner nicht schafften und deshalb die Nähe zum eigenen Geschlecht suchen. Wie will man da von Schuld und Sünde sprechen, wo Heilung und Hilfe angebracht ist?

Wieder anders liegen die Dinge, wenn beispielsweise eine Frau sagt: «So lange ich denken kann, fühle ich mich nicht zu Männern, sondern zu Frauen hingezogen. Ich kann nicht anders leben, als indem ich meiner Neigung folge.» In diesem Fall muss man immer noch eine Dissonanz zum biblischen Text feststellen, wonach von einer Nebenordnung von homosexueller Liebe und ehelicher Liebe – eins so gut wie das andere – nicht ausgegangen werden kann. Das eine ist der Masterplan Gottes für Leben und Weitergabe des Lebens, das andere ein Phänomen in einer gebrochenen Welt, in der Menschen mit Mangelerscheinungen und Prädispositionen der verschiedensten Art konfrontiert sind und damit leben müssen – und oft kaum damit leben können.

Die reine Neigung und die Welt der Gefühle ist niemals etwas, das man mit Schuld und Sünde in Verbindung bringen darf. Und was dann kommt, muss man im Licht der Heiligen Schrift differenziert betrachten.

Die erste Frage: Ist es etwas Gutes, wenn einem Menschen der Wunsch fehlt, Vater oder Mutter zu werden, so wie es die Natur vorsieht – durch liebende und andauernde Gemeinschaft mit einem Menschen des anderen Geschlechts? Es ist gewiss ein Mangel, der nach Ausgleich ruft – und manchmal aus tiefer Verwundung danach schreit. Die Gerechtigkeit verlangt aber, dass er nicht auf falsche Weise kompensiert wird. Es gibt kein Recht auf Lust; sonst müsste man sich mit dem Gedanken anfreunden, dass deren Kauf oder ihr Raub – die Vergewaltigung – ethisch sind. Es gibt auch kein Recht auf ein Kind außerhalb der symbiotischen Einheit der Liebe, und zwar des natürlichen Vaters und der natürlichen Mutter zu «ihrem» Kind. Alles andere ist ein Not-Behelf, der im Einzelfall sogar besser sein kann als das Original. Aber selbst die beste technische Lösung wird immer ein Imitat sein und nie an die natürliche Entfaltung der natürlichen Schöpfungsordnung Gottes heranreichen.

Die zweite Frage: Ist es etwas, das auf gute Weise einen Mangel ausgleicht – nämlich durch Freundschaft die Einsamkeit aufhebt, durch Treue das sich Verlieren an die Vielen, durch Sorge die Angst und durch selbstlose Liebe das Kreisen um sich? Dieser Ansatz und diese Möglichkeit von Humanisierung in schwieriger Lage ist es wohl, wofür Eberhard Schockenhoff zu Recht eine neue Wertschätzung einfordert. Und es ist wohl richtig, wenn sich die Kirche in einer solchen, auf besseres Leben hin orientierten, also symmetrischen[335] gleichgeschlechtlichen Konstellationen von zwei homosexuellen Menschen ihre Fixierung auf den sexuellen Akt – als wäre es das Wichtigste, dass nur ja nichts Sexuelles passiert – einmal in den Hintergrund treten lässt. Die Kirche wird dabei das Kunststück vollbringen müssen, zugleich kein Jota von der biblischen Vorgabe abzurücken, nach der Sex und Ehe wesentlich und untrennbar zusammengehören oder mindestens aufeinander zuwachsen müssen – und zugleich der homosexuellen Freundschaft (denn es ist ja keine «Ehe») einen umgrenzten Raum und ein klares Ziel zu geben.

Die Problemlage ähnelt wohl der Problemlage beim Thema Scheidung. Scheidung, die biblisch eigentlich nicht geht, weil Jesus sogar die von Mose gegebene Erleichterung in einem Akt der Vollmacht wieder einkassiert (Mk 10,2–12), begegnet doch als bedrängende Realität in den fragilen Beziehungswelten von heute. Soll die Kirche den Willen Jesu durch Interpretation entkernen? Soll sie alle abschreiben, die das Gesetz nicht erfüllen (können)?

Analog verhält es sich auch mit homosexueller Praxis. Die Kirche wird gut daran tun, mehr auf das zu achten, woran heterosexuelle und homosexuelle Menschen gleichermaßen scheitern – ich meine die Banalisierung des Sexuellen, die Trennung von Liebe und Sex und den Abschied von Treue und Verantwortung durch eine epidemisch grassierende «Unzucht», zu der die Zivilmoral von Herzen alles einlädt, was zwei Beine hat. Die Umprogrammierung und Instrumentalisierung von Sex – «kein Sakrament mehr, sondern ein Spielzeug»[336] –, das sollte Liebe als größten anzunehmenden Unfall wahrnehmen.

Menschen, die bei sich von einer irreversiblen homosexuellen Identität ausgehen, werden Gott dennoch fragen: «*Hast du nicht andern Segen?* / Bist du der Gott, der Zukunft mir verheißt? / Ich möchte glauben, komm mir doch entgegen.» Für diese Konzentration einer Lebensfrage auf die Gottesfrage gibt es einen konkreten Adressaten: Jesus. Man wundert sich, dass im Raum christlicher Theologie eine Fülle von Ansätzen sprießen, die diese einfachste und klarste aller Lösungen nicht im Blick haben. Als könnte man neben Jesus, nach Jesus oder ohne Jesus einen Weg in das wahre und das gute Leben finden, und als könne man ohne den, der von sich sagte, er sei «der Weg, die Wahrheit und das Leben» (Joh 14,6), eine tragfähige Moral-Theologie bauen.

Betrachten wir also: Wie kommt Jesus einem Menschen entgegen, der ihn fragt: «Was muss ich tun, um gutes Leben für mich zu finden?» Man kann es überlesen, aber diese Frage steht schon im Evangelium, in Mt 19,16. Jesus beantwortet sie zunächst etwas kryptisch mit: «Was fragst du mich nach dem Guten? Nur einer ist der Gute.» Bei einigem Nachdenken versteht man aber den tiefen Sinn dieser Ansage. *Das Gute* – die Ethik – steht in einer unmittelbaren Verbindung mit *dem Guten,* mit Gott. Es ist eine personale Ethik, oder (wie man sie mit einem Schlagwort des Philosophen Bernhard Waldenfels auch benennen könnte) eine «responsive Ethik». Eine solche responsive Ethik, sagt Sascha Bischof, wäre eine «‹Ethik, die nicht allein aus dem Streben, Wollen, Sollen oder Können erwächst, sondern aus Ansprüchen, auf die wir antworten.›»[337]

Jesus erweitert seine Auskunft für den jungen Mann, indem er eine Antwort provoziert: «Wenn du aber in das Leben eintreten willst, halte die Gebote!» (Mt 19,17) Er führt zu einer Ethik, die in einer Antwort auf eine göttliche Vorgabe besteht.

Der junge Mann ist etwas uninformiert («Welche?»), und Jesus muss die Gebote tatsächlich einzeln aufzählen: «Du sollst nicht töten, du sollst nicht die Ehe brechen, du sollst nicht stehlen, du sollst kein falsches Zeugnis geben; ehre Vater und Mutter! Und: Du sollst deinen Nächsten lieben wie dich selbst!» (Mt 19,18–19)

Dass der junge Mann in dieser Perikope schon auf dem Weg ist, spielt für den Augenblick keine Rolle. Wichtig ist nur, dass man versteht: Es gibt christlich gesehen keine außerpersonale Ethik, kein beziehungsloses Regelwerk, keine anonyme Gesetzlichkeit. Ethik ist, dem nicht aus dem Weg zu gehen, dem ins Gesicht zu sehen, der sagt: «Wenn ihr mich liebt, werdet ihr *meine* Gebote halten.» (Joh 14,15) Es sind nicht irgendwelche pragmatischen Gebote. Es sind *seine* Gebote. Gottes Wesen ist sein Wille. Gottes Wille ist sein Wesen.

Was heißt es aber, zu Jesus kommen, um das Gute auch für mich zu finden? Es heißt, sich in die lange Reihe der Verbesserungsbedürftigen – der Lahmen, Blinden, Gehandicapten, Stummen (vgl. Mt 15,30) – einzureihen, die der Glaube zu Jesus führt. Und sei es, dass nur der Saum seines Gewandes berührt wird.

Es gibt eine einzige Sorte Mensch, für die selbst Jesus kaum etwas tun kann: solche, die glauben, gesund zu sein und keiner Heilung zu bedürfen.

Ich bin mir sicher, es gibt keinen Menschen, der nicht auch in seiner Sexualität geheilt werden muss. Das gilt für heterosexuelle Menschen wie für homosexuelle Menschen. Wir alle sind dazu bestimmt, das Bild, das wir von uns machen, unsere Fehlversuche, unser Getriebensein, unsere lügnerischen Arrangements, unsere Fragmentierungen, unsere Beschädigungen, unsere Abstürze, ja das ganze Spektrum unserer hilflosen biografischen Optimierungsansätze preiszugeben und Jesus vor die Füße zu legen, damit sich an jedem von uns das Wunder der Heilung wiederholt, indem «Stumme redeten, Krüppel gesund wurden, Lahme gehen und Blinde sehen konnten. Und sie priesen den Gott Israels.» (Mt 15,31)

Wir sollen geheilt werden. Wir sollen den einen und einzigen Gott preisen. Was ist das für eine Kirche, die landauf, landab nicht mehr glaubt, heilen zu können?

Für die Kirche gibt es eine Grundregel: Sie muss handeln, wie Jesus handelte, freilich nicht in der Imitation einer fernen Vergangenheit. Sie muss mit dem und durch den in der Auferstehung gegenwärtigen Herrn handeln. Jesus hat prophetisch gehandelt und damit Anstoß erregt; er will, dass auch wir prophetisch handeln und Anstoß erregen.

Zöllner und Sünder saßen an seinem Tisch, übrigens in bunter Reihe mit den Jüngern (Mt 9,10); und Jesus lebte mit dem Vorwurf, er halte es mit den Fressern und Säufern (Mt 11,19). Im Grunde tat

Jesus, was jede gute Mutter und jeder gute Vater mit einem Sorgenkind macht: Er verstößt es nicht, sondern sucht die Nähe und verdoppelt seine Liebe. So erinnert Michael Theobald auch zurecht an das «ekklesiologische Grundprinzip des Paulus: ‹Nehmt einander an, wie auch Christus euch zur Ehre Gottes angenommen hat!›» (Röm 15,7)

Im kirchlichen Umgang mit gleichgeschlechtlichen Partnerschaften steht dieses Grundprinzip gewiss auch auf dem Prüfstand. «Wo, wenn nicht zuerst in den Gemeinden, die sich auf den Namen Jesu von Nazareth berufen, sollte erfahrbar werden, dass Gott vorbehaltlos jeden Menschen liebt?»[338] Bevor wir uns in wechselnden Identitäten einrichten, sind wir durch die Taufe vorbehaltlos angenommene und geliebte Kinder Gottes. Wir alle haben ein unwiderrufliches Bleiberecht im Haus Gottes und dürfen dort spielen.

Und schließlich sollte man sich als Kirche kollektiv in Erinnerung rufen, wie Jesus mit der Ehebrecherin (Joh 8,1–11.) umging. Man könnte aus dieser interessanten Perikope geradezu eine «Jesus-Lösung moralischer Konflikte» extrahieren; sie erfolgt in einem Vierschritt.

Erstens: *Schreibe mit dem Finger in den Sand!* Lasse dich nicht missbrauchen zum Partei-Ergreifen, zum Brandmarken, zu öffentlichen Verurteilungen und Diskriminierungen.

Zweitens: *Schlage der Menge die Steine aus der Hand!* Erinnere alle an die Sündhaftigkeit aller. Lass sie verstehen, dass sie den Sündenbock vernichten wollten, der sie selbst entschulden sollte.

Drittens: *Nimm in Barmherzigkeit an!* Und mache einen Unterschied zwischen dem Gesetz und Gott, der größer ist als das Gesetz.

Viertens: *Eröffne neues Leben!* Entlasse in Frieden und erinnere diskret, dass Gottes Liebe annehmen heißt: die Sünde verabschieden.

✦ ✦ ✦

Ich habe mich lange gefragt, wie die Kirche mit der Herausforderung homosexueller Menschen umgehen soll. Eine Antwort kam mir erst, als uns unsere Tochter mit der Frage konfrontierte: «Was hättet Ihr denn gemacht, wenn ich euch eines Tages mit dem Satz überrascht hätte: *‹Ich muss euch heute etwas sagen, was ihr nicht wissen könnt. Ich bin lesbisch und habe eine Partnerin›*?» Ich weiß nicht mehr genau, was wir damals geantwortet haben und ob unsere Antwort gut war.

Ich bin aber mittlerweile sicher, dass die Kirche dann eine gute Antwort findet, wenn sie sich präzise an Eines erinnert, nämlich, dass auch sie Mutter ist – und zwar in strenger Analogie zu irdischen Müttern und Vätern – und dass sie keine andere Antwort geben kann, als sie gläubige Eltern geben würden, die ihr Kind über alles lieben.

Der nachfolgende Dialog hat so nie stattgefunden. Er ist Fiktion. Aber er ist der Versuch, sich vollkommen in die Dialogpartner hineinzuversetzen. Gute Belletristik-Autoren tun das. Sie lassen Person A etwas sagen, ohne zu wissen, was Person B darauf antworten wird. Versuchen wir es:

Kind: «Ich muss euch etwas sagen, was ihr nicht wissen könnt. Ich bin lesbisch und habe eine Partnerin … Was schaut ihr so?»

Mutter: «Du machst mich sprachlos … Ich muss das erst verstehen. Also, *wir* müssen das erst verstehen.»

Kind: «Ihr seid enttäuscht?»

Vater: «Ja, vielleicht, wenn das so ist, wie du es sagst. Man ist immer ent-täuscht, wenn man sich getäuscht hat und mit der Realität konfrontiert wird. Aber das ist ja gut, wenn du uns sagst, was du auf dem Herzen hast, und uns nicht im Ungewissen lässt.»

Mutter: «Versteh mich nicht falsch. Du weißt, wir haben dich sehr, sehr gern. Wir kennen dich so lange, haben zehn Fotoalben von dir. Trotzdem dürfen wir uns kein Bild von dir machen. Wir können und wollen dich nicht festhalten. Du bist frei, und du bist uns nicht egal. Und du wirst uns nie egal sein, was immer du tust. Aber ... als du das eben gesagt hast – das mit der Partnerin –, da hat mich eine große Traurigkeit befallen.»

Kind: «Ich wusste es, ihr seid homophob ...»

Mutter: «Nein, das ist es nicht.»

Kind: «Doch, seid ehrlich! Mama, Papa, ihr habt euch einen Schwiegersohn gewünscht – du, Mama, sehntest dich nach Enkeln, wie du es mir oft anvertraut hast ... das ganz Normale, wie es bei uns zuhause war – nicht wahr, so ist es doch?»

Vater: «Ja, so ungefähr hatten wir es uns wohl ausgemalt. Aber ich glaube, Mama und ich sind nicht so borniert, dass wir davon nicht abstrahieren könnten. Ich muss dir sagen: Ich habe die gleiche Traurigkeit wie Mama; es ist ein Bauchgefühl. Und ich denke: Wir sind traurig, weil wir Angst um dich haben, weil wir das Gefühl haben, du könntest damit nicht glücklich werden.»

Kind: «Das ist doch wohl meine Sache, wie ich glücklich werde.»

Vater: «Ja, zuletzt ist das ganz deine Sache! Niemand nimmt dir das ab. Du musst mir dir und Gott im Reinen sein. Was die Leute denken, ist unwichtig.»

Mutter: «Ich merke aber, was dein Vater und ich empfinden, das ist dir nicht egal. Du sehnst dich danach, dass ich als deine Mutter mit dir fühle, dass ich gut finde, was du gut findest, dass ich liebe, was du liebst – oder wen du liebst.»

Kind: «Ja, ich wünsche mir, dass ihr meine Frau liebt, vielleicht nicht so, wie ich sie liebe, aber so, wie ihr jemand lieben könnt, der von nun an dazugehört. Basta.»

Mutter: «Wir werden ‹deine Frau› – du merkst, mir geht das Wort schwer über die Lippen; lieber würde ich von ‹deiner Freundin› sprechen –, wir werden sie als den Menschen deines Herzens annehmen, wir werden sie genauso wenig verurteilen, wie wir dich verurteilen. Keine Angst: Ich werde meine Tränen runterschlucken. Ich werde lächeln. So stark bin ich schon. Sie wird hier ein- und ausgehen können. Wir werden keine blöden Fragen stellen, wir werden nicht von Sünde reden und keine dummen Blicke auf euch werfen. Aber du wirst es wohl fühlen, dass ich mir meine innerste Überzeugung nicht abtrainieren kann. Ich bin traurig und werde traurig sein, weil mein Gefühl mir sagt: Es *stimmt* nicht!»

Kind: «Was stimmt da dran nicht?»

Vater: «Ich habe gerade nachgedacht, warum auch ich dieses ‹*Es stimmt nicht*›-Gefühl nicht loswerde: Deine Entscheidung, dass du dich mit einem gleichgeschlechtlichen Menschen verbinden möchtest, bedeutet: Mit euch wird der Strom des Lebens abbrechen; ihr werdet eine Art Endstation sein. Es wird keine Kinder geben. Auch wenn dir das jetzt vielleicht wehtut: Für mich hat es etwas Morbides …»

Kind: «O Mann, es gibt ohnehin zu viele Kinder auf der Welt …»

Mutter: «Wenn du dreißig Jahre älter bist, wirst du vielleicht ganz anders denken. Ich kenne genug Leute, die sich gegen Kinder entschieden haben, weil etwas Anderes Priorität hatte – der tolle Job zum Beispiel. Nun ist das letzte Viertel ihres Lebens angebrochen, und es kommt nichts mehr. Man zählt die Sommer, die man noch hat. Da ist etwas Bitteres. Mein Gefühl ist: Es ist gegen die *göttliche Ordnung* – ... glaubst du, man kann gegen die göttliche Ordnung glücklich werden?»

Kind: «Woher wisst ihr denn so genau, was die ‹göttliche Ordnung› ist?»

Vater: «Wenn Mama von der *göttlichen Ordnung* spricht, dann meint sie wohl das, was der Schöpfer auf eine bestimmte Weise gut eingerichtet hat. Denk mal: Er hat Adam nicht noch einmal erschaffen, als dem Adam etwas fehlte zum Glücklichsein. Er hat zum Mann einen Nichtmann geschaffen – jemand Anderes, eine Frau. Und damit wurden Adam und Eva schöpferisch. Sie konnten Leben schenken. Es passte genau.»

Kind: «Bei uns beiden passt es aber nicht ...? Ich wusste es. Ihr kommt mit der Bibel.»

Vater: «Ja, mit der Bibel. Warum nicht?»

Kind: «Weil die Bibel ein uraltes Buch ist. Und ich lasse mir davon nicht mein Sexualleben diktieren.»

Mutter: «Willst du damit sagen: Ich lasse mir nichts sagen von Gott?»

Kind: «Von Gott lasse ich mir was sagen. Wenn es ihn gibt. Und wenn er etwas mit diesem Buch zu tun hat. Ich weiß, was darin über

Homosexualität steht – dass es dem Herrn ein Gräuel ist, wenn der Mann beim Mann liegt, und so weiter und so fort. Und vom ‹widernatürlichen Verkehr› zwischen Frauen ist die Rede …»

Vater: «Ja, dann weißt du auch, dass es jede Menge Versuche gibt, diese Stellen zu entkräften?»

Kind: «Ja, weiß ich.»

Vater: «Haben sie dich überzeugt?»

Kind: «Keine Ahnung. Und wenn schon. Es ist für mich nicht das Entscheidende. Entscheidend ist … ich weiß es gerade nicht …»

Mutter: «Hast du die Dinge schon ins Gebet getragen?»

Kind: «Schwierig.»

Vater: «Bei C.S. Lewis, in seinem Buch ‹Die große Scheidung›, steht ein berühmtes Wort. Es lautet: ‹Am Ende werden nur zwei Gruppen von Menschen vor Gott stehen – jene, *die zu Gott* sagen: Dein Wille geschehe, und jene, *zu denen Gott* sagt: Dein Wille geschehe›[339].»

Kind: «Was möchtest du mir damit sagen?»

Vater: «Dass es nicht darauf ankommt, was *du* willst, sondern darauf, was *Gott* will. Ich würde es dir und Mama und mir gerne leichter machen und sagen: Alles okay, mach, was du denkst. Aber ich kann die doppelte Störung – die aus unserem Bauchgefühl und die aus der Heiligen Schrift – nicht weglügen, weil dann alles viel leichter wäre …»

Kind: «Ich bin mir sicher.»

Vater: «Vollkommen sicher? Wirklich?»

Kind: «Vollkommen? … Wann ist man vollkommen sicher? Ich werde also damit leben müssen, dass ihr mich ablehnt.»

Mutter: «Nein, damit musst du nicht leben. Du wirst für uns niemals ‹die Lesbe› sein. Auch deine Freundin wird nicht ‹die Lesbe› sein, sondern der Mensch, der deinem Herzen am nächsten ist. Wir denken nicht in solchen Kategorien. Du warst, du bist, du wirst immer nur eines sein: *unser geliebtes Kind*. Und als dieses Kind wirst du jeden Tag in unseren Gebeten sein. Wir beten übrigens nicht dafür, dass du dieses oder jenes tust. Wir beten, dass Gott dich segnet, dass du seine Liebe spürst und den Weg gehst, den er dich führt.»

Teil III
Gutes Leben! –
Gute Liebe! – Guter Sex!

Im dritten und letzten Teil des Buches möchte ich mich auf die Suche nach den Umrissen einer neuen, besser gesagt: einer neu akzentuierten Sexualmoral machen.

Was Eberhard Schockenhoff als Matrix vorlegt, ist für mich unbefriedigend: ebenso weit von der Heiligen Schrift entfernt wie von der Wahrnehmung realer Sexualität; auf Anschluss an eine falsche Welt bedacht; eine relativierende Vorstellung von Ehe im Gepäck; auf Rehabilitation von fragmentierten Lebensweisen bedacht, deren Kollateralschäden verschwiegen werden; usw.

Ich möchte die Argumente nicht wiederholen.

Bei Schockenhoff soll im Kontext des Missbrauchs eine neue Sexualmoral installiert werden – und ausgerechnet dieser Neuansatz sieht alt aus, wo es um das Faktum ephebophiler Übergriffe geht, älter jedenfalls als die «alte Sexualmoral». Der Neuansatz trägt sogar dazu bei, dass das reale Problem verstellt und überblendet wird.

Schockenhoff liefert kirchlichen Verantwortungsträgern das perfekte Alibi, sich mit dem prekären Thema Homosexualität in der Kirche *nicht* auseinandersetzen zu müssen …

Kapitel 16
Sex von gestern – oder: Ein kurzer Blick auf die alte Moral

In den Naturwissenschaften sind wir an eine lineare Entwicklung der Dinge gewöhnt. Wenn wir einmal wissen, wie die Schwerkraft funktioniert, können wir darauf aufbauen und komplexere Vorgänge in der Natur betrachten.

In der Moral ist es etwas anders. Es kann sein, dass wir Dinge schon einmal recht gut wussten und angemessen damit umgehen konnten. In der Denktradition des Christentums ist zum Beispiel lange Zeit auf hohem Niveau über «das Gute» (und wie man es vollbringt) nachgedacht worden. Aber dieses Wissen ging verloren. So kam es im Laufe der Jahrhunderte zu einer unguten Akzentverschiebung, etwa in Hinsicht auf das «Sexte» Gebot, das in der Neuzeit eine zunehmend exponierte Position einnahm und ab da nicht ohne einen gewissen Voyeurismus traktiert und studiert wurde. Die klassische Moraltheologie verlief sich in einem verästelten moralischen Lehrgebäude, das auf schwachem Fundament errichtet war. Es gab eine ins Uferlose wuchernde Kasuistik[340], also eine genaue Beschreibung, wie man von Fall zu Fall unendlich viele Dinge falsch machen und damit sündigen konnte, was wiederum zu einem sich bis ins Neurotische steigernden Missverständnis beitrug, Christsein sei identisch mit Fehlervermeidung und Brav-Sein.

Die zum Teil außerdem noch von archaischen Reinheitsvorstellungen getragene sexuelle Fehlersuche trug dazu bei, dass für viele Menschen «christliche Moral» heute noch identisch ist mit Sanktionen, Leibfeindlichkeit, Sexualpessimismus, Lustverboten und restriktiven

Anweisungen zum Sex. Moraltheologen ergingen sich in exzessiven Betrachtungen über die affektive und genitale Ausstattung von Mann und Frau, über den «ehelichen Akt» an sich und im Besonderen, über Triebdruck und Versuchungen zur Sünde, Keuschheit und Schamhaftigkeit, nicht zu vergessen: die vielfältigen Möglichkeiten zur Unzucht in Gedanken, Worten und Werken. Die Sexualität war ein einziger Parcours aus Hindernissen, der Fall in den Wassergraben der Sünde unvermeidlich. Das wiederum verleitete den einen oder anderen Beichtvater zu einer voyeuristischen Perspektive und führte dazu, dass vielen älteren Menschen das Sakrament der Versöhnung bis heute verleidet ist.

Christoph Kardinal Schönborn sprach in einem Fernsehinterview gar von der «Obsession mit dem Sechsten Gebot», und er erwähnt ein dreibändiges «Handbuch der Moraltheologie» des Innsbrucker Jesuiten Hieronymus Noldin (1838–1922), das zunächst der zu erhaltenden Schamhaftigkeit der Studierenden halber noch in lateinischer Sprache gelesen wurde und dessen zweiter Band ganz dem Sechsten Gebot gewidmet war. Schönborn meinte dazu: «Unter Theologiestudenten wurde gewitzelt, dass man das als Pornografie lesen kann.»[341]

War es denn einmal anders im Christentum? Ja. Wer das Neue Testament aufmerksam liest, wird entdecken, dass es gar kein Sündenvermeidungs-Handbuch ist, eher schon ein Buch vom Glück und von der Freude, wobei das deutsche Wort Glück vielleicht zu sehr den Beigeschmack eines zufälligen Lottogewinns hat. Besser würden wir von Wonne oder Seligkeit sprechen, aber das sind Worte, die nicht gerade taufrisch rüberkommen. Mit *chaire* (= Freue dich!) begrüßt der Engel in Lk 1,28 die Jungfrau Maria; und die Aufforderungen zur Freude wollen gar nicht mehr aufhören. In der Heiligen Schrift kommen das Wort Freude mehr als 200-mal und die Aufforderung, uns zu freuen, mehr als 80-mal vor.

Das *«Eu-angelion»* – good News[342] – findet sich in der Verkündigung der Engel (Lk 2,10) an die Hirten. Diese guten Nachrichten werden letztlich festgemacht an einer Person, einem Ort und einer Geschichte. Bei Lukas beginnt das öffentliche Leben Jesu mit einer gewaltigen Ouvertüre: Ein bis dato unbekannter jüngerer Bauhandwerker betritt die Synagoge von Nazareth; er öffnet ein kultisches Buch und liest eine bestimmte prophetische Stelle (Jes 61,1–2) daraus öffentlich vor: «Der Geist des Herrn ruht auf mir; / denn der Herr hat mich gesalbt. Er hat mich gesandt, / damit ich den Armen eine gute Nachricht bringe; damit ich den Gefangenen die Entlassung verkünde / und den Blinden das Augenlicht; damit ich die Zerschlagenen in Freiheit setze und ein Gnadenjahr des Herrn ausrufe.»

Jesus bezieht diese Proklamation kommender «Freude für alle» auf sich: «Heute hat sich das Schriftwort, das ihr eben gehört habt, erfüllt» (Lk 4,21) – ein im jüdischen Kontext ungeheuerlicher Vorgang.

Das Prophetenwort ist keine Bagatelle; es ist religiöse Hoffnung Israels, die Wiederherstellung der ursprünglichen Integrität der Schöpfung im Anbruch einer messianischen Zeit und im Kommen eines endzeitlichen Königs. Die Selbstinszenierung Jesu als Messias stellte Israel (und stellt bis heute alle Welt) vor ein Entweder-oder. Entweder ist das Unfug (so die Welt) bzw. Blasphemie (so Israel); oder aber: Glück, Freude, Seligkeit und Erlösung läuft über diesen schmalen Kanal einer Person. Genau das behauptet die größte Glaubensgemeinschaft der Welt – das behaupten die Christen, die es Jesus wörtlich abnehmen, wenn er siebenmal im Johannesevangelium *ego eimi* (griech. = Ich bin …) sagt: Ich bin «das Brot des Lebens» (Joh 6,35), «das Licht der Welt» (Joh 8,12), «die Tür» (Joh 10,9), «der gute Hirte» (Joh 10,11), «die Auferstehung und das Leben» (Joh 11,25), «der Weg, die Wahrheit und das Leben» (Joh 14,6), «der wahre Weinstock» (Joh 15,1).

Gelegentlich wird behauptet, das Evangelium enthalte keine «Moral», Jesus verlange nur Glauben und nicht etwa die Erfüllung irgendwelcher ethischer Standards. Das ist aber eine Predigerplattitüde, die man leicht am Text der Heiligen Schrift falsifizieren kann. Die Bergpredigt ist Moral pur; Augustinus hat von der *Magna Charta christlichen Lebens*[343] gesprochen. Politiker führen sie gerne im Mund, ohne sie zu kennen, denn sie ist nicht etwa eine von der Person Jesu ablösbare und von jedem Gutmenschen vertretbare Essenz von Werten. Sie ist ein messianisches Programm, das einem obszönen Eudämonismus[344] à la Jeremy Bentham («Das größtmögliche Glück für die größtmögliche Zahl» – und was ist mit denen, die kein Glück haben?) den Wind aus den Segeln nimmt. Die Bergpredigt beginnt nämlich mit der Seligpreisung der Armen, der Hungrigen, der Sanftmütigen, der Friedensstifter usw., all derer also, die in der Spaßgesellschaft nicht besonders gut wegkommen.

Die Seligkeit der Bergpredigt ist eine eschatologische Größe; rein innerweltlich betrachtet, müsste man diejenigen «selig» preisen, die clever genug sind, auf ihre Kosten zu kommen: Selig die Spekulanten, die Menschenhändler, die Ehebrecher, die Kriegsgewinnler.

Die Selig-Preisung der Seligpreisungen vollendet die alttestamentliche Ahnung, dass es dem Gerechten aufs Ganze gesehen nicht schlecht ergehen kann, sonst wäre Gott nicht der Gott Abrahams, Isaaks und Jakobs, aber sie vollendet sich erst in dem einen Gerechten, der unter die Räder kommt, um danach in der Auferstehung das Leben zu gewinnen, das allen offensteht, die «in Christus» sind – jenes Leben oder jene Art von Seligkeit, die nicht mehr aufhört.

Wer so aufgehoben ist, kann angstfrei gerecht, kann «Salz der Erde» und «Licht der Welt» sein, ja er wird dazu befreit, im Glauben an Jesus die Gerechtigkeit des Alten Testaments noch zu überbieten: «Ihr habt gehört, dass zu den Alten gesagt worden ist […] Ich aber sage euch […]». (Mt 5,21–22)

Bei Paulus, im Römerbrief vor allem, werden diese Linien der Bergpredigt ausgezogen und in ein großes theologisches Konzept eingebunden. Es geht darum, wie wir durch die bis zum Kreuz gehende Liebe Christi erlöst sind und wie wir im Heiligen Geist neues Leben «in Christus» (Röm 3,24) haben, indem wir Teil seines Leibes (1 Kor 12,27) sind.

Paulus belässt es nicht bei allgemeiner Theologie; er übersetzt sie in einen signifikant anderen, einen alternativen Lifestyle. Wer in Christus ist, kann nicht mehr leben wie die Heiden «in ihrem nichtigen Denken» (Eph 4,17), mit verfinstertem Sinn, in der Entfremdung, in Befangenheit durch Unwissen und Verhärtung des Herzens (Eph 4,18).

Moral – also gutes Leben – wurde zum Erkennungszeichen eines neuen Lebens, eines Lebens aus der Freude der Erlösten. Die sogenannten Paränesen (= Empfehlungen)[345], die Paulus in Hinsicht auf den neuen Lifestyle immer wieder gibt, wurden von der neuzeitlichen Moraltheologie geflissentlich übersehen, weil man sie via Jobteilung der systematischen Theologie zuwies. Die späten Moraltheologen scannten die Heilige Schrift nur auf konkrete Weisungen hin, deren Nichtbefolgung als Sünde zu benennen war. Ein folgenschwerer Tunnelblick!

Spannend ist nun, wie die Väter mit diesen Vorgaben umgingen. Sie kamen von der Heiligen Schrift her und lebten im Horizont griechischer Philosophie – bekanntlich die *Lehre von der Weisheit.* Schon Paulus hatte das Beste aus beiden Welten verbunden gesehen. Er sah das Scheitern des Judentums an der *Gerechtigkeit,* die ebenso wenig erlösend war wie die *Weisheit,* auf die sich die Griechen etwas zugutehielten. Niemand wird durch philosophische Erkenntnis gerettet, was übrigens der große Irrtum der Gnosis[346] war und ist.

Paulus vereinigte beide Welten in der Person Christi, der die Gerechtigkeit und Weisheit Gottes (1 Kor 1,30) zur Erscheinung bringt, ja sie *ist* – und uns daran teilhaben lässt. Das öffnete den Kirchenvätern die Tür, näher zu betrachten, wie die Griechen gutes Leben durch Weisheit anstrebten. Und siehe da: Sie fanden eine bedeutende Übereinstimmung mit der Heiligen Schrift. Auch in der Ethik der Griechen war «Streben nach Glück» das Ziel, und ihre flankierende Maßnahme bestand in der sogenannten Tugendlehre.

Wer heute von «Tugend» spricht, muss das Wort erst von Staub und Schimmelflecken befreien. Das lateinische Wort für Tugend ist *virtus* – und das bedeutet einfach Tüchtigkeit, Kraft. «Tugend» ist also keine Primäreigenschaft bigotter älterer Damen. Die fromme Helene, die tugendhafte Jungfer – das ist abgesunkene Reformation, durch Karikatur überzeichnete Werkgerechtigkeit. *Sola fide*[347] hieß es dort, würde der Mensch erlöst werden, nicht durch Tugendstreben.

Aristoteles hätte sich gewundert über die kuriose Deformation eines großen Wortes. Denn klar ist: Für gutes Leben muss man sich ertüchtigen; man braucht bestimmte Kräfte, und man sollte sie trainieren, damit sie Energie freisetzen, wenn man sie braucht. Er nannte sie Kardinaltugenden[348], und das gesamte Mittelalter folgte dieser Auswahl.

Die erste Kardinaltugend ist die *Kraft der Klugheit*. Dummheit, Ignoranz, Uninformiertheit verbauen Zukunft, verraten gutes Leben.

Die zweite Kardinaltugend ist die *Kraft zur Gerechtigkeit* – die Kraft, dank der wir uns selbst und einander gerecht werden. Zur Entfaltung des Menschen gehört, «dass, wer das Zustehende nicht gibt, wer es vorenthält oder raubt, sich selbst verwundet und entstellt; er ist es, der etwas verliert, der sogar im äußersten Fall sich selbst zerstört. Es geschieht ihm jedenfalls etwas unvergleichlich Schlimmeres als dem, der Unrecht erleidet: So unverletzlich ist das Recht, so sehr behauptet sich die Unabdingbarkeit des Zustehens.»[349]

Eng verbunden damit ist die *Tugend der Tapferkeit*. Sie ist die Kraft, trotz Widerständen an einem einmal erkannten Guten nachhaltig festzuhalten.

Die letzte Tugend ist die *Kraft zum richtigen Maß*. Andreas Fritzsche vergleicht diese Tugend mit einem wohltemperierten Klavier, das sorgfältig auf einen Grundton abgestimmt ist, damit schönes Spiel möglich ist. Die menschlichen Leidenschaften sind starke Antriebe für eine kraftvolle Verwirklichung des Guten, aber «Leidenschaften müssen gestimmt sein, oder dieser Mensch landet in der Selbstzerstörung. Es geht also nicht um die Stilllegung der Leidenschaften, es geht um eine vernünftige Ordnung der Emotionen, also um eine Balance in der Seele, so dass die Leidenschaften ‹wohltemperiert› und aufeinander abgestimmt sind.»[350]

Man kann diese «Tugendethik» unmittelbar auf die menschliche Sexualität anwenden. Die Sexualität ist etwas Gutes, Leben schaffendes. Aber wir müssen *klug* handeln, dürfen nicht aus einer Laune, dem Augenblick heraus agieren. Sex ist mehr als ein unverbindliches Spiel. Es muss *gerecht* zugehen, d. h. ich muss meiner eigenen Würde und der Würde des anderen Menschen gerecht werden.

Jede Form von Übergriffigkeit und Gewalt ist zutiefst ungerecht. Ungerecht (und nicht nur unklug) ist es zum Beispiel auch, die Zeugung eines Kindes zu riskieren. *Tapfer* muss man heute vor allem in Hinsicht auf den kraftvollen Widerstand gegen die Ökonomisierung und Instrumentalisierung von Sexualität sein, etwa in der Pornografie. Weil wir wissen, dass der Eros anarchisch ist und er, ungebändigt, den Menschen beherrscht und ins Groteske hinunterzieht, brauchen wir die Kraft, die sexuellen Antriebe *maßvoll* einzubinden in das Ganze personaler Beziehung. Noch betreiben wir Philosophie – scheiternde Philosophie. Denn Tugenden alleine bringen gutes Leben und das vollkommene Glück nicht hervor – oft genug eher Tugendbolde und Moralisten. Erst durch die Integration der antiken Tugendethik in die Theologie – musterhaft durch Augustinus und Thomas von Aquin – wird daraus ein Weg, der wirklich zum Guten führt, und zwar so, dass die Anforderung Jesu «Seid also vollkommen, wie euer himmlischer Vater vollkommen ist!» (Mt 5,48) keine geschmacklose Provokation ist von einem, der es kann, für solche, die es per se nicht können.

Das Vollkommene können wir nur in dem erfüllen, der neue Schöpfung ist – Jesus Christus. Durch die Taufe sind wir «in ihm». Erlösung bedeutet: In Gemeinschaft mit Jesus, in Jesus, durch Jesus aus der Entfremdung (= der Sünde) in unsere wahre Identität und zum Ziel unserer Freiheit zu finden.[351]

Augustinus fragt zunächst danach, wo das vollkommene Glück zuhause ist. Nirgendwo in der Welt! Das Glück ist heimatlos in der Welt. Kein Gut und kein Gutes ist in der Welt, das reines, rundes Glück ist, und das nicht auf das höchste Gute und das höchste zu erstrebende Gut hinweist. Das ist Gott. Gott ist gewissermaßen die Innenseite dessen, was wir in den endlosen Varianten von Glück von außen zu sehen bekommen.

Wie finden wir also das Glück? Indem wir dorthin streben, wo das Glück zuhause ist. Indem wir uns in einem personalen Akt dem verschreiben, der Wonne und Seligkeit in sich, dazu noch unser Glück für immer ist. Indem wir Jesu Aufforderung folgen, Gott über alles zu lieben. Diese Liebe zu Gott geht aus dem Glauben hervor und ist *Gnade,* freies Geschenk Gottes.

Tugend ist für Augustinus Liebe. Die Lösung, die er anbietet, «ist originell und tief. Die vier Kardinaltugenden sind einfach die vier Formen der Liebe: Klugheit ist die Liebe, die das nützliche Gut erkennt; Gerechtigkeit ist die Liebe, die dem, den man liebt, dient; Tapferkeit ist mutige Liebe; und Maß ist die Liebe, die sich uneingeschränkt dem hinschenkt, den man liebt.»[352]

Thomas von Aquin folgt diesem Weg der Tugendethik. Das Ziel ist Glückseligkeit, die jeden Menschen anzieht und jeden Menschen von innen heraus ruhelos auf das letzte Ziel hinstreben lässt. «Es wäre sonst nicht das letzte Ziel, wenn noch etwas Erstrebenswertes übrigbliebe.»[353]

Thomas stellt den vier Kardinaltugenden, die er aus der Tradition übernimmt, drei göttliche Tugenden voran – Glaube, Hoffnung und Liebe – und weist diesen sieben Tugenden die sieben Gaben des Heiligen Geistes zu: *Weisheit, Erkenntnis, Einsicht, Rat, Stärke, Frömmigkeit und Gottesfurcht.* Der Glaube, der für Thomas am Anfang allen ethischen Handelns steht, ist kein Für-wahr-Halten irgendwelcher abstrakter Weisheiten. Er ist die vollkommene Verbindung mit der Person Christi, der allein der Weg ist; «er ist der Quell und die Ursache der Gerechtigkeit und der Weisheit, mit einem Wort der Moralität der Gläubigen».[354]

Durch die Taufe erhalten wir in Christus neues Leben, ewiges Leben. Jesus selbst ist «das Leben» (Joh 14,6), an dem wir partizipieren. Der Philosoph Robert Spaemann (1927–2018) deutet es aus: «Was Leben wirklich ist, wissen wir nicht vor dieser Offenbarung. Es ist nicht Evolutionsprodukt, sondern Anfang und Ursprung von allem. Erst wenn wir wissen, dass ‹Leben› ein qualitativer Begriff ist, entsteht in uns eine Sehnsucht nach einem Leben ohne Ende. Denn mit dem Leben in Gott ist der Gedanke des Endes unvereinbar. [...] Leben, das heißt nicht vegetieren, Stoffwechsel. Leben muss von seiner höchsten Intensität her verstanden werden, von der Seligkeit her, also der unüberbietbaren Freude.»[355]

So sind alle Kräfte, die den Menschen auf dem Weg zum Guten – und letztlich in die Anschauung Gottes – führen, zugleich eigene Leistung und Gottes freies Geschenk in den geistlichen Gaben des Glaubens, der Hoffnung und der Liebe. «Wir können unsere Tugenden nun nicht mehr als unser Eigentum auffassen. Obwohl sie in uns persönlich wirken, gehören sie dem, der sie inspiriert. Daraus ergibt sich eine innere Einstellung, die für die Liebe charakteristisch ist: eine aktive Empfänglichkeit, eine dynamische Aufnahme, ein freimütiger Gehorsam gegenüber dem Heiligen Geist …»[356]

Interessant ist, wie Thomas das menschliche Handeln – denn darauf bezieht sich ja die Ethik – analysiert. Handeln setzt Freiheit voraus, sonst wären wir Marionetten. Die Freiheit, sagt Thomas, kommt daher, dass wir als Ebenbilder Gottes erschaffen sind und aus Gnade teilhaben an der Souveränität Gottes: Wir sind Herr unserer Handlungen. Die Tugenden stärken uns, unser Glück zu erreichen, Sünden und Laster halten uns davon ab. Woher wissen wir aber, was wir meiden sollen?

Nach Thomas hat Gott in die Schöpfung ein Gesetz gelegt, und er hat es zugleich als «natürliches Sittengesetz» in unser Herz geschrieben. C.S. Lewis würde hier vom *Tao* sprechen. Dieses ewige Gesetz Gottes wird wahrnehmbarer, indem sich Gott im Gesetz und Dekalog des Alten Bundes offenbart; und es wird noch einmal überboten, indem das Gesetz im Neuen Bund und durch den Heiligen Geist zum *inneren* Gesetz wird. «Der Heilige Geist wirkt durch ein zartes Licht und eine sanfte Bewegung, die in unserer Seele die Weisheit und die Liebe hervorbringt[357]» – und damit wahrhaft ethisches Handeln.

✦ ✦ ✦

Wenn man dieses faszinierende Konzept einer zum Guten verlockenden, Menschen auf den Weg und in eine geistvolle Dynamik der Liebe bringenden Ethik betrachtet, die im Grunde genommen auch das erfüllt, was sich das Zweite Vatikanische Konzil von einer Erneuerung der Moraltheologie erhoffte, sie möge nämlich «reicher genährt aus der Lehre der Schrift, in wissenschaftlicher Darlegung die Erhabenheit der Berufung der Gläubigen in Christus und ihre Verpflichtung, in der Liebe Frucht zu tragen für das Leben der Welt, erhellen»[358] – dann fragt man sich: Wie konnte es überhaupt zu diesem Niedergang, zu dieser bornierten Fixiertheit auf die (sexuelle) Sünde, dieser kasuistischen, das Vitale erstickenden Enge kommen?

Die bündige Antwort lautet: Indem eine nach vorne reißende, mit langem Atem zum Guten verlockende, zu Fehlertoleranz befreiende, biblisch fundierte, christologisch zentrierte und geistlich inspirierte «Tugendethik» ersetzt wurde durch eine drohende, zum Guten schiebende, kurzatmige, gnadenlos knechtende, bibelferne, jesuslose und ungeistliche «Sollensethik» oder «Pflichtethik». Du hast die Pflicht – statt: Du kannst das Leben gewinnen. Wie das geschehen konnte, gehört für mich zu den spannendsten geistesgeschichtlichen Dramen. Es ereignete sich seit dem 14. Jahrhundert und ist mit dem Namen eines englischen Mönchs verbunden, den es nach München verschlug, wo er auch 1347 verstarb.

Der Name Wilhelm von Ockham (ca. 1288–1347) ist vielen dadurch bekannt, dass Luther ihn hochschätzte; häufig wird er mit dem sogenannten Nominalismus[359] verbunden. Darin geht es um die Frage, ob unseren Begriffen etwas Wirkliches in den Dingen entspricht, oder ob unsere Begriffe nur Namen für etwas sind. Mit anderen Worten: Gibt es, wenn wir «Menschenwürde» sagen, etwas, das nicht nur dem Individuum Sokrates gehört, sondern in allen Menschen eine Realität darstellt? Ockham war der Meinung: «Sokrates ist Sokrates» – und nichts sonst; alle weiteren Zuschreibungen existieren nur im Auge des Betrachters.

Während vor Ockham (und auch nach ihm noch) die Annahme galt, dass die Schöpfung eine vernünftige Widerspiegelung von etwas ist, das in Gott selbst real ist, so lehrte Ockham, dass keinerlei direkte Rückschlüsse aus der Schöpfung auf das «Innenleben Gottes» möglich seien. Hätte Gott in seiner Freiheit gewollt, dass wir ihn hassen, so müssten wir ihn hassen. Gott ist absolut frei, deshalb ist auch der Mensch absolut frei in seiner Wahl; es gibt keine Freiheit zum Guten, weil wir nicht wüssten, was das ist, hätte uns Gott nicht das Gesetz gegeben und gewisse Pflichten auferlegt.

Und so tauchen in der Ethik nach Ockham die gleichen Variablen auf wie in der «Tugendethik» – nämlich die Handlung, die Freiheit, die Vernunft, die Sünde, das Gewissen, das Gesetz. Allerdings ergeben sich zwei wichtige Veränderungen: Die Begriffe werden neu sortiert, und die Pflicht spielt plötzlich eine tragende Rolle.

Plötzlich steht nicht mehr das Gute (und damit Gott) im Mittelpunkt der Betrachtung. Alles nimmt seinen Ausgang beim Gesetz. Das Gesetz war einmal ein zum Guten leitendes Werk der Weisheit Gottes. Nun ist es gewissermaßen Gott oder nimmt zumindest dessen Rolle ein. Nicht mehr das Evangelium der Freude – das *gegebene Gesetz,* ist das, was wir von Gott wissen, als wären es die wahren «Hard Facts». Die Moral scannte die Heilige Schrift auf Imperative und positive[360] Gesetze hin. Nicht weil es vernünftig ist, sondern weil Gott dies und jenes so und so will, ergeben sich aus Gesetzen sittliche Verpflichtungen. Ausgehend von den Zehn Geboten (und fast darauf beschränkt) kann man das Moralische wie ein Gesetzeshandbuch katalogisieren und hat plötzlich einen Codex der bösen Taten und Regelverstöße, den man von Fall zu Fall am lebendigen Objekt abgleichen kann.

Auch die Vernunft wird in diesem System abgewertet; sie zeigt nicht mehr die Sinnhaftigkeit und göttliche Logik des Gesetzes auf; die Vernunft macht das Gesetz nur bekannt. Das Ganze ist abgespalten vom geistlichen Leben. Gehorsam zählt mehr als Liebe, die ausgewischte Sünde mehr als die Entwicklung zum Guten. Glück kommt nicht vor; Freude ist moralisch irrelevant. Die Tugenden werden nicht entfaltet.

Das Gewissen ist in diesem neuen System die Polizei, die Regelverstöße an den freien Willen meldet, der gewisse Handlungen vollbringt und feststellbar regelkonform handelt oder sündigt. Diese simplifizierende Entstellung nahm über die Moralhandbücher ihren Weg in die Beichtstühle. Statt zu einem Werk der Befreiung, Versöhnung und Lebenshilfe zu werden, wurde die Beichte in nicht wenigen Fällen zu einer neurotisierenden Einrichtung. Im Gesichtskreis der Sollensethik hatte Christsein das Aroma von Masochismus angenommen: der Pfarrer ein Zuchtmeister; die Predigt seine Zuchtrute; die Kirche ein Zucht-Haus. Das hat sich glücklicherweise geändert, so dass man bei der jüngeren Generation von einem regelrechten Run auf dieses Sakrament sprechen kann, was nicht möglich wäre ohne gute Erfahrungen.

In der Folge sollte die Moraltheologie im Wesentlichen aus den beiden Quellen Liebesgebot und Zehn Gebote schöpfen, ohne immer gut zu beachten, in welcher Freiheit Jesus jede Form von Gesetzlichkeit überschritt und in seiner eigenen Lebenshingabe die Liebe zum letzten und einzigen Kriterium guten Lebens machte. Die hypertrophe Beschäftigung mit dem Sechsten Gebot, die sich damals in der kirchlichen Moral entwickelte, ist jedenfalls von der Heiligen Schrift nicht gedeckt. Auch nicht gedeckt ist, dass aus dem Sechsten Gebot heraus (Dtn 5,18: «Du sollst nicht die Ehe brechen!») eine lückenlose Systemlehre der Sexualität entwickelt wurde, in der jede Erscheinungsweise der menschlichen Triebnatur außerhalb der Ehe pauschal zur Sünde, wenn nicht zur Todsünde erklärt wurde.

Freilich ist die Heilige Schrift reich an Aussagen zu richtigem und falschem Sozial- und Sexualverhalten. Aber diese Dinge sind nur unter dem Fokus zu verstehen, dass Gott kein Erbsenzähler ist, sondern ein Jemand, der zum wahren, größeren Leben befreien möchte, wobei es wie beim Slalom-Skilauf auch Fahnenstangen gibt, die uns an die Spur erinnern. Christentum ist – worauf uns Papst Franziskus unablässig hinweist – «Evangelium», also «Gute Botschaft» und keine öde Regelwüste.

Häufig wurde die Frage gestellt: Gibt es überhaupt eine christliche Moral? Mit Bezugnahme auf Kant hat sich besonders in Deutschland eine Moraltheologie etabliert, nach der Handlungen nur dann moralisch genannt werden sollen, wenn sie nicht *heteronom* (also durch fremde Autorität) bestimmt sind. Richtig ist, dass ein Handeln, das sich ausschließlich auf eine heteronome Instanz beruft und das am Ende auch noch unter Androhung von Sanktionen («Dann kommst du in die Hölle!») erfolgt, ethisch nicht sonderlich beeindruckend, ja geradezu gefährlich ist. Es bringt geduckte Untertanen hervor, nicht freie, stolze Menschen.

Gäbe es ein einziges christliches Gebot oder eine einzige Forderung Jesu, die man blind befolgen müsste und die man mit der Vernunft nicht einholen könnte, weil sie unvernünftig oder antihuman ist, wir müssten gänzlich davon absehen, dass die Heilige Schrift irgendeine ethische Relevanz für christliches Handeln oder irgendeinen Impact für unser tägliches Leben hat. Das Gute ist nicht deshalb gut, weil Otto (oder auch Jesus) sagt, es ist gut. Es ist aus sich heraus gut, oder es ist nicht gut.

Meint das der katholische Moraltheologe Karl-Wilhelm Merks, wenn er sagt, Moral sei «insofern autonom, als das jeweils Gute in einer eigenen Reflexionsweise erhoben werden muss und aus keiner anderen Reflexionsweise direkt abzuleiten ist»[361]? Oder meint er, dass das Subjekt eine eigene Quelle von Moral ist, und nicht jemand, der Quellen moralischen Handelns in sich hat, die ihn auf etwas hinweisen, das auch jenseits seiner selbst Geltung beansprucht? Eine feine, aber wichtige Unterscheidung. Wäre ich selbst ethisch in jeder Hinsicht souverän, müsste ich mir nichts mehr sagen lassen. Worte wie *Weisung* oder *Gebot* müssten mir Fremdworte bleiben.

Beim Freiburger Fundamentaltheologen Magnus Striet ahnt man, dass die Reise genau in diese Richtung geht; man muss nur seine Interviewäußerung aufmerksam lesen: «Freiheitsrechte werden in diesem Staat rechtsstaatlich abgesichert, und jede Person, jeder Mensch darf das im Rahmen dessen, was rechtlich möglich ist, ausleben, wie er das möchte. Das bedeutet eben auch, dass Religion, die verfassten Kirchen, damit konfrontiert werden, sich neu zu verhalten: Bleiben sie in den historisch aufgebauten Bastionen – oder aber können sie sich tatsächlich auf moderne Freiheitsprinzipien einlassen?»[362]

Meint er, dass Christen legal zustande gekommene Euthanasie-Gesetze akzeptieren müssen? Das ist wohl so. Oder meint er vielleicht, dass Euthanasie christlich akzeptabel ist, weil ein «modernes Freiheitsprinzip» es mir auch *als Christ* erlaubt, so zu denken? Da besteht doch ein schwerwiegender Unterschied. Ein solches Freiheitsprinzip gibt es nämlich nicht. Mord ist in keinem Fall ethisch erlaubt, was immer mir mein Innerstes sagt.

Kann der Mensch sich selbst Gesetz sein? Hat er die Quellen der Wahrheit in sich – und zwar in einer Weise, dass er nur sich selbst und niemand sonst verpflichtet ist?

Wäre das so, müsste man sagen: Es gibt keine «Moral» außerhalb meiner eigenen Freiheit; es gibt auch keine moralische Instanz, die mir mehr als einen Rat oder eine Empfehlung geben könnte, schon gar kein kirchliches Lehramt, das verbindlich sprechen kann, ja es gibt keine Gebote und kein «Ich gebiete dir!». Jesus hätte nur Tipps im Angebot, die Forderung nach Glaubensgehorsam wäre eine totalitäre Vereinnahmung, und Abraham wäre besser zuhause geblieben, statt der Stimme zu gehorchen; aber … «er zog weg, ohne zu wissen, wohin er kommen würde». (Hebr 11,8)

Abraham funktioniert nur, wenn es keinen Widerspruch zwischen Selbstbestimmung und Weisung gibt. Robert Spaemann hat sich ausführlich mit dem Komplex befasst und in einem Bild festgehalten, wie sie zusammengehören: «Sie (die freie Selbstbestimmung) ist […] nicht ein Kompass, der das Schiff automatisch in die richtige Richtung steuert und der dazu noch selbst darüber entscheidet, wo Norden und wo die richtige Richtung ist. Die freie Selbstbestimmung ist ein Mittel, sie ist nicht selbst das Ziel. Die Wahrheit richtet sich nicht nach uns, wir müssen uns nach ihr richten. Um dies zu können, müssen wir ihrer ansichtig werden. Sie muss uns gezeigt werden.»[363]

Zudem: Ein Kind, das einzig und allein deshalb die Autobahn nicht überquert, weil es die Mama verboten hat, handelt richtig, obwohl es nicht ansatzweise über die genügenden Vernunftgründe für sein Handeln verfügt.

Wir vergessen, dass «Vertrauen» generell unser Handeln bestimmt. Vertrauen kann darauf beruhen, dass mir bestimmte Aspekte der Wirklichkeit, die in meine Existenz hereinspielen, verschlossen sind, weil ich eben kein Physiker, kein Kardiologe oder Aerotechniker bin. Dann vertraue ich der Selbstbindung des Spezialisten an die Logik wissenschaftlich geprüfter Verfahren und an ein bestimmtes Berufsethos, zudem vielleicht noch den guten Erfahrungen anderer Wissenssuchender, die das Vertrauen in Urteil und Handeln des betreffenden Spezialisten plausibel machen.

Vertrauen kann auch auf der Beziehung beruhen, die ich zu einer bestimmten Person habe: Liebe, die mein Bestes will, Freundschaft, auf die ich bauen kann. Gutes, authentisches Leben ist möglich jenseits rationaler Durchdringung meines Daseins in der Welt und der komplexen Umstände, die mein Leben ausmachen. Es würde Chaos ausbrechen, sollte ein ausschließlich selbstbegründetes Handeln zu den Urparametern der *condition humaine* gehören. Wir sind so gemacht, dass das kluge Hören auf den lauteren und guten Anderen menschlicher ist als die Fiktion von der rationalen Selbstrechtfertigung all unserer Handlungen.

Zweifellos ist es ideal, wenn ein Mensch sein Handeln kritisch beleuchtet hat, es gut begründen und in einem «herrschaftsfreien Diskurs» (Habermas) mit rationalen Argumenten vertreten kann. Trotzdem kann dieses gut begründete und subjektiv gerechtfertigte Handeln objektiv falsch und moralisch verwerflich sein.

Moralen welcher Art auch immer gibt es, weil Kulturen die kollektive Erfahrung machen, dass es mit Sanktionen versehener «Sitten» bedarf, um die Anarchie individuellen Handelns in sozialverträgliche Bahnen zu lenken. Wenn es darum geht, dass man Grenzsteine außer Acht lässt, klingt der Satz «Es gehört sich nicht» nur bei äußerlicher Betrachtung nach Fremdbestimmung. Er ist aber erstens in der Regel keine willkürliche Setzung, sondern Ausdruck eines gemeinsamen gesellschaftlichen Ordnungsrahmens. Er kann zweitens durch nachträgliche Einsicht eingeholt werden. Und er verleiht drittens der Gerechtigkeit – etwa der Durchsetzung der guten Forderung nach Beachtung des Privateigentums anderer – den nötigen Nachdruck.

Es gibt also rein auf der Gesellschaftsebene schon moralische Forderungen, die sinnvollerweise von Menschen beachtet werden, die in ihrem individuellen sittlichen Urteil die Gründe des geforderten Handelns nicht parat haben; Menschen, denen diese Gründe nicht einsichtig sind oder deren Urteil sie sogar zuwiderlaufen. Die Vorstellung, der Mensch sei erst dann ein ethisches Subjekt, wenn er die Gründe seines Handelns bedacht und reflexiv zur Hand hat, ist einfach falsch. Wir haben uns weder selbst erschaffen, noch hat sich je ein Mensch den Grund unserer Existenz selbst gegeben.

In gewisser Hinsicht ist das ganz zu sich gekommene, aus sich heraus «aufgeklärte» Subjekt eine Kopfgeburt. Wir bedürfen in vieler Hinsicht der Aufklärung von außen; es ist ja gar nicht anders möglich, als dass wir uns permanent von solchen aufklären lassen, die einen Wissens- oder Erfahrungsvorsprung haben.

Einen Glauben haben, heißt nicht zuletzt: einen Wissensvorsprung Gottes annehmen und zu *hören,* wenn er sich selbst mitteilt. Ein kurzer Blick in die Bibel lehrt uns, dass die Guidelines von oben keineswegs bizarre heteronome Einwürfe sind, die stupiden Gehorsam einfordern. Siehe Deut 6,6–9: Diese Worte, «auf die ich dich heute verpflichte, *sollen auf deinem Herzen geschrieben stehen*» – nicht in deinem Gesetzbuch. Siehe Deut 30,11.14: Dieses Gebot, «auf das ich dich heute verpflichte, geht nicht über deine Kraft und ist nicht fern von dir. […] Nein, *das Wort ist ganz nah bei dir, es ist in deinem Mund und in deinem Herzen, du kannst es halten.*» Es ist einsichtig.

In Ps 1,1–2 hat Gott Spaß am Beter, der nachdenkt, sich in das verfügte Gute einfühlt: «Selig der Mann, der […] sein Gefallen hat an der Weisung des HERRN, bei Tag und bei Nacht über seine Weisung nachsinnt.» In Ps 19,8–9 heißt es von der Weisung: «… sie *erquickt* den Menschen. […] Die Befehle des HERRN *erfüllen das Herz mit Freude.* Das Gebot des HERRN ist rein, *es erleuchtet die Augen.*»

Nicht nur aus dem Alten Testament könnte man eine Folge von ähnlichen Belegen erbringen; auch Paulus kennt Autonomie, etwa im Römerbrief 2,14–15, und zwar in Bezug auf die Heiden, denen das Glück göttlicher Weisung fehlt. Paulus sagt: «Denn wenn Heiden, die das Gesetz nicht haben, von Natur aus das tun, was im Gesetz gefordert ist, so sind sie, die das Gesetz nicht haben, *sich selbst Gesetz (heautois eisin nomos).* Sie zeigen damit, dass ihnen die Forderung des Gesetzes ins Herz geschrieben ist; ihr Gewissen legt Zeugnis davon ab, ihre Gedanken klagen sich gegenseitig an und verteidigen sich.»

Eine Theologie, die das Lied von der Autonomie überdehnt und die Entscheidung über Gut und Böse ganz in den Einzelnen verlagert, muss auch Jesus «entmoralisieren». Er hat uns dann nichts zu sagen – schon gar nichts Neues! Er darf nicht Unterscheidung, Krisis und Skandalon in die Welt bringen.

Nun hat Jesus aber permanent ethisch und mit Autorität gesprochen. Wer Vertrauen in ihn fasst, dem kommt, was er sagt, gerade *nicht* fremd vor. Eher wie das Eigenste, an das ich nicht herankomme, solange ich um mich kreise.

«Jesus leuchtet ein», lautet die geniale Kurzformel von Hans Urs von Balthasar. Das Evangelium Jesu Christi knechtet nicht; es befreit von falschen Herren. Es setzt frei. Frei, zu wählen, sich zu entscheiden – für ein Leben «in Fülle» (Joh 10,10), für «ewiges Leben» (Joh 3,15), für wahres Leben, von dem ER mehr weiß als ich – auch was den Weg dorthin betrifft, der wohl schmal (Mt 7,14) ist. Gut zu wissen!

Der christliche Weg in Autonomie und Freiheit läuft über Lebenshingabe – ein ziemlich deutlicher Akt der Abdankung des Subjekts. «Mein Herr und mein Gott!» (Joh 20,28) – das ist, man mag es drehen und wenden, wie man will, Heteronomie. Das Leben wird aufgesprengt. «Nicht mehr ich lebe, sondern Christus lebt in mir.» (Gal 2,20) Dem, der nicht mehr allein unter eigener Flagge segelt, stehen die Meere offen.

Gott sei Dank ist auch die Kirche kein autonomes Subjekt. Was sie sagt und tut, hat sie hoffentlich nicht aus sich. Sie muss die Selbstmitteilung Gottes – die Widerständigkeit und Fremdheit *Seines Wortes* – in sich bewahren. Das ist der Sinn der Gottesfurcht, die wir aus den Psalmen (etwa in Ps 19,10 und an vielen anderen Stellen) kennen.

Die Kirche kann nicht anders, als sich von einem ihr vorauslaufenden und für immer gegenüberstehenden Herrn her zu verstehen – sonst ist sie nichtssagend. Was sie zu sagen hat, basiert auf Vertrauen in die Glaubwürdigkeit Jesu und dem Vertrauensvorschuss in seine Weisung. Sie kann keine heutigen Ohren schmeichelnde Filter an die Weisungen Jesu herantragen; sie hat viel mehr vorzutragen, «was von Anfang an war, was wir gehört, was wir mit unseren Augen gesehen, was wir geschaut und was unsere Hände angefasst haben vom Wort des Lebens [...] das verkünden wir auch euch.» (1 Joh 1,1–3) Davon ist zu reden, sei es «gelegen oder ungelegen»; und zwar so, dass auch markante Leitung im Namen Jesu (nie auf eigene Rechnung) angebracht ist: «Überführe, weise zurecht, ermahne, in aller Geduld und Belehrung!» (2 Tim 4,2)

Es gibt eine Art Ethik, die meint, man müsse dem Glauben die Moral wegnehmen, um schneller und sicherer zu richtigen Einsichten und verantwortlichem Handeln zu kommen. Was meint aber Verantwortung?

Ich kann mir verantwortliches Handeln gar nicht vorstellen ohne ein Gegenüber. «Ich vertraue Ihnen mein Kind/mein Haus/mein Vermögen an! *Sie* sind verantwortlich!» Ich finde eine Ethik, die *Gott* antwortet und ihm gegenüber ver-antwortlich ist, weitaus plausibler als eine Ethik der Selbst-Verantwortung.

Selbstverantwortung ist ein Wort, mit dem ich etwa so fremdle wie mit dem Fußballtrainer, der darüber grübelt, warum sich seine Spieler wieder einmal «nicht selbst belohnt» haben. Vielleicht ist dies das Christliche an der christlichen Moral, dass flankierende Maßnahmen für gutes Leben *im Angesicht des lebendigen Gottes* gefunden werden – und nicht (allein) in den Untiefen meiner selbst.

Eine Moral, die zum Glauben wie ein Addendum von außen hinzukommt, ist ebenso unmoralisch, wie ein Glaube unglaubwürdig ist, der von außen zur Moral hinzukommt. «Der Christ», sagt Hans Urs von Balthasar, «der aus dem Glauben lebt, hat das Recht, sein sittliches Handeln von seinem Glauben her zu begründen.»[364]

Kapitel 17
Der Schlag ins Gesicht der Moderne

Die Forderung nach einer «neuen Sexualmoral» wurde schon unmittelbar nach dem Konzil erhoben, und zwar in einem recht schrillen Setting. 1968, mitten in der hochkochenden «Sexuellen Revolution», befasste sich der bis dahin als moderner Reformer angesehene Papst Paul VI. mit Sexualität, und er tat dies im Zusammenhang mit der «rechten Ordnung der Weitergabe menschlichen Lebens». Aber er fing die Sache nicht so an, wie es die Mehrheit der Katholiken erwartete, und auch nicht so, wie es eine den Papst beratende Kommission von Moraltheologen empfahl, was Paul VI. übrigens ganz offen im Text ansprach. Seine Enzyklika «Humanae vitae»[365], in der er künstliche Mittel der Empfängnisverhütung ablehnte, wurde als Schlag ins Gesicht der Moderne empfunden; sie erregte Kopfschütteln, ja Empörung. «Humanae vitae» wurde als technikfeindlich, ignorant und rückständig bewertet und entsprechend mit Hohn und Spott überzogen. Dem Papst gab man den Beinamen «Pillen-Paul».

Schauen wir, was in diesem ebenso verrufenen wie kaum gelesenen Dokument «Humanae vitae» wirklich steht. Der Papst setzt ein mit Beobachtungen – dem Anwachsen der Weltbevölkerung, der neuen Rolle der Frau, einer veränderten Einstellung zur Liebe und dem «staunenswerte(n) Fortschritt des Menschen in der Beherrschung der Naturkräfte und deren rationaler Auswertung». Sehr rasch, schon in Punkt 3, kommt Papst Paul VI. auf den kritischen Punkt zu sprechen:

«Könnte nicht […] die Planung einer weniger großen, aber vernünftig geregelten Fruchtbarkeit einen physisch unfruchtbar machenden Akt in eine erlaubte und vorausschauende Geburtenlenkung verwandeln?» Die Frage der Weitergabe menschlichen Lebens dürfe «nicht nur unter biologischen, psychologischen, demografischen, soziologischen Gesichtspunkten gesehen werden»; man müsse vielmehr «den ganzen Menschen im Auge behalten.» (HV 8)

Dann folgt eine feine Beschreibung von Liebe und Ehe: Diese sei «sinnenhaft und spirituell zugleich […] nicht nur Trieb und Leidenschaft […] auch […] Entscheid des freien Willens […]», dazu bestimmt, «in Freud und Leid des Alltags durchzuhalten, ja dadurch stärker zu werden: […] ein Herz und eine Seele.» Wer seinen Partner wirklich liebe, liebe ihn «um seiner selbst willen, nicht nur, weil er etwas von ihm empfängt.» Diese Liebe sei «treu und ausschließlich bis zum Ende des Lebens».

Treue sei möglich; sie entspreche «dem Wesen der Ehe» und sei «eine Quelle innigen, dauernden Glücks». Die Liebe in der Ehe sei schließlich «fruchtbar», da sie nicht ganz im Zueinander des Paares aufgehe, «sondern darüber hinaus fortzudauern strebt und neues Leben wecken will.» Kinder, sagt der Papst, seien «gewiss die vorzüglichste Gabe für die Ehe». (HV 9)

Schließlich spricht Papst Paul von «verantwortungsbewusster Elternschaft», was bedeute, dass das Paar im «Hinblick […] auf die gesundheitliche, wirtschaftliche, seelische und soziale Situation […] entweder, nach klug abwägender Überlegung, sich hochherzig zu einem größeren Kinderreichtum entschließt, oder bei ernsten Gründen und unter Beobachtung des Sittengesetzes zur Entscheidung kommt, zeitweise oder dauernd auf weitere Kinder zu verzichten.»

Allerdings macht der Papst einen Vorbehalt; die beiden dürften keinesfalls nur «ihrer Willkür folgen […], als hinge die Bestimmung der sittlich gangbaren Wege von ihrem eigenen und freien Ermessen ab. Sie sind vielmehr verpflichtet, ihr Verhalten auf den göttlichen Schöpfungsplan auszurichten» (HV 10), und jede sexuelle Begegnung in der Ehe muss «von sich aus auf die Erzeugung menschlichen Lebens hingeordnet bleiben». (HV 11) Nur so behalte die sexuelle Begegnung in der Ehe «voll und ganz den Sinngehalt gegenseitiger und wahrer Liebe und seine Hinordnung auf die erhabene Aufgabe der Elternschaft, zu der der Mensch berufen ist». (HV 12)

Mit sicherem Instinkt für die kommenden Fragmentierungen von Sex und seine Herauslösung aus einem ganzheitlichen Konzept von Liebe, folgert der Papst: «Wenn jemand daher einerseits Gottes Gabe genießt und anderseits – wenn auch nur teilweise – Sinn und Ziel dieser Gabe ausschließt, handelt er somit im Widerspruch zur Natur des Mannes und der Frau und deren inniger Verbundenheit; er stellt sich damit gegen Gottes Plan und heiligen Willen.» Er zitiert seinen Vorgänger, Papst Johannes XXIII., mit einem ganz wesentlichen Aspekt: «Das menschliche Leben muss allen etwas Heiliges sein, denn es verlangt von seinem ersten Aufkeimen an das schöpferische Eingreifen Gottes.»

Der Papst ermuntert, das Wissen um die natürlichen biologischen Zusammenhänge zu nutzen, «den ehelichen Verkehr auf die empfängnisfreien Zeiten zu beschränken und die Kinderzahl so zu planen.» Aber er sagt auch: «Die Kirche bleibt sich und ihrer Lehre treu, wenn sie einerseits die Berücksichtigung der empfängnisfreien Zeiten durch die Gatten für erlaubt hält, andererseits den Gebrauch direkt empfängnisverhütender Mittel als immer unerlaubt verwirft, auch wenn für diese andere Praxis immer wieder ehrbare und schwerwiegende Gründe angeführt werden. Tatsächlich handelt es sich um zwei ganz unterschiedliche Verhaltensweisen: Bei der ersten machen die Eheleute von einer naturgegebenen Möglichkeit rechtmäßig Gebrauch; bei der anderen dagegen hindern sie den Zeugungsvorgang bei seinem natürlichen Ablauf.» (HV 16)

In HV 17 – einer entscheidenden Passage des Textes – wird klar, worum es Paul VI. geht: «Man sollte vor allem bedenken, wie bei solcher Handlungsweise sich ein breiter und leichter Weg einerseits zur ehelichen Untreue, anderseits zur allgemeinen Aufweichung der sittlichen Zucht auftun könnte. Man braucht nicht viel Erfahrung, um zu wissen, wie schwach der Mensch ist, und um zu begreifen, dass der Mensch – besonders der Jugendliche, der gegenüber seiner Triebwelt so verwundbar ist – anspornender Hilfe bedarf, um das Sittengesetz zu beobachten, und dass es unverantwortlich wäre, wenn man ihm die Verletzung des Gesetzes selbst erleichterte. Auch muss man wohl befürchten: Männer, die sich an empfängnisverhütende Mittel gewöhnt haben, könnten die Ehrfurcht vor der Frau verlieren, und, ohne auf ihr körperliches Wohl und seelisches Gleichgewicht Rücksicht zu nehmen, sie zum bloßen Werkzeug ihrer Triebbefriedigung erniedrigen und nicht mehr als Partnerin ansehen, der man Achtung und Liebe schuldet. Schließlich ist sehr zu bedenken, welch gefährliche Macht man auf diese Weise jenen staatlichen Behörden in die Hand gäbe, die sich über sittliche Grundsätze hinwegsetzen. Wer könnte es Staatsregierungen verwehren, zur Überwindung der Schwierigkeiten ihrer Nationen für sich in Anspruch zu nehmen, was man Ehegatten als erlaubte Lösung ihrer Familienprobleme zugesteht? Wer könnte Regierungen hindern, empfängnisverhütende Methoden zu fördern, die ihnen am wirksamsten zu sein scheinen, ja sogar ihre Anwendung allgemein vorzuschreiben, wo immer es ihnen notwendig erscheint? Auf diese Weise könnte es geschehen, dass man, um Schwierigkeiten persönlicher, familiärer oder sozialer Art, die sich aus der Befolgung des göttlichen Gesetzes ergeben, zu vermeiden, es dem Ermessen staatlicher Behörden zugestände, sich in die ganz persönliche und intime Aufgabe der Eheleute einzumischen.»

Man kann nicht umhin, diesen Text ein Dokument des Widerstands gegen den Zeitgeist zu nennen, ja ihn durchaus feministisch, männer- und machtkritisch zu lesen.

Der einzige namhafte Denker, der sich in jenen Tagen in seiner eigenen Community unmöglich machte und dem Papst mutig zur Seite sprang, war ein Nichtchrist und Marxist: Max Horkheimer (1895–1973), der deutsche Sozialphilosoph und Mitbegründer der «Frankfurter Schule». Horkheimer war es, der den Begriff der «instrumentellen Vernunft» in den gesellschaftswissenschaftlichen Diskurs eingebracht hatte und nun in Papst Paul einen Geistesverwandten erkannte. Es war der verwüstende Einbruch eben dieser von Max Horkheimer beschriebenen «instrumentellen Vernunft» in den intimen Raum der Liebe, den der Papst befürchtete und – Stand heute – exakt prophezeite. Gemeint ist eine Vernunft, die ihre Steuerungsfunktion verloren hat und zum bloßen Werkzeug automatisierter technokratischer Welt- und Menschenbeherrschung abgesunken ist.

«Wenn Vernunft», so Horkheimer, «für außerstande erklärt wird, die obersten Ziele des Lebens zu bestimmen, und sich damit begnügen muss, alles, dem sie begegnet, auf ein bloßes Werkzeug zu reduzieren, ist ihr einzig verbleibendes Ziel die bloße Perpetuierung ihrer gleichschaltenden Tätigkeit.»[366] Zum Entsetzen der gesamten aufgeklärten Welt verdiente sich Papst Paul VI. das Lob des Frankfurter Denkers, hatte er doch «den einzigen Weg, der Natur beizustehen» eingeschlagen, nämlich «ihr scheinbares Gegenteil zu entfesseln, das unabhängige Denken.»[367]

Innerhalb der Kirche stieß das Dokument auf den organisierten Widerstand kritischer Katholiken. Die deutschen Bischöfe fanden (mit

Ausnahme des Ostberliner Bischofs Kardinal Bengsch) nicht hin zum unabhängigen Denken und zum Mut des Papstes. In der Aufregung der Herbsttage von 1968 vermochten sie nicht, sich zu ungeteilter Zustimmung zu entschließen; gewunden in der Sprache wie in der Argumentation ließen sie in der sogenannten «Königsteiner Erklärung»[368] dem Gewissen der einzelnen Gläubigen eine Tür der sexuellen Selbstbestimmung offen. So trugen unklare, konfliktscheue Bischöfe zur nachhaltigen Beschädigung der «Einheit» bei – immerhin eine von vier kirchlichen Wesensbestimmungen[369].

Vor aller Welt wurde deutlich: In einer wichtigen Frage befindet sich die Katholische Kirche in einem unaufgelösten inneren Widerspruch. Kardinal Schönborn hat 2008 und danach wiederholt «Humanae vitae» verteidigt: «Die Schuld Europas, die Hauptschuld, ist das Nein zum Leben. […] Europa ist im Begriff zu sterben, da es Nein zum Leben gesagt hat.»[370]

Heute können wir die Topografie eines Risses beschreiben zwischen dem, was die Kirche offiziell hochhält – «Humanae vitae» ist nach wie vor kirchliche Lehre –, und dem, was Gläubige tun und denken. Hinzu kommt die progressive Unsicherheit kirchlicher Amtsträger, aus deren Mund man immer wieder hört, die Kirche täte mal gut daran, zum Thema Sex zu schweigen und sich – wie wiederum Kardinal Schönborn es prägnant formulierte – «endlich vom Schlafzimmer ins Wohnzimmer» zu begeben.

Doch über die Sexualität muss man (wieder) sprechen. Eltern haben keine Chance, sich den schwierigeren Wohnzimmerfragen ihrer Kinder zu entziehen, weil sie selbst gerade keine kohärente Einstellung zum Thema haben. Man darf also auch von «Mutter Kirche» erwarten, dass sie nachdenkt und bald wieder mit *einer* – und zwar einer glaubwürdigen – Stimme spricht. Zumal sich die kirchliche Enthaltung in krassem Gegensatz zu einem säkularen Lebensstil befindet, in dem Sexualität auf absurde Weise inszeniert und zur Religion erhoben wird.

Nach Königstein kristallisierten sich drei Formen des Umgangs heraus: Für die eine Gruppe erschien der Dissens zwischen dem Lebensgefühl der Moderne und einer restriktiven Kirche, die beanspruchte, gestaltend ins Privatleben hineinregieren zu können, nicht länger überbrückbar; sie verließen die Kirche. Viele, die heute vielleicht katholische Christen wären, wuchsen als Jugendliche gar nicht erst in sie hinein.

Die zweite Gruppe trennte für sich die Themenkomplexe «Glauben» und «Sexualmoral» und verschloss sich mehr oder weniger sittlichen Weisungen von Seiten der Kirchenleitung, die als übergriffig empfunden wurden. Der Relevanzverlust kam in typischen Äußerungen zum Ausdruck: «Das muss ich selbst wissen!», «Was hinter meiner Schlafzimmertür passiert, geht die Kirche nichts an!», «Das mache ich mit meinem Gewissen aus».

Nahezu alle Themen, in denen Sexualmoral eine Rolle spielt oder spielen sollte, sind nachhaltig privatisiert und werden durch die Bank als subjektive Gewissensmaterie verstanden: Empfängnisverhütung, vor- und außereheliche Beziehungen, gleichgeschlechtlicher Sex, Praktiken künstlicher Fortpflanzung, bioethische Fragen in der Forschung, Leihmutterschaft, Abtreibung …

Es gab und gibt auch eine dritte Gruppe, die anfangs wenig Freunde hatte, in jüngerer Zeit aber Zuspruch findet. Es ist die Gruppe derer, die «Humanae vitae» hinnahm (oder sogar begrüßte) und die skeptische Einschätzung von Paul VI. zum «Wissenschaftstriumph» chemischer und mechanischer Antikonzeptiva teilte. Diese Gruppe erhielt auch Zulauf durch die Anhänger der «Theologie des Leibes», wie sie Papst Johannes Paul II. in den Jahren von 1979 bis 1984 in einem systematischen Komplex von 133 Lehrreden (Katechesen) entwickelte, die er jeweils mittwochs auf dem Petersplatz verlas. Daraus ist eine weltweite Bewegung geworden, die auch junge Leute anspricht.

Noch späteren Zulauf bekam die dritte Gruppe von ökologisch orientierten Paaren, die negative Erfahrungen mit der jahrelangen chemischen Fremdbestimmung des Körpers gesammelt hatten. Mit dem Abstand von nun sechzig Jahren mehren sich die Stimmen, die Max Horkheimer zustimmen und in Paul VI. einen großen Widerständigen und mutigen Bekenner sehen – einen Mann, der sich gegen den heranflutenden Zeitgeist stellte, als dieser gerade mit enormem öffentlichem Druck dabei war, den totalen Einbruch der instrumentellen Vernunft in die Intimität der Liebe zu organisieren.

Nach wie vor ist Sexualität die Bruchkante, an der kirchliche Lehre und normales menschliches Leben auseinanderbrechen. Obwohl die Menschen auch der Evangelischen Kirche in Scharen davonlaufen – dort gibt es bekanntermaßen kein Verschrecken der Menschen durch eine anspruchsvolle Sexualmoral –, war und ist es doch die katholische Kombination von Glaube und Moral, Sex und Sünde, Gott und Gebote, die vielen Menschen als antiquiert und überholt erscheint. Besonders junge Menschen möchten in einem Milieu der Repression nicht leben. Sie spüren, dass viele ältere Katholiken (und auch Amtsträger) selbst eine höchst ambivalente Einstellung zum Thema haben und nicht hinter der offiziellen Lehre stehen. Später wird man einmal sagen: Es waren die Jahre des Abbruchs, die Jahre, in denen der Kirche die Söhne und Töchter verloren gingen, weil sie die Freiheit wählten – und Gott vielleicht.

Kapitel 18
Über die Spielarten der Liebe

Folgt man neueren gesellschaftlichen Ansätzen, so stellt sich das Zusammenleben von Geschlechtern und Familien in einer geradezu unübersehbaren Vielfalt dar, innerhalb derer sich das klassische Modell der christlichen Anthropologie – Mann und Frau, Liebe für immer, Ehe, Familie – nur wie eine Variante unter vielen möglichen darstellt. Das Christentum ist in der Gefahr, sich dem allgemeinen Diversifizierungsdruck zu beugen und Ehe und Familie ebenfalls abzuwerten bzw. diesen Lebensformen den nötigen ethischen Flankenschutz zu entziehen.

Einen Schuh muss sich die Kirche anziehen: Sie hat in der Vergangenheit dazu beigetragen, nicht konforme Lebensformen auszugrenzen oder zu sanktionieren, manchmal in Tateinheit mit staatlichen Instanzen. Sie muss lernen, dass Menschen frei sind (und auch vor Gottes Angesicht frei sind), auch das zu wählen, was in den Augen der Kirche falsch ist.

Dennoch hat die Kirche allen Grund, jedwede sexuelle Lebensform von dem einen Masterplan Gottes her zu lesen, wie man ihn in der Heiligen Schrift grundgelegt findet. Die Kirche muss diesen Masterplan freilich unpolemisch vertreten und ihn als Hilfe verstehbar machen. «Es ist dir gesagt worden, Mensch, was gut ist und was der HERR von dir erwartet: Nichts anderes als dies: Recht tun, Güte lieben und achtsam mitgehen mit deinem Gott.» (Mich 6,8)

Die Gebote Gottes sind menschengemäße Hilfestellungen Gottes und keine von oben ergangenen Willkürakte. «Das Ethische», sagte Alfons Auer zu Recht, «meldet sich nicht als Oktroi ‹von außen› oder ‹von oben›. Es meldet sich als Implikat der Wirklichkeit.»[371]

Nur darf man Auer aber nicht in der Weise missverstehen, als hätten uns die Heilige Schrift und das Lehramt der Kirche nichts zu sagen, was nicht aus anderen Quellen schon besser und deutlicher zu erheben wäre. Das wäre ja ein ethisches Wissen, das bloß nachträglich nach biblischen Bestätigungen suchen würde. In seinem «Proslogion» verfolgt Anselm von Canterbury (1033–1109) einen ganz anderen Ansatz, den er in ein Gebet einkleidet:

«Ich versuche nicht, Herr, Deine Tiefe zu durchdringen [...], aber mich verlangt, Deine Wahrheit einigermaßen einzusehen, die mein Herz glaubt und liebt. Ich suche ja auch nicht einzusehen, um zu glauben, *sondern ich glaube, um einzusehen.*»[372]

Fides quaerens intellectum (= Glaube, der nach Verstehen sucht) lautet das Schlagwort, das seither in der Theologie Geschichte geschrieben hat. Schon bei Augustinus finden wir eine doppelte Bewegung: Augustinus kam zum Glauben, *um verstehen* zu können, und er suchte nach Wissen, um tiefer *glauben* zu können. Das gilt auch für die Ethik. Sie muss die ethischen Koordinaten der Offenbarung wahrnehmen, um von oben her, von Gott her, die Wirklichkeit tiefer zu begreifen. Und sie muss vernünftige Wirklichkeitsbetrachtung betreiben, um tiefer glauben zu können.

Die Kirche muss also den Masterplan Gottes verkündigen.

Aber sie darf es nicht so tun, als sei es der äußerlich aufgezwungene, nackten Gehorsam einfordernde Oktroi Gottes.

Worin besteht also der Masterplan Gottes?

Meisterhaft gelang diese weniger verbietende als erklärende und erhellende Synthese einem jungen, an Immanuel Kant und Max Scheler (1874–1928) geschulten polnischen Philosophen mit seinem Buch

«Liebe und Verantwortung»[373], das bereits 1962, von der Welt unbeachtet, in Krakau erschien.

Der Philosoph wurde später als Papst Johannes Paul II. bekannt. Als junger Priester war er viel mit Studenten und jungen Paaren in der Natur unterwegs und begleitete sie als Priester und Seelsorger. Dem jungen Ethiker ging es «nicht so sehr [...], zu gebieten und zu verbieten»[374], als darum, die auch damals schon zunehmend fremd erscheinende biblische Vision von der lebenslangen Ehe und der Beheimatung des Sexuellen in diesem Format als natürlich und ganzheitlich sinnvoll zu erweisen. Dabei ging er nicht von abstrakten Geboten, sondern ganz von der Erfahrung aus und analysierte Phänomene wie das Gefallen der Geschlechter aneinander, das triebhafte Begehren, das Wohlwollen und ihre Gegenseitigkeit, das Wesen der Freundschaft und das Phänomen der Sympathie, schließlich die Entscheidung zur Hingabe, die aus Zweien in der Liebe von Braut und Bräutigam «ein Fleisch» macht, bis dass der Tod sie scheidet.

In seinen berühmten Katechesen zur «Theologie des Leibes» hat Papst Johannes Paul II. dann die Erkenntnisse aus «Liebe und Verantwortung» neu aufgegriffen und vertieft, so dass man beide Befassungen mit dem Thema als eine große, kohärente Einheit ansehen darf.

Der Mensch, so Karol Wojtyła, sei zunächst Person, kein Ding also, sondern ein *Jemand*. Das lateinische Wort «persona» hat Vorläufer im Griechischen (*prosopon*) und Hebräischen (*panim*), beide Worte bedeuten *Gesicht*. Das Gesicht vertritt das Ganze des Menschen; man kann bei «Person» auch an das lateinische *per-sonare* (hindurchtönen) denken. In der Person kommt eben das Menschliche am Menschen – sein wesentliches Profil – zur Sprache. Eine menschliche Person hat ihre eigene Würde, ist mit Vernunft und Freiheit begabt und hat ein inneres, geistiges Leben: «Es sammelt sich um das Wahre und Gute.»[375]

Das Einzigartige am Menschen ist seine unvertretbare Autonomie: «Ich kann das, was ich nach dem Willen eines anderen werden soll, nicht wollen, denn ich bin *incommunicabilis*».[376] Mit Dingen können wir umgehen, sie benutzen und gebrauchen. Mit einer Person geht das nicht. Man kann nicht Liebe wollen und gleichzeitig den Gedanken «Ich benutze dich!» im Sinn haben.

Eine Person ist keine geschlossene Monade. Der Mensch Adam, der in der Schöpfungsgeschichte zunächst als der Einsame dargestellt wird, ist sich nicht genug – er ist noch nicht identisch mit sich. Er ist ein sehnsüchtig auf etwas ihn abrundend Anderes Wartender. Erst durch das Geschenk Eva, durch die liebevolle Erschaffung des anderen Geschlechts also, ereignet sich «die vollständige und endgültige Erschaffung des Menschen»[377] – und hier erst entringt sich Adam der Seufzer: «Das endlich ist Bein von meinem Bein und Fleisch von meinem Fleisch.» (Gen 2,23)

Seine natürliche Integrität erreicht der Mensch, indem er sich durch Begehren und Wohlgefallen auf die Gemeinschaft mit dem andern seiner selbst hin entworfen findet. Diese Gemeinschaft, zu der jeder Mensch in seinem natürlichen Ganzheitsstreben bestimmt ist, ist aber nach Auffassung von Johannes Paul das Bild für etwas noch Größeres: Gott selbst spiegelt sich in und «durch die personale Gemeinschaft, die Mann und Frau von Anfang an bilden [...] Der Mensch wird zum Abbild und Ebenbild Gottes [...] im Augenblick der Gemeinschaft.»[378] Das meint sehr konkret den integralen Augenblick der seelischen und körperlich-sexuellen Vereinigung. Gott, der Mann und Frau aus Liebe schuf, macht, dass Mann und Frau in ihrer Liebe selbst schöpferisch und fruchtbar werden und Kindern Leben schenken. Mann und Frau ist das Göttliche sozusagen körperlich eingeschrieben.

Karol Wojtyła ließ sich gar nicht erst auf die klassische Debatte über die Ehezwecke ein. In der Geschichte der Ethik seit Aristoteles hatte man immer wieder diskutiert, wozu die Ehe gut ist, und sich dabei verständigt, sie sei erst einmal zur Fortpflanzung, also zur «Zeugung und Erziehung von Nachkommenschaft» da, nebenbei dann auch noch zur «gegenseitigen Unterstützung», nicht zu vergessen auch nützlich als «remedium concupiscentitae» – also als Medizin für die unersättlicher Sexsucht (vornehmlich des Mannes), eine Medizin von fraglicher Wirksamkeit.

Wojtyła ging einfach davon aus, dass die Ehe für die Liebe da sei und die Liebe für die Ehe – und dass in der vorbehaltlosen und zeitlosen Gemeinschaft der Ehe auf natürliche Weise alles Notwendige zur Geltung kommt: die gegenseitige Bereicherung der Liebenden ebenso wie der natürliche Fortgang des Lebens.

Nun scheint genau das aber in der Welt von Liebe und Sexualität geradezu das Normale zu sein, dass ich von meinem Partner gebraucht und benutzt werde. Zerstört Liebe also die Person? Wäre es nicht vielleicht besser, wenn wir (gewissermaßen egozentrisch) bei uns blieben, um uns nicht zu verlieren und unsere Integrität zu behalten?

Bei Kant heißt es: «Handle so, dass die Person niemals bloß Mittel eines Handelns, sondern immer dessen Ziel werde.» Karol Wojtyła schließt daran an und prägt den Begriff «personalistische Norm». Er meint damit eine Weise, wie wir uns so mit anderen Menschen verbinden, dass wir sie nicht im Gebrauch unserer Freiheit zu Objekten erniedrigen. Es geht darum, jemanden um seiner selbst willen anzunehmen und nicht, weil ich etwas davon habe.

Für eine Lebensweise, in der wir jemanden als Person ansehen und ihn nicht benutzen, haben wir das Wort *Liebe*. «Liebe ist Vereinigung von Personen»[379] – mit Willen, Verstand und in Ansehen der Größe und Unabschließbarkeit von Liebe. Sex, der nur so passiert, unterläuft das eigentlich Menschliche. Liebe sucht den ganzen Menschen – die Person – und nicht den anderen Körper als unspezifischen Anlass zur Triebabfuhr.

Biologen sagen, Menschen seien die einzigen Wesen, die sich beim Sex ins Gesicht sehen können. Erst in der Liebe gehen Menschen über ihre animalische Instinktnatur hinaus; sie gelangen zur Freiheit der Wahl und entfalten in der definitiven Entscheidung für den bestimmten Anderen das maximal Menschliche am Menschen. Denn was geschieht in der Liebe? In der Liebe streben beide nach etwas – Karol Wojtyła spricht von einem unbedingt erstrebenswerten Gut –, in dem beide eins werden, weil es ein Gutes ist, das beide freiwillig wollen und in das hinein sie sich gemeinsam verlieren können, um sich in der Hingabe ihrer selbst gerade *nicht zu verlieren,* sondern sich als Person beschenkt, beglückt und bereichert wiederzufinden.

Die «personalistische Norm» muss nun in Verbindung gesehen werden mit einer anderen Erkenntnis Karol Wojtyłas zum Menschen. Seit Descartes hatte sich die neuzeitliche Philosophie mit dem Gedanken angefreundet, Körper und Geist seien zwei getrennte Welten, die nur äußerlich verbunden sind. Das führte aber in typisch moderne Irrtümer. Der vergeistigte Mensch, der seinen Körper als etwas Verachtenswertes abtut, ist genauso fragmentiert in seinem Menschsein wie der hohle Körperfetischist, der sich bloß an seinen animalischen Funktionen erbaut. Und auch in der Sexualität ist die «love machine» genauso lächerlich wie der platonische Blümchensex.

Das menschliche Subjekt gibt es immer nur als «verkörpertes» Ganzes. Der Mensch ist immer nur ein einziger Mensch, und unser Körper ist «keine Maschine, die wir zufällig bewohnen».[380] Gerade der Mensch, der liebt, ist eine Einheit von Körper, Seele und Geist – oder er bleibt unter seinen Möglichkeiten.

Unser Körper hat eine Grammatik; ja, er ist eine reiche, leider oft kaum in Ansätzen entwickelte Sprache. Wenn Liebe eine wahrhafte «Vereinigung von Personen» (und nicht bloß von Körpern) ist, dann geschieht es unter der Voraussetzung, dass schon unser Körper wahrheitsfähig ist. Er kann zum sprechenden Ausdruck unseres Wesens werden. Er kann Ja sagen, wie der Mund Ja sagt vor Gott im Augenblick der Eheschließung. Er kann aber auch lügen.

Wie zentral diese *personalistische Norm* für das Verständnis des Denkens von Karol Wojtyła werden sollte, kann man einem Briefwechsel von 1968 zwischen Karol Wojtyła und dem großen französischen Universalgelehrten Henri de Lubac entnehmen. West und Ost standen sich waffenstarrend gegenüber, ein Atomkrieg lag in der Luft, Solschenizyn hatte die Welt gerade mit dem GULAG-Terror bekannt gemacht, in Polen herrschte die Geheimpolizei. Über all diese tödlichen Mächte sprachen die beiden Wissenschaftler.

Was Karol Wojtyła aber mit noch tieferen Ahnungen bedrängte, war eine «Degradierung, ja [...] Pulverisierung der fundamentalen Einzigartigkeit des Menschen».[381] Der spätere Papst sah diese Entmenschlichung des Menschen in den großen Ideologien am Werk, in der Vermassung der Gesellschaft und in vielen anderen Phänomenen; das eigentlich Erschütternde war für ihn aber, dass sie in die Herzkammer menschlicher Intimität eingedrungen war und den wehrlosen Einzelnen zum Objekt der anonymen Macht oder des stärkeren Anderen erniedrigte.

Es ist dieser große Blick Wojtyłas, der die politische und die private Dehumanisierung auf eine Linie brachte: der Mensch als Nummer im Terror totalitärer Planspiele und das menschliche Objekt, das gerade noch gut für eine Nummer im Bett ist. Für die Sexualmoral bedeutet das: Sex ist jenseits von Liebe nicht denkbar ohne Entwürdigung der Person, die ich für meine Befriedigung benutze. Das ist selbst dann so, wenn Sex ohne Liebe eine Vereinbarung auf beiderseitigen Wunsch – eine «Harmonie von Egoismen»[382] – wäre.

«In dem Augenblick, wo der gemeinsame Nutzen und Vorteil aufhört, bleibt auch von Harmonie nichts mehr übrig. Die Liebe ist dann in der Person und zwischen den Personen nicht mehr vorhanden; sie ist keine objektive Realität mehr, denn es fehlt ihr das objektive Gut, ohne das sie nicht bestehen kann.»[383]

Einmal mehr sieht man, wozu die integrale Gestalt von Liebe – denn das ist der Masterplan Gottes – da ist: Wir brauchen es, dass das *Gute im Ganzen* anschaulich wird, damit wir die Kollateralschäden seiner Fragmentierung mit einem Vorlauf an Zeit verstehen und vermeiden können.

Die beiden stehen vor dem Traualtar. Kameraschwenk von der Empore in die glücklichen Gesichter der Beteiligten. Der Priester fragt: «Willst du, Vera Steffens, Tom Hausner lieben und ehren, bis dass der Tod euch scheidet?»

Überraschung im Gesicht der Braut: «Moment, … das haben Sie aber jetzt nicht ernst gemeint, oder?»

Der Priester schaut betroffen: «Was? …»

Auch der Bräutigam ist merklich irritiert: «Bis dass der Tod euch scheidet! Das …, das kennt man doch sonst nur aus Filmen – oder?»

Der Priester (strengen Blickes): «Also … die Ehe ist ja bekanntlich der Bund fürs Leben …»

Die leicht geschockte Braut: «Ja, … aber … damit ist jetzt nicht gemeint, dass ich mich hier jetzt verpflichte, für immer mit Tom zusammen zu bleiben, oder?»

Der Priester verfällt zunächst in Ironie: «Neeeein, um Gottes Willen, wo denken Sie hin? … Natürlich!!!!! Was glauben Sie denn? … Also: Willst du …»

Die Braut fällt ihm ins Wort: «Halt, Moment! Entschuldigung ...»

Zum Bräutigam gewandt, im Flüsterton: «Also, Tom, du weißt, ich bin verrückt nach dir ... Aber für immer?!»

Der Bräutigam, verunsichert: «Ich bin jetzt auch gerade so ein kleines bisschen überrascht ...» (Und zum Priester gewandt:) «... Ich meine: für immer ... das kann ja unter Umständen ziemlich lange sein! ...»

Einer von den Hochzeitsgästen mischt sich mit einem kreativen Vorschlag ein: «Also, wie wäre es denn, wenn die beiden erst mal nur bis nächsten Sommer heiraten, was denkt ihr? Also, mir zumindest würde die Entscheidung dann viel leichter fallen!»

Die Braut nickt dem Priester aufmunternd zu: «Ja, das fände ich auch viel cooler! Man kann ja heute so schwer im Voraus planen!»

Auch der Bräutigam signalisiert Zustimmung: «Man muss ja flexibel sein heutzutage. Kann sein, dass ich zehn Jahre ins Ausland muss, was dann?!»

Die Braut: «Ich meine, äh, die Dingens hier, ... die Zeremonie, die ist wirklich wunderschön, aber ... hmm ... für immer? Da sollte man schon ein bisschen realistisch bleiben!»

Der entnervte Priester: «Verstehe, verstehe, verstehe! ... Also gut: .... (Denkpause) Willst du, Vera Steffen, Tom Hausner bis ...» (Publikumszuruf: «...bis zum nächsten Herbst?») – Priester (in entgegenkommendem Ton): «... bis zum nächsten Herbst zum Mann nehmen, ... *probeweise* ... willst du ihn in dieser ... äh, Schnupperehe spaßeshalber austesten, ihn auf Herz und Nieren prüfen ... ohne irgendwelche Verpflichtungen? (Kameraschwenk: Braut und Bräutigam sind entzückt) ... Dann antworte jetzt mit: ...»

Kreative Unterbrechung aus dem Publikum: «Ja, schon, irgendwie, könnte ich mir eventuell vorstellen!»

Der Priester nimmt die Anregung auf: «Ja, schon. Irgendwie, könnte ich mir eventuell vorstellen!»

Die Braut in feierlichem Ernst, Tom zugewandt: «Ja, schon. Irgendwie, könnte ich mir eventuell vorstellen!»

Priester: «Und du, Tom Hausner …?»

Tom räuspert sich nach Männerart: «Ja, schon. Irgendwie … könnte ich mir eventuell vorstellen!»

Im Publikum fließen Tränen.

Der Priester sagt: «Dann dürfen Sie die Braut jetzt küssen! … Aber Sie müssen nicht!»

Hochzeitsmarsch!

Sie haben in dieser Mitschrift sicherlich erkannt, dass dies ein genialer Sketch von und mit Anke Engelke[384] war und kein Stück aus der Wirklichkeit. Oder doch nicht? Mir lag daran, Ihnen nach der geistigen Anstrengung von «Liebe und Verantwortung» ein Kontrastprogramm vor Augen zu führen, damit das Ideal in Dialog mit der Wirklichkeit kommt. Ich bin jedenfalls überzeugt, dass die von der Kirche vor jeder sakramentalen Trauung vorgeschriebene Ehekatechese in vielen Fällen unterbleiben könnte, wenn der Traupriester sich gemeinsam mit dem Paar diesen Anke-Engelke-Clip anschauen würde. Die drei könnten herzlich lachen und dann gemeinsam verstehen, was es in der Tiefe heißt, vor Gott den Bund fürs Leben zu schließen. Man sollte ja wissen, worauf man sich da einlässt.

Rein statistisch betrachtet haben Ehen, auch wenn sie vor dem Altar und vor Gott geschlossen werden, eine immer geringere Haltbarkeit. Das hat die verschiedensten Gründe: Die Menschen werden heute älter. Mit Tom könnte man sich sagen: «Für immer? … Das kann ja unter Umständen ziemlich lange sein!»

Eine Trennung bedeutet heute nicht mehr automatisch zugleich auch eine gesellschaftliche Abwertung. Viele Menschen empfinden sie als normalen Vorgang, zumal immer mehr Persönlichkeiten des öffentlichen Lebens eine oder gleich mehrere gescheiterte Ehen bzw. eine Folge befristeter Beziehungen in ihrer Biografie haben. Sodann sind die Ehen durch die heutigen Lebensbedingungen – etwa fehlende Sozialkontrolle, Doppelbelastung durch Beruf und Familie, größere Mobilität, leichtere Verfügbarkeit von Sex ohne Bindungsverpflichtung – schwereren Versuchungen und Belastungen ausgesetzt. Viele junge Leute, die zudem noch das wenig erbauliche Beispiel ihrer Eltern vor Augen haben, kommen deshalb zur Einsicht, die Ehe sei eine «vorschnelle Vereinigung von Vermögen, Perspektiven und guten Absichten unter gleichzeitiger öffentlicher Ablegung unhaltbarer Versprechen.»[385]

Noch Mitte der 90er Jahre waren mehr als 80 % aller Eltern verheiratet. Der Standard hat sich gewandelt; im Namen einer neuen Ehrlichkeit werfen die Leute ihre Dinge heute eher informell zusammen und sehen nüchtern, was daraus wird. Viele betrachten die lebenslange Ehe als ein überforderndes Ideal. Normale Menschen, glauben sie, sind auf den aufbrauchbaren Vorrat ihrer Gefühle verwiesen, der die Scheidung zum eigentlich Natürlichen macht und sie dann für angemessen hält, wenn Liebe A nicht mehr stark genug ist, um der Versuchung eines der beiden Partner zu einer Liebe B standzuhalten. Also lieber «erst mal nur bis nächsten Sommer heiraten»?

Deshalb schenkt man sich den Akt vorm Traualtar, ja auch vor dem Standesbeamten, zumal der Staat immer weniger zur Begünstigung einer formellen Ehe- und Familienbegründung beiträgt. Wiewohl die Zahl der Eheschließungen wieder leicht im Ansteigen begriffen ist, sprechen Soziologen immer noch von der Ehe, ja sogar von festen Beziehungen als einem *Auslaufmodell.* So heißt es in einem Artikel auf «wissen.de»:

«Ein wichtiger Aspekt, der auch die Entscheidung zwischen Bindung und Single-Dasein beeinflusst, ist die Sexualität. In einer großangelegten Umfrage mit mehr als 2.500 Personen aus Deutschland zeigte sich: Nur 57 Prozent der Probanden befanden sich in einer festen Partnerschaft, und lediglich vierzig Prozent dieser Teilnehmer bezeichneten ihre Beziehung als monogam. 56 Prozent der Menschen in einer Beziehung hatten mit ihrem Partner keinerlei Vereinbarung über mögliche Kontakte mit Dritten getroffen. Die Option, sich in sexueller Hinsicht ausleben zu können, scheint also immer bedeutsamer zu werden.»[386]

Im Zug des Toleranzgedankens gestehen alle allen die gleiche Freiheit zu, mit ihrer Sexualität und ihrem Leben zu machen, was ihnen in den Sinn kommt, sofern sie sich an gewisse weitgesteckte gesellschaftliche Regeln halten, z. B. fair miteinander umzugehen, Kinder nicht zu schlagen. Nicht nur im Namen von Gender hat sich eine Vielfalt an Beziehungsformen etabliert, von alleinstehend mit und ohne Kind(er) über polyamoröse Verbindungen, von Patchwork-Familien bis hin zu gleichgeschlechtlichen Paaren mit und ohne Kinder. Warum sollte man nicht auch Polygamie in das Spektrum aufnehmen[387]? Vom Gesellschaftsvertrag her ist das auch in Ordnung, wenn es hinreichende Mehrheiten gibt, nach denen sich Menschen im Einklang einer freiheitlichen Rechtsordnung den Rahmen schaffen, in dem sie leben wollen.

Sich heute für die integrale Gestalt der Liebe und eine sakramentale Ehe – ich nenne es einmal die «große Lösung» – zu entscheiden, das lebt noch immer von der Verheißung, dass im weiten Meer der Skepsis und mitten im Ausverkauf der Gefühle *Liebe für immer* möglich ist. Warum? Weil Gott das *ist,* worüber wir nicht verfügen: Liebe für immer. Dieses Modell von Liebe ist dafür gedacht, dass wir zu Franchisenehmern Gottes werden. Wir sind von höchster Stelle explizit dazu eingeladen. Der Kitt ist nicht der Vorrat an starken Gefühlen, und auch der Hitzegrad heiliger Schwüre schweißt nicht dauerhaft zusammen. Das eigentlich Stabilisierende ist die stabile Treue Gottes, an die eine menschliche Liebesgeschichte andocken kann. «Was aber Gott verbunden hat, das darf der Mensch nicht trennen.» (Mt 19,6)

An diese größere Liebe Gottes angeschlossen, können zwei Menschen zu «Personen» werden, sich bedenkenlos verschenken und dabei «für immer» sagen: Ich mache mich dir zum Geschenk. Ich werde dieses Geschenk nie von dir zurückfordern. Ich werde es selbst dann nicht zurücknehmen, wenn du es mir eines Tages vor die Füße knallen solltest. Deine und meine Zusage – sie sind im Himmel deponiert, unerreichbar für dich und mich.

In der Tat ist die Ehe menschlich anspruchsvoll. Sie fordert von Mann und Frau nicht nur die Annahme einer göttlichen Verheißung, sondern im gleichen Augenblick auch das, was Friedrich Nietzsche für das ethisch Größte hielt: das *Versprechen.* «Was setzt das aber alles voraus! Wie muss der Mensch, um dermaßen über die Zukunft voraus zu verfügen, erst gelernt haben, das Notwendige vom zufälligen Geschehen scheiden, kausal denken, das Ferne wie gegenwärtig sehn und vorwegnehmen, was Zweck ist, was Mittel dazu ist, mit Sicherheit ansetzen, überhaupt rechnen, berechnen können – wie muss dazu der Mensch selbst vorerst *berechenbar, regelmäßig, notwendig* geworden sein, auch sich selbst für seine eigne Vorstellung, um endlich dergestalt, wie es ein Versprechender tut, für sich *als Zukunft* gutsagen zu können!»[388]

Konrad Adenauer wurde das Diktum «Wat kümmert mich ming Jeschwätz von jestern?» glücklicherweise nur zugeschrieben.

Diese bewusst *nicht* kalkulierende, *nicht* geschäftsmäßig aufrechnende Radikalität, dieses *nicht* Zurückblicken, dieses *nicht* im Voraus Bedenken, dieses ganz auf den Augenblick der Grenzenlosigkeit konzentrierte «Ja», dieser von Gott gedeckte Blankoscheck auf das Glück – das ist es, was Ruhe und Frieden und Segen von oben in die chaotische Fluktuation moderner Beziehungswelten bringt. Das ist es, worin die sexuellen Jäger- und Sammlerinstinkte der Männer gezähmt werden und worin auch Frauen ganzheitlich ankommen in ihrer rastlosen Suche nach Mr. Right.

Das ist der eröffnende Schritt der Reifung vom Mann zum Vater und von der Frau zur Mutter. Und darüber entsteht in gelassener Freude und wie beiläufig das Wärme und Sicherheit ausstrahlende Nest, auf das Kinder ein göttliches Recht haben – «die Kinder, die Gott euch *schenken* will».[389]

Denn der Sinn der Liebe ist nicht, dass Mann und Frau einen geschlossenen Kreis bilden, worin sie sich ein Leben lang tief in die Augen blicken und einander genug sind. Die Liebe ist verschwenderisch und luxuriös; sie ist ein Geheimnis des Überflusses, sie «hört niemals auf». (1 Kor 13,8) Sie will, dass der Kreis – wie übrigens auch die Fruchtblase – gesprengt wird durch das Wunder neuen Lebens, das durch ein Kind kommen kann oder eine andere Form der Fruchtbarkeit verlangt. So wird das Intimste zugleich das Allgemeinste.

Das Leben selbst geht durch Herz und Schoß der Liebenden. Ein Auto, das vom Fließband läuft, ist das Resultat von Plänen, die zusammengesetzte Summe seiner Elemente und die Arbeit seiner Hersteller. Ein Kind, das geboren wird, ist unteilbar, unplanbar und nicht herstellbar. Es ist ein Geheimnis – ein Neues, nie Dagewesenes.

Menschen sind nur halb schöpferisch, sie gruppieren Vorhandenes neu, kombinieren, verbinden, machen etwas aus etwas: ein Lied aus Noten, einen Schrank aus Holz, ein Gericht aus Zutaten. Gott allein ist Schöpfer im radikalen Sinn des Wortes. Er ist der Spezialist für nie Dagewesenes, Einmaliges – zum Beispiel die Kreation eines neuen Wesens, einer unwiederholbaren Person. Eltern dürfen, indem sie «ein Fleisch» werden, Mit-Schöpfer dieser Welt-Neuheit sein, die nur bedingt «ihr» Kind ist.

Heute wird niemand mehr gezwungen, eine solche Vision von Liebe für sich zu übernehmen. Nicht Tradition, nicht Sozialkontrolle, nicht staatliche Lenkung, nicht gesellschaftlicher Konsens flankieren den Weg von Braut und Bräutigam hin zum Altar und vor das Angesicht Gottes. Einzig eine leise Sehnsucht, eine Verlockung des Herzens ist da: Es könnte etwas verrückt Großes geben, ein heiliges Zeichen, in dem ein neuer Anfang ist: Adam und Eva noch einmal. Noch einmal das Paradies. Noch einmal der Einstieg in den Masterplan Gottes. Noch einmal ein neuer Schöpfungsmorgen – in Kenntnis von Gut und Böse, doch reinen Herzens.

Wie Menschen in den Strom der Liebe eingebunden werden, kann man der Heiligen Schrift entnehmen – ersatzweise den Menschen, die sie leben als eine Mitteilung, «geschrieben nicht mit Tinte, sondern mit dem Geist des lebendigen Gottes […] in Herzen von Fleisch». (2 Kor 3,3)

Was Heiraten und Familie gründen mit Gott und von ihm her ist, muss leuchten durch Christen, durch Paare, die sich in das verwegene Abenteuer einer Liebe ohne Hintergedanken stürzen. Christsein kann im Moment vielleicht nicht viel mehr sein, als jene kontrastierende Option glaubhaft zu leben, die von Israel und Jesus her als «alternative Wirklichkeit» (N. T. Wright) in die Welt gekommen ist. Andere Optionen scheinen praktikabler, berechenbarer, auch moderner zu sein – Patchwork-Familien etwa, die sich finden und ein Cluster von Zusammengehörigkeit auf Zeit bilden, getragen vom Ausgleich der Interessen. Funktionale Systeme, in denen jeder fragen darf: «Was habe ich davon? Wie lange reise ich da mit?» – und aussteigen darf bei der nächsten Bedarfshaltestelle.

Christen aber sind dem Ganzen der Liebe und damit einer anderen Vision verpflichtet: Der Vater ist der Vater, die Mutter die Mutter, das Kind das Kind. Es sind keine Rollen auf Zeit und Widerruf. Der

Ernstfall der Liebe verlangt die symbiotische Einheit jenseits von Zweck-Mittel-Relationen, lebenslänglich, ja darüber hinaus.

Es mag schwer sein, das derzeit plausibel zu machen, wo man lieber unten, mit der Regelung seiner Sachen, anfängt, als sich von oben sagen zu lassen, was gut ist für den Menschen. Für die Wahrnehmung des Größeren braucht es Zeit und wachsende Einsichten. Man kann es niemand oberflächlich andienen. Mehr an Einfluss zu nehmen, als zu sagen: «Ihr macht es so, wir machen es mit guten Gründen anders», erscheint kontraproduktiv.

Die Ehekatechetin Anke Engelke sollte uns noch an einen anderen Punkt erinnern. «Damit ist jetzt nicht gemeint», fragt die Braut, «dass ich mich hier jetzt verpflichte, für immer mit *Tom* zusammen zu bleiben, oder?» Doch, das ist gemeint. Das dritte Moment der christlichen Ehe – nach ihrer Unauflöslichkeit und ihrer Offenheit für die Weitergabe des Lebens – ist ihre Exklusivität. Und das bedeutet: nur mit Tom. Ohne Zeitlimit. Es sei denn, Tom stirbt.

Daran scheitern heute viele Ehen, dass ihre Partner aus einer seriellen Abfolge vorauslaufender (teils auch unabgeschlossener, subkutan fortlaufender) Beziehungen kommen und nicht wirklich auch mit der Zukunft abgeschlossen haben. Jede sexuelle Beziehung, so flüchtig sie scheinbar auch war, schuf Bindung, schlug Wunden, brannte sich in den privaten Film der Erinnerungen ein. Das «Und sie werden ein Fleisch» von Gen 2,24 ist dann nur die Wiederholung eines bekannten Filmes und erweist sich auf Dauer und bei Licht besehen vielleicht doch als B-Movie. So sind manche Ehen, die formell geschlossen wurden, eigentlich noch immer offene Ehen (Theodor Weißenborn: «Eine offene Ehe ist eine Ehe, die nicht geschlossen ist»[390]) – nach hinten offen in der romantischen Erinnerung, und nach vorne offen in der Erwartung von Komparativ und Superlativ dessen, was gerade so abgeht in den Niederungen des Alltags.

Eigentlich müsste man eine solche eher tangentiale Verbundenheit von Mann und Frau besser mit dem Wort «Beziehung» belegen, denn öfter, als man glaubt, steht sie unter dem Vorbehalt, die *momentan* beste aller denkbaren (Liebes-)Welten zu sein. Es gibt eine heimliche Sollbruchstelle. Jenseits der Schwüre, im letzten Winkel des Herzens, betrachtet man den Partner *kritisch* – nicht *liebevoll:*

Steht der Bilanzposten noch auf der Haben-Seite? Macht er/sie mich denn wirklich glücklich? Versteht er/sie mich? Kitzelt er/sie meine Sinne? Finde ich ihn/sie tatsächlich anziehend? Bringt's das Ganze noch? Oder könnte es nicht irgendwo auf den Pisten dieser Erde eine/einen geben, die/der mir noch einen ganz anderen Kick bietet? 100 Prozent statt 78-Komma-noch-was?!

Die Sollbruchstelle wird mit einiger Wahrscheinlichkeit zur Bruchstelle – und das Spiel beginnt in einer neuen Partnerkonstellation von vorne. Am Anfang kochen die heißen Gefühle – und am dritten Tag wird das Thermometer in die Suppe gehalten.

Die Kunst des Liebens besteht darin, das Ganze der Liebe zu wollen, so wie sie natürlich ist und wie man es lesbar in die Schöpfung eingezeichnet findet und wie es in der Offenbarung der Liebe zum Leuchten kommt. Man kann daran scheitern – dann gibt es immer noch Wege. Man darf aber auch vorher um die Kollateralschäden der Fragmentierung wissen, ohne dass man erst durch Schaden klug wird. Was nicht erlaubt ist: den Schaden zur Lösung zu verklären und den Notbehelf zum Normalfall.

Kapitel 19
Die meisten Sünden gegen das Sechste Gebot …

Es gibt ein witziges Bonmot, das uns die Augen öffnen kann für einen anderen Zugang zum Thema Sexualmoral. Es lautet: «Die meisten Sünden gegen das Sechste Gebot finden nicht im Sechsten Gebot statt.»

In der traditionellen Sexualmoral hatte man versucht, eine möglichst lückenlose sexuelle Lebensordnung im Wesentlichen auf der schmalen Basis zweier Gebote zu errichten – des Sechsten Gebotes: «Du sollst nicht die Ehe brechen!» (Ex 20,14), und des Neunten Gebotes: «Du sollst nicht die Frau deines Nächsten begehren!» (Ex 20,17). Im berühmt-berüchtigten «kleinen Jone», einer Art kirchlichem Sexhandbuch[391], liest man: «Im Sechsten Gebot wird ausdrücklich nur der Ehebruch verboten; damit wird aber zugleich auch alles verboten, was der menschenwürdigen Fortpflanzung des Menschengeschlechtes entgegengesetzt ist, also jede äußere Sünde gegen die Keuschheit. Im neunten Gebot aber werden auch die unkeuschen Gedanken verboten.»[392]

Man tat so, als wären alle Beschädigungen der Liebe und des Lebens als Varianten von Ehebruch und bösem Luststreben zu begreifen. Es ist an der Zeit, die Sexualmoral zu entsexualisieren. Der Witz an der Sexualmoral ist, dass es in ihr nicht (oder besser: nur am Rand) um Sex geht.

Worum aber dann?

Wir werden gleich darüber nachdenken.

Ich könnte mir vorstellen, dass einer guten Sexualmoral wenig fehlen würde, wenn die Zehn Gebote[393] nur aus acht Geboten bestünden; das Sechste Gebot ist nämlich im Achten Gebot «Du sollst nicht lügen» enthalten. Und das Neunte Gebot findet sich im Siebten Gebot wieder: «Du sollst nicht stehlen!»

Das hätte vor allem den Vorteil, dass der neurotische Tunnelblick einmal aufgelöst wird, als ginge es bei «Moral» vornehmlich um die Zähmung eines die Seele fressenden Monsters. Damit die Lust nicht über die Ufer geht, betrieb man eine Marginalisierungs-Strategie der sinnlichen Realitäten, ein komplexes System von Gedankenkontrolle, Reinheitsritualen, Berührungsverboten und Verhüllungsvorschriften. Die zugeknöpfte Welt des Christlichen geriet in immer offenkundigeren Kontrast zu einer Welt, die lustvoll die Korsettstangen zerbrach und die Freiheit feierte.

Nun sind wir auf einem neuen Plateau angelangt. Es ist ein bisschen wie nach 1803, nach der Säkularisation, als man die Klöster zu Steinbrüchen gemacht und mit den alten Handschriften aus den Bibliotheken die Schlaglöcher der Landstraßen aufgefüllt hatte. Es besserte weder die Landstraßen, noch hob es den Lebensstandard und Bildungsstand der Leute wirklich; unfreiwillig half es aber der Kirche, sich von vermeintlichen Reichtümern zu befreien, den Ballast der Jahrhunderte abzulegen und sich auf seine eigentlichen Aufgaben zu besinnen.

Nach wie vor hat die Kirche die Aufgabe, flankierende Maßnahmen zu finden, um das Leben, die Liebe, die Freiheit und die Lust zu beschützen – am besten mehr praktisch als theoretisch. Das soll sie nicht tun, weil sie so gut ist, sondern weil Gott so gut ist, und weil er seinen Jüngern in Jesus den verbindlichen «Weg, die Wahrheit und das Leben» (Joh 14,6) anvertraut hat – und zwar zum Durchreichen.

Es gibt keine neue Sexualmoral ohne eine erneuerte, glaubwürdig gewordene Kirche. Sonst verfallen wir alle dem Spruch Jesu: «Ihr verschließt den Menschen das Himmelreich. Denn ihr selbst geht nicht hinein und lasst die nicht hinein, die hineingehen wollen.» (Mt 23,13)

Jesus hat das Gesetz des Alten Bundes in keiner Weise relativiert, aber er hat es mit zwei Vorzeichen versehen, unter denen sie erst im richtigen Licht erscheinen. Das erste Vorzeichen heißt *Leben:* «Wenn du das *Leben* erlangen willst, halte die Gebote.» (Mt 19,16) Die Gebote sind also kein Selbstzweck; sie führen zum Leben, sind Hinweise und Ermöglichungen guten Lebens. Wenn man das Leben, das wir doch irgendwie schon «haben», nach den Worten Jesu erst noch «erlangen» muss, dann verfügen wir darüber nur in einer unfertigen Weise. Anders gesagt: Wir müssen dem Leben erst noch zum Leben verhelfen. «Leben», gutes Leben, wahres Leben ist wie ein Instrument, das zum Klingen kommen soll, statt zu Brennholz verarbeitet zu werden.

Dazu sollten wir verstehen, was Leben ist. Leben ist das, was ich mir selbst um alles in der Welt nicht geben kann. Leben ist ein mir Zu-Fallendes. Christen würden sagen: Unsere genetische Ausstattung und unser Fleisch haben wir von unseren Eltern, aber der Geist, die Seele, die Identität ist uns «eingehaucht».

Leben ist Geschenk Gottes, aus Seiner Liebe und in Seiner Freiheit erdacht – im Hinblick auf mich persönlich, *von Ewigkeit her.* Man wird hinzufügen: über den Tod hinaus, *auf Ewigkeit* hin. Wir sind aus dem Sein nicht mehr auszulöschen. Selbst Gott kann es nicht. Er hält sich an die Regeln, ist sich treu. Wir leben jetzt und für immer, sind unterwegs mit einer finalen Bestimmung für eine Welt, da «heiraten [sie] nicht, noch lassen sie sich heiraten». (Lk 20,35)

Leben ist eine Eigenschaft Gottes, an der wir partizipieren, solange es Ihm gefällt und solange wir auf der geschenkten Klaviatur leidenschaftlich und gut spielen. Nach dem Willen Jesu darf man sagen:

«Eine grundlegende Funktion von Moral ist: Leben und leben lassen. Lebensentfaltung und Lebensschutz.»

Das zweite, noch bedeutendere Vorzeichen, unter das Jesus die Gebote gestellt hat, heißt *Liebe:*

«Meister», fragt einer Jesus, «welches Gebot im Gesetz ist das wichtigste?»

Er antwortete ihm: «Du sollst den Herrn, deinen Gott, lieben mit ganzem Herzen, mit ganzer Seele und mit all deinen Gedanken. Das ist das wichtigste und erste Gebot. Ebenso wichtig ist das zweite: Du sollst deinen Nächsten lieben wie dich selbst. An diesen beiden Geboten hängt das ganze Gesetz samt den Propheten». (Mt 22,36–40)

Damit liefert uns Jesus eine Art Kurzversion der Zehn Gebote, die in einen größeren Sinnhorizont eingezeichnet werden und fast ein wenig wie ein Anhängsel an die Zauberformel «Liebe» erscheinen. Wenn man in der Liebe ist, muss man all diese einzelnen Gebote nicht extra auswendig lernen. Das Wort des Augustinus: «Liebe, und tu, was du willst»[394], ist in diesem Sinn zu verstehen und nicht im Sinn von Zarah Leander («Kann denn Liebe Sünde sein?»). Es meint nicht Freiheit *von den Geboten,* sondern ihre intuitive, regelvergessene Erfüllung, wie man ja auch einem Messi oder einem Ronaldo die Fußballregeln nicht erklären muss – beiden würde es im Traum nicht einfallen, hinter dem Tor zu wirbeln oder mit einem zweiten Ball zu spielen. Dass die «Fußballregeln» in Geltung sind, ist eine wichtige Erkenntnis, denn es gibt kaum eine Sucht, die nicht mit Freude, kaum einen Trick, der nicht mit Not, und kaum einen Ehebruch, der nicht mit Liebe entschuldigt wird. Der Jesus, der vielfältige Beweise seines Erbarmens und seiner Liebe hinterlassen hat, ist der gleiche Jesus, der «bis Himmel und Erde vergehen, [...] kein Jota und kein Häkchen des Gesetzes vergehen» sah. (Mt 5,18)

Nun gibt es beim Liebesgebot Jesu ein merkwürdiges Ranking: erst die Gottesliebe, dann – gemeinsam auf dem zweiten Treppchen – die Nächsten- und die Selbstliebe. Bei der Gottesliebe, vor der wir oft ratlos stehen («Wie macht man das?»), fährt Jesus ganz großes rhetorisches Geschütz auf, wie sonst fast nirgends im Neuen Testament, sieht man einmal von einigen apokalyptischen Drohreden zum Tempel ab:

Den Herrn, «unsern Gott», sollen wir lieben.

«Mit ganzem Herzen.»

«Und mit ganzer Seele.»

«Und mit all unseren Gedanken.»

Mehr geht nicht!

Diese Zuspitzung macht verlegen und hat manchen wackeren Christen schon auf hysterische Irrwege geführt, als müssten wir mystische Gefühle in Serie produzieren. Dabei steht die nüchterne Lösung der Frage, wie man Gottesliebe zeigt, im Johannesevangelium, und zwar gleich an mehreren Stellen des 14. Kapitels: «Wer meine Gebote hat und sie hält, der ist es, der mich liebt; wer mich aber liebt, wird von meinem Vater geliebt werden, und auch ich werde ihn lieben und mich ihm offenbaren.» (Joh 14,21)

Gut handeln ist antwortendes Handeln auf das Handeln Gottes und die darin erkannte Liebe. «Ihr sollt daher heilig sein, weil ich heilig bin». (Lev 11,45) Die «responsive Ethik» ist daher keine moderne Erfindung; sie beginnt im Paradies («Adam, wo bist?») und ist in der Logik der Geschichte Jahwes mit seinem Volk angelegt. Die Liebe und das Befolgen der Gebote sind ineinander verflochten und permanent miteinander im Gespräch.

In Ex 20,2f. kommt Gott gewissermaßen zur Tür herein, um sich zunächst einmal vorzustellen, bevor das erste «Du sollst» kommt: «Ich bin Jahwe, dein Gott, der dich aus Ägypten geführt hat, aus dem Sklavenhaus. Du sollst neben mir keine anderen Götter haben.» (Ex 20,2–3).

«Die ‹Zehn Worte› zeigen, was es inhaltlich heißt, an Jahwe zu glauben. Sie definieren damit zugleich die Gestalt Gottes selbst, dessen Wesen sich in ihrem Willen zeigt [...] Der Dekalog ist in Israel Teil des Gottesbegriffes selbst. Er steht nicht neben dem Glauben, neben dem Bund, sondern in ihm zeigt sich, wer der Gott ist, mit dem Israel im Bunde steht.»[395]

Wer in diesem «Ich bin» den wahren Gott erkennt, der antwortet ihm existenziell. Er setzt diesen Gott an erste Stelle. Und gibt ihm eine Präsenz in seinem Leben, die in der Übernahme seiner Optionen und seines Lifestyles besteht. Da er sich angesprochen fühlt, gelingen ihm Antwort-Facetten: Wer Gott liebt, hat Ehrfurcht vor seinen Eltern. Er betrügt in der Liebe nicht. Er stiehlt nicht. Er lügt nicht. Er erliegt nicht der Habsucht. Er lässt sich nicht von der Begierde leiten. Er hat all das nicht mehr nötig.

Die Gottesliebe entlässt aus sich ein soziales Milieu, in dem der Andere (= Nächstenliebe) leben kann und in dem auch ich selbst zu mir komme (= Selbstliebe). Die Zehn Gebote sind nicht Oktroi eines regelwütigen Herrschers. Sie sind die Einladung, auf verschiedene Weise «Ja» zum Leben und zur Liebe als den Erscheinungsweisen Gottes zu sagen.

«Der Dekalog ist», so hat ihn Papst Benedikt in seinem Antwortcharakter von innen her erleuchtet, «zunächst ein Ja zu Gott, zu einem Gott, der uns liebt und uns führt, der uns trägt und uns doch unsere Freiheit lässt [...] Er ist ein Ja zur Familie (Viertes Gebot); ein Ja zum Leben (Fünftes Gebot), ein Ja zu verantwortungsbewusster Liebe (Sechstes Gebot), ein Ja zur Solidarität, zur sozialen Verantwortung und Gerechtigkeit (Siebtes Gebot), ein Ja zur Wahrheit (Achtes Gebot), und ein Ja zur Achtung anderer Menschen und dessen, was ihnen gehört (Neuntes und Zehntes Gebot).»[396]

Betrachten wir nun das Grundgebot der Liebe und einige der Zehn Gebote – und einmal nicht das Sechste, auch nicht das Neunte! –, um zu sehen, wo sie relevant sind in unseren unstrukturierten Liebeswelten:

Das *Liebesgebot* sucht die schöpferische Antwort eines Menschen, der sich aus Liebe geschaffen weiß, zur Liebe bestimmt findet und in einer gefallenen, gebrochenen Welt durch Gottes Gnade mit der Liebe versöhnt und zur Liebe befreit wird. Entscheidend ist die Erkenntnis: Sex ist kein Terrain neben Gott, keine schmuddelige Ecke neben einem unsinnlichen heiligen Bezirk. Gott selbst ist die Liebe. Er ist Eros, Begehren, Leidenschaft und Fleisch gewordene Hingabe.

Entweder wir schreiben in der Handschrift Gottes die Welt schöpferisch fort, oder wir trudeln weg ins Sinn- und Wesenlose.

Gott lieben heißt *erstens*: mit Leidenschaft und Vernunft nach dem architektonischen Plan suchen, den der Schöpfer in die Natur gelegt hat; sie ist voller lesbarer Zeichen.

Es heißt *zweitens,* daran zu glauben, dass Gottes Wille noch einmal eindeutiger lesbar wurde in der Offenbarung seines Willens durch das Gesetz und die Gebote.

Es heißt *drittens,* die Liebe bis in die männlich/weibliche Geschlechtlichkeit hinein von der Liebe Christi her zu verstehen und sich in der sakramentalen Gemeinschaft mit ihm in einem neuen Leben und einem anderen Lebensstil zu bewegen, der sich von der «nichtigen, von den Vätern ererbten Lebensweise» (1 Petr 1,18) – also der heidnischen «Sklaverei durch die Elementarmächte» (nach Gal 4,3) – signifikant unterscheidet.[397]

Was das bedeutet? Hingabe an den *einen,* in Jesus Christus endgültig offenbar gewordenen Gott. Und im gleichen Atemzug: Absage an alle

Mächte und Gewalten, die Menschen sonst dominieren können. Gemeint ist, was Paulus mit *«Werke des Fleisches»* bezeichnet, als da sind: «Unzucht, Unreinheit, Ausschweifung, Götzendienst, Zauberei, Feindschaften, Streit, Eifersucht, Jähzorn, Eigennutz, Spaltungen, Parteiungen, Neid, maßloses Trinken und Essen und Ähnliches mehr. Ich sage euch voraus, wie ich es früher vorausgesagt habe: Wer so etwas tut, wird das Reich Gottes nicht erben.» (Gal 5,19–21)

Ganz offensichtlich gehören die pansexuellen Optionen der Sexuellen Revolution in diese Kategorie. Die Fragmentierung der Hingabe in der Vervielfachung der Lieben ist Unterwerfung unter die Dämonen: «Ihr könnt nicht», sagt Paulus, «den Kelch des Herrn trinken und den Kelch der Dämonen. Ihr könnt nicht teilhaben am Tisch des Herrn und am Tisch der Dämonen. Oder wollen wir die Eifersucht des Herrn wecken? Sind wir stärker als er?» (1 Kor 10,21–22)

Darin liegt eine Absage an alle Konzepte, die Gott im Namen der Freiheit aus der menschlichen Selbstverwirklichung heraushalten möchte. Dass Gott das Beste für den Menschen will, ist sicher. Dass Menschen immer wissen, was das Beste für sie ist, steht dahin. Wer den Willen Gottes («Mir geschehe, wie du es gesagt hast», Lk 1,38, «Dein Wille geschehe», Mt 6,10) als Fremdbestimmung auffasst, hat weder das Menschliche am Menschen noch das Göttliche an Gott verstanden.

Menschen sind ausnahmslos im Zustand der Entfremdung von dem, was sie im Innersten wollen. Sie klammern sich an das Geld, um reich zu werden. Sie trinken sich zu Tode, um glücklich zu werden. Sie sprengen sich und andere in die Luft, um Allah zu gefallen. Gott aber, der die Liebe ist, ist mir (und jedem) innerlicher, als ich es mir selbst bin[398]; mithin ist Er in letzten Fragen die vertrauenswürdigere Adresse.

Und was ist mit dem dann Nächstliegenden, der Nächstenliebe? Das Liebesgebot regelt die Beziehung zwischen Menschen mit dem einzigen Instrument, das wirklich allen gerecht wird: mit Liebe.

Der Einbruch der instrumentellen Vernunft selbst in die intimsten Bereiche des Menschen hat den Übergriff zur Regel gemacht: Du bist mir nützlich. Ich kann dich gebrauchen. Du kommst mir gerade recht. Ich benutze dich – mit Erlaubnis, ohne Erlaubnis.

Ich darf aber nicht benutzt, verbraucht, weggeworfen werden, selbst wenn es mir in einem selbstvergessenen Moment meiner Existenz einfiele, mich dir wie ein Glas Wasser oder ein Stück Fleisch anzubieten, damit du mich dir einverleibst. Zum Gebrauchsgegenstand tauge ich nicht. Ich bin ein Mensch.

Der Missbrauch, den wir in allen Bereichen der Gesellschaft beklagen, ist kein Zufall; er ist die logische Resultante der instrumentellen Vernunft. Vor dem Übergriff schützt nur – so widersinnig es im Augenblick klingt – Religion. Es gibt keinen Horizont, in dem die Würde des Menschen auch dann noch aufrechterhalten wird, wenn ich selbst sie abgetan habe wie eine falsche Haut. Da ist noch ein anderer, der sagt: «Kann denn eine Frau ihr Kindlein vergessen, ohne Erbarmen sein gegenüber ihrem leiblichen Sohn? Und selbst wenn sie ihn vergisst: Ich vergesse dich nicht. Sieh her: Ich habe dich eingezeichnet in meine Hände.» (Jes 49,15–16)

Und was ist mit dem *dann* Nächstliegenden, der Selbstliebe? Viele Verirrungen im Kampf der Geschlechter rühren daher, dass Menschen sich selbst nicht annehmen können – weil sie verletzt, gedemütigt oder geschändet wurden oder weil sie in ihrer Freiheit aus Schweinetrögen gegessen haben. Wenn man den Glauben an sich verloren hat, heilt nichts als die Liebe.

«Lange Zeit hindurch habe ich geglaubt», heißt es bei Henri Nouwen, «dass es eine Tugend sei, ein negatives Bild von mir selbst zu haben. Man hatte mich so oft vor dem Stolz und der Eitelkeit gewarnt, dass ich schließlich dahin gelangt bin zu glauben, es sei gut, sich selbst gering zu achten. Jetzt aber stelle ich fest, dass die wirkliche Sünde darin besteht, zu leugnen, dass Gott mich zuerst geliebt hat, und zu ignorieren, dass ich ursprünglich gut bin. Denn wenn ich mich nicht auf diese erste Liebe und diese ursprüngliche Güte stütze, dann verliere ich den Kontakt zu meinem wahren Ich und zerstöre mich selbst.»[399]

Oft ist die Egozentrik der Schlagschatten der Egophobie – der Angst davor, selbst jemand zu sein, der es wert sein könnte, geliebt zu werden.

Das Erste Gebot

Das Erste der Zehn Gebote (*«Ich bin der Herr, Dein Gott. Du sollst keine anderen Götter neben mir haben»*) ist das große Ja zu dem einen Gott und das rigorose Nein zu allen anderen Göttern, Götzen und dominanzheischenden Mächten. Es ist sozusagen die Magna Charta der christlichen Freiheit.

Vor nichts und niemand muss sich unterwerfen, wer den einen wahren Gott zum Herrn hat. Wer sich zum Gott des Ersten Gebots bekennt, ist ein Königskind; er *darf* sich gar nicht unterwerfen. Mit der Anerkennung Gottes und seiner Gebote tut sich das Land der Freiheit auf und die Chance, wieder Luft zu bekommen zum freien Atmen.

Das Erste Gebot bezieht sich nicht auf ein paar Weihrauchkörner vor einem falschen Kultbild. «Gott» ist nicht das grinsende Gartenobjekt aus dem Baumarkt. Gott ist das Größte. Das, was selbst- und weltvergessen angebetet wird. «Mein Gott» ist, was Macht über mich hat, und sei sie tödlich. «Mein Gott» ist die Angst, woran ich mich festhalte, um mich ja nicht verändern zu müssen. «Mein Gott» ist, wovor ich in den Staub sinke, wofür ich um mein Leben renne, auf welche Karte ich alles setze. «Mein Gott» kann der Ruhm sein, dem ich mich als Knecht verdinge, die Macht, die mich über Leichen gehen lässt, der Erfolg, der mich krankmacht.

Herr über mich können auch alle Manifestationen des Sexuellen sein, in denen ich mich einer fremden Macht unterwerfe wie der Junkie dem Suchtdruck – falsch konditioniert, aus Schwäche, zwanghaft, von Gier getrieben, warum auch immer. «Viele Schmerzen leidet, wer fremden Göttern folgt. Ich will ihnen nicht opfern, ich nehme ihre Namen nicht auf meine Lippen.» (nach Ps 16,4)

Die süchtige Suche nach Sex wird seit geraumer Zeit schon digital verstärkt. Smartphone-Apps wie Tinder und Grindr verwandeln die bewohnte Welt – für den, der sie so sehen möchte – in einen großen Kontakthof und ein weitläufiges Bordell. Entfremdete Menschen suchen entfremdete Menschen für den kurzen Moment scheinbarer Vereinigung mit dem Universum. Sie glauben, sie könnten damit dem Tod ein Schnippchen schlagen. Der Moment kommt und schenkt nichts als neue Vergiftungen der Unruhe. Die Jagd darf bei Todesstrafe nicht abgesetzt werden. Jeder andere weiß: Sie wäre nicht der Tod; sie wäre der Anfang von Leben.

Pornografie verallgemeinert den Götzendienst noch einmal, multipliziert ihn millionenfach, nimmt den gefangen, der nicht wegschaut. Das Trugbild ist gnadenlos in seinen Anforderungen. Es verbietet den realen Anderen. Das Sinnliche – der leibhaftige Mensch, nach dem ich mich sehne – ist ein elektronischer Bluff. Das Du ist der Monitor, der Objekte der Begierde in grenzenloser Vielfalt anbietet. Es kommt zu keiner menschlichen Begegnung mehr.

Pornografie ist ins Künstliche (meist Visuelle) verlagerte Prostitution, käufliche Fiktion von Liebe, scheinbar genussfertige Hingabe der Schönsten, Ausverkauf der unerreichbar Begehrenswerten an jedermann. Sie verwandelt die Räume des Alltags – bis hin zum Kinderzimmer – in heimliche Kultbezirke.

Pornografie verstößt das suchende Subjekt aus der Gemeinschaft der Menschen, verbannt es in eine türenlose Einsamkeit, in der abgöttische Dienste stattfinden. Zahlen belegen, dass wir es mittlerweile mit einer Volkskrankheit zu tun haben, der nach den Männern nun auch immer mehr Frauen erliegen. Kinder den Mechanismen geschäftsmäßig betriebener Abhängigkeit auszusetzen, ist verantwortungslos.

Das Vierte Gebot

Das Vierte der Zehn Gebote *(«Du sollst Vater und Mutter ehren»)* ist das Gebot der *wahrhaftigen* Beziehungen, der *richtigen* Relation. Gerhard Schröder und Wladimir Putin können eine «glänzende Beziehung» haben, dennoch glänzt das Glänzende in falschem Glanz, weil man eben doch nicht unter den Tisch schlagen kann, dass Wladimir Putin kein «lupenreiner Demokrat» und Gerhard Schröder Aufsichtsratsvorsitzender der Nord Stream AG ist, die zu 51 % dem russischen Staat gehört. Es ist eine Illusion, wenn man annimmt, man könne «Werte wie Liebe, Freundschaft, Verlässlichkeit, Treue, gegenseitiges Für-einander-Einstehen und Solidarität» (Eberhard Schockenhoff) von ihren Termen ablösen und sie wie neutrale, für sich stehende Einheiten behandeln.

Niemand bestreitet die herzliche Liebe des Bankräuberpärchens Bonny und Clyde, die mit Zungenkuss besiegelte Freundschaft von Honecker und Breschnew, die wackere Treue der deutschen Nation zu Wilhelm II., das eindrucksvolle Für-einander-Einstehen der RAF-Terroristen und die bombenfeste Solidarität der US-Army-Piloten mit Richard Nixon. Eine moralische Betrachtung wird aber diese Art von fragmentierter Betrachtung für künstlich halten und weiterhin von Bankraub, Verrat, Kadavergehorsam, Terrorismus und Völkermord sprechen.

Fast jede missbrauchte Person wird die Erfahrung bestätigen, dass ihr Missbraucher kein stringentes, in jeder Hinsicht böses Monster war, sondern sich zum Teil durch eine Fülle guter Eigenschaften auszeichnete. Aber niemand wird auf den Gedanken kommen, man müsse beim Täter zunächst einmal die von Großzügigkeit geprägte Beziehung würdigen.

Eine Beziehung – *relatio* ist nur das lateinische Wort dafür – ist immer ein Zwischending, dass von zwei oder mehr Termen (oder Akteuren) abhängig ist. Relation pur gibt es nicht. Richtige Interaktion wird von der stimmigen Relation zwischen den handelnden Personen bestimmt:

Ein Vater ist ein Vater. Eine Mutter ist eine Mutter. Ein Kind ist ein Kind. Ein Bruder ist ein Bruder, eine Schwester eine Schwester. Eine Geliebte oder ein Geliebter ist eine Geliebte oder ein Geliebter. Das steht, muss stehen *vor* jeder Begründung, muss stehen so lapidar wie Gertrude Steins berühmtes Gedicht: «Eine Rose ist eine Rose ist eine Rose ist eine Rose.» Ein Vater steht in einer wesenhaft anderen Relation zu seinem Kind als ein Nichtvater. Ein Freund ist ein Freund. Und sollte das vielleicht auch bleiben, wenn er weiter «Freund» sein möchte. Ein Onkel ist ein Onkel und sollte als Onkel nicht auf der Piste seiner Nichten und Neffen agieren. Eine Schwester ist eine Schwester, auch wenn die Option «Verbotene Liebe» prickelnd in der Luft liegt. Eine Dating-App ist keine freie Auswahl unter Willigen.

Wir sind nicht in romantischen Filmen, in denen es reizvoll ist, den delikaten Abgründen menschlicher Begierden nachzugehen. Es wird immer Akteure geben, die aus der Rolle fallen. Eine falsche Relation ist eine Relation, in der Menschen wesenhaft nicht zueinander passen und Dinge voneinander verlangen, die andere voneinander verlangen dürften, sie aber nicht.

Beginnen wir mit der Urrelation des Kindes zu seinen Eltern. Dass jeder Mensch einen Vater und eine Mutter hat, ist bekannt; zunehmend unbekannter wird, dass jedes menschliche Wesen ein Recht auf seinen natürlichen Vater und seine natürliche Mutter hat. Sexualbeziehungen, in denen der Vater nicht Vater sein möchte oder die Mutter mit dem Vater, mit dem sie das Kind gezeugt hat, nichts zu schaffen haben will, sind – wenn nicht unmoralisch – so doch das Resultat einer menschlichen Tragödie. Und wenn eine Mutter nicht Mutter sein darf, weil ihr Leib und ihre Liebe gekauft wurden, verdient dieser moderne Menschenhandel, der ein Verbrechen (also ein *crimen*) ist, nur eines: Diskriminierung.

Wer hinsieht und weiß, wie ein Kind leidet, wenn sich Eltern trennen, sollte auch realisieren, dass Beziehungen, in denen es ein Kind gibt, zusammengehören, ja eigentlich nicht mehr scheidbar sind, ohne tiefste Verletzungen hervorzurufen.

Vater und Mutter ist man ein Leben lang. Scheidungen, Trennungen, neue Verbindungen – all das sind Optionen, die nicht nur die unmittelbar Betroffenen angehen, sondern fast immer auf den Seelen der Kinder ausgetragen werden, zudem nicht nur Kurzzeitfolgen haben, sondern Skepsis, Misstrauen und Bindungsangst in die nächste Generation importieren. Ehen, die nicht möglich waren, produzieren Ehen, die nicht möglich werden.

Kommen wir zu den Alleinerziehenden; sie haben jedwede gesellschaftliche Unterstützung verdient, aber eine Moral, die mehr als postfaktische Schadensbehebung betreibt, wird durch die Schaffung gesellschaftlicher Rahmenbedingungen darauf hinwirken, dass Alleinerziehende nicht sein müssen. Nicht aus menschlicher Schwäche, nicht aus freier Wahl («Ich brauche keinen Mann!»), noch aus Fahnenflucht eines der beiden Hauptbeteiligten («Du wolltest es. Ich nicht!»).

Ebenso wird man die Anerkennung, die Patchwork-Familien für

sich einfordern, unterstützen, aber zugleich sehen, dass sie das Eingeständnis eines doppelten Scheiterns sind, ein Not-Behelf und kein Ideal für freie Menschen, denen es in den Sinn kommt, sich gelegentlich und vielleicht nur auf Zeit als «Familie» neu aufzustellen[400]. In jedem Fall setzt es Kinder neuen Vätern und neuen Müttern aus, die nicht die leiblichen Eltern sind. Dies unproblematisch zu finden, ist naiv – und zwar nicht nur in Hinsicht auf Konflikte ums Verlassen und Verlassen-Werden. Alice Schwarzer hat auf den Umstand des Wegfalls der natürlichen Inzesthemmung bei sozialer Vaterschaft hingewiesen[401]. Die neukomponierte Familie erfordert nämlich ein hohes Maß an ethischer Disziplin.

Alles andere als unproblematisch liegen die Dinge auch, wenn es um Adoption und da auch noch um das Adoptionsrecht für gleichgeschlechtliche Paare geht. Eingefordert (und von immer mehr Staaten zugestanden) wird hier gleiches Recht für alle Formen von «Ehe». Nun ist jede Adoption ein äußerst schwieriger Vorgang, der nicht ohne Grund von den Sozialämtern mit höchster Sorgfalt begleitet wird. Kinder müssen den Verlust von Vater und Mutter verkraften und werden nun auch noch einer Realität ausgesetzt, in der es Vater oder Mutter zweimal, bzw. die Mutter nie oder den Vater nie gibt.[402]

Gewiss können homosexuelle Paare äußerst liebevolle, dazu höchst kinderliebende Menschen sein und unter Umständen bessere Bedingungen bieten, als es bei den eigentlichen Eltern gegeben war. Aber das wiegt die natürliche Disbalance durch die Mann/Mann- oder Frau/Frau-Konstellation nicht auf.

Auch der Einwand (der von Homosexuellen selbst kommt), männliche Paarbeziehungen seien kein guter Ort für Kinder, da sie häufig hochgradig sexualisiert seien, zählt; aber nun zählt er ja auch bei heterosexuellen Paaren, deren Alltag sich um konsumistische Formen und un-verschämten Umgang mit Sexualität dreht.[403]

Sex der Eltern geht Kinder nichts an. Schon gar nicht dürfen Kinder in das Spiel der Begierden mit einbezogen werden. Aus den bitteren Erfahrungen mit Pädophilie und Ephebophilie sollten wir hinreichend gelernt haben: Kein Kind darf sexualisierten Milieus ausgesetzt werden. Generell muss man sich fragen: Sind schwule Paarbeziehungen wirklich der erste Ort der Wahl im Fall notwendiger Adoptionen – nur, weil sie auf natürlichem Weg nicht zu Kindern kommen können?

Zum Vierten Gebot kommt etwas hinzu, das man das *Gebot der Symmetrie* nennen könnte. Symmetrische Beziehungen sind Beziehungen auf Augenhöhe, und zwar im Alter, in der Freiheit und in der sozialen Rolle. Der «Vater», der mit der Pflegetochter sexuelle Beziehungen aufnimmt, die junge Frau, die keinen Mann, sondern einen Vater sucht, die reiche Frau, die einen armen Liebhaber bindet, das Kind, das aus einer nicht vorhandenen Familie in die Arme eines Geliebten flüchtet – all das sind Beziehungen, die nicht in Reife, Freiheit und wechselseitiger Liebe zueinanderfinden, sondern prekäre Konstrukte, in denen Menschen kaputtgehen können, weil «etwas» in ihnen gesucht wird und nicht «jemand». «Etwas» ist in der Liebe nicht zu haben.

Das Vierte Gebot spricht wie kein anderes für die Renaissance der klassischen Familie, denn sie macht Substitute überflüssig, die nicht leisten, was die Familie spielend leisten kann, sofern man sie nur will, sie ökonomisch ermöglicht und ethisch begleitet; zu diesem Modell gehören: Mann und Frau in einem auf Dauer angelegten Projekt, das in Liebe begründet und für Kinder offen ist und in dem man in nachhaltiger, exklusiver Treue füreinander da ist.

Das Fünfte Gebot

Das Fünfte Gebot *(«Du sollst nicht morden/töten!»)* ist das Gebot der Ermöglichung von Leben und gutem Leben; ich halte es für das

Hauptgebot einer erneuerten, zeitgemäßen Sexualmoral und in dieser Hinsicht für wichtiger noch als das Sechste Gebot. Dazu äußere ich mich eigens im nächsten Kapitel.

Das Siebte Gebot

Das Siebte Gebot *(«Du sollst nicht stehlen!»)* hat nur scheinbar nichts mit Sexualmoral zu tun. Es geht hier – wie auch im Zehnten Gebot: *Du sollst nicht die Frau Deines Nächsten begehren* – um Mein und Dein, Besitz und Eigentum, um das, was mir und was Anderen gehört, auch um menschliche Integrität.

Das Siebte Gebot ist eigentlich das Gebot der Menschenwürde und der Menschenrechte. Menschen besitzen von Natur aus eine Integrität, die nicht angetastet, auch eine sexuelle Integrität, die ihnen nicht geraubt werden darf. Als Jugendliche sangen wir im alkoholisierten Zustand gerne die verballhornte Schlagerzeile «Komm in meine Liebeslaube, in mein Paradies, wo ich dir die Unschuld raube …» – und fühlten uns sehr cool dabei. Welche junge Frau mochte schon die «Unschuld vom Lande» sein?

#MeToo hat uns gelehrt, dass das verführerische Spiel der Geschlechter nur dann schön ist, wenn es nicht auf Raub hinausläuft, wenn also keine gewaltsame Aneignung von etwas geschieht, das nur geschenkt werden kann. Missbrauch und Vergewaltigung sind Synonyme.

«Ich glaub, ich gehöre nur mir ganz allein», sang einst Marlene Dietrich (1901–1992), die berühmte deutsch-amerikanische Hollywood-Diva – ein Lied, das die Selbstbestimmung des Menschen thematisiert. Dennoch schillert ihr Song in verruchtem Licht, spielt er doch für einen Augenblick mit dem Gedanken, der Mensch in seiner Freiheit sei sein eigener Gott, seine eigene Schöpfung, sein eigenes Gesetz, seine eigene Erlösung.

In Wahrheit ist jede einzelne Existenz bestimmt durch Herkunft und Zukunft, ist durchsetzt mit Beziehungen, Verflechtungen und Abhängigkeiten. Ein Kind gehört seinen Eltern und gehört ihnen doch nicht. Würde ein Staat absolut über ein Kind verfügen wollen, müssten Eltern sagen: «Finger weg von *unserem* Kind!» Gleichzeitig muss ein Kind aber übergriffigen Eltern sagen können: «Ich *gehöre* euch nicht!»

Ja, ich gehöre mir, gehöre mir jedenfalls mehr als meinen Eltern, Freunden, Lehrern, Förderern und Protégés. Ich darf mich wehren, wo meine Identität und meine Integrität durch Fremdbestimmung in Gefahr sind. Und dennoch gehöre ich mir nicht absolut. Und das ist sehr gut so: «Mein größter Feind bin ich. Ich brauche keine Feinde. Ich hab' ja mich.»[404]

Es ist gut, dass ich nicht mein Anfang und meine Endstation bin. Würde ich mich etwa, weil ich mir gehöre, selbst zerstören, würde sich die Stimme Gottes in mir melden: «Das darfst du nicht, denn du *gehörst mir!*» In letzter Instanz gehören wir Gott, der eifersüchtig auf unsere Integrität achtet, so dass wir beten können: «Behüte mich wie den Augapfel, den Stern des Auges, birg mich im Schatten deiner Flügel.» (Ps 17,8)

So ist es sinnvoller zu sagen: Wir sind einander wie etwas unendlich Kostbares anvertraut – ja auch zu sagen: Ich bin mir als ein Kostbares von Gott her anvertraut. Die Welt, die Mitmenschen, wir selbst, sind uns zu gutem Gebrauch *anvertraut,* sind uns *geschenkt.* Und das ist sehr gut so.

Gegen das Siebte Gebot verstößt auch der, der sich verschenkt hat im Sakrament der Ehe und nun dieses Geschenk wieder zurücknimmt, weil er es noch einmal verschenken möchte. Zurück bleibt ein beraubter Mensch – oft ist es die Frau –, bleiben beraubte Kinder. «Ich habe alles auf diese Karte gesetzt, habe keinen Ehevertrag gemacht, nun ist mein ganzes Leben zerstört», vertraute eine Bekannte vor kurzem meiner Frau an. Der Partner geht, beraubt sich überdies seiner eigenen Würde – ein Mensch zu sein, der ein Versprechen gibt und ein Versprechen ist. Einmal mehr springen die Kollateralschäden fragmentierter Liebe ins Auge.

Das Achte Gebot

Das Achte der Zehn Gebote wird üblicherweise mit *«Du sollst nicht lügen!»* wiedergegeben. Es ist fundamental für jede Ethik. Wenn jemand sagt: «Ich habe nur *einen* einzigen Fehler, ich lüge» – wissen wir nicht nur, dass er gerade eben gelogen hat. Wir wissen auch: Diesem Menschen ist in keiner Hinsicht zu trauen.

Die Lüge zerstört jede Form von Gemeinschaft im Ansatz. Mit einem Menschen, der lügt, kann man keinen Vertrag schließen und keine Arbeit anpacken; man kann ihm nichts sagen, ihn nichts fragen, ihn um nichts bitten und ihm nichts borgen. Vor dem, dessen wahre Absichten man nicht kennt, hält man sich klugerweise fern; am besten bringt man sich und das Seine rechtzeitig vor ihm in Sicherheit. Zuletzt ist der Lügner einsam, denn wer ihn durchschaut hat, schüttelt den Staub von den Füßen und meidet ihn.

Betrachten wir einmal einige Formen der Lüge im Bereich von Liebe, Sexualität und Kirche: Da ist die Lebenslüge einer Kirche, die mit sich nicht im Reinen ist. Da ist die prekäre Situation von Menschen, die in der falschen Lebensform festsitzen. Und zuletzt gibt es Wahrheit und Lüge auch in der Körpersprache der Liebe.

Warum kommt vielen Menschen bei der Erwähnung der Katholischen Kirche so oft die Assoziation «Lüge»? Der Sänger Christian Gerhaher, der bekannt dafür ist, dass er mit spirituellen Texten besonders sensibel und respektvoll umgeht, bekennt: «Aus der katholischen Kirche bin ich ausgetreten, weil ich all den Lug und Trug nicht mehr aushalte. Dass … sie einen Lehrer, der sich nichts hat zuschulden kommen lassen, entlässt, nur weil er homosexuell ist – für diese schreckliche Kirche, die von ‹göttlichem Recht› spricht, um sich und ihre Niederungen abzuschotten, habe ich eigentlich nur Verachtung übrig. Aber Ehrfurcht vor Christus, die habe ich im gebotenen höchsten Maße.»[405]

Der Vorwurf der Doppelmoral konzentriert sich hier, wie in vielen anderen Fällen, auf jene in der Kirche, die lehren und leiten, richten und regulieren. Auf sie richten sich alle Blicke.

Es hilft nichts, auf den Barmherzigkeitsmodus zu schalten und die Kanten des Evangeliums abzuschleifen, wenn man meint, man könne sich damit um den schmerzlichen Prozess der Reinigung herummogeln. Wo das Evangelium anfordernd ist, muss auch die Kirche anfordernd sein. Die Kirche wird von den Leuten nicht etwa abgetan, weil sie anspruchsvoll ist, sondern weil sie mit Anspruchslosigkeit kokettiert.

Paulus hat sich gewiss nicht beliebt gemacht, als er der Gemeinde von Korinth mit klaren Worten zusetzte: «Allgemein hört man von Unzucht unter euch, und zwar von Unzucht, wie sie nicht einmal unter den Heiden vorkommt, dass nämlich einer mit der Frau seines Vaters lebt. Und da macht ihr euch noch wichtig, statt traurig zu werden und den aus eurer Mitte zu stoßen, der so etwas getan hat.» (1 Kor 5,1–2)

Episkopos, das griechische Wort für Bischof, heißt eigentlich Aufseher. Würde ein Bischof heute seiner Pflicht als Aufseher nachkommen und mit sanftem Nachdruck evidente Irrlehrer oder kirchenbekannte Kleriker-Pärchen vor die Wahl stellen: *Du musst dein Leben ändern oder gehen!* – er müsste mit einem Shitstorm sondergleichen rechnen. Oder mit dem Arbeitsgericht. Oder mit beidem.

Und da wäre noch der Zölibat …

Für viele Menschen ist die Lebensform der Evangelischen Räte[406] und der Zölibat der Weltpriester per se eine Lüge. In der Tat geben nicht wenige Priester und Ordensmenschen Rätsel auf, warum sie diese Lebensform gewählt haben.

Verstärkt geht diese Frage an ephebophile Missbrauchstäter. Das Wesen der priesterlichen Lebensform «Zölibat» ist der Verzicht um eines *höheren* Gutes willen. Das höhere «Gut», um dessentwillen jemand auf das *hohe* Gut der sexuellen Selbstverwirklichung im Rahmen einer Ehe[407] verzichtet, ist Gott. Verzichten kann man nur, wenn der Verzicht tatsächlich ein Verzicht ist. Wem die sexuelle Selbstverwirklichung in der Ehe kein «Gut», sondern etwas Fremdes, ja gar nicht in Frage Kommendes ist, für den ist der Verzicht kein Verzicht, sondern möglicherweise eine Form von Refugium[408]. Es ist jedenfalls eine komplett andere Situation als für einen heterosexuellen Priesteramtskandidaten, der unter solchen lebt, die aus der gleichen Liebe zu Gott eben diese Lebensform des Verzichts anstreben und einüben. Umgekehrt dürfte es für heterosexuelle Priesteramtskandidaten kompliziert sein, sich einen geistlichen Weg unter lauter Andersorientierten zu bahnen. So viel zu den natürlichen Voraussetzungen.

Was die übernatürlichen Voraussetzungen betrifft, so schließt die Kirche nach wie vor an das Evangelium an, demzufolge man bei Jesus nicht über ein übliches Bewerberverfahren einsteigt. Man sucht sich keinen Job. Man wird gesucht, gefunden, erwählt (nach Joh 21,22: «Du aber, folge mir nach!»), oder wie es in der Sprache der Kirche heißt: «Man *wird* berufen.»

Berufung ist das, was du dir selbst nicht aussuchst. So fremd das für Menschen ohne besonderen Glauben erscheint, so essentiell ist diese mystische Dimension. Zölibat ist entweder eine Liebesgeschichte mit Gott oder eine menschliche Tragödie; und in manchen Fällen bringt man dann besser die Jungen in Sicherheit.

Nun können «Unberufene» genauso gut heterosexuell sein. Es mag auch für sie tausend nichtige Gründe geben, ein geistliches Amt anzustreben: gesichertes Einkommen, gesellschaftliches Prestige, familiärer Druck, usw. Die Resultate sind in allen Fällen, in denen natürliche oder übernatürliche Defizite eine Rolle spielen, gleich verheerend: zerrissene Charaktere, heimliche Beziehungen, homosexuelle Kontakte schon im Priesterseminar, Konkubinate, Priester ohne Charisma, kaltherzige Funktionäre, narzisstische Selbstdarsteller, verknöcherte Junggesellen.

Die priesterliche Berufung fordert den ganzen Menschen, auch in seiner geschlechtlichen Anlage. «Es gibt», sagte Adorno einmal, «kein richtiges Leben im falschen.»[409] Wenn das Ja zum Ruf Gottes nicht aus Liebe kommt, oder wenn sich die Liebe nicht entfalten kann – und sie *kann* sich als Hingabe an Gott und Liebe zu Jesus in Fruchtbarkeit entfalten, dafür gibt es tausend biografische Beispiele –, wird das Leben krumm.

Fragmentierung erzeugt Kollateralschäden. Das bloß Weggedrückte, die im Selbstwiderspruch gelebte Lüge zeigt sich oft schon körpersprachlich. Die Expertin Sabine Mühlisch meint, es sei «faktisch unmöglich, mit dem Körper zu lügen».[410]

Doch – man kann mit dem Körper lügen. Auch in der Liebe von Mann und Frau gilt: «Euer Ja sei ein Ja, und euer Nein sei ein Nein.» (Mt 5,37) Liebe ist das «Ja» der ganzen Person, ist Hingabe in der Kongruenz von Körper und Sprache. Wenn die Umarmung nicht von Herzen kommt, ist sie Kalkül. Wenn der Kuss nicht meint, was er anzeigt, ist er eine Lüge. Die sexuelle Vereinigung ist nicht nur ein lustvoller Akt; sie ist ein *Versprechen* von Leben. Sex ist Liebe oder Fake, Körperwahrheit oder Körperlüge, vollkommene Hingabe oder falsches Getue. Die Vereinigung von Mann und Frau, in der beide sich erkennen und definitiv zueinanderfinden – der Moment, in dem sie «ein Fleisch» (Gen 2,24) werden und von da ab eine Einheit *sind* –, dieser Moment muss frei von aller Täuschung, aller Lüge, allem Vorbehalt sein.

Die sexuelle Vereinigung ist dabei mehr als ein Symbol; sie ist ein *Realsymbol*. Ein Symbol ist ein Zeichen, das für etwas Anderes steht – etwa ein Stoppschild, das vor dem falschen Einbiegen in eine Einbahnstraße warnt. Das Realsymbol aber bewirkt in der Tiefe der Wirklichkeit, was es sinnlich anzeigt. Sich in der körperlichen Vereinigung von Mann und Frau in höchster Lust zu verlieren, lässt fühlen, zeigt an, bewirkt die gesamtmenschliche, personale und unwiderrufliche *Vereinigung* eines Paares. So ist es zumindest, wenn man die Dinge ernst nimmt und die Worte und Gesten der Liebe nicht für ein Spiel hält oder für ein Instrumentarium, um das Leben und die Gefühle anderer zu benutzen.

Jede sexuelle Begegnung schafft Bindung; sie zu zerreißen, schlägt seelische Wunden, beim einen tiefer, beim anderen weniger tief. *Nicht ich war gemeint, sondern mein Körper,* lautet die Ent-Täuschung, die das Gift des Misstrauens in alle künftigen Lieben mischt. Wunden können vernarben; aber Narben machen auch gefühllos und taub an der Stelle, wo ich mich von Herzen und rückhaltlos verschenken sollte und künftig nur noch einen Teil von mir gebe – «fünfzig oder siebzig Prozent, besser nicht mehr!», denn man könnte wieder enttäuscht werden.

Was man landauf, landab noch immer als große Errungenschaft der Sexuellen Revolution feiert – die Trennung von Sex und Liebe –, ist in Wahrheit der Sündenfall der Moderne. Dieser Modus zerstört die Person im Besten, was sie zu geben hat: sich. In Wahrheit wird die

Sexualität der Liebe übergeordnet und das Größere gegen das Kleinere eingetauscht, wobei man uns weismacht: Die Begierden, denen wir widerstehen, seien so «natürlich, so gesund und so vernünftig, dass es schon beinah pervers und abnorm wäre, ihnen nicht nachzugeben».[411]

Ich hatte schon auf Niklas Luhmann hingewiesen, der es als den Kern der Sexuellen Revolution ansah, dass heute die sofortige und oft wahllose Aufnahme von Sex zum Standard geworden sei. Früher hieß es: Liebe führt zu Sex. Heute muss Sex Liebe hervorbringen. Wenn sich Liebe nicht einstellt, war es eben nur Sex; auch gut. Mit Sex zu warten, würde «als ein kaum noch zu begreifender Irrweg angesehen».[412]

Wenn daher Eberhard Schockenhoff den Sex kirchlich (re)habilitieren möchte, der in vielen nichtehelichen, vorehelichen, außerehelichen und gleichgeschlechtlichen Beziehungen stattfindet, so «reformuliert» er nicht das Axiom christlicher Anthropologie, nach der Sex seinen sinnvollen Ort in der verbindlichen Lebensgemeinschaft der Ehe hat – er gibt es vielmehr auf. Er macht die Ausnahme zur Regel und die Regel zur Ausnahme.

Der Hauch von Moral, mit dem er in seiner «neuen Sexualmoral» den Dammbruch verhindern möchte, wird wenige beeindrucken: «Promiskuität, offene Mehrfachbeziehungen, Untreue und von vornherein unter Vorbehalt eingegangene Beziehungen sind moralisch fragwürdig, und dies ebenfalls unabhängig von der sexuellen Orientierung der Betroffenen.»[413]

Eine Kirche, die dem biblisch fundierten Masterplan Gottes keinen Flankenschutz mehr gewährt, dankt ethisch ab. Wenn die Liebe eine Gestalt hat, muss die Kirche diese Gestalt verkündigen und prophetisch gegen eine Zeit halten, in der diese Gestalt von vielen abgelehnt oder lächerlich gemacht wird. Auch wenn manche es für eine Überforderung halten, auch wenn ganze Zeitalter das Axiom nicht befolgen wollen oder vermeintlich nicht befolgen können, gilt immer noch: «Kirche, du sollst nicht lügen!»

Sex ist Hochzeit, ob nun das gesprochene Ja vorher oder nachher kommt – es muss kommen, weil Sex und Liebe vom Wesen her untrennbar zusammengehören. Die scheinbar entlastende Öffnung dieses Axioms auf die vielerlei Gelegenheiten, die sich im «merkwürdigen Verhalten geschlechtsreifer Großstädter zur Paarungszeit»[414] beiläufig ergeben – vor, neben, außerhalb, jenseits und statt der Ehe –, ist kein Fortschritt im Humanen. Er ist Rückschritt in die Angst, wenn man sich nicht traut. Er ist Rückschritt in die Lüge, wenn man den Anderen biografisch verbraucht.

In der «Theologie des Leibes» ist das alles hinreichend erklärt. Das zwinkernde Einverständnis von Generation I mit der Übernahme des standardisierten Sexualverhaltens in allen deutschen Fernsehfilmen durch Generation II hilft weder Generation I noch Generation II. Generation I wird vergeblich auf Enkel warten, und Generation II wird erst auf schmerzlichen Umwegen oder nie zu der einen Liebe finden, die ihnen von Gott zugedacht ist.

Die Anerkennung des Axioms ist übrigens nicht gleichbedeutend mit der Ausgrenzung aller, die es nicht halten können oder die – aus welchen Gründen auch immer – in Freiheit schwierige Wege gehen, hoffentlich in Kontakt mit Gott. Das ist aber eine Geschichte, die tunlichst auf einem anderen Blatt steht.

Kapitel 20
Der Mann, der aus der Kinderladenszene ausstieg

Wo ist aber die «neue Sexualmoral», die junge Leute kraftvoll dazu einlädt, den göttlichen Masterplan der Liebe zu verwirklichen? Dass die Schockenhoff-Vorlage dazu nicht ausreicht, dürfte deutlich geworden sein. Wir haben es im Kern mit einer postfaktischen und rechtfertigenden Moral zu tun, die – nachdem das Kind in den Brunnen gefallen ist – nach flexibleren Bewertungen sucht.

In der Tat kann es vielen helfen, das Wasserglas halbvoll zu sehen, statt von hoher Warte aus die große Leere im Glas der Liebe zu beklagen. Das ist aber nicht die primäre Funktion von Moral. Ihre erste und vornehmste Aufgabe ist es, zu gutem Leben zu ermutigen und es zu ermöglichen – und zwar schon dann, wenn die Horizonte noch offen und das Leben noch nicht gelebt ist. Wo aber ansetzen? Wo ist der Punkt der Evidenz, dem sich kein vernünftig denkender Mensch entziehen kann?

An dieser Stelle muss ich die Geschichte einer eigenen Einsicht erzählen; es ist die Geschichte eines Freundes, der in den 70er Jahren des letzten Jahrhunderts in der Berliner Kinderladenszene die Liebe und das Leben austestete. Katholisch aufgewachsen, rebellierte er gegen seine Eltern und entschwand in die große Freiheit von Berlin. Dort gab es damals schon für coole Leute das, was seit Tinder & Grindr in greifbarer Nähe für jedermann und jedefrau liegt.

Voll Neugier stieg mein Freund in das Berliner Milieu ein, hielt sich mit Kinderbetreuung und pädagogischer Arbeit über Wasser. Woodstock klang nach, der süßliche Duft von Hanf hing gerade in den Batiktüchern. Es gab endlose Diskussionen um Gesellschaftsveränderung, Wilhelm Reich und die freie Liebe. Aufklärungsfibeln mit expliziten Bildern lagen überall herum. Die Kinder waren meist nackt, oft auch ihre erwachsenen Betreuer.

Antiautoritäre, nichtrepressive Erziehung war angesagt. Ordnung, auch Hygiene, galten als bürgerlich überschätzt. Es sah bunt, wild und frei aus. Aber die linke Idylle hatte Brüche. Grenzüberschreitung und Missbrauch, wie ihn verschiedene Protagonisten erlebten oder mitbekamen, lag in der Luft.

Nach wenigen Jahren stieg mein Freund aus der Szene aus, brach seinen persönlichen Laborversuch und die Kontakte ab und orientierte sich neu. «Warum bist du da rausgegangen», wollte ich von ihm wissen, «warum hast du Berlin wieder verlassen?» Seine Antwort gab mir sehr zu denken – offen gesagt verstand ich sie zunächst gar nicht. Er sagte: «Ich ging da weg, weil ich eines Tages begriff: *Für freie Liebe muss man Kinder töten.* Und ich wollte mir nicht die Finger schmutzig machen.»

Wir sprachen darüber. Was war geschehen? Mein Freund hatte erlebt, wie die neue Option von nichtrepressivem Sex mit wechselnden Partnern und Geschlechtern durch die Empirie verhagelt wurde:

«Du kannst noch so gut verhüten; aber bei Sex entstehen nun mal Kinder. So war es auch in meiner Clique. Plötzlich kam ein dramatischer Ton in das freie Spiel: Jemand war schwanger, was für eine Katastrophe! Ein Kind – das durfte nicht sein. Dann waren es oft die Männer, die – übrigens höchst repressiv – auf einer Abtreibung bestanden. So jedenfalls lief es meistens. Oder die Kinder kamen zur Welt, vielleicht, weil die Frauen ihren Kopf durchsetzten. Dann waren sie da, die Kinder – und fielen durch alle Ritzen. Mal kümmerte sich jemand um sie, mal blieben sie der Community oder sich selbst überlassen; viele wuchsen auf wie Unkraut. Mir taten diese Kinder leid, zumal die Liebe und Geduld, die sie brauchten, abnahm, je mehr sie über Tisch und Bänke gingen. Oft waren die Kinder ein Störfaktor in der biografischen Selbstverwirklichung ihrer Eltern, besser gesagt: ihrer Mütter. ‹Ich hab ja die Kleine an der Backe!›, sagte mir einmal eine junge Frau. Die biologischen Väter waren ohnehin zumeist mit der Rettung der Welt befasst …»

Mir ging der Satz *«Für freie Liebe muss man Kinder töten»* lange durch den Kopf – so lange, bis ich verstand: Er hat die Sprengkraft, das ganze System auseinanderzunehmen. Er ist die schärfste denkbare Kritik am Theoriegebäude der Sexuellen Revolution. Er enthüllt seine Inhumanität schon im Ansatz: Kinder sind der unaufgelöste Rest und der weggedrückte Teil im Ganzen von Sexualität. Kinder sind nur dann erwünscht, wenn sie geplant sind; kommen sie als Unverlangtsendung, darf man sie vernichten.

Neun von zehn Kindern mit Down-Syndrom werden heute abgetrieben[415], als wären sie keine Menschen. Über 100.000 Kinder wurden 2018 in Deutschland im Mutterleib getötet. Ein Kind aber darf niemals der Kollateralschaden von Sex sein.

Ich habe mich immer gewundert, warum in der großen linksliberalen Erzählung von der neuen Liebe «Abtreibung» immer – soll man sagen: todsicher? – dazugehört, als wäre sonst das Puzzle nicht vollständig. Wer zur neuen Erzählung gehören will, darf nicht aus dem Geleitzug ausscheren; er muss den fundamentalen Artikel im Credo der Sexuellen Revolution bekennen, muss Ja sagen zum Recht, sein Kind zu töten.

Die Begründungen, die – bis hin in verständnisvolle liberalkirchliche Kreise hinein[416] – für das Recht (gar das «Menschenrecht») auf Abtreibung gegeben werden, sind schwach; sie laufen in der Regel auf die Entpersonalisierung des Kindes hinaus. Das Kind im Bauch der

Mutter darf kein «Jemand» sein; deshalb ist es ein «werdendes Leben», ein «Zellhaufen», ein «Fötus», eine «Schwangerschaft», die man «unterbrechen» kann. Um sie danach fortzusetzen? Die Begründungen geben sich übrigens ausnahmslos «moralisch».

Ich frage mich: Ist da niemand, den es davor schaudert, einem anderen Menschen das Leben zu nehmen? Ich gab mich lange dem Glauben hin, es müssten doch wenigstens die Mütter sein, die es nicht über sich bringen, das Kind unter ihrem Herzen töten zu lassen. Ich bin mir sicher, dass es sie gab und gibt – aber sie sind in der schwächeren Lage, sind häufig erpressbar und der anonymen Gewalt einer Mentalität ausgeliefert, die damals wie heute über seelische Impulse, Fragen, Zweifel und Bedenken unerbittlich hinwegfährt.

Zudem gibt es Momente der Traditionsbildung: Wichtige Leute haben dafür gekämpft. Liebenswerte Freunde haben «es» getan. Man war selbst durch Rat beteiligt. Man kennt jemand. Man möchte sich nicht moralisch über jemand erheben. So bildet sich eine schwarze Erinnerungskultur und ein Ressentiment gegen alle, die den solidarischen Akt der Not *nicht* gutheißen. Auch an dieser Ecke gibt es *relationale Immunisierung.*

Die Achillesferse der Existenz im Mutterleib ist die Unsichtbarkeit des Kindes. Wäre das Kind sichtbar, wäre seine Tötung eine Un-Möglichkeit. In der Sprache des französisch-jüdischen Philosophen Emmanuel Lévinas, der sein Leben lang das Ausgeliefertsein des Menschen an den Menschen reflektierte und es in seiner Verborgenheit erkannte, wird erst der sichtbare Mensch «Antlitz» und so als der «Andere» erkannt. Das Ethische im Ich wird ausgelöst durch die Verletzlichkeit, Sterblichkeit des Anderen, sein «spezifisches, auf keinerlei Reziprozität zurückzuführendes *Geschieden*-Sein». Nicht in der «Gewaltsamkeit des Wollens oder Habens wird das Ich dem Du gerecht; der Andere ist niemals zu *besitzen,* man muss vielmehr von ihm ‹besessen› sein».[417]

In der Mutter, die für ihr Kind alles geben würde, würde Lévinas das Ideal des ethischen Menschen erkennen, dem der Andere wichtiger ist als das Ich, dem in der Nicht-Indifferenz gegenüber dem Anderen (*non indifférance à l'autre*) aufgeht, dass ethische Neutralität nicht mehr zulässig ist. Die Wahrheit ist dem Anderen ins Antlitz geschrieben: *Du darfst mich nicht töten!* Aber würde man genauer über diesen Satz nachdenken, müsste man etwas Ungeheuerliches an Krisenprävention ins Auge fassen: Man müsste seinen Lifestyle ändern. Man könnte sich nicht mehr entschuldigen, dass alle tun, was alle tun. Man müsste ein Mensch werden, der Geist ist, vorausschauend handelt und Verantwortung übernimmt. Man müsste so leben, dass Sex dann an der Tagesordnung ist, wenn ein Kind kommen kann und von Herzen willkommen ist, weil es einen Mann und eine Frau gibt, die sich von Herzen lieben und volle Verantwortung füreinander und für ein weiteres Menschenwesen übernehmen.

Aber wer denkt denn nach einer prickelnden Nacht im Club an so etwas? Man verliert den Kopf …

Man verliert den Kopf. Und sollte besser sein Leben verlieren – an den, der es wert ist. Die Sexuelle Revolution und ihr niederschwelliger Abklatsch, die Zivilmoral, locken mit einer Welt der flüchtigen, tangentialen Berührungen, eine Welt des Zusammenfindens und der Abstoßung, in der ein jeder sein eigener sozialer Entrepreneur ist, um durch Aneignungen das Maximale aus dem Leben herauszuschlagen.

Man begegnet sich, profitiert voneinander, bleibt letztlich aber bei sich. Liebe ist aber kein Bleiben bei sich – Liebe lässt sich von der Liebe für die Liebe enteignen. Liebe ist Selbstüberschreitung. Liebe ist: im Verlieren beschenkt zu werden. «Wer sein Leben retten will, wird es verlieren, und wer es verliert, wird es retten.» (Lk 17,33)

Eine Abtreibung ist keine Leben rettende Maßnahme; sie vernichtet das Leben eines anderen Menschen, zerstört möglicherweise auch das Leben der Mutter und wirft einen schweren Schatten von Schuld auf alle, die mittelbar oder unmittelbar daran mitgewirkt haben.

Beim Thema Abtreibung liegen die Nerven blank. Kommt man darauf zu sprechen, beginnen offene Wunden zu bluten, kaum vernarbte brechen wieder auf. Menschen sind im Vertrauen auf andere hineingestolpert in eine mörderische Weltanschauung, ohne recht zu wissen, wo sie sind.

Die Vernichtung des Lebens durch die Tötung von Kindern im Mutterleib ist nicht ohne Grund das dornigste Thema im öffentlichen Diskurs und wird deshalb von allen Seiten ausgespart. Auch die Kirchen und viele Engagierte in ihr setzen zunächst einmal mit Recht den Akzent auf selbstlose Hilfe für Frauen in Konfliktsituationen, statt kriegerisch ins Feld zu ziehen für das Fünfte Gebot. Es gab in der Vergangenheit zu viel Kirche, die verurteilte, statt eine Lösung anzubieten, gar eine Lösung zu sein.

Trotzdem ist nun die Zeit gekommen, sich durch mehr zu profilieren als durch unbedingte Annahme und *best practise* in Reparatur. Moral muss Prävention betreiben, muss das Rettende benennen, bevor Rettung nötig wird. Die Kirche steht an der Wegscheide zweier Anthropologien, einer christlichen und einer heidnischen. In der christlichen Anthropologie ist Sexualität zentral in der sakramentalen Ehe beheimatet, gewinnt dort ihren vollen Sinn, muss dorthin geführt werden – und alle Manifestationen von Sexualität müssen daraufhin gelesen werden.

Öffnet man die andere Tür, ist man, wo die Welt schon einmal war, bevor das Christentum auf den Plan trat: in Anthropologie II, in der vieles möglich ist, was dem Glück von Menschen nur scheinbar dient. Daher ist jetzt etwas Anderes an der Tagesordnung: Jetzt ist die Zeit gekommen, in «Abtreibung» den Clearingpoint einer neuen Sexualmoral und die präzise Wasserscheide der Anthropologie zu sehen. Hier scheidet sich alles, was fließt. Die Wasser, die in die *Zivilisation der Liebe* fließen, fließen nicht in die *Kultur des Todes* und umgekehrt. Zwei nicht miteinander vereinbare Anthropologien trennen sich. Menschen müssen sich ent-scheiden, wem sie den Vorrang einräumen: der Lust oder der Liebe, dem Moment oder der Ewigkeit, der Freiheit oder dem Leben.

Christsein ist heute gewiss eine Option unter vielen anderen Optionen. Um wahrgenommen zu werden, muss sie sich unterscheiden. Eine «neue Sexualmoral» vom Skandalon der Abtreibung her zu denken, ihr von hier aus Unverwechselbarkeit zu verleihen, erscheint auf den ersten Blick eng. Es ist aber keine Verengung des Blickwinkels auf ein Seitenthema, sondern die Art von Engführung, wie wir sie von der musikalischen Fuge her kennen; gemeint ist die *Dichte,* in der alle Themen, die das Stück bestimmen, beieinanderliegen.

Die christliche Anthropologie folgt einem Masterplan Gottes, wie wir ihn, den Grundzügen der Offenbarung folgend, beschrieben haben. Es geht um Leben, das aus Liebe kommt, in der Liebe zu sich kommt und dort fruchtbar wird.

So wichtig die Reflexion über homosexuelle Menschen in der Kirche (und im kirchlichen Amt) ist, so ist sie angesichts der ethischen Gesamtherausforderung doch ein Nebenschauplatz; sie betrifft vielleicht 3 % oder 5 %, meinethalben auch 7 % der Gesamtbevölkerung. Die Kirche verirrte sich ins Nachrangige, würde sie das zur wichtigsten Frage der Welt machen, um von diesem kritischen Punkt her eine «neue Sexualmoral» zu strukturieren.

Wer eine Ausnahme zur Regel macht, macht die Regel zur Ausnahme. Ausnahmen muss man als Ausnahmen behandeln. Die heute wichtigste Frage der Sexualmoral ist die Frage, wie man die scheinbar heillos auseinandergebrochenen Teile Sex, Liebe, Leben wieder zueinander bringt. Wo die Teile bestens beieinander sind, ist klar; es muss hier nicht zum x-ten Mal wiederholt werden. Die Kirche muss also alles tun, damit junge Menschen klare Vorstellungen von der Liebe und vom Wert des Lebens gewinnen; sie muss leidenschaftlich dafür kämpfen, dass sie nicht in die Falle von Fehlprägungen geraten und im süchtigen Consuming pornografischer Angebote verrohen und vereinsamen.

Junge Menschen wachsen in einer Welt heran, die sie mit subtiler Gewalt darauf konditioniert, permanent um sich und ihre Vorteile zu kreisen. Liebe ist aber Transzendenz – der Sprung hinaus aus dem Ich und aus dem selbstreflexiven Verhalten, hin zum Du in einem singulären Wagnis angstfreier Hingabe. Die Kirche muss daher möglichst viele junge Menschen für die eine, lebenslange Liebe im Sakrament der Ehe begeistern und sie durch intensive Ehekatechese dafür qualifizieren – sie muss sie so qualifizieren, dass ihre nachhaltige, treue Liebe den einzigartigen Raum für neues Leben schafft. Und sie muss Menschen dabei lebenslang begleiten.

Sex ist nicht für den Sex da; Sex ist kein Selbstzweck. Die Lust und das ganze reiche Triebwerk des Geschlechtlichen sind primär dafür in der Welt, um integraler Bestandteil einer humanen Ökologie zu sein. Sie sind dafür da, das intergenerationelle Haus des Lebens zu erhalten, dem Leben zu dienen, Leben zu ermöglichen. Weil das so ist, sollte eine «neue Sexualmoral» einen qualitativen Sprung machen und sich wirklich (und nicht bloß rhetorisch) neu aufstellen. Sie sollte sich aufstellen mit einem einzigen *unique selling point*[418], der da lautet: *Wir sind für das Leben.* Dazu sollte die Kirche in ein ethisches Setting gehen, das nicht Vergangenheiten rehabilitiert, sondern Zukunft schafft.

Wie der Sex nicht für den Sex, so ist die Kirche nicht für die Kirche da; Kirche ist kein Selbstzweck. Nicht nur Jorge Bergoglio hat sie an die Ränder verwiesen; auch Jesus hat sie eingeladen, den letzten Platz einzunehmen.

Ich habe die Hoffnung noch nicht aufgegeben, die Kirche könnte ins Herz der anthropologischen Krise gehen, dorthin, wo es Schmerzen bereitet, wo man verlacht und verachtet wird, wo alle die Nase rümpfen, dorthin, wo ein paar Mutige heute schon sind, weil sie für das Lebensrecht von ungeborenen Kindern eintreten, sich dafür als «Fundamentalisten» beschimpfen und mit Eiern bewerfen lassen.

Mutter Teresa: «Wahre Liebe muss weh tun. [...] Er liebte, bis es weh tat. Wie können wir die Armen lieben, wenn wir unsere eigenen Kinder nicht zuerst lieben?»[419] Mutter Teresa hätte die Heldin aller werden können, hätte sie beim Empfang des Nobelpreises in Oslo am 10. Dezember 1979 nicht ein paar unmögliche, wahre Sätze gesagt: «Ich habe eine Überzeugung, die ich Ihnen allen mitteilen möchte: Der größte Zerstörer des Friedens ist heute der Schrei des unschuldigen ungeborenen Kindes. Wenn eine Mutter ihr eigenes Kind in ihrem eigenen Schoß ermorden kann, was für ein schlimmeres Verbrechen gibt es dann noch, als wenn wir uns gegenseitig umbringen? Sogar in der Heiligen Schrift steht: ‹Selbst, wenn die Mutter ihr Kind vergessen könnte, ich vergesse es nicht.› Aber heute werden Millionen ungeborener Kinder getötet, und wir sagen nichts. In den Zeitungen lesen wir dieses und jenes, aber niemand spricht von den Millionen von Kleinen, die empfangen wurden mit der gleichen Liebe wie Sie und ich, mit dem Leben Gottes. Und wir sagen nichts, wir sind stumm. Für mich sind die Nationen, die Abtreibung legalisiert haben, die ärmsten Länder. Sie fürchten die Kleinen, sie fürchten das ungeborene Kind. Und das Kind muss sterben, weil sie dieses eine Kind nicht mehr haben wollen – *nicht ein Kind mehr* –, und das Kind muss sterben.»[420]

Der Segen, der auf einer Kirche läge, die «We can end abortion» zur Priorität machen und ihre jungen Leute motivieren würde, alles zu unternehmen, damit kein Kind mehr im Mutterleib sterben muss, wäre immens. Die jungen Leute würden an einem biografischen Brennpunkt das Entscheidende für ihr eigenes Leben und ihre eigene Liebe lernen: 1. Wie hoch das göttliche Geschenk menschlichen Lebens zu schätzen ist. 2. Warum die Wirklichkeit ein strenges Junktim zwischen Leben, Liebe und Sex vorsieht. 3. Dass es kein Recht zu Gelegenheitssex gibt, so oft es auch in jedem zweiten Film als das Normalste von der Welt vorgeführt wird.

Und um auch dies zu sagen: Ich glaube, dass ein spiritueller Bann, der *Bann der Unfruchtbarkeit,* auf einer Kirche liegt, die aus Angst vor öffentlichem Liebesentzug – mithin aus schierem Populismus – zur zivilgesellschaftlichen Akzeptanz von Abtreibung schweigt. Eine Kirche, die dazu schweigt, ist eine gebundene Kirche. Sie wendet sich ab vom lebendigen Gott.

Statt die Büchse der Pandora zu öffnen und die grundsätzliche Beheimatung von Sex in der Ehe zu unterminieren, sollte die Kirche lieber darauf hinarbeiten, dass auch Jugendliche, die mitten im Chaos einer durchgängig sexualisierten Welt leben, einen integren Weg in die Ehe finden. Das ist möglich, wie wir bei Jugendlichen sehen, die sich im Kontext der «Theologie des Leibes» auf den Weg gemacht haben und sich gegenseitig darin aus Überzeugung bestärken.

Ich wünschte manchen älteren katholischen Sexualoptimisten, deren einzige Botschaft an junge Leute darin besteht, dass man die Dinge jetzt locker sehe, dass sie sich von solchen Jugendlichen erläutern lassen, was es heute kostet, einigermaßen heil durch Babylon und am Ende sogar vor den Traualtar zu kommen.

Die zweite große Baustelle einer Sexualmoral, die vom Fünften Gebot ausgeht, schließt nahtlos hier an: Ich meine den Kollateralschaden «verlassen werden / verlassen sein». Am Ende der Verramschung von Sex steht die Einsamkeit. Die Körpersprache lügt eine Ewigkeit vor, die in der Banalität des Alltags nicht zu halten ist. Das Gleichgewicht der Gefühle, auf das man ohnehin besser nicht baut, neigt sich. Einer sagt good bye; und beide einigen sich auf die fragwürdige Sprachregel «Wir haben uns im Guten getrennt und bleiben Freunde».

Einen Menschen, dem man sich mit Haut und Haaren hingegeben hat, verlassen – das geht eigentlich nicht, schon gar nicht, wenn Kinder da sind. Verlassen tötet. Dorothee Sölle hat vom «Tod der Beziehungslosigkeit»[421] gesprochen. In der Gesellschaft mehrt sich die Anzahl der Singlehaushalte. Immer mehr Menschen sind biografisch gezeichnet, weil sie verlassene Partner oder verlassene Kinder sind – Opfer derer, die auf der Suche nach dem wahren Kick weitergezogen und Menschen dabei zurückließen, die einmal auf sie gebaut hatten. Der «gebrauchte» Mensch erschien nicht mehr brauchbar und wurde durch ein geeigneteres Objekt ersetzt.

In Zagreb gibt es ein «Museum of Broken Relationships», in dem lauter kleine Erinnerungsstücke gesammelt sind, die Menschen eingesandt haben, die einer zerstörten Lebenshoffnung hinterhertrauern[422]. Der Hit im Museumsshop ist ein Erinnerungsradiergummi.

Der Bodensatz an Bitterkeit in unserer Gesellschaft rührt auch daher, dass es vor allem Frauen waren, die sich auf ein unverbindliches Spiel der Gefühle einließen und nun zurückbleiben wie schwerverkäufliche B-Ware. Ich denke auch an das, was Psychotherapeuten über den rapiden Anstieg von frühen Verlust- und Verlassenheitserfahrungen und unterschwelligen Traumatisierungen berichten. Immer mehr Menschen suchen psychische Heilung, weil sie keinen richtigen Vater, keine richtige Mutter, keine richtige Familie mehr erfahren haben, weil sie in schwierigen Umständen aufwuchsen, weil sie zwar in die Welt gesetzt, auch betreut und bespielt, aber im Wesentlichen mit sich selbst alleingelassen wurden und sich an schmerzlindernde, aber giftige Surrogate für Liebe gewöhnten.

Zur Welt kommen, das dauert nicht zwei Stunden im Kreißsaal, auch nicht zwei Jahre an der Mutterbrust, auch nicht zwanzig Jahre Eltern-Invest. Zur Welt kommen wird erst dann in seiner vollkommenen Härte erfahrbar, wenn Vater und Mutter gestorben sind. Bis dahin ist ein «wir» gegeben, das uns hilft zu leben, zur Welt und zu uns zu kommen.

Eine dem Leben zugewandte «neue Sexualmoral» wird mehr tun, als die Notlösungen zu würdigen, in denen Menschen im Feldlazarett der Liebe über die Runden kommen. Die Wurzel des Kollateralschadens Verlassenheit ist das Verlassen. Warum verlassen wir einander? Warum sorgen wir nicht füreinander? Warum missachten wir die Ansprüche des Anderen? Warum sind wir beziehungsunfähig? Warum kreisen wir um uns selbst? Warum neigen wir zu den giftigen Surrogaten der Liebe?

Glücklicherweise entdeckt die Kirche mehr und mehr das Thema *Heilung* und erfährt sich an vielen Orten als eine Schule, in der wir nicht nur zu glauben, sondern auch zu leben lernen. Die Renaissance der geistlichen Vaterschaft und der geistlichen Mutterschaft geht einher mit einer neuen Aufmerksamkeit für die psychosoziale Entwicklung des Menschen, wie sie etwa Erik Erikson (1902–1994)[423] ein Leben lang erforscht hat.

Die Heilung des Menschen in seinen natürlichen Grundlagen darf nicht pastoral oder spirituell überblendet werden. Ethische Forderungen werden von Menschen nur verstanden und integriert, indem sie aufgreifen, was der ganze Mensch will und in der unverstellten Tiefe seiner Kreatürlichkeit ersehnt. Eine Kirche, die auf Jesus schaut, schuldet den Menschen die Hinführung zur Fülle des Lebens («Ich bin gekommen, damit sie das Leben haben und es in Fülle haben», Joh 10,10), und Weniges lastet als Schuldkonto schwerer auf ihr als ihr Versagen in der Ehekatechese, ja überhaupt in einer Katechese, die junge Menschen vertraut macht mit ihrer Bestimmung als Mensch, als Mann, als Frau.

Noch immer wird das Sakrament der Ehe verlangt und gespendet wie der Zuckerguss über einen Kuchen mit höchst unklaren Ingredienzien. Und dann wundert man sich, warum sakramental geschlossene Ehen zunehmend eine kaum größere Haltbarkeit als «normale» Ehen haben.

2016 schockierte Papst Franziskus sogar die Kurie mit der Feststellung, er halte die Mehrheit der kirchlich geschlossenen Ehen für ungültig[424]. Momentan gäbe es eine «Kultur der Vorläufigkeit», in der sich die Brautleute zwar guten Willens lebenslängliche Treue versprächen, aber – so der Papst – «… sie wissen nicht, was sie sagen».

Eine «neue Sexualmoral» wird also nicht dabei ansetzen, die Eintrittskarten zu ermäßigen und sich an die zivilmoralischen Auffassungen der Leute anzupassen. Sie wird hingegen lange, geduldige Wege mit jungen Leuten gehen und viele einladen, die Basics für einen integren Empfang des Sakraments zu erwerben.

Eine «neue Sexualmoral» kann man negativ – also von den größten Schäden und dringendsten Nöten her – aufbauen. Man kann sie aber auch positiv – vom Ganzen her – betrachten, das mehr sein muss als ein fernes, von wenigen Heiligen zu vollbringendes Tugendideal[425]. Dann sollte man Maßnahmen finden, die Ganzheitlichkeit der Liebe neu zu lehren und verbindlich in der Gemeinschaft der Kirche zu leben.

«Die Heiligkeit», sagt Papst Franziskus, «und die Übung der Tugenden sind nicht nur Wenigen vorbehalten und auch nicht beschränkt auf einige besondere Augenblicke des Lebens. Alle können sie leben in der täglichen Treue zur christlichen Berufung [...] Heiligkeit ist der Weg der wahren Reform der Kirche.»[426]

Kapitel 21
Abschied vom Pippilotta-Prinzip

«Wo die Liebe auftaucht, fängt sie alle anderen Triebe ein und überführt sie in Liebe», lehrte Bernhard von Clairvaux (1090–1153). Die Offenbarung Gottes kann man beschreiben als das universale Auftauchen der Liebe, ohne die alles nichts ist. «Gott ist Liebe, und wer in der Liebe bleibt, bleibt in Gott und Gott bleibt in ihm», und: «Wir haben die Liebe, die Gott zu uns hat, erkannt und gläubig angenommen.» (1 Joh 4,16)

Christsein ist ein Prozess, ein mühsamer Lernweg in der Kunst, alles vom Masterplan der vollkommenen, der menschgewordenen, endlich sogar gekreuzigten Liebe her zu lesen. Von diesem archimedischen Punkt her versuchen Christen alles zu verstehen im weiten Umfeld von Leben, Lust und Freiheit – auch das, was links und rechts vom Weg liegt. Alles steht in Beziehung zu dieser Liebe, mit der wir zuerst geliebt wurden. Etwas auszulassen, würde den Sinn des Ganzen zerstören.

Wenn es Gott gibt – und wenn er die Liebe ist –, gibt es keine zweite Logik neben der Logik des Ganzen, neben der Logik der Liebe. Das heißt auch: Wenn es diese Liebe gibt, kommt keiner zu kurz.

Das ist der Glaube der Christen. Aber er steht manchmal frierend in einer Welt, in der Liebe nur wie eine kalte, ferne Sonne am Horizont erscheint. Ja, es stimmt: Es gibt keinen Menschen, der nicht eine Herkunft von Vater und Mutter hat. Aber nicht alle leben in der Gewissheit, dass sie auch die Frucht der *Liebe* eines Mannes und einer Frau sind, wie es der Logik der Schöpfung eigentlich entspricht. Wo jemand nun aber nicht Frucht der Liebe, sondern Folge eine «Unfalls», einer Vergewaltigung oder eines Versehens ist, trägt er fortan eine Lebenswunde in sich, die nach Heilung und Versöhnung schreit oder in wilden Suchbewegungen auf sich aufmerksam macht.

Viele kommen nicht an die Quelle der Liebe heran, die durch sie hindurchgehen, die aus ihnen sprudeln sollte. Sie bleiben bei sich, aus Angst, sich im Sakrament der Ehe an einen Mann oder eine Frau zu verschenken und – wie sie fürchten – sich dabei zu verlieren. Wir stehen vor einem Dilemma. Sex kann nicht das Letzte und Einzige sein. Ein Leben ohne Sex aber erscheint vielen wie ein zynisches Schicksal. Was kann man christlich dazu sagen?

Christen sollten nicht nur den Mut aufbringen, die Spannungen, Konfliktthemen und existenziellen Brüche auf der Roadmap der Liebe zu verorten, die uns in der Heiligen Schrift als das Geheimnis von allem, ja selbst als Geheimnis Gottes, gegeben ist. Sie sollten auch denen in geschwisterlicher Liebe nahe sein, deren Liebessehnsucht gebrochen, gekreuzigt oder gar zerstört ist.

Auch von entlegenen Punkten führt immer ein Weg in die Liebe. Alles, auch «Self-Sex», vorehelicher Sex, außerehelicher Sex, homosexueller Sex sind so zu lesen – dazu alle Phänomene, die zwischen der Lust und dem Leben, der Freiheit und der Weitergabe des Lebens oszillieren: Polyamorie, Partnerwechsel, Masturbation, Pornografie, Gender, Leihmutterschaft, Abtreibung, Adoption. Ob sie Liebe sind? Wahre Liebe? Hunger nach Liebe? Geteilte Liebe? Ersatz von Liebe? Dosierte Liebe?

Manches, was als Liebe auf den Plan tritt, ist kaum verhohlene Angst, kaltes Kalkül, getarnte Dominanz, ein Versteck von Wunden, ist Imitation von Hingabe, Maske von Gier, verheimlichte

Ausbeutung, Verkleidung von Unglauben, schiere Verzweiflung, nackte Gewalt.

So vieles möchte Liebe sein und wagt sie nicht.
So vieles nennt sich Liebe und ist doch Geschäft.
So vieles kommt als Liebe daher und ist doch ihr Verrat.

Alles kommt auf die Kunst der Unterscheidung an. «Es ist notwendig», sagt José Granados, «über die Wahrheit der Liebe zu sprechen»[427], und – so möchte man hinzufügen – über die Wahrheit der Freiheit. Es gibt die Freiheit, aber sie ist nicht dazu da, uns willkürlich in der Welt zu positionieren. Das Pippilotta-Prinzip klingt charmant, ist aber kindisch: «Zwei mal drei macht vier, / widewidewitt und drei macht neune, / ich mach mir die Welt, / widewide wie sie mir gefällt.»[428]

Schon die Löwenmutter ist nicht frei zu wählen, ob sie ihren Löwenkindern das Jagen beibringt oder nicht. Die Freiheit gibt es, damit wir aus dem Tiefsten der Person das Gute wählen und darin Gott ähnlich werden. Das Gute ist die Liebe, und alle Verheißungen von Glück wohnen in dieser Wahl. Liebe ist nicht Gefühl. Liebe ist Entscheidung. Menschen kommen zu ihrer Bestimmung, wo sie sich in Freiheit für die Liebe entscheiden, aus der sie kommen, die sie erwartet und die sie in der Welt nach dem Bauplan Gottes realisieren dürfen – mit unendlichen Ressourcen von oben.

Menschen erfahren Liebe als *Eros,* als brennendes Begehren, als instinktive, anarchische Suchbewegung nach einer Ganzheit durch Vereinigung: «Stark wie der Tod ist die Liebe, die Leidenschaft ist hart wie die Unterwelt! Ihre Gluten sind Feuergluten, gewaltige Flammen.» (Hld 8,6)

Von der antiken Umwelt, die ein gebrochenes Verhältnis zum Erotischen hatte und zwischen lustvoller Ergebung in den göttlichen

Taumel des Dionysos und Verachtung der animalischen Triebstruktur hin- und herschwankte, setzten sich Israel und die Kirche scharf ab, indem sie den Eros als Treibstoff zueinander würdigten, die Vergöttlichung des Erotischen aber ablehnten und die Unterwerfung unter ihr Diktat als *porneia* (= Unzucht) und als das Heidnische schlechthin begriffen.

Das Neue Testament humanisierte den Eros, indem es das zur Liebe Hinreißende daran bewahrte und das von der Liebe Wegführende, Zerstörerische daran ausschied. *Eros* ging auf in etwas Neuem, wofür die biblischen Autoren auch ein neues, sonst kaum gebrauchtes Wort verwendeten: *Agape* – selbstlos schenkende Liebe. Was diese (schon «natürlich» schöne Liebe) ist, lernen Christen definitiv an der Agape Jesu – seiner Lebenshingabe aus Liebe. Und sie sehen im gebrochenen Leib und im vergossenen Blut des Erlösers das letzte und bis ans Ende gültige Zeichen der Treue Gottes. Das macht die nur vom Tod begrenzte Hingabe in der Ehe erst vollends zum heiligen Zeichen und zur Wiederherstellung der Gottähnlichkeit. Es soll das Absolute geben in einer Welt, in der alles relativ ist – es soll zeichenhaft gegeben sein, im Fleisch fehlbarer Menschen. Darum kann das Christliche nicht beim *Eros* stehen bleiben, auch nicht ins heidnisch Erotische zurückfallen.

Eros dient vielen Göttern; *Eros* ist ewig unbefriedigt[429], freiheitssüchtig und pansexuell; er möchte sich mit allem paaren, was ihn verlockt; *Agape* hingegen ist Eros, der mit Leib und Seele ankommt, Freiheit, die sich bindet – und nicht an ein Vieles, Unbestimmtes, sondern an Eine/Einen: «Darum wird der Mann Vater und Mutter verlassen und die zwei werden ein Fleisch sein.»

Der Eros hat kein Treue-Gen; er nutzt die Gelegenheit und wandert weiter zu neuen Abenteuern. Agape aber sagt «wir» und bringt zum Ausdruck: Wir «sind also nicht mehr zwei, sondern ein Fleisch.»

Und Gott ist es, der sagt: Was ich verbunden habe, «das darf der Mensch nicht trennen.»

Hier ist alles beieinander: Mann und Frau, Eros und Agape, Liebe und Dauer, Person und Freiheit, Geist und Seele, der Leib und die Wahrheit seiner Sprache, der schöpferische Schöpfer und sein mitschöpferisches Geschöpf.

«Die Sexualität», sagt Papst Johannes Paul II., «in welcher sich Mann und Frau durch die den Eheleuten eigenen und vorbehaltenen Akte einander schenken, ist keineswegs etwas rein Biologisches, sondern betrifft den innersten Kern der menschlichen Person als solcher. Auf wahrhaft menschliche Weise wird sie nur vollzogen, wenn sie in jene Liebe integriert ist, mit der Mann und Frau sich bis zum Tod vorbehaltlos einander verpflichten. Die leibliche Ganzhingabe wäre eine Lüge, wenn sie nicht Zeichen und Frucht personaler Ganzhingabe wäre.»[430]

Das ist der Masterplan Gottes, von dem alle Fragmentierungen her zu lesen sind und alle Kollateralschäden verständlich werden als *Mangel, Irrtum, Krankheit, Schuld* oder *Sünde.*

Wo es aus den unterschiedlichsten Gründen nicht zu einer Ehe kommt, sind Menschen dennoch nicht zur manischen Lustsuche verdammt. Auch sie erfahren geschenkte Liebe und können auf ihre Weise fruchtbar werden im Schenken von Liebe, in der Hingabe an das Gute und an Gott. Fruchtbarkeit ist nun einmal die Signatur der Liebe. Auch der Zölibat der Ehelosen ist fruchtbar, oder er ist nicht; er erstarrt zu Stein, macht sich als windschiefe, bizarre Attitüde unmöglich, wo er nicht Berufung und eine Form von Liebe ist, die mystisch die Hingabe an die eine Person in die tägliche Hingabe an den Einen, der es in Ewigkeit wert ist, überschreitet – überschreiten *darf,* denn «nicht alle können dieses Wort erfassen, sondern nur die, denen es gegeben ist [...] um des Himmelreiches willen.» (Mt 19,11–12)

Wer sich ausgeschlossen fühlt von der Sehnsucht des Mannes nach einer Frau oder der Frau nach einem Mann, weil er keine Gelegenheit hat, diese Sehnsucht mit einem Partner zu leben, oder weil er sich zum gleichen Geschlecht hingezogen fühlt, weiß immer noch, dass die Liebe größer ist als die Lust. Auf Lust gibt es kein absolutes Recht, auf Liebe sehr wohl. Das Geheimnis des Seins ist Liebe, oder das Sein ist eine nihilistische Pirouette und hat keinen Sinn in sich.

Bevor wir Männer und Frauen sind, sind wir erst einmal Kinder Gottes – und nur als solche (Mt 18,3) werden wir in das Reich Gottes eingehen. Dass wir uns in diesem Äon als Männer und Frauen vorfinden, ist hier und auf Zeit wichtig, nicht mehr im Himmel, wo Gott alles für uns sein wird und wir keiner Ergänzung mehr bedürfen. Dies ist eine wichtige Nachricht für alle, die sich in ihrem Leben schwertun mit dem Zueinander von Männern und Frauen und unter Schmerzen, Irrtümern und offenen Fragen ihren Weg suchen.

Warum das so ist – warum die einen von Kind auf in den warmen Gefilden der Liebe baden und andere aus der Kälte kommen und so leben müssen, als dürften sie das ewige Eis nie verlassen – wissen wir nicht. Warum gibt es die «Leiden eines dicken Mädchens», von denen die Kleist-Preisträgerin Diana Kempff in «Fettfleck»[431] so erschütternd erzählt? Warum die Wunden, die wir uns schlagen? Warum all die unerfüllten Sehnsüchte? Warum all die verlorenen Söhne und Töchter? Warum ist die Welt, wie sie ist?

Wir können Gott nicht in die Karten schauen; wir kennen die Gründe seiner vorläufigen Zulassungen nicht, die allen ehrlichen Menschen wie ein metaphysischer Liebesentzug erscheinen.

Walter Dirks hat Romano Guardini (1885–1968), den großen Religionsphilosophen, auf dem Sterbelager besucht und hörte Unerwartetes:

«Er werde sich im letzten Gericht nicht nur fragen lassen, sondern auch selber fragen; er hoffe in Zuversicht, dass ihm dann der Engel die wahre Antwort nicht versagen werde auf die Frage, die ihm kein Buch, auch die Schrift selber nicht, die ihm kein Dogma und kein Lehramt, die ihm keine […] Theologie, auch die eigene nicht, habe beantworten können: Warum, Gott, zum Heil die fürchterlichen Umwege, das Leid der Unschuldigen, die Schuld?»[432]

Kapitel 22
Eine andere Geschichte von den verlorenen Söhnen und Töchtern

Das Gleichnis vom verlorenen Sohn – andere nennen es «Das Gleichnis vom barmherzigen Vater» – hat sich tief in das Gedächtnis der Menschheit eingegraben, nicht nur wegen der ikonografischen Genialität Rembrandts, der in seinem späten Gemälde «Die Rückkehr des verlorenen Sohnes» (1666/1669) den Moment der großen Versöhnung festgehalten hat, von dem die Kirche gerade träumt, dass er sich noch einmal ereigne – mit *ihr* in der Rolle des gütigen Vaters.

Nun ist die Kirche nicht Gott. Aber sie sollte dem Blick auf Gott mindestens nicht im Weg stehen. Ja, eigentlich sollte sie der Ort sein, an dem sich das Menschliche und das Göttliche verdichten und lichten.

Ich möchte vorschlagen, dass wir dieses Gleichnis und dieses Bild als Paradigma der Suche nach einer neuen Sexualmoral nehmen und uns mit dem Gedanken vertraut machen, dass nicht nur der freiheitssüchtige «verlorene Sohn» verloren gegangen sein könnte, sondern auch der zuhause gebliebene Sohn seine spezifische Verlorenheit entdecken muss, die anders und möglicherweise größer ist als die seines Bruders. Nennen wir das Gleichnis also «Die Geschichte von den verlorenen Söhnen (und Töchtern)».

Bei Rembrandt kniet der verlorene Sohn aus dem Lukasevangelium vor dem alten, nach innen schauenden Vater. Ein tausend Mal gespielter innerer Film über das ungewisse, nachrichtenlose, möglicherweise abgründige Treiben seines Sohnes mag da gerade verblassen vor der Intensität einer neuen Wirklichkeit: der unverhofften Heimkehr des Verlorengegangenen ins väterliche Haus.

Dass der Vater Autorität über Recht, Besitz, Moral und Menschen hat, erkennt man nur noch an dem roten Mantel: Gerade aber hat er seine Würde vergessen; er hat den Stab und die Insignien seiner Macht beiseitegelegt.

Der Augenblick, den Rembrandt für immer festhält, ist der vom Vater ausgehende Bruch eines Tabus, eine ungeheuerliche Momentaufnahme, eine Verrücktheit:

Er darf den verlorenen Sohn nicht wieder aufnehmen.

Aber er tut es.

Im semitischen Kontext war die Forderung des Sohnes, der Vater möge vorzeitig sein Erbe herausrücken, eine schockierende Verletzung der archaischen Ordnung. «Es ist fast undenkbar», urteilt der Exeget N. T. Wright, «dass der jüngere Sohn um sein Erbteil bittet; wer so etwas tut, sagt damit mehr oder weniger zum Vater: ‹Ich wünschte, du wärest tot.›»[433]

Der Sohn stellt seine Freiheit über das Leben des Vaters. Biblisch gesprochen: Er wünscht den Tod Gottes, die Nichtexistenz einer transzendenten Instanz, die er als Luft und Freiheit raubende Macht begreift. Nun aber ist er da, der intime Moment einer alle Macht, alles Recht, alle Ordnung und jedes Kalkül übersteigenden Liebe. Sie macht, dass der Herr seine Herrenhaltung verliert, dass er sich krümmt und schützend beugt über den, der sein Anrecht auf Heimkehr verwirkt hat. «Gott», hat C.S. Lewis einmal formuliert, «liebt uns nicht, weil wir liebenswert sind, sondern weil er die Liebe ist.»

Der sich da demütig in den Schoß des Vaters kauert, von ihm gestreichelt, ja scheinbar gesegnet wird, ist heruntergekommen, eine abgerissene Erscheinung; man sieht es an seinen Schuhen und seiner

Kleidung. Dieser Kniende da ist ein vom Weg und vom Leben Gezeichneter, ein auf den Hund gekommener Kerl, ein glatzköpfiger Sklave, ein Bettler.

Der Beschauer fühlt mit, was es diesen ehemals Stolzen gekostet haben mag, mit dem Eingeständnis des Scheiterns in das Hinknien vor dem Vater zu gehen. Aber hat nicht der verlorene Sohn zum Preis seines Vermögens Erfahrung eingekauft, die ihn unter Schmerzen klug werden ließ? Kein schlechter Deal!

Vielleicht war der korrekte Bruder ja nur der Feigere – einer, der auch gerne rebelliert hätte, wenn er nur an seine verbotenen Träume geglaubt und so authentisch gewesen wäre, zu ihnen zu stehen. Vielleicht wäre auch er gegangen, hätte er die Kühnheit besessen zu sagen: «Ich *muss* in die Freiheit – und wenn ich mich damit um alles Gut der Welt und das Heil meiner Seele bringe!»

Der verlorene Sohn hat das getan, in einem Fall von Güterabwägung. Er hat sich sein Teil genommen. Aber seine Heldenpose hat ein Geschmäckle. Schließlich ließ sich der verlorene Sohn die Freiheit finanzieren. Er tat, was er wollte – auf Kosten des Vaters. Er lebte das Leben der Freiheit, solange die Lebens-Mittel dazu hinreichten. Er mehrte das Gut nicht. Er verbrauchte es. Erst als kein Leben aus eigener Kraft mehr möglich war, kehrte er zur Quelle der Freiheit, zum Urheber des Lebens zurück.

Aber das alles spielt im Moment der großen Versöhnung keine Rolle mehr. Jetzt ist alles gut – alles ist *wieder* gut. Manche Interpreten des Bildes haben auf die unterschiedlichen Hände des Vaters hingewiesen; die rechte Hand ist weiblich und zart, die linke Hand ist hart und stark: «Vielleicht», schreibt Niko Natzschka in einem Internetbeitrag[434], wollte er damit sagen: «Gott ist gerecht und gnädig. Er ist Vater und Mutter zugleich. Die Linke ist stärker, aber die Rechte setzt sich durch.»

Ein zweites Leben ist möglich im Horizont der Vergebung und der Dankbarkeit über ein wiedereröffnetes, neues Leben in der Nähe des Vaters.

Rembrandt selbst hat sein Gemälde nie erläutert, und obwohl es viele noch ungelöste Rätsel enthält, sind die wesentlichen Elemente für uns lesbar. Wahrscheinlich ist die aufrechte Figur, die ganz zur Rechten steht, gewissermaßen stocksteif auf den Stab gestützt, der zuhause gebliebene Sohn. Er trägt die Insignien des Erben; er ist der kommende Hausherr. Sein Gesicht ist im Licht; aber seine Züge sind verschlossen.

Rembrandt verrät uns nicht, was hinter seiner Stirn vorgeht, was uns aber das Lukasevangelium mitteilt: die Enttäuschung und das maßlose Unverständnis des braven Mannes, der nicht verstehen kann, dass der Vater immer noch vernarrt ist in den Verräter, den Schuft, den Saukerl, der nicht einmal davor zurückscheut, als Pleitier wieder aufzukreuzen und den Vater am Ende noch ein zweites Mal auszunehmen.

Daniela Hast hat eine bemerkenswerte Meditation über das «Das Kind, das blieb» geschrieben, die ich auszugsweise wiedergeben möchte; dieses Kind spricht wortlos zum Vater:

«Jeden Tag stehst du am Tor und wartest auf ihn. Auf ihn, der dich verlassen hat, fröhlich von dannen zog, mit der Hälfte deines Geldes. Du guckst dir die Augen aus. Von Ferne sehe ich, wie du bebst. Weil du weinst, um ihn weinst. Der dich verließ, um zu huren, um zu saufen, um sonst was zu tun. Jeden Tag sehe ich nur deinen Rücken. […] Du hast mich aus dem Blick verloren. Weil du nur nach ihm schaust, nach ihm, der dir so weh tat. […] Hast du mich je gesehen? Hast du mich je geliebt […]? Dein Kind ist weggelaufen – du hattest nur eins. […] Meine Sehnsucht nach Nähe, bemerkst du nicht. Mein Verlangen nach deiner Zärtlichkeit, spürst du nicht. Nichts bekomme ich von dir. Keine Anerkennung für meine Taten. Kein Streicheln für meinen Körper. [...] Keine Zeit, die nur mir gilt. Er bekommt alles und schätzt es nicht. Deine Sehnsucht nach ihm. Deine Gedanken für ihn. Deine Zeit im Warten auf ihn. Deine Liebe für ihn. Er verließ und verletzte dich. Und wird dafür belohnt. Ich blieb und arbeitete. Und werde bestraft. Mit deiner Nichtbeachtung, deinem Liebesentzug. Mit meinem Hass auf ihn, auf dich, auf mich!»[435]

An dieser Stelle sollten wir daran erinnern, was Jesus mit diesem Gleichnis sagen wollte. Es ist Gleichnis Nummer zwei im 15. Kapitel des Lukasevangeliums. Beide Gleichnisse antworten auf ein provokatives prophetisches Handeln Jesu. «Alle Zöllner und Sünder kamen zu ihm, um ihn zu hören. Die Pharisäer und die Schriftgelehrten empörten sich darüber und sagten: Dieser nimmt Sünder auf und isst mit ihnen.» (Lk 15,1–2)

Wir wissen heute, dass Jesus das nicht aus einer privaten Laune heraus tat, oder weil er ein Faible für schräge Gestalten hatte. «Jesus feierte sozusagen das messianische Festmahl, und er tat das angeblich mit den ganz falschen Leuten.»[436] Im ersten Gleichnis ist es das eine Schaf, um dessentwillen der Schafhirte die Neunundneunzig zurücklässt, um das eine zu finden. Im zweiten Gleichnis sind es die verlorenen Söhne, mit denen Gott etwas im Sinn hat.

Was? Es steht im Evangelium: «Im Himmel», heißt es in Lk 15,7, wird «mehr Freude herrschen über einen einzigen Sünder, der umkehrt, als über neunundneunzig Gerechte, die keine Umkehr nötig haben.» Diese Botschaft betrifft beide Söhne. Am Ende könnte derjenige Sohn der Verlorene sein, der dem Vater nie verlorenging.

Um im Bild Rembrandts zu bleiben:
Der Bruder muss auch in die Knie.
Bliebe er stehen, liefe er weg.

Rembrandts Gemälde ist geprägt von einem frappanten Rollentausch, der Gut und Böse nicht verändert, wohl aber die Personen, die im Spiel sind. Der eigentlich das Gesetz verkörpern müsste, der Vater, ist gesetzesvergessene Liebe. Der eigentlich die Sünde verkörpern müsste, der verlorene Sohn, ist das gerettete, geliebte Kind. Dem das Herz übergehen müsste vor neidloser Freude über den wiedergefundenen Bruder, er geht auf frostige Distanz, erstarrt in Gesetzlichkeit.

Im Grunde müssten alle Gestalten auf Rembrandts Bild in Fluss kommen und sich bewegen, auch die da aus dem Halbdunkel als Zuschauer hervortreten. Es müssten sich auch wir Heutigen, es müssten sich alle Menschen hintanstellen hinter den verlorenen Sohn, um in das wahre Setting, die eigentliche Relation Mensch/Gott zu kommen. Sie heißt *Bekehrung* und ist der Anfang von Moral. *Metanoia* (griech. von «denken» und «um» bzw. «nach») ist ein zentraler Begriff des Neuen Testaments. Gemeint ist ein Umdenken, eine Richtungs- und Lebensänderung, eine Sinnesänderung, der Einstieg in eine neue Qualität von Leben.

Moral, das sollten wir festhalten, ist also nicht die Übernahme bestimmter ethischer Standards oder die Anpassung an ein mehr oder weniger gut begründetes Leistungsprofil – es ist, was sich aus *Metanoia* ergibt: neues Leben in Sicht- und Rufweite des Vaters.

«Am Anfang des Christseins», schrieb Papst Benedikt XVI. in seiner Enzyklika *Deus caritas est,* «steht nicht ein ethischer Entschluss oder eine große Idee, sondern die Begegnung mit einem Ereignis, mit einer Person, die unserem Leben einen neuen Horizont und damit seine entscheidende Richtung gibt.»[437]

Verschiedene Kommentatoren haben darauf hingewiesen, dass es die Metanoia der Heiligen Schrift im gesamten polytheistischen Umfeld Israels nicht gab. Wohin soll man sich auch wenden im Gravitationsfeld verschiedener Götter, Mächte, Gewalten und Dämonen?

Der christliche Gott ist *einer*. Ein Jemand. Einer, der ruft. Der mich ruft und mich meint. Der mein Bestes will. Der mich ein erstes Mal ins Leben rief, und dann ein zweites Mal – in der Umkehr und Heimkehr zu ihm.

Zu denken gibt, wie der Theologe Joseph Ratzinger 1972 die Dimension dieser Heimkehr in die Arme des Vaters auslegte[438]; er tat es im Anschluss an den heute fast vergessenen Philosophen Dietrich von Hildebrand[439], einen Mann, der in den 20er Jahren des letzten Jahrhunderts als einer der Ersten und Mutigsten den Nationalsozialismus und den Antisemitismus bekämpfte und deshalb ins Ausland fliehen musste.

Der erste Punkt ist: Umkehr hat keine Grenze; sie ist bedingungslos. Der umkehrt, stellt keine Bedingungen; er lässt sich vollkommen in Frage stellen. Diejenigen, die nur halb umkehren, kommen gar nicht nachhause: «Sie räumen der Menschenfurcht in gewissen Grenzen ein Recht ein, sie wollen auch in den Augen der Welt bestehen können. [...] Sie halten an vielen Konventionen fest und tragen keine Bedenken, sich innerhalb eines gewissen Rahmens gehenzulassen.»[440]

Harte Worte, die man auf das eigene Leben hin bedenken muss, bei denen man aber auch an die aktuelle Krise der Kirche denken darf. Nur ja nicht das Gesicht verlieren! Das gehört nicht zur DNA des Evangeliums, wohl aber zur genetischen Struktur eines bestimmten kirchlichen Milieus.

Der zweite Punkt ist: Umkehr hat die Gestalt des Glaubens; sie ist identisch mit dem Gehorsam des Glaubens, den Paulus im Römerbrief (1,5) beschwört, der bleibenden Verankerung in Christus, die wie ein archimedischer Punkt zum einzigen unveränderlichen, weil absoluten Stand- und Ausgangspunkt aller Bewegung wird.

Luther übersetzte einen Vers aus dem Hebräerbrief (13,9) mit: «Es ist ein köstlich Ding, dass das Herz fest werde, welches geschieht durch Gnade.» Dass Umkehr keineswegs in eine Erstarrung aus Tugendstolz und Rechtschaffenheit führt, sondern in eine neue Sensitivität und Beweglichkeit, hat von Hildebrand in die einleuchtende Formel gebracht: «Festwerden gegenüber allen Veränderungstendenzen von unten her – ein Weichbleiben gegenüber allem, was von oben her aufgeprägt werden soll.»[441]

Der dritte Punkt ist: Die einmal erfolgte Heimkehr in die Arme des Vaters ist kein einmaliger Akt wahrer Erkenntnis: Das gleiche Motiv, das den verlorenen Sohn in die Arme des Vaters (und damit der Wahrheit) geführt hat, lädt ihn auch ein, «jeder neuen Wahrheit gegenüber geöffnet zu sein»[442].

Der verlorene Sohn könnte wieder verlorengehen, wenn er sich der Selbstsucht überlässt, wenn er aus der Beziehung zum Vater herausfällt. Die moralische Haltung ist also ein Wachsen in der Wahrheit, und nicht etwa ein Besitz von ethischem Know-how.

Interessant ist, dass Rembrandt sich selbst und seine erschütternde Biografie in das Gemälde integrierte, und zwar mit Hilfe eines Bildzitats. Die sitzende, nachdenkliche Gestalt mit dem Barett auf dem Kopf, rechts neben dem Vater, das ist Rembrandt, wie er sich dreißig Jahre zuvor in seinem sinnlich prallen «Selbstbildnis» (1636) mit seiner Frau Saskia gemalt hatte.

Dieses Gemälde hat eine eigene Geschichte, denn es ist die spätere Zurichtung eines eher pikanten Bildes, das man vor noch nicht allzu langer Zeit mit Hilfe elektronischer Durchleuchtungsverfahren rekonstruieren konnte. Rembrandt übermalte offenkundige eine nackte

Flötenspielerin und eine Reihe von weiteren Accessoires, die eindeutig auf ein Freudenhaus hinweisen.

Rembrandt hatte das Maß verloren. Er galt als überheblich und eingebildet; als süchtig nach Luxus und verschwenderisch. Er nahm auf die Gefühle und die Empfindungen anderer wenig Rücksicht. Sein Genie schien ihm Recht zu geben für alles.

Pikanterweise gab man diesem Bild den Titel: *«Der verlorene Sohn im Bordell»*[443]. Was ist in den dreißig Jahren zwischen der Bordellszene und dem letzten Bild des Meisters geschehen? Als Rembrandt sich anschickte, die «Rückkehr des verlorenen Sohnes» zu malen, war er physisch, psychisch und ökonomisch am Ende. Seine Frau Saskia war schon 1642 verstorben, und Rembrandt musste den Tod von fünf seiner Kinder verkraften, die ihm nach und nach entrissen wurden. 1658 wurde sein letztes Eigentum versteigert. Ihm gehörte nichts mehr.

Trotz der Verbitterung sind Rembrandts letzte Bilder voller Glauben, voller Innerlichkeit und Wärme. Ein Prozess der Katharsis muss stattgefunden haben, den wir heute nur mehr erahnen können.

Was will uns die Geschichte sagen, da wir gerade über eine «neue Sexualmoral» nachdenken? Wir sollten uns daran erinnern, dass mit dem Thema «Barmherzigkeit», das die beiden Päpste Johannes Paul II. und Franziskus nach vorne rückten, eine neue Signatur in diese Zeit der Wende, der Abbrüche und Neuanfänge eingezeichnet wurde. Barmherzigkeit steht gegen das Verlorengehen:

«Ist denn nicht die Barmherzigkeit ein anderer Name für die Liebe (DiM, 7), verstanden im Hinblick auf ihre tiefste und zärtlichste Seite, auf ihre Eigenschaft, sich um jedwede Not zu sorgen, und insbesondere in ihrer grenzenlosen Fähigkeit zur Vergebung? [...] Die Menschheit muss sich vom Geist, den der auferstandene Christus ihr schenkt, erreichen und durchdringen lassen. Es ist der Geist, der die

Wunden des Herzens heilt, der die Schranken niederreißt, die uns von Gott entfernen und die uns untereinander trennen, und der die Freude über die Liebe des Vaters und über die brüderliche Einheit zurückschenkt.»[444]

Diese «tiefste und zärtlichste Seite» der Liebe Gottes, seine «grenzenlose Fähigkeit zur Vergebung», hat Papst Franziskus noch einmal auf spektakuläre Weise verstärkt, indem er sie mit einem kritischen Blick auf die Kirche versah: «Wenn wir für einen Augenblick die Barmherzigkeit vergessen, dann wird jede unserer Anstrengungen nichtig, denn dann werden wir Sklaven unserer Institutionen und unserer Strukturen, wie reformiert sie auch sein mögen.»[445]

Die neue Sichtweise, die Papst Franziskus lehrt, betrifft in erster Linie Menschen, die von der Institution Kirche ausgemustert, verloren gegeben und scheinbar abgeschrieben erschienen. Wir dürfen hier an die prekäre Situation wiederverheirateter Geschiedener denken, auch an homosexuelle Menschen; auch an solche, die in ihrer Freiheit mit dem Gut des Lebens in Konflikt kamen; an solche, die sich in selbstzerstörerische Zusammenhänge begaben, die – aus welchen Gründen auch immer – das gutbürgerliche Elternhaus der Kirche verließen.

Papst Franziskus mahnt immer wieder, «niemals an der Oberfläche der Dinge stehen zu bleiben, vor allem, wenn wir einen Menschen vor uns haben. Wir sind berufen, tiefer zu schauen, *zum Herzen vorzudringen,* um zu sehen, zu wie viel Großzügigkeit jeder fähig ist. Niemand kann von der Barmherzigkeit Gottes ausgeschlossen werden.»

Mit anderen Worten: In der Kirche müssen wir in der Tat die Kraft entwickeln, uns mit fremden Milieus auseinanderzusetzen und denen zu sagen, die in Freiheit auf Distanz gingen:

Du bist willkommen.

In welchem Zustand auch immer du dich befindest!

Die Kirche kämpft gerade darum, solchen Menschen Wege zu bahnen, und es kann nicht anders sein, als dass es dabei zu Konflikten kommt. Die Geste der Einladung ist anspruchsvoll für den Gastgeber Kirche, denn sie hat eine umfassendere Aufgabe, als nur die Türen aufzureißen und alle Welt in eine ausverkaufte, leere Kirche zu bitten.

Die Kirche ist wieder – was sie eigentlich immer sein sollte – Subjekt und Objekt der Bekehrung zugleich. Die Pointe des Gleichnisses von den verlorenen Söhnen und Töchtern ist, dass es alle betrifft, dass die Konstanten wahren Lebens bleiben, die Menschen aber zur Veränderung befreit werden, weil Gott – sich scheinbar selbst überschreitend – das Unausdenkbare tut. Das Gute bleibt gut, das Böse böse. Die Gerechtigkeit wird nicht angetastet. Aber die handelnden Personen kommen in Fluss – durch Liebe.

Wenn denn der Missbrauch von Schutzbefohlenen durch Priester irgendetwas Gutes austrägt, dann, dass die Kirche vom hohen Sockel angemaßter Tugend gestoßen und so berührbar wurde, dass die verwirrten Wege derer, die in ihrer «transzendentalen Obdachlosigkeit» (Georg Lukács) das Christliche nur noch tangential zu berühren vermochten, anschließen können. Wir alle sind verlorene Söhne, die den Weg nachhause finden müssen. Wir alle sind in der Entäußerung und Entfremdung, von der Ernst Bloch schrieb, und suchen nach dem, «das allen in die Kindheit scheint und worin noch niemand war: Heimat.»[446]

Kapitel 23
Liebe Bischöfe – ein Brief zuletzt …

Wir leben in einer Zeit, in der die Kirche mit Bleigewichten in die Tiefe gezogen wird. Dem Schiff der Kirche passiert das nicht zum ersten Mal. Als Paulus vor Kreta in Seenot geriet, «erleichterten» die Steuerleute «am nächsten Tag das Schiff, und am dritten Tag warfen sie eigenhändig die Schiffsausrüstung über Bord.» (Apg 27,18–19)

Daran musste ich denken, als ich mir die «neue Sexualmoral» anschaute, die vom Synodalen Weg als kirchenrettende Maßnahme vorgelegt wird. Über Bord gehen soll eine alte, die Menschen belastende Sexualmoral.

Was will die «neue Sexualmoral»?

Die Protagonisten der «neuen Sexualmoral», die Sie, liebe Bischöfe, anheuerten, veranstalten gerade eine kleine Sexuelle Revolution. Sie hinkt der großen von 1968 fünfzig Jahre hinterher und ist immer noch nicht auf dem Stand der EKD, die 2019 in Dortmund schon bei «Vulven malen» war.

Noch immer sei «eine negative Bewertung der sexuellen Lust» zu beklagen, «die Unfähigkeit, diese als eine Quelle menschlicher Daseinsfreude und Lebenslust positiv zu würdigen»[447]; man reibt sich an «lehramtlichen Einzelaussagen zur vor- und außerehelichen sowie zur gleichgeschlechtlichen Sexualität – wie auch zum lustvollen Erleben des eigenen Körpers»[448], möchte einer Individualisierung und Pluralisierung der «Wege des Menschlichen»[449] mit Wertschätzung begegnen – die «Lebensorte solcher Liebe und Partnerschaften [… seien] vielfältiger geworden»[450]. Masturbation heißt nun «self sex» und stellt als «lustvolle(s) Erleben des eigenen Körpers» einen Wert dar.[451] Auch «gleichgeschlechtliche Handlungen verwirklichen positive Sinnwerte.»[452] Sex sei in der Vielfalt diverser Orte zu würdigen. Die «Alleingeltung der Ehe» müsse «durch ihre Höchstgeltung abgelöst»[453] werden. Sünde gibt es noch im Rückblick auf eine von «einer starken Verbotsstruktur geprägte(n) lehramtliche(n) Sexualmoral»[454].

Grundsätzlich fallen zwei Momente auf:

1. der Nachdruck, mit dem die ethische «Normalisierung» von gleichgeschlechtlichem Sex betrieben wird, als sei das (keine des Fragens würdige, vielmehr) *die* zentrale Frage einer neuen Sexualmoral.
2. die Verwandlung von Sünde in Wertschätzung, als könne man angesichts von Erkenntnissen «der Humanwissenschaften über die vielfältigen Sinndimensionen menschlicher Sexualität»[455] die Vorzeichen verändern: Aus Minus wird Plus. Diese Umwertung soll nun auch von der offiziellen Kirche kommen; notfalls müsse man sie per Plebiszit dazu zwingen – so lange, bis sie ihren liturgischen Segen und ihren lehramtlichen Stempel auf (fast) alles gibt, «was sich zwischen den Liebenden heute ereignet.»[456]

Umbau mit Hindernissen

In Sachen gleichgeschlechtlichem Sex müsste man – wie im Fall der Todesstrafe geschehen – den Katechismus korrigieren, müsste das strittige Thema besser fassen, was grundsätzlich möglich ist. Eine Bereitschaft dazu war aber weder auf der römischen Synode 2015 noch bei Papst Franziskus zu erkennen, der 2016 erneut klarstellte: «Zu homosexuellen Menschen wiederhole ich, was ich auf der Reise nach Rio di Janeiro sagte. Es steht im Katechismus der Katholischen Kirche.»[457]

Für eine grundsätzliche Liberalisierung wäre eine viel größere Hürde zu nehmen, eine Hürde, die auch brav zitiert wird: dass nämlich – nach Ausweis der Heiligen Schrift und der gesamten christlichen Lehrtradition – «Sexualität ihren einzigen legitimen Ort in der Ehe»[458] hat. Bislang lehrten das Christen – und nicht selten mit der freimütigen Präzision, in der es Johannes Hartl tat: «Es ist nicht mein Job, in der Welt rumzulaufen und zu sagen, wie sündhaft alle sind. Aber wenn jemand fragt, wie soll ich vom Evangelium her leben, dann würde ich ihm natürlich diese Antwort geben: Sex gehört in die Ehe, und wenn du verheiratet bist, hast du Sex, und wenn nicht, hast du keinen Sex.»[459]

Das klingt hart, übergriffig, unbarmherzig – und wurde auch oft genug hervorgeholt, um die Böcke von den Schafen zu scheiden. Die Kirche wird heute die Freiheit der Menschen achten – wie Eltern auch die Freiheit ihrer Kinder achten müssen, ohne dabei ihre Prinzipien aus falscher Liebe zu verschweigen. Mitten im Ausverkauf von Sexualität muss wenigstens die Kirche an der Verortung sexueller Hingabe in der verbindlich gemachten Lebensgemeinschaft eines Mannes mit einer Frau festhalten.

In «Amoris laetitia» kann man sehen, mit wie viel Feingefühl und Verständnis Papst Franziskus auf die Lebenssituation junger Menschen eingeht, die – weil sie z. B. aus einer kaputten Familie kommen oder in einem Land leben, in dem es eine Jugendarbeitslosigkeit von 50 % gibt – einen ganz schweren Weg bis zu Ehe und Familie haben. Das grundsätzliche Prinzip stellt er darüber nicht in Frage.

Verlacht wurde die Kirche schon immer dafür, dass sie den Sex zu einer heiligen Sache machte, seine exklusive Zuordnung zur Ehe gar in den Rang eines ersten Prinzips erhob – einer Regel also, durch die man überfordert sein kann, an der man scheitern (und von der Barmherzigkeit Gottes wieder aufgefangen werden) kann, auf die man aber sein Handeln als Christ mindestens hinordnen muss. Das jedoch steht, so meinte C.S. Lewis einmal, «unseren Trieben so sehr entgegen, dass offensichtlich entweder das Christentum im Unrecht oder unsere Sexualität, so wie sie jetzt ist, aus dem Ruder gelaufen ist. Als Christ bin ich natürlich der Ansicht, dass es unsere Triebe sein müssen, die auf Abwege geraten sind.»[460]

Was macht die Sexualität menschlich?

Es sind drei Momente, die in der «alten Sexualmoral», so ergänzungsbedürftig sie sein mag, die Menschlichkeit menschlicher Sexualität ausmachten und die es auch heute unter allen Umständen zu hüten gilt:

1. Die Urgegebenheit des menschlichen Leibes als Mann oder Frau und die bleibende Komplementarität der beiden Geschlechter. Das ist auch heute zu sagen, und zwar gegen die neognostische Ideologie, der Mensch habe einen neutralen Körper und er könne ihn frei überschreiben mit einer willkürlichen Identität.

2. Die unbedingte Verknüpfung von Sexualität und Liebe, genannt «Ehe», in der allein Mann und Frau – indem sie «ein Fleisch» werden – zu sich und zum Anderen kommen. Das ist auch heute zu sagen, und zwar gegen die Trennung von Sexualität und Liebe, gegen die Erzeugung separater Männer- und Frauenwelten (als habe Gott bei seiner Schöpfung nichtkomplementäre Paralleluniversen vorgesehen) und gegen die Banalisierung der Sexualität als sinnfreies Spielzeug der Lustbeschaffung oder als bloßes Kommunikationsmittel zwischen unspezifischen Gleichgesinnten.

3. Der unauflösbare Zusammenhang von Sexualität und Generativität. Das ist auch heute zu sagen, und zwar ebenso gegen die tech-

nische Herauslösung der menschlichen Reproduktion aus der unauflöslichen Liebe eines Mannes mit einer Frau wie gegen die aberwitzigen Versuche, Abtreibung als Menschenrecht zu etablieren. Was an Fragmenten aus der ganzheitlichen Matrix herausgebrochen wird, rächt sich in dem, was ich die «Kollateralschäden fragmentierter Sexualität» genannt habe.

Entweder – oder …

Nun glaubt sich die «Neue Sexualmoral» dazu befugt, das Prinzip aushebeln zu dürfen. Erst wird gewunden von der Liebe und der «Lebenswirklichkeit heute» gehandelt, bis die Hüllen fallen und das bis dato Undenkbare nackt an der Rampe steht: «Sexualität wird *mehrdimensional* erfahren. Dabei ist die Ehe nicht der einzige legitime Ort für Sexualität.»[461]

Dieses neue Axiom möchte man nun doch von einem Bischof unterschrieben sehen – am besten noch versehen mit vatikanischem Poststempel. Dank des «Satzes vom ausgeschlossenen Dritten» gibt es in der Logik kein «Mittleres», das zwischen zwei kontradiktorischen Gegensätzen vermitteln könnte. Entweder ist wahr: «Sexualität hat ihren einzigen legitimen Ort in der Ehe» – oder es ist wahr, was alle Welt für richtig hält und was nun auch in der Kirche für richtig gehalten werden soll: «Die Ehe ist nicht der einzige legitime Ort für Sexualität.»

Dieser letzte Satz aber ist die Basis der «Neuen Sexualmoral» und das offene Scheunentor für alles, was geht. Von der «alten Sexualmoral» bleibt nur noch ein gewisser Punktabzug übrig für «Promiskuität, offene Mehrfachbeziehungen, Untreue und für von vornherein unter Vorbehalt eingegangene Beziehungen.»[462] Dergleichen – heißt es – sei «fragwürdig».[463]

Gut gemeint und schlecht gemacht

Ich halte den vorliegenden Entwurf für komplett inakzeptabel, auch wenn er sich gerade einer breiten Mehrheit erfreut. Die argumentative Basis ist denkbar dünn. Organisiert werden soll der Prinzipienaustausch durch «Polyvalenz (= Wertevielfalt) der Sexualität nach den Erkenntnissen gegenwärtiger Sozialwissenschaft»[464]. Dieser (ethisch unübliche) Terminus ist eine Nebelkerze; die wahren Absichten bleiben im Halbdunkel.

Es geht um einen simplen Sachverhalt: Indem Menschen sexuell agieren, tappen sie nicht nur daneben (worauf man früher bevorzugt schaute) – sie verwirklichen auch *Werte*. Genannt werden solche, die der Lust, der Beziehung, der Stiftung von Identität und der Fortpflanzung dienen. Der «alten Sexualmoral» wirft man nun vor, sie habe allein Wert gelegt auf eine auf «Fortpflanzung reduzierte menschliche Sexualität»[465], was Unfug ist.

Es war die magistrale Leistung des jungen, an Kant und Scheler geschulten Werteethikers Karol Józef Wojtyła, mit «Liebe und Verantwortung» eine bis heute unerreichte, ganzheitliche Phänomenologie von Liebe und Geschlechtlichkeit vorgelegt zu haben, in der die «Polyvalenz» en détail beschrieben wird, freilich *als Ordnung* und nicht als Sammelsurium[466].

Die Reformer kommen im Gestus psychologischer Lebenshilfe daher: Weil über Sex eine Fülle an Werten zum Ausdruck gebracht werden kann – und weil auch in der Ehe «einmal mehr die Wünsche des Einen, das andere Mal mehr die Erwartungen des Anderen» (Eberhard Schockenhoff) erfüllt werden, spräche ja wohl nichts dagegen, dass einzelne sexuelle Werterfüllungen auch außerhalb der Ehe «bejahenswürdig bleiben, wenn sie nicht alle Faktoren zugleich realisieren.» Ach! Ein Ehebruch kann durchaus lustvoll den Wert «Lust» bedienen, Ehebruch ist jedoch in jeder denkbaren Moral Ehebruch.

Mit Ächzen und Stöhnen, Drücken und Schieben will die «neue Sexualmoral» hingelangen zum Segen für die vielfältigen sexuellen Selbstverwirklichungen außerhalb des klassischen Spielfelds. Die Polyvalenz ist aber keine ungeordnete Gemüsekiste, aus der man nach Geschmack einmal Karotten und dann Kopfsalat hervorzieht, sondern eine gerichtete Sinnstruktur, ein Wert-Gefüge, in dem nichts zufällig ist, sondern der eine Wert nicht ohne den anderen zu denken ist.

Lust um der Lust willen zu suchen ist machbar, aber nicht gut. Das kann mit allen Werten unterhalb der Liebe durchkonjugiert werden. Letztlich geht es um die Frage, ob es eine einzige Anthropologie – eine einzige universale, für alle geltende Logik der Liebe – gibt, oder ob auch die Liebe plural ist und in das zerfällt, was wir individuell daraus machen.

Und es gibt noch einen Grund, warum kein katholischer Bischof weder der großen noch der kleinen Sexuellen Revolution auch nur den kleinen Finger der linken Hand geben kann: Beide haben menschenmörderische Konsequenzen. Wer dieses Buch gelesen hat, sollte den systemischen Zusammenhang zwischen einer permissiven Sexualmoral und Abtreibung erkannt haben. Das eine gibt es nicht ohne das andere.

Fallende Masken

Um die Wahrheit zu sagen, liebe Bischöfe: Ich halte die ganze Inszenierung einer «neuen Sexualmoral» für ein Ausweichmanöver, mit dem man die wahren Ursachen kirchlichen Niedergangs zu umschiffen versucht. Das ist schade, denn über dem Schachzug verschwindet auch das, was Sie bis heute Vorbildliches an Aufarbeitung geleistet haben – ein Punkt, in dem deutsche Diözesen anderen öffentlichen

Institutionen meilenweit voraus sind. Dennoch bleiben Sie auf halbem Weg stehen.

Der Missbrauch – und nichts Anderes – ist der Mühlstein um den Hals der Kirche. Er wird die Kirche immer weiter nach unten ziehen, solange sie – vor allen populistischen «Reformen» – nicht endlich zum Mut findet, das eine präzise Moment der Selbstzerstörung anzuschauen und nachhaltig zu eliminieren.

Noch im Jahr 2019 wurden um die 1000 neue (!) Missbrauchsverbrechen nach Rom gemeldet – die allermeisten von dem Typus, der in diesem Buch hinreichend beschrieben wurde. Gelingt die Reform an diesem exakten Punkt nicht, wird es immer wieder Stimmen geben wie die von Valentina Alazraki, die den Bischöfen am Ende des römischen Missbrauchsgipfels ins Stammbuch schrieb:

«Wenn Sie sich nicht radikal entscheiden, auf der Seite der Kinder zu stehen, auf der Seite der Mütter, der Familien, der Zivilgesellschaft, dann haben Sie zurecht Angst vor uns, weil wir Journalisten, denen um das Gemeinwohl zu tun ist, Ihre größten Feinde sein werden.»[467]

Nun hat zwar auch die Evangelische Kirche ein quantitativ vergleichbares Problem mit Missbrauch, freilich in einem weniger «diversen» Setting, was die Männlich/Weiblich-Verteilung der Opfer betrifft. Das katholische Missbrauchsproblem stellt sich mit einer (von allen entsprechenden Untersuchungen bestätigten) Besonderheit dar: Rund 80 % der Übergriffe sind Übergriffe von Männern auf männliche Jugendliche.

Statt sich dieser Tatsache wirklich zu stellen – dass nämlich die Lebensformen «Priester» oder «Kloster» vielerorts zu Hohlformen wurden, in denen Männer mit einer problematischen Disposition eine soziale Rolle und ein einkömmliches Auskommen fanden –, verfiel man auf ein nächstes Level der Vertuschung:

Auf der Großbaustelle «Synodaler Weg» sollte das Hässliche hinter der Fassade einer «neuen Sexualmoral» verschwinden. Alle sollten über alles reden dürfen beim Neubau der Traumkirche, damit über das Eine, Reale, nicht mehr gesprochen wird: Dass es im Herzen der Kirche Amtsträger gibt, denen möglicherweise nichts fehlt, außer einer wirklichen Berufung. Nun hat aber ihre weggedrückte Homosexualität, die dann in einer Bandbreite von heimlichen Beziehungen über Unzucht bis Knabenschändung doch ausgelebt wurde, eine Doppelmoral erzeugt, die nicht mehr hinnehmbar ist.

Wo ist er, der nüchterne Blick auf die von Frédéric Martel beschriebenen «fifty shades of gay»[468], die sich vom Priesterseminar bis ins Kardinalskollegium im Amt breitgemacht haben?

Im gleichen Moment, in dem die Kirche noch nicht einmal imstande ist, ihre spezifische eigene Sexkatastrophe unideologisch zu analysieren, wird schon wieder breitbrüstig über eine «neue Sexualmoral» doziert, in der mit größter Wertschätzung die «positive(n) Sinnwerte»[469] gleichgeschlechtlicher Handlungen hervorgehoben werden. Das finde ich aus biografischen und anderen Gründen zum Fremdschämen. Statt im eigenen Haus aufzuräumen, ist diese Kirche schon wieder dabei, der «Welt» Lehren zu erteilen. Bevor ihr die Leute ganz die Lizenz entziehen, lizenziert sie großherzig, was ihr nicht gehört: den Sex der Anderen.

Man kann hier unschwer eine Kampagne ausmachen, an der viele stricken – auch Kleriker, auch Bischöfe, denen ich ihren kämpferischen Altruismus immer weniger abnehme. Tatsächlich haben es die Organisatoren des Synodalen Weges in anderthalb Jahren geschafft, dass niemand mehr vom Missbrauch redet.

Dabei ist die Instrumentalisierung des Missbrauchs zu strategischen Zwecken das traurigste Kapitel katholischer Selbstzerstörung. Wer immer Ohren hat, hört die Zwischentöne jener Kleriker, die – mit sich und der gewählten Lebensform zerfallen – längst zu neuen Ufern unterwegs sind, und die Zwischentöne jener theologischen Laien, die für ihr jahrzehntealtes Ressentiment gegen den Typus «Priester» endlich die offene Flanke gefunden haben, ihn endgültig aus dem Spiel zu nehmen. Sie träumen von einer priesterfreien Kirche – mit sich als der Lösung. Der Diskurs um «Klerikalismus» und «Macht in der Kirche» hat genau diesen Hintergrund.

Propheten auf der Flucht

Nicht nur Paulus erlitt Schiffbruch. Der Prophet Jona bestieg ein Schiff nach Tarschisch, um niemals dort anzukommen. Eigentlich hatte Gott einen Auftrag für Ninive. Nicht für Tarschisch. Aber für Ninive war Jona zu feige. Nun nehme ich sie mir einfach, die «kühne Redefreiheit», von der Kardinal Bergoglio auf dem Präkonklave sprach, und sage:

Auch Sie, liebe Bischöfe, befinden sich mit Ihrer «neuen Sexualmoral» komplett auf dem falschen Dampfer. Sie haben keinen Job in Tarschisch, aber einen in Ninive, und zwar einen höchst unbequemen. Als Kirche hätten sie etwas auszurichten, wofür sie garantiert Prügel beziehen. Stattdessen reden Sie den Adressaten nach dem Mund.

Die «neue Sexualmoral» ist nur oberflächlich modern, im Ansatz aber geradezu antiquiert, denn sie tickt – indem sie wie immer am Sechsten Gebot herumlaboriert, nun im Modus großzügiger Erlaubnisse – nach dem gleichen Muster, von dem sie sich gerade absetzen möchte: Wir erlauben! Wir verbieten! Wir bewerten! Wir setzen die Norm!

Und so wenig das Strickmuster neu ist, so wenig ist es Moral. Moralismus nennt man den Ersatz von Moral durch politische Korrektheit. Die Demoralisierung der Kirche kommt daher, dass sie der Versuchung nicht widerstehen mag, sich auf die richtige Seite zu schlagen. Sie redet über Moral, aber sie hat keine. Weil der Evangelischen wie der Katholischen Kirche die Leute gerade in hellen Scharen davonlaufen, verhalten sich beide im Horizont des Liebes- und Steuerentzuges so, als hätte ihnen Paulus im Römerbrief nahegelegt: «Gleicht euch dieser Welt an!», und als bekämen sie mit dieser Krisenstrategie Geld, Liebe und Bedeutung zurück. Sie tun so, als bestünde die Essenz des Christlichen darin, nicht besser und nicht anders als die sie umgebende Welt zu sein, und das eben auch in puncto Sex. Sex hat immer Triple A zu sein; kein Schatten von Sünde darf darauf fallen. Das Tohuwabohu wird zur bunten Pluralität, der man mit Interesse und Wertschätzung begegnet, und der man sich – um auch noch ein Plätzchen an der Sonne zu finden – von unten lebenshilflich andient, im Bestreben, «möglichst differenziert wahr(zu)nehmen, was sich hier an Fragen und Sehnsüchten, an Sinnerfahrungen oder auch an Aporien des menschlichen Lebens artikuliert»[470]. Diese Art von Relevanzerschleichung wird all diejenigen nicht beeindrucken, die gerade gehen.

Moral hat mit dem Notwendigen, mit dem die Not Wendenden zu tun. Sie ist die schützende Haltung, die mit Festigkeit auf den Plan tritt, wo das Schwache ausgeliefert, die Not am größten, das Menschliche am tiefsten bedroht ist. Moral ist die Liebe eines Vaters, der seine Kinder vor dem Abgleiten in die Drogenszene bewahrt. Moral ist die Liebe eines Kindes, das eine Schnecke über die Straße trägt. Ja, Moral ist Liebe. Das ist die kürzeste Definition. Liebe, die nicht mehr zusehen kann, wenn jemand oder etwas vor die Hunde geht.

First things first

In einem Raum, in dem Leben, Liebe, Freiheit und Lust eine Einheit bilden und von Sexualmoral geschützt werden, ist nicht alles gleich wichtig. Es lassen sich zentrale Nöte benennen, deren sich eine «neue» Sexualmoral annehmen müsste, wäre sie denn eine.

Fünf Beispiele:

- Wenn heute drei Leute zusammenstehen, hat einer von den dreien eine Geschichte von Missbrauch zu erzählen. Wie können ausgerechnet die Kirchen in naiven Sexualoptimismus verfallen und zur **Verharmlosung der sexuellen Begierde** beitragen, als sei die Konkupiszenz ein fröhliches Spaßteil für alle?! Wo ist sie – die «neue Sexualmoral», die endlich all die vielfältigen Instrumente von Kultur, Religion und Moral bündelt, um diese Urkraft zu zähmen und im Garten des Menschlichen zu beheimaten?
- Starke politische Kräfte etablieren **Abtreibung** als Methode der Verhütung und als Menschenrecht. In Deutschland wird jedes vierte Kind im Mutterleib getötet. Trisomie-21-Kinder sind aus der Öffentlichkeit verschwunden, weil sie in 90 % der Fälle vor der Geburt umgebracht werden. Wo ist sie – die «neue Sexualmoral», die endlich den systemischen Zusammenhang von Sexualverhalten und Lebensschutz thematisiert?
- **Pornografie** ist ein Milliardengeschäft, das dem internationalen Drogenhandel gerade den Rang abläuft. Schon 10- und 11-jährige Kinder werden in visuelle Prostitution eingeweiht, als Suchtkunden konditioniert und zu übergriffigem Sexualverhalten erzogen; sie verwahrlosen dabei seelisch. Wo ist sie – die «neue Sexualmoral», die der Pest des 21. Jahrhunderts die Stirn bietet?
- Im 19. und 20. Jahrhundert ging der Kampf um die Produktionsmittel; heute geht der **Kampf um die Reproduktionsmittel.** Leihmutterschaft und eine immer skrupellosere Fortpflanzungs-Industrie machen die Geburt eines (passend designten) Kindes zu einem

Geschäft oder einem technischen Akt. Wo ist sie – die «neue Sexualmoral», die das Geschenk des Lebens vor dem Zugriff von Macht und Markt schützt?

- Die ideologische **Dekonstruktion der klassischen Familie,** der Entzug ihrer ökonomischen und rechtlichen Grundlagen (etwa die Bestreitung ihres primären Erziehungsrechts), zerstört die Keimzelle der Gesellschaft und den natürlichen Schutzraum von Kindern, die immer häufiger Opfer von Missbrauch werden. Wo ist sie – die «neue Sexualmoral», die für das Leitbild der natürlichen Familie in die Offensive geht?

Wo ist eine wirklich «neue», die Not der Zeit wendende Sexualmoral, die gegen die Pansexualität in Pornutopia das Erste Gebot: «Du sollst keine anderen Götter neben mir haben!», gegen die Kultur des Todes das Fünfte Gebot: «Du sollst nicht töten!», und gegen den Ausverkauf der Liebe das Achte Gebot: «Du sollst nicht lügen!» in Stellung bringt? Wo ist sie, die Kirche, die dafür kämpft?

Ich fürchte, sie ist auf der Reise nach Tarschisch. Eine Kirche aber, die aus Feigheit und Populismus ihren prophetischen Dienst verweigert und dem Gott des Lebens entkommen möchte, wird wie Jona über Bord geworfen. Sie wird – schwerer als die sie umgebenden Wasser – hinabsinken in das Meer des Vergessens, wird verschluckt werden von der öffentlichen Meinung. Weil sie aber unverdaulich ist, wird sie am nächsten Strand wieder ausgespuckt werden. Sie wird so lange mit Irrelevanz bestraft sein, bis sie – um des Wohles der großen Stadt willen – ausgerichtet hat, was zu sagen ihr auferlegt ist.

Frei. Und aus Liebe.

Danksagung

Dieses in manchen Schmerzen geborene Buch hätte nicht zustande kommen können ohne offene, tiefe und Licht schenkende Gespräche mit einer Vielzahl von Freunden, Fachleuten (Theologen, Philosophen, Psychologen) und Betroffenen – Menschen, die eine schwierige Geschichte mit ihrer sexuellen Identität haben, Menschen, die von anderen verletzt wurden, Menschen, die bis heute um eine integrale Gestaltung ihrer Sexualität ringen.

Besonders danken möchte ich der wunderbaren Írisz Sipos, der kundigsten und sorgfältigsten «Gegenleserin», die mir bislang in meinem Leben zuteil wurde, so dass Christian Meyer, Herz & Kopf im Fontis-Lektorat, sich ganz auf den liebevollen Feinschliff des Textes konzentrieren konnte.

Ebenso viel verdanke ich dem Fribourger Theologen Dr. Martin Brüske, einem wahren Universalgelehrten, der mir durch sein nimmermüdes Mitdenken, Fragen und Anregen in außergewöhnlicher Kombination zum Lehrer und Freund geworden ist.

Markus Hoffmann verdanke ich, dass er mich tief in die Prägungen und Sehnsüchte von Menschen einführte, die sich zum gleichen Geschlecht hingezogen fühlen.

Danke auch an den Kreis mitdenkender und ratender Freunde: Danke also, Christian, Ursula, Florian, Georg, Birgit, Clemens, Markus, Evelin, Karl-Heinz, Martin, Jeppe, Pia, Stephan, Dominik und allen, die hier nicht genannt werden möchten.

Als großes Glück und Grund zur Dankbarkeit betrachte ich es, dass ich beschenkt wurde durch die Verkündigung zweier Päpste: durch Benedikt, der mir immer tiefere Einblicke in den Logos der Liebe ermöglichte, und durch Franziskus, der mich lehrte, vom Evangelium her zu denken und die grenzenlose, zärtliche Liebe Jesu zu entdecken – die Liebe zu allen, besonders zu denen, die nicht am Licht sind.

Nicht zuletzt bedanke ich mich bei meiner Frau Elisabeth, die nicht nur – wie bei jedem Buch – die zeitweiligen Absenzen eines Autors erleiden musste, der ganz bei der Sache ist; meine Frau musste noch einmal den schweren Weg mitgehen, der uns biografisch zusammenführte – und letztlich in die Dankbarkeit gegenüber einem Gott, der führt und heilt und Türen öffnet, wo man nicht mehr damit rechnet.

Anmerkungen

[1] www.youtube.com/watch?v=bTngJonBdis

[2] Martin Luther: «... at appetentium, quod contra naturam poenitus est, unde haec est perversitas? sine dubio ex Satana, qui, postquam a timore Dei semel deflexum est, tam premit naturam valide, ut extinguat naturalem concupiscentiam, et excitet eam, quae contra naturam est.» – Martin Luther, Genesis-Vorlesung, in: WA 43, 57. Hier zitiert nach M. Steinhäuser, Homosexualität als Schöpfungserfahrung. Ein Beitrag zur theologischen Urteilsbegründung, Stuttgart 1999, S. 384, Anm. 969

[3] Von lat. *caelebs* = allein lebend

[4] Das ist zum Beispiel bei Menschen mit pädophiler Prägung so, von der man weiß, dass sie nicht therapierbar ist. Das Wort Pädophilie kommt vom griech. *paedos* und *philia* (= Kind). Das Gleiche gilt für Menschen, deren sexuelle Präferenz sich auf Adoleszenten bezieht oder die ihre Sexualität nur auf sadistische oder andere krankhafte Weise ausagieren können

[5] Im Fall von Sexsucht gilt, was von anderen Süchten auch gilt: Hilfreich ist nur null Toleranz

[6] Gottfried Hutter, Der Totalangriff gegen jede Moral; im Internet: www.salvation.de/Der%20Totalangriff%20gegen%20jede%20Moral.html

[7] Wir werden explizit auf den Missbrauch in der Katholischen Kirche und die dazu vorgelegte MHG-Studie (siehe Anm. 210) eingehen; wobei zu bemerken ist, dass die Evangelische Kirche offenkundig nicht weniger von Missbrauch betroffen ist. Während die MHG-Studie das sogenannte «Hellfeld» und damit «nur die Spitze des Eisberges» beleuchtete, geht eine neue Studie der Universität Ulm unter Leitung von Prof. Jörg M. Fegert auf das «Dunkelfeld» ein. In der Kriminologie bezeichnet die Unterscheidung zwischen «Hellfeld» und «Dunkelfeld» die Differenz zwischen aktenkundigen Fällen und einer vermuteten Größe tatsächlich begangener Straftaten. «Demnach», heißt es in einem Bericht von Heike Vowinkel in der «Welt», «ist von etwa 114.000 Betroffenen se-

xuellen Missbrauchs durch katholische Priester und noch einmal so vielen durch Pfarrer und Mitarbeiter in evangelischen Kirchen auszugehen.» Heike Vowinkel, Das wahre Ausmaß des sexuellen Missbrauchs, in: «Die Welt» vom 12. März 2019. Wenig entlastend ist, dass die Ulmer Studie eine deutlich höhere Missbrauchshäufigkeit im Sportbereich und eine weitaus höhere im schulischen Bereich ausmacht

[8] Jonas Seufert, Der protestantische Eros, Art. in: «Die Zeit» vom 20. Juni 2019

[9] Ebd.

[10] Jürgen Oelkers, Eros und Herrschaft. Die dunklen Seiten der Reformpädagogik, Weinheim / Basel 2011, auch: Jürgen Oelkers, Pädagogik, Elite, Missbrauch. Die «Karriere» des Gerold Becker. Weinheim 2016

[11] Bischöfin Kirsten Fehrs, «Bericht zur Verantwortung und Aufarbeitung bei sexualisierter Gewalt in der evangelischen Kirche» vom 15.11.2018; im Internet: www.ekd.de/bericht-kirsten-fehrs-sexualisierte-gewalt-40324.htm

[12] Von lat. *corruptibilitas* = Verführbarkeit

[13] Sigmund Freud, Totem und Tabu – Einige Übereinstimmungen im Seelenleben der Wilden und der Neurotiker, Wien 1913

[14] Papst Benedikt XVI, Die Kirche und der Skandal des sexuellen Missbrauchs, «CNA deutsch» vom 11. April 2019

[15] Von einem Paradigma (von griech. *paradeigma* = neben und zeigen, begrifflich machen) ist die Rede, wenn es um eine lehrreiche, übertragbare Beispielgeschichte geht. Der Wissenschaftstheoretiker Thomas S. Kuhn benutzte das Wort gerne, wenn es um eine «grundlegende Weltsicht» geht. Esoteriker wie Fritjof Capra sahen in der (von ihnen so bezeichneten) Heraufkunft des Wassermannzeitalters einen grundlegenden «Paradigmenwechsel»

[16] Papst Franziskus in einer Ansprache an junge Paare zum Valentinstag, 14.02.2014

[17] Die neuere Wortbildung kommt von griech. *homós* = gleich und *phóbos* = Angst. Nach Wikipedia bezeichnet Homophobie «eine gegen Lesben und Schwule gerichtete soziale Aversion (Abneigung) oder Feindseligkeit. Homophobie wird in den Sozialwissenschaften zusammen mit Phänomenen wie Rassismus, Xenophobie oder Sexismus unter den Begriff ‹gruppenbezogene Menschenfeindlichkeit› gefasst und ist demnach nicht krankhaft abnorm bedingt.»

[18] Friedrich Nietzsche, Werke XV, Leipzig 1899 ff., S. 327

[19] A. a. O., Werke III, 135

[20] Ebd., 135

[21] Ebd., 232

[22] Toleranz (vom lat. *tolerare* = erdulden, ertragen) meint die duldsame Hinnahme anderer Überzeugungen. In der Katholischen Kirche wurde traditionell unterschieden zwischen dem Sünder, der zu tolerieren, und der Sünde, die nicht tolerabel ist, weil man sich sonst in die Komplizenschaft mit dem Bösen begibt. Die Sünde ist immer Sünde, der Sünder kann sich ändern und ein neues Leben beginnen

[23] Diversität (von lat. *diversus* = ungleichartig) ist ein Zentralbegriff, der von der Soziologie in die Gender-Theorie eingewandert ist. Dort vertritt man die Auffassung, dass der Mensch nicht unbedingt Mann oder Frau sei, sondern dass es eine Vielzahl von Geschlechtern gibt, für die man sich entscheiden kann

[24] *Deus Caritas est* (lat. = «Gott ist Liebe») hieß die erste Enzyklika (vom altgriech. *Enkyklios* = «Was im Kreis herumgeht, was kursieren soll». In der Katholischen Kirche versteht man darunter das Lehrschreiben eines Papstes) von Papst Benedikt XVI. *Zeit*-Journalist Jan Roß nannte sie in seinem Buch ‹Die Verteidigung des Menschen› (S. 152) «ein erstaunliches Dokument», in dem es gar nicht darum gehe, «im Zuge der Betrachtungen über die richtige, wahre Liebe die falsche und verkehrte zu geißeln»

[25] Unter Rigorismus (von lat. *rigor* = steif, starr) versteht man ein starres Festhalten an sittlichen Prinzipien, «nicht bloß ohne Mitwirkung sinnlicher Antriebe, sondern selbst mit Abweisung aller derselben…» (Kant). Der Rigorismus kennt nur das Gesetz, nicht die Barmherzigkeit und nicht die Ausnahme

[26] Benedikt XVI., Licht der Welt – Der Papst, die Kirche und die Zeichen der Zeit. Ein Gespräch mit Peter Seewald, Freiburg 2010, S. 9. Die Enzyklika selbst findet sich im Internet: www.vatican.va/content/benedict-xvi/de/encyclicals/documents/hf_ben-xvi_enc_20051225_deus-caritas-est.html

[27] Sigmund Freud, Der Witz und seine Beziehung zum Unbewußten (1905). Frankfurt 2009, S. 140

[28] Sigmund Freud / C.G. Jung: Briefwechsel. Herausgegeben von William McGuire und Wolfgang Sauerländer. Frankfurt/Main, 1984, S. 18: 07.04.1907

[29] Sublimierung (vom lat. Wort *sublimare* = in die Höhe heben) meint, dass etwas aus einem rohen Zustand in einen feineren Zustand veredelt wird (z. B.: Aus dem animalischen Sexualtrieb entsteht die Veredelung der Kultur. Letztlich ist Kultur also Sex.)

[30] Wilhelm Reich, zit. nach: Carsten Prien, Das Göttliche im Leiblichen,

Deutschlandfunk vom 22.03.2017, im Internet unter: https://www.deutschlandfunk.de/psychoanalytiker-wilhelm-reich-das-goettliche-im-leiblichen

31 Ebd.

32 Sigmund Freud, Eine Schwierigkeit der Psychoanalyse. In: Imago. Zeitschrift für Anwendung der Psychoanalyse auf die Geisteswissenschaften, Bd. V (1917), S. 1–7

33 Dazu: Markus Spieker, Übermorgenland – Eine Weltvorhersage, Basel 2019

34 Pragmatisch (vom altgriech. *pragma* = Handlung, Sache) nennt man eine Handlungsweise, die vornehmlich oder ganz von der praktischen Regulierung anstehender Konflikte oder Probleme und weniger von der grundlegenden Geltung von Prinzipien oder Wahrheiten und ihrer Anwendung auf den Sachverhalt ausgeht. Ein moderner Vertreter des philosophischen Pragmatismus war der kalifornische Philosoph und Komparatist Richard Rorty (1931–2007), mit dessen Denken sich der deutsche Philosoph Robert Spaemann (1927–2018) kritisch auseinandersetzte. Rorty hatte «Wahrheitserkenntnis» aufgegeben und sich konsequenterweise von der Philosophie verabschiedet

35 Erich Kästner: «Kurz und bündig» (EA 1950), Gesammelte Schriften für Erwachsene. Band 3. München/Zürich 1969, S. 324

36 Vgl. Katechismus der Katholischen Kirche, 366–368, 382

37 In den Urbildern der Heiligen Schrift ist das Wunder der Menschwerdung des Menschen im sogenannten zweiten Schöpfungsbericht und im Bild der «Anhauchung» gefasst: «Da formte Gott, der HERR, den Menschen, Staub vom Erdboden, und *blies in seine Nase den Lebensatem*. So wurde der Mensch zu einem lebendigen Wesen.» Die zweite große Belebung in der Geschichte des Volkes Gottes ereignet sich bei der Begegnung des Auferstandenen mit den Jüngern am Osterabend, als der Herr die verschlossenen Türen der Jünger aufbricht, den Beweis eigenen Lebens erbringt («… zeigte er ihnen seine Hände und seine Seite …») und dann die Jünger zu einem Leben neuer Art erweckt: «Nachdem er das gesagt hatte, *hauchte er sie an* und sagte zu ihnen: Empfangt den Heiligen Geist!» (Joh 20,22)

38 Der das in klassischer Weise durchdacht hat, ist der Jude Martin Buber (1878–1965) in seinem bahnbrechenden religionsphilosophischen Werk «Ich und Du» (1923)

39 Kongregation für die Glaubenslehre, Klarstellung zur vorsätzlichen Abtreibung, 12–13: AAS 66 (1974), S. 738

40 Aus lat. *homo* (= Mensch) und *sapiens* (= weise, vernünftig). Mit dieser Gat-

tungsbezeichnung (lat. *species* = Gattung) bezeichnet die Biologie den Unterschied zu menschenähnlichen Wesen wie den Hominiden (Menschenaffen)

[41] Thomas von Aquin, Summa contra Gentiles, 2,24; 3,100: «Alle geschaffenen Dinge vergleichen sich Gott wie das Kunstwerk sich dem Menschen vergleicht.»

[42] Eben darauf weist Papst Franziskus hin, wenn er – wie hier im Juni 2015 – jungen Eltern zuspricht, ganz bewusst Vater und Mutter zu sein: «Beides ist die Berufung der Eltern. Das ist eine wunderschöne Berufung, denn sie lässt uns auf ganz besondere Weise zu einem Bild Gottes und ihm ähnlich werden. Vater und Mutter zu werden bedeutet, sich wahrhaft ganz selbst zu verwirklichen, weil es bedeutet, Gott ähnlich zu werden. Das steht nicht in der Zeitung, erregt kein Aufsehen, aber das ist die Wahrheit der Liebe. Vater und Mutter zu werden, macht uns Gott sehr viel ähnlicher.»

[43] www.spektrum.de/news/gruenes-licht-fuer-mensch-tier-hybride/1663208

[44] Wilhelm Reich, Der Einbruch der Sexualmoral (1932), Erweitert und revidiert, Köln 1972, S. 33

[45] Ludwig Wittgenstein, «Tractatus logico-philosophicus», Frankfurt 111997, Philosophische Untersuchungen § 11

[46] Einer Freundin verdanke ich diesen Hinweis: Die sexuelle Scham des Menschen ist das der Biologie eingeschriebene *Humanum,* das Tabu, das ihn vom Tier fundamental unterscheidet

[47] Friedrich Engels – «Der Ursprung der Familie, des Privateigentums und des Staats» in: Karl Marx/Friedrich Engels – Werke. Berlin. Band 21, 5. Auflage 1975, unveränderter Nachdruck der 1. Auflage 1962, Berlin/DDR. S. 67. Mit Antagonismus (von griech: *antagonistes,* Feind) ist der Gegensatz, der scheinbar unaufhebbare Widerspruch gemeint

[48] Hans Urs von Balthasar, Das Ganze im Fragment, Einsiedeln 1963

[49] Ebd., Vorwort des Verfassers, S. 7

[50] Insbesondere der Philosoph Arthur Schopenhauer (1788–1860) – er war kein Christ – glaubte, dass hinter dem Getriebe der Welt und der Vielfalt immer neuer Erscheinungen (= Individuationen) ein blinder Wille stecke, der ein im Grunde sinnloses Fortzeugen, Fortgebären und Fortsterben unterhalte

[51] www.dailymail.co.uk/tvshowbiz/article-2174030/Elton-John-It-break-son-Zacharys-heart-realise-got-mother.html

[52] Papst Benedikt XVI. vor dem Deutschen Bundestag, 22.09.2011; im Internet: www.bundestag.de/parlament/geschichte/gastredner/benedict/rede-250244

[53] Robert Spaemann, Moralische Grundbegriffe, München 1986, S. 14

[54] Unter Naturrecht versteht man alle Normen, die aus der Natur und dem Wesen des Menschen und der Natur und dem Wesen der menschlichen Gemeinschaft vernünftig hergeleitet werden können. Schon Aristoteles kannte das Naturrecht und unterschied «Physis» von «Nomos» – den Gesetzen, die durch bloße Vereinbarung (Konvention) entstehen. Der spanische Philosoph und Theologe Francisco Suárez (1548–1617) leistete Epochales, als er mit dem Naturrecht die Menschenwürde der Indios in den eroberten Ländern der «Neuen Welt» begründete und die moderne Rechtsgeschichte einleitete. Der «Rechtspositivismus», der das Normative nicht in Natur und Wesen, sondern nur in der Vereinbarung sieht, erwies sich hilflos bei den Nürnberger Prozessen, als die Nazi-Schergen sich darauf beriefen, sie hätten doch nur nach Gesetz und auf Befehl gehandelt

[55] Spaemann, a. a. O., S. 15

[56] C.S. Lewis, Die Abschaffung des Menschen, Einsiedeln 2012, S. 27

[57] Ebd. S. 27

[58] Ebd., S. 27f

[59] Ebd. S. 49. So sagt auch Ottfried Höffe: «Ein sachgerechtes Naturrecht besteht … nicht aus Normen, sondern aus Prinzipien, und diese haben insgesamt die Bedeutung eines Umriss- oder Grundrisswissens» In: Staatslexikon, hg. v. d. Görres-Gesellschaft, 3. Bd., Freiburg-Basel. Wien 1987 u. 1995, Sp. 1307

[60] Ebd., S. 49

[61] Thomas Traherne, Centuries of Meditation, I, 12

[62] Joseph Ratzinger, in: Marian Gruber (Hg.), Diktatur des Relativismus: Der Kampf um die absolute Wahrheit für die Zukunft Europas, Heiligenkreuz 2014, S. 130

[63] Herwig Büchele: Christlicher Glaube und politische Vernunft. Für eine Neukonzeption der katholischen Soziallehre, Wien-Zürich u. Düsseldorf 1987, S. 48

[64] Robert Spaemann in: Hanns-Gregor Nissing (Hg.), Grundvollzüge der Person – Dimensionen des Menschseins bei Robert Spaemann, München 2008, S. 127

[65] Joseph Ratzinger/Benedikt XVI, Werte in Zeiten des Umbruchs. Die Herausforderungen der Zukunft bestehen, Freiburg-Basel-Wien 2005, S. 168

[66] Jean-Paul Sartre, «Ist der Existentialismus ein Humanismus?», in: Sartre, Drei Essays, Berlin 1961, S. 7–52 (L'existencialisme est un humanisme)

[67] Sartre, a. a. O., S. 22

[68] Josef Pieper, Art. Kreatürlichkeit. Bemerkungen über die Elemente eines Grundbegriffs, in: Ludger Oeing-Hanhoff (Hg.), Thomas von Aquin 127471974, München 1974

[69] Der Biologe Edwin Grant Conklin (1863–1952): «Die Entstehung des Lebens auf der Erde mit dem Zufall zu erklären heißt, von der Explosion einer Druckerei das Zustandekommen eines Lexikons zu erwarten.» Zit. nach: Prof. Rüdiger Gebhardt, in: www.idea.de/glaube/detail/wie-erklaere-ich-es-einem-atheisten-109897.html. Viele hat beeindruckt, was Papst Benedikt XVI. bei seiner Antrittspredigt am 24. April 2005 der Welt zurief: «Wir sind nicht das zufällige und sinnlose Produkt der Evolution. Jeder von uns ist Frucht eines Gedankens Gottes. Jeder ist gewollt, jeder ist geliebt, jeder ist gebraucht.»

[70] «Was glaubt», fragt Robert Spaemann, «wer an Gott glaubt? Er glaubt, so sagte ich, an eine fundamentale Rationalität, er glaubt, dass das Gute fundamentaler ist als das Böse, er glaubt, dass das Niedrigere vom Höheren kommt und nicht umgekehrt, dass Unsinn Sinn voraussetzt und dass Sinn nicht eine Variante des Unsinns ist.» In: Robert Spaemann, Der letzte Gottesbeweis, München 2007, S. 14

[71] Thomas von Aquin, Summa theologica I, 8,1

[72] Robert Spaemann, Der letzte Gottesbeweis, München 2007, S. 12. In seinem Buch «Grenzen» (Stuttgart 2001, S. II) verdichtet Spaemann die Dinge noch einmal, indem er lapidar feststellt: *«Sittliche Vernunft gibt es nur als erinnerte Natur.»* Das will sagen: Wir können über Gut und Böse nur reden und entscheiden, wenn wir uns daran erinnern, was uns von Natur aus vorgegeben ist

[73] Sartre, a. a. O., S. 36

[74] Nikos Kazantzakis, Rechenschaft vor El Greco, Berlin 1990, S. 256

[75] Robert Spaemann, Die Vernünftigkeit des Glaubens an Gott, in: «Frankfurter Allgemeine Sonntagszeitung» vom 22.10.2006

[76] Hanns-Gregor Nissing (Hrsg.), Grundvollzüge der Person – Dimensionen des Menschseins bei Robert Spaemann, München 2008, S. 127. Spaemann verweist hier auf die britische Ethikerin Philippa Foot (1920–2010, «Die Natur des Guten»), von der das Beispiel ursprünglich stammt

[77] Robert Spaemann, Die Geburt der Soziologie aus dem Geist der Restauration; Stuttgart 1998, S. 165

[78] «Heilt Kranke, weckt Tote auf, macht Aussätzige rein, treibt Dämonen aus! Umsonst habt ihr empfangen, umsonst sollt ihr geben.» (Mt 10,8) «Sie trieben viele Dämonen aus und salbten viele Kranke mit Öl und heilten sie.» (Mk 6,13)

[79] Freia Peters, «Vom Jugendamt dem pädophilen Vater ausgeliefert», Zeitschrift «Die Welt» vom 22.07.2019

[80] Emmanuel Lévinas, Die Spur des Anderen. Untersuchungen zur Phänomenologie und Sozialphilosophie, Freiburg 1983, S. 22

[81] Emmanuel Lévinas, Totalität und Unendlichkeit: Versuch über die Exteriorität. Freiburg 2002, S. 51

[82] Lévinas, a. a. O., S. 17

[83] Katechismus der Katholischen Kirche, (KKK) 1849

[84] Judith Butler, Das Unbehagen der Geschlechter, Frankfurt 1991; übrigens eine Anspielung auf Freuds Hauptwerk: «Das Unbehagen in der Kultur», in dem er die in «Totem und Tabu» bereits angerissenen Grundthesen über die kultisch-zivilisatorische Notwendigkeit der Sexualmoral ausführt

[85] «Heterosexualität ist ein Fantasiebild – ein Gespräch über Geschlecht, Begehren und die fundamentale Fragilität des Lebens» von Svenja Flaßpöhler und Millay Hyatt mit Judith Butler; im Internet: www.philomag.de/heterosexualitaet-ist-ein-fantasiebild

[86] Ebd.

[87] Art. Julia Hofer: Judith Butler, Eine Begegnung mit der feministischen Philosophin, in der Schweizer Zeitschrift «Annabelle», 06.11.2012

[88] Mit dem Wort Dualismus werden Auffassungen bezeichnet, wonach eine als zusammengehörig erfahrene Realität – wie etwa der Mensch – durch zwei Elemente beschrieben werden, die allenfalls eine vorübergehende Einheit bilden. Dualistisch gedacht wäre es, wenn man Leib und Seele, Körper und Geist so verstehen würde, als wären Seele und Geist das Eigentliche und der Leib etwas Minderwertiges

[89] Thomas von Aquin, Summa theologica II/II, q. 64, a. 2

[90] Der Münchner Arzt Alexander Korte – vielleicht *die* Koryphäe zu Genderdysphorie und Transsexualität – stellt fest: «Transsexualität … bezeichnet eine überdauernde Geschlechtsdysphorie extremster Ausprägung, bei der die Betroffenen dauerhaft nicht in der Lage sind, sich mit ihrem Geschlechtskörper auszusöhnen; ausschließlich in diesem Fall besteht auch die Indikation zur Durchführung hormoneller und gegebenenfalls auch operativer Behandlungen!» Interview mit Stefan Rehder in der «Tagespost» vom 22. August 2019. Dazu stellt der Sozialethiker Peter Schallenberg in der gleichen Ausgabe der «Tagespost» (S. 25) fest: «Ist der medizinische Befund eindeutig, dann besteht

aus derzeitiger Sicht der Moraltheologie kein Anlass zur Ablehnung medizinisch indizierter Maßnahmen.»

91 «Jugendpsychiater beklagt Hype um Transgender», in: www.aerzteblatt.de/nachrichten/105459/Jugendpsychiater-beklagt-Hype-um-Transgender

92 Hingegen ist das Christentum durchaus nicht leibfeindlich, wie C.S. Lewis in seinem legendären Buch «Mere Christianity» (dt. Ausgabe: «Pardon, ich bin Christ») dargelegt hat: «Gewiss gibt es unter den Christen einige Wirrköpfe, die so reden, als halte das Christentum die Sexualität, den Körper oder die Lust für an sich schlecht. Aber das ist falsch. Das Christentum ist fast die einzige der großen Religionen, die den Leib durchaus bejaht – die glaubt, dass die Materie gut ist, dass Gott selbst einmal Menschengestalt annahm, dass uns sogar im Himmel eine Art Körper gegeben wird und dieser ein wesentlicher Teil unserer Seligkeit, unserer Schönheit und Kraft sein wird. Das Christentum hat mehr als jede andere Religion die Ehe verherrlicht.»

93 Der französische Philosoph René Descartes (Cartesius, 1596–1650) hatte die Wirklichkeit in dualistischer Weise beschrieben, wobei er unterschied zwischen Materie (der sogenannten *res extensa*) und Geist (*res cogitans*). Mit dieser problematischen Unterscheidung begründete Descartes den methodischen Unterschied zwischen Natur- und Geisteswissenschaften

94 Gnosis (von griech.: *gnōsis* = Erkenntnis) ist der Sammelname für einen Komplex von «Irrlehren», die Erlösung durch höhere Erkenntnis annehmen. Das Geistige steht höher als das zu überwindende Leibliche

95 Hanna-Barbara Gerl-Falkovitz, Selbststand in Christus, in: «Die Tagespost» vom 06. Juni 2019, S. 38

96 Polyamorie (aus griech. *polýs* «viel, mehrere», und lat. *amor* «Liebe») meint ein Sexualverhalten, bei der jemand mehrere Partner liebt und zu jedem einzelnen eine sexuelle Beziehung unterhält, von der alle Beteiligten wissen

97 Vom *engl.* Wort «to cruise» = kreuzen. In der homosexuellen Szene wird der Begriff für die süchtige Suche nach schnellem Sex verwendet. In der Regel endet Cruising mit anonymem Geschlechtsverkehr in Privaträumen oder an abgelegenen Orten, etwa Autobahnraststätten, Toiletten, Darkrooms usw. «Ein Wortwechsel», heißt es auf Wikipedia, «ist dabei in manchen Situationen nicht unbedingt nötig.»

98 Papst Franziskus, zuletzt 21. Juni 2019 in Neapel

99 Der Doyen der Kulturphilosophie, der Kanadier Charles Taylor (*1931), hat sich mit den Grenzen freier Selbstentwürfe in der Moderne auseinandergesetzt

und kam zum Schluss: «Die Idee, dass das Individuum ganz neu den Sinn seines Lebens erfindet, ohne den Anderen, ohne die Gesellschaft und ohne Religion – das ist meiner Ansicht nach eine Illusion.» Charles Taylor: Ein säkulares Zeitalter. Frankfurt a. M. 2009

[100] Josef Pieper, a. a. O., S. 61

[101] Das Wort *metaphysisch* kommt von den beiden griechischen Worten *meta* (= danach, hinter) und *physis* (= Natur) und meint eine Philosophie, die sich mit den letzten Gründen und Zusammenhängen des Seins befasst. Die metaphysische Grundfrage, wie sie etwa der Mathematiker und Philosoph Gottfried Wilhelm Leibniz (1646–1716) gestellt hat, lautet: «Warum gibt es überhaupt etwas und nicht vielmehr nichts?»

[102] Immanuel Kant, Beantwortung der Frage: Was ist Aufklärung (1784)

[103] Charles Taylor, Das Unbehagen an der Moderne, Frankfurt 1995, S. 51

[104] Simone Weil (1909–1943), Schwerkraft und Gnade. München 1952 (La pesanteur et la grâce)

[105] Die Stoa ist eine antike philosophische Richtung, in der Menschen angehalten wurden, sich gelassen und diszipliniert in ihr Schicksal zu fügen, dadurch weise zu werden und die Seelenruhe (*Ataraxia*) zu erlangen

[106] Servais-Théodore Pinckaers OP, Christus und das Glück – Grundriss der christlichen Ethik, Göttingen 2004, S. 4

[107] Ebd., S. 88

[108] Friedrich Nietzsche, Also sprach Zarathustra (Bd. 1), Chemnitz 1883, S. 14

[109] Hier zitiert nach der Internetseite: https://esgibtkeinengott.com/2016/10/26/maerchen-alles-maerchen/

[110] www.netflix.com/de-en/title/81111198

[111] www.rnd.de/panorama/kinderporno-milieu-30000-tatverdachtige-im-fall-bergisch-gladbach-3LKF7HHEKZGMHM4MQPP7HCXAFM.html

[112] Robert Spaemann, Vorwort zu: Gabriele Kuby, Die globale Sexuelle Revolution – Zerstörung der Freiheit im Namen der Freiheit, Kißlegg 2012, S. 14. Das Buch, das der Autorin in der Tat Ächtung und Ausgrenzung bescherte, ist eine eindrucksvolle Dokumentation des gesellschaftlichen Wandels in Hinsicht auf die Sexualität und wirft manche Schlaglichter auf die Treiber der Entwicklung wie auf die Frage, ob wir tatsächlich noch in einer Welt leben, in der Minderheitenmeinungen Rederecht haben. Vom herrschaftsfreien Diskurs, den Habermas mit guten Gründen als faire gesellschaftliche Umgangsweise vorgeschlagen hat, ist das meilenweit entfernt, was wohl auch ein Zeichen für die

Diskursschwäche derer ist, deren Meinung Kuby mit Argumenten in Frage stellt

[113] «Schatz, ich hab einen Porno mitgebracht», empfiehlt die weibliche Autorin auf der Internetseite www.emotion.de und führt dazu aus: «In den letzten Jahren hat sich der Porno raus aus der Schmuddelecke, die versteckt hinter dem Vorhang in der Videothek zu finden war, zum salonfähigen Sexpartner emanzipiert, der immer und überall im Internet abrufbar ist. Egal also, ob man bereits eine kleine eigene Sammlung angelegt hat oder ein völlig unbeschriebenes Blatt auf dem Gebiet ist, findet sich frei nach dem Motto ‹Jedem Tierchen sein Plaisierchen› auch für jede Vorliebe das passende Bewegtbild. ‹Da gibt es alles von heiß und unanständig bis hin zu epischen Filmen mit Piratenschiffen oder Weltraumodysseen mit den neuesten Spezialeffekten›, so Coleen Singer, Sexologin bei …»

[114] Promiskuität ist eine Wortbildung aus dem Lateinischen (von *prōmiscuus* ‹gemeinsam›, zu *miscēre* «mischen») und meint den häufigen Wechsel von Geschlechtspartnern

[115] Art. Heike Steiner, «Meinen Mann erregt es, wenn ich mit Fremden schlafe», in «Freundin» 20/2019

[116] Charles Taylor, Unbehagen, a. a. O., S. 24

[117] Anthropologie (von griech.: *anthropos* = Mensch und *logos* = Lehre) ist die Wissenschaft vom Menschen, sowohl in naturwissenschaftlicher als auch in philosophischer, soziologischer und psychologischer Hinsicht. Eine christliche Anthropologie sieht den Menschen zusätzlich von der Schöpfungsordnung her und betrachtet ihn in Hinsicht auf den Menschen schlechthin: Jesus Christus («Ecce homo!» Seht den Menschen! Joh 19,5)

[118] Die *International Planned Parenthood Federation* (IPPF) ist eine einflussreiche und geldschwere amerikanische NGO, die mittlerweile in 180 Nationen Ableger hat (in Deutschland ist «pro familia» das Partnerunternehmen). Gabriele Kuby bezeichnet IPPF als «größten Abtreibungsunternehmer der Welt»

[119] Niklas Luhmann, Liebe als Passion, Frankfurt 1982, S. 197ff. Die Hinweise auf Luhmann und Taylor verdanke ich Kardinal Cordes, Rom

[120] Charles Taylor, Ein säkulares Zeitalter, Frankfurt 2009, S. 809

[121] Der Wortlaut des Schreibens, mit dem der emeritierte Papst zur Verarbeitung der Missbrauchskrise und zur gängigen deutschen Moraltheologie Stellung nahm, findet sich im Internet: www.vaticannews.va/de/papst/news/2019-04/papst-benedikt-xvi-wortlaut-aufsatz-missbrauch-theologie.html

[122] Das Wort «Holodomor» kommt aus dem Ukrainischen und bedeutet: Tötung durch Hunger

[123] Die erschreckende Zahl wird durch neuere Untersuchungen bestätigt, etwa von dem Sinologen Daniel Leese in: Victims, Perpetrators, and the Role of Law in Maoist China. A Case-Study Approach, Berlin-Boston 2018 (mit Puck Engman). In deutscher Sprache liegt vor: D. L., Die Chinesische Kulturrevolution 1966–1976, München 2016

[124] George Orwell, Die Farm der Tiere, Ein Märchen, Zürich 1982, S. 72

[125] www.programm.ard.de/TV/Programm/Sender/?sendung=287241830299928. Alle weiteren Zitate aus dieser Quelle

[126] Von einem Kollateralschaden (von engl. *collateral damage,* aus lat. *collateralis* «seitlich, benachbart») ist normalerweise im Militärbereich die Rede, wenn bei der Vorausplanung eines Angriffs möglicherweise Zivilpersonen getötet oder in Mitleidenschaft gezogen werden könnten

[127] Kinsey, A.C. et al., Sexual Behavior in the Human Male, Saunders Philadelphia 1948, S. 179–180

[128] Stefan Rehder, Die Abtreibungslobby: Wölfe im Schafspelz, in: «Die Tagespost» vom 20.08.2020

[129] Peter Kratz, das falsche Idol, im Internet: http://www.trend.infopartisan.net/trd7800/t357800.htm

[130] EMMA-Dossier «Falsche Kinderfreunde»; im Internet: https://www.emma.de/artikel/falsche-kinderfreunde-263497. Dazu auch: Heike Schmoll in der FAZ vom 16.06.2020: «Wie Berlin 30 Jahre lang Kinder an Pädophile vermittelte»

[131] Josef Hanimann, Gabriel Matzneff, Päderast und Literat, in: «Süddeutsche Zeitung» vom 30.12.2019

[132] Siehe Anm. 26. Dazu den Aufsatz von Sabrina Habel, Klasse, Frauen!, in: «Merkur», 24.04.2018. Im Internet: https://www.merkur-zeitschrift.de/2018/04/24/klasse-frauen/

[133] Albert Christian Sellner, Die «Sexuelle Revolution und ihr Scheitern», im Internet: www.catholicnewsagency.com/article/die-sexuelle-revolution-und-ihr-scheitern-0542

[134] Kuby, a. a. O., S. 67

[135] Dieter Kunzelmann, Notizen zur Gründung revolutionärer Kommunen in den Metropolen, in: Richtlinien und Anschläge, Materialien zur Kritik der repressiven Gesellschaft, München 1968, S. 100ff

[136] Von griech. *Hedoné* = Lust, Vergnügen, Begierde. Der Hedonismus setzt die persönliche Befriedigung als das oberste zu erstrebende Gut an

[137] Katharina Wulff-Bräutigam, Bhagwan, Che und ich: Meine Kindheit in den Siebzigern, München 2005

[138] Sophie Dannenberg, Einige von uns wurden sexuell missbraucht, in: «Cicero», 17.05.2013; im Internet: www.cicero.de/kultur/sophie-dannenberg-kind-68er-wir-waren-gluecklich-und-einige-von-uns-wurden-sexuell-missbraucht/54468

[139] Johanna Dohnal, Gastvortrag an der Technischen Universität Wien, 22. März 2004

[140] Alice Schwarzer, Simone de Beauvoir, Hamburg 2007, S. 161. Gabriele Kuby hat dazu kritisch Stellung genommen und die prekären Auffassungen der französischen Schriftstellerin zusammengefasst, in: Gabriele Kuby, Die Mutter der Abtreibung, im Internet: www.cv-perspektive.de/resources/archiv/2008

[141] Simone de Beauvoir, Memoiren einer Tochter aus gutem Hause, 47. Auflage, Hamburg 1975

[142] Simone de Beauvoir, Das andere Geschlecht. Zweites Buch, Zweiter Teil, VI. Mutterschaft. Aus dem Französischen übersetzt von Fritz Montfort. Hamburg 1980, S. 482. An anderer Stelle auf S. 482 heißt es: «Sie [die Frau] fürchtet auch, mit einem Schwächling, einem Ungeheuer niederzukommen, weil sie die scheußliche Zufälligkeit des Körpers kennt, und dieser Embryo, der in ihr haust, ist ja nichts wie Fleisch.»

[143] Simone de Beauvoir, In den besten Jahren, 30. Auflage, Hamburg 1969

[144] Zit. nach dem Vorspann in: Julia Korbik, Oh Simone – Warum wir Beauvoir wiederentdecken sollten, Hamburg 2017

[145] Bei näherer Hinsicht ist die Initialzündung zum CSD nicht ganz so eindrucksvoll, wie es die Legende will; vielleicht ist die Geschichte sogar ein Beispiel für politische Mythenbildung. Der Auslöser der vielgescholtenen Polizeirazzia in der Schwulenbar in der Christopher Street war Rauschgift; zudem ging es um Sex mit minderjährigen Drogensüchtigen

[146] Es gibt eine Reihe von Studien, die sich mit dem hohen Anteil von Partnerwechseln bei männlichen Homosexuellen befassen, etwa die australische Studie Van de Ven, P. et al., *A Comparative Demographic and Sexual Profile of Older Homosexually Active Men,* 1997, die erbrachte, dass die befragten 2583 älteren, homosexuell lebenden Männer durchschnittlich 251 Sexualkontakte hatten. Nur 2,7% der Befragten lebten «monogam». Der Grünen-Politiker Volker Beck stellte 1991 fest: «Wenn man hofft, die Schwulen zu treuen Ehepartnern

zu machen, muss und wird die schwule Beziehungsrealität den Gesetzgeber enttäuschen. (...) Offensichtlich ist für viele Paare ihre Sexualität mit Dritten auszuleben, ein wichtiger Faktor in der Aufrechterhaltung der Partnerschaft. (...) Eine positive rechtliche Regelung homosexueller Lebensgemeinschaften käme diesem Wunsch nach einer gesellschaftlichen Einbindung auf der politischen Ebene entgegen, ohne dass dem Gesetzgeber dafür eine Verhaltensänderung im Sinne abnehmender Promiskuität angeboten werden könnte.»

[147] «Gay Pride», sagt das Oxford Dictionary, «ist ein Gefühl starker Selbstachtung, verbunden mit der öffentlichen Bestätigung der Homosexualität einer Person.»

[148] Bacchus galt als Weingott und ist die römische Parallele zu Dionysos, wie die Dionysien die Parallele zu den Bacchanalien waren. Es handelte sich um rauschhafte, fruchtbarkeitskultische Feste im Alten Rom, bei dem die Limitationen von Sitte und Anstand außer Kraft gesetzt waren, bis der Senat auf den Plan gerufen wurde, um die orgiastischen Feiern einigermaßen in Bahnen zu lenken. Die mehrere Tage dauernden Exzesse, bei denen Alkohol und womöglich auch andere Drogen im Spiel waren, hatten antirationalen Charakter und wurden zelebriert mit wilden Tänzen, Maskenspielen, Verkleidungen und zielten auf sexuelle Erregung und Enthemmung

[149] «Sexualpädagogik der Vielfalt: Praxismethoden zu Identitäten, Beziehungen, Körper und Prävention für Schule und Jugendarbeit» ist ein Sachbuch für die Sexualkunde, das 2008 von Elisabeth Tuider, Mario Müller und Stefan Timmermanns veröffentlicht wurde. Ab der zweiten Auflage im Jahr 2012, an der ein erweitertes Autorenteam beteiligt war, geriet das Buch in die Kritik. Einen guten Überblick über das emanzipatorische Sexualkonzept, dem Kritiker eine unangemessene Frühsexualisierung von Kindern vorwerfen, vermittelt die Internetseite www.citizengo.org/de/ed/165423-uebergriffige-sexualpaedagogik-der-vielfalt-stoppen

[150] Birgit Kelle, Puff für alle als pädagogisches Stilmittel, im Internet: www.freiewelt.net/blog/puff-fuer-alle-als-paedagogisches-stilmittel-10027903/

[151] Harald Schmidt im Interview mit der «Augsburger Allgemeinen», 14.07.2019

[152] Das Wort «Pansexualität» wird gebildet durch die griech. Vorsilbe *pan* = alles, das Gesamte umfassend. Die Zeitschrift «Cosmopolitan» (24.07.2019) macht Werbung für den neuesten Trend: Die Stars Bella Thorne und Miley Cyrus seien bereits offen pansexuell. Die Expertin Dr. Carlen Costa darf genauer erklären, was das ist, nämlich die «sexuelle, romantische, emotionale, physische

und spirituelle Anziehung zu Menschen, unabhängig von ihrem biologischen Geschlecht und ihrer sexuellen Orientierung»

153 «Werte und Lebensziele – Was Jugendlichen im Leben wichtig ist», Meldung vom 18.02.2018 bei dpa

154 Thomas Söding, Art. *Ehebund in Gottes Hand. Ein exegetisches Statement zur Familiensynode,* in: Hans Langendörfer, Ribadeau Dumas, Erwin Tanner (Hg.), Theologie der Liebe – Zur aktuellen Debatte um Ehe und Familie, Freiburg 2015, S. 26

155 Anne-Marie Pelletier, Art. *Zur Rezeption von Matthäus 19,3–12;* in: Hans Langendörfer, Ribadeau Dumas, Erwin Tanner (Hg.), Theologie der Liebe – Zur aktuellen Debatte um Ehe und Familie, Freiburg 2015, S. 26

156 Meldung vom 19.11.2019 in «Die Tagespost», im Internet: www.die-tagespost.de/politik/aktuell/Konflikt-um-Sexualerziehung-in-Polen;art315,203145

157 Das vielleicht Klügste zu diesem Thema findet sich im Kapitel «Das kirchliche Spielfeld» (S. 246ff.) in: Jochen Teuffel, Mission als Namenszeugnis – Eine Ideologiekritik in Sachen Religion, Tübingen 2009

158 www.mk-online.de/meldung/marx-missbrauchsskandal-entschieden-aufarbeiten.html

159 Sören Kierkegaard, Geheime Papiere, Frankfurt 2004, S. 5

160 Konfuzius, Schulgespräche I,12

161 Reinhard Marx, Wie die Welt der Kirche beim Denken hilft. Vortrag bei der Amtseinführung von Akademiedirektor PD Dr. Achim Budde, München, 08. Februar 2019. Im Internet:: www.erzbistum-muenchen.de/cms-media/media-45744420.pdf, S. 5

162 José Granados, Der Olivenbaum des Odysseus oder die Architektur der Familie, Heiligenkreuz 2018, S. 133

163 Hans Joas, Glaube als Option, Zukunftsmöglichkeiten des Christentums, Freiburg, 2012

164 Joas, a. a. O., S. 10

165 Franz. = verloren, weg

166 Ebd., S. 17

167 John Hospers hat bereits in The Libertarian Alternative (Chicago 1977, S. 12) mit Schlagseite, aber einigem Recht bemerkt: «Government is the most dangerous institution known to man. Throughout history it has violated the rights of men more than any individual or group of individuals could do: it has killed people, enslaved them, sent them to forced labor and concentration camps,

and regularly robbed and pillaged them of the fruits of their expended labor. Unlike individual criminals, government has the power to arrest and try; unlike individual criminals, it can surround and encompass a person totally, dominating every aspect of one's life, so that one has no recourse from it but to leave the country (and in totalitarian nations even that is prohibited).»

[168] n. 12; im Internet: www.vatican.va/content/francesco/de/letters/2019/documents/papa-francesco_20190629_lettera-fedeligermania.html

[169] Ebd., S. 18

[170] Von griech. *apologia* = Rechtfertigung

[171] Im Internet: https://jochenteuffel.com/2014/01/04/christsein-als-passionierte-fremdlingschaft/

[172] Lat. *Infanticidium* = Kindestötung

[173] John Boswell, The Kindness of Strangers: The Abandonment of Children in Western Europe from Late Antiquity to the Renaissance , Chicago 1988, S. 4

[174] 2,2 Fontes Christiani 1, S. 103

[175] Henry Chadwick, Die Kirche in der antiken Welt, Berlin/New York 1972, S. 68

[176] Der gleichnamige, 723 Seiten starke Wälzer von Peter Sloterdijk, Du mußt dein Leben ändern – über Anthropotechnik, Frankfurt 2009, in dem Sloterdijk einen schon von Rilke wieder aufgegriffenen Impuls der antiken Philosophie neu belebt, enttäuscht allerdings. Warum, das kann man schon dem Untertitel des Buches entnehmen. Sloterdijk unternimmt einmal mehr den Versuch, Effekte von Religion von Religion abzulösen, um «in der Zusammenfassung, Verdichtung und Eindampfung aller religiösen Lehren, Übungsanleitungen und Trainings» eine neue Humanität jenseits überkommener Religion zu gewinnen. Noch eine Technik …

[177] Unter *Mythos* (altgriech. für Laut, Rede, Erzählung) versteht man eine sinnstiftende Erzählung, die oft alt ist und eine Wahrheit in einer Zeit zum Ausdruck brachte, in der das abstrahierende Denken noch nicht geläufig war. Deshalb darf man Mythen nicht als überwundene Bildungsstufen betrachten; sie können Wahrheit von Wirklichkeiten auf eigene und starke Weise zum Ausdruck bringen. Mythen sind oft Platzhalter für etwas, das dem zergliedernden Denken nicht zugänglich ist, erste Prinzipien zum Beispiel, die vor allen Begründungen liegen

[178] Von lat. *Concupiscentia* = heftiges, triebhaftes Begehren

[179] Thomas Söding, a. a. O., S. 31

[180] So lautet Luthers berühmte Programmschrift von 1520, in der er sich auf den

eigenen Weg berief und der Autorität der Kirche unterzog. Aus dieser Schrift wird häufig der Satz zitiert: «Ein Christenmensch ist ein freier Herr über alle Dinge und niemand untertan. Ein Christenmensch ist ein dienstbarer Knecht aller Dinge und jedermann untertan.»

181 Vgl. 1 Thess 5,23

182 Klaus Berger, Ehe und Himmelreich: Frau und Mann im Urchristentum, Freiburg 2019, S. 53. Die Beobachtung von Berger gibt übrigens auch einen Hinweis, dass die christliche Neugier am Thema Sex nicht nur – wie oft behauptet wird – der Neugier der Zukurzgekommenen entspringt

183 «Idea Spektrum» vom 03. Juli 2019, S. 17: «Die Gender-Agenda – Wie die evangelische Kirche geschlechtergerecht werden will»

184 *Ménage-à-trois: franz. für = Dreiecksbeziehung, Ehe bzw. Liebesbeziehung/Partnerschaft zu dritt. Die Menage war ursprünglich der Ständer für Essig, Öl, Gewürze.*

185 Von griech. *dialektiké* = Kunst der Unterredung in These, Antithese und Synthese, man könnte auch sagen: Behauptung, Einwand und Harmonie durch argumentative Einigung

186 Zuletzt auf eindrückliche Weise bei Robert Knapp: Römer im Schatten der Geschichte. Gladiatoren, Prostituierte, Soldaten: Männer und Frauen im Römischen Reich, Stuttgart 2010

187 Franz. für: Lassen Sie gehen, lassen Sie es laufen!

188 Aus dem Franz. für eine zügellose sexuelle Lebensweise

189 Michel Foucault, Schriften Nr. 326, «Zur Genealogie der Ethik: Ein Überblick über die laufende Arbeit», S. 461–498, hier: S. 463

190 Ein Musterbeispiel dieser Art von «theologiefreier» Moraltheologie stellt der Aufsatz des Münchner Moraltheologen Christof Breitsameter «Die katholische Kirche braucht keine neue Sexualmoral» (FAZ, 23.12.2019, S. 6) dar, in dem bezeichnenderweise weder Worte wie «Gott» oder «Sakrament» vorkommen, noch aus der Heiligen Schrift zitiert wird – das Ganze mit der Begründung, «dass die kirchliche Sexualmoral in ihrer normativen Logik keineswegs spezifisch christlich ist». Unter dieser fragwürdigen Prämisse wird dann kulturanthropologisch und soziologisch räsoniert und über die «normative Logik» sowie die mangelnde Plausibilität traditioneller Konzepte gesprochen, als habe sich darin schon das Ganze christlicher Ethik inkarniert; zum Ende wird dann die «Normativität der Liebe» (was immer das ist und was immer darunter passt) beschworen. So entsteht eine das Thema verfehlende, im Allgemeinen schwebende theoretische Lufthoheit, die ihre Fragen an gutes Leben nicht

mehr mit Gottes Offenbarung in Verbindung bringt und schon gar nicht mehr an Jesus adressiert (siehe Mt 19). Wer – diesen Kontext ausschließend – sich über theologisch so resonanzreiche Begriffe wie Liebe und Leben verbreitet, sollte sich besser zu einer anderen Zunft bekennen als zur Theologie. Am Ende schaut dabei für Orientierung Suchende wenig Hilfreiches heraus, allenfalls die ethische Plattitüde: Man möge sich bei der Liebe doch an der Liebe orientieren

191 Von griech. *deon* und *logos* (= Lehre vom Gesollten oder den Pflichten)

192 Guido Horst, Der Missbrauchs-Tsunami rollt weiter, in: «Die Tagespost» vom 03. Januar 2020, S. 9

193 Philipp Müller, im Internet: www.dbk.de/fileadmin/redaktion/diverse_downloads/presse_2019/2019–038b-FVV-Lingen-Studientag-Vortrag-Prof.-Mueller.pdf

194 Dass es sich hierbei um die zeitversetzte Übernahme einer neomarxistischen Denkfigur handelt, die in der Evangelischen Kirche schon zur Vertuschung von Missbrauch herangezogen wurde, werde ich an anderer Stelle (Kapitel 11) ausführen

195 Hierarchie, von griech. *hierarchia,* aus: *hieros* = heilig und *archē* = Anfang, Herrschaft, Führung. Der innere Aufbau der kirchlichen Führung (Priester, Bischöfe, Papst) wird mit Hierarchie bezeichnet

196 https://www.katholisch.de/aktuelles/aktuelle-artikel/batzing-kirche-ist-taterorganisation

197 «Süddeutsche Zeitung» vom 14.12.2018, Art.: «Bischof spricht von ‹Strukturen des Bösen› in der Kirche.»

198 Zit. nach «Kardinal Müller kontert Aussagen zur Homosexualität», in: «Die Tagespost» vom 26.11.2018

199 Vortrag von Prof. Eberhard Schockenhoff auf dem Studientag «Die Frage nach der Zäsur. Studientag zu übergreifenden Fragen, die sich gegenwärtig stellen» zur Frühjahrs-Vollversammlung der Deutschen Bischofskonferenz am 13. März 2019 in Lingen. www.dbk.de/fileadmin/redaktion/diverse_downloads/presse_2019/2019–038d-FVV-Lingen-Studientag-Vortrag-Prof.-Schockenhoff.pdf. S. 1. Weitere Zitate aus dem Vortrag werden in Klammer mit der Seitenzahl angegeben

200 Der Begriff Hermeneutik (von griech. *hermēneúein* = erklären, auslegen) bezeichnet eine Lehre vom richtigen Verstehen. Die Debatte um «Kontinuität» oder «Bruch» geht auf eine Ansprache von Papst Benedikt XVI. an das Kardi-

nalskollegium und die Mitglieder der Römischen Kurie beim Weihnachtsempfang vom 22.12.2005 zurück. Die Aussage des Papstes löste eine bis heute andauernde Debatte um *Kontinuität versus Bruch* aus. Die Vertreter des Bruches haben sich an verschiedenen Stellen geäußert, namentlich in der von Stephan Goertz und Magnus Striet herausgegebenen Schriftenreihe «Katholizismus im Umbruch» (Freiburg 2014). Im Vorwort weisen die beiden Herausgeber auf eine ihrer Ansicht nach nicht mehr zu kaschierende Differenz von modernem Selbstverständnis und kirchlicher Lehre hin: «Offensichtlich kollidieren Prinzipien moderner Lebensführung, zumindest in den durch die europäischen und amerikanischen Aufklärungstraditionen geprägten Gesellschaften, zu stark mit einer auf Autorität und Gehorsam setzenden Kirche, als dass die damit ausgelösten Konflikte noch zu verdecken wären.» (S. 7f.) Die genannten Autoren kommen, wie Schockenhoff selbst, immer wieder auf das Thema Homosexualität zu sprechen – für sie scheinbar die Nagelprobe darauf, ob die Kirche in der Gegenwart Menschen gerecht wird oder nicht. Bei Schockenhoff, Striet, Breitsameter, Goertz und anderen finden sich analoge Formulierungen und der gemeinsame Fokus auf dieses Thema

201 Brief von Papst Benedikt XVI. über Kirche und den Skandal des sexuellen Missbrauchs; im Internet: www.kath.net/news/67603, Punkt I. 2

202 Ebd., I. 2

203 Vgl. etwa: Konrad Hilpert: Ehe, Partnerschaft, Sexualität. Von der Sexualmoral zur Beziehungsethik, Darmstadt 2015. «Beziehungsethik» ist zu einem in vielen Farben schillernden theologiepolitischen Leit- und Schlagwort geworden, wobei es verschiedene Ansätze gibt. Neben Hilpert und Schockenhoff vertreten auch der Mainzer Moraltheologe Stephan Goertz («Moraltheologie unter Modernisierungsdruck: Interdisziplinarität und Modernisierung als Provokation theologischer Ethik») und der Freiburger Fundamentaltheologe Magnus Striet («Ernstfall Freiheit – Arbeiten an der Schleifung der Bastionen») diesen Ansatz

204 Kirche 2011: Ein notwendiger Aufbruch – Memorandum von Theologieprofessoren und -professorinnen zur Krise der Katholischen Kirche, hier Pkt. 4

205 Fabian Schwitter, Da ist noch ein anderer Mensch – Die Zweisamkeit der Ehe ist nicht jedermanns Sache, aber eine offene Beziehung wiederum auch nicht. Gibt es ein Drittes? In: E-Paper der NZZ vom 28.12.2019. Dazu auch: Karoline Boehm, Praktiken der Polyamorie. Über offene Beziehungen, intime Netzwerke und den Wandel emotionaler Stile, Wien 2012. Dossie Easton, Janet

W. Hardy, Schlampen mit Moral, München 2014. Imre Hofmann, Dominique Zimmermann, Die andere Beziehung – Polyamorie und Philosophische Praxis, Stuttgart 2012. Catherine Millet, Eifersucht, München 2010. Thomas Schroedter, Christina Vetter, Polyamory – Eine Erinnerung, Stuttgart 2010

206 C.S. Lewis, Abolition, a. a. O., S. 50

207 Guido Horst, Der Missbrauchs-Tsunami rollt weiter, a. a. O., S. 9

208 «Eine schwere historische Last», im Internet: www.erzdioezese-wien.at/site/home/nachrichten/article/52179.html

209 Daniel Deckers, Marcial Maciel Degollado – Der falsche Prophet, online zul. akt. 28.03.2012; www.faz.net/aktuell/politik/ausland/marcial-maciel-degollado-der-falsche-prophet-11696063.html

210 Entgegen einer öffentlichen Kampagne im Zusammenhang mit dem Film «Verteidiger des Glaubens» fuhr Papst Benedikt in seiner Amtszeit eine entschiedene Null-Toleranz-Linie. Nachzulesen im «Stern»-Artikel «Als Benedikt 400 Priester wegen Kindesmissbrauchs feuerte» vom 18. Januar 2014

211 Art. «Kardinal tut bei Ostermesse Kritik als Geschwätz ab», in: «Die Welt» vom 04. März 2010

212 https://www.vaticannews.va/de/welt/news/2019–10/usa-duluth-entschaedigung-missbrauch-kirche-bistum-kinderschutz.html

213 Peter Bukowski, Die Lehre von der Sünde – Klarstellungen zu einem missverständlichen Glaubensinhalt; im Internet: https://www.heidelberger-katechismus.net/212-0-227-50.html

214 Dazu die Meldung: www.bistum-muenster.de/startseite_aktuelles/newsuebersicht/news_detail/verantwortliche_haben_versagt. Martin Brüske hat den Fall theologisch bedacht und sehr grundsätzliche ekklesiologische (= auf die Lehre über die Kirche bezogene) Überlegungen angestellt: Martin Brüske, Pottbäcker oder die Logik des Objekts, Ursula Schumacher (Hg.), Abbrüche – Umbrüche – Aufbrüche. Gesellschaftlicher Wandel als Herausforderung für Glaube und Kirche, Münster 2019

215 Dreßing, Salize, u. a.: MHG-Studie, Sexueller Missbrauch an Minderjährigen durch katholische Priester, Diakone und männliche Ordensangehörige im Bereich der Deutschen Bischofskonferenz, veröffentlicht im Internet unter: www.dbk.de/fileadmin/redaktion/diverse_downloads/dossiers_2018/MHG-Studiegesamt.pdf

216 Die noch immer aussagekräftigste Studie ist die im Internet zugängliche John-Jay-Studie aus dem Jahr 2011: «The Causes and Context of Sexual Abuse of

Minors by Catholic Priests in the United States, 1950–2010 – A Report Presented to the United States Conference of Catholic Bishops by the John Jay College Research Team.» Der Bericht der Pennsylvania Grand Jury von 2018 bestätigt im Wesentlichen die Tendenz der John-Jay-Studie, wonach der weitaus überwiegende Anteil von Missbrauch Jungen im Pubertätsalter und in den Jahren danach betraf. Der Bericht der Pennsylvania Grand Jury erzürnte die amerikanische Bevölkerung, aber auch die Aufdeckung zahlreicher Fälle von unmoralischen Verwicklungen von Priestern und Seminaristen, die nicht direkt Missbrauch, aber Zeugnisse geradezu epidemischer Doppelmoral sind

217 A. a. O., S. 11

218 Warum das so ist, ist meines Erachtens noch nicht hinreichend untersucht. Man kann vielleicht dem im Internet verfügbaren Sullins-Report (http://www.ruthinstitute.org/clergy-sex-abuse-statistical-analysis), der sich statistisch mit den Hintergründen des Missbrauchsskandals in Amerika befasst, einige aufschlussreiche Hinweise entnehmen. Der Report zeigt Entwicklungen hinsichtlich der sexuellen Orientierung von Priestern auf. Der Sullins-Report geht davon aus, dass in den 50er Jahren des letzten Jahrhunderts der Anteil von Priestern mit homosexueller Identität bei etwa einem doppelt so hohen Anteil im Vergleich mit der Allgemeinbevölkerung lag, während er in den 80er Jahren auf das Achtfache anwuchs. Sullins weist auch auf die Korrelation mit dem Anstieg von Missbrauch hin

219 https://static.uni-graz.at/fileadmin/kath-institute/Dogmatik/Vortraege/THEOL_Machtmissbrauch_Kirche_Flyer.pdf

220 Moritz Windegger, Eine Frage von missbrauchter Macht, in: «Die Tagespost», 29.11.2018

221 Ebd.

222 Von Gerold Becker, dem Direktor, und bis zu 20 Lehrern wurden mindestens 132 Schüler im geschlechtsreifen Alter missbraucht. Die Übergriffe hatten einen vorwiegend homosexuellen oder bisexuellen Hintergrund

223 Bischöfin Kirsten Fehrs, «Bericht zur Verantwortung und Aufarbeitung bei sexualisierter Gewalt in der evangelischen Kirche» vom 15.11.2018; im Internet: https://static.uni-graz.at/fileadmin/kath-institute/Dogmatik/Vortraege/THEOL_Machtmissbrauch_Kirche_Flyer.pdfww.ekd.de/bericht-kirsten-fehrs-sexualisierte-gewalt-40324.htm

224 Mittlerweile auch auf Katholisch. Der verräterische Terminus taucht auch in den Entwürfen des Synodalen Weges auf. Um die Machtfrage in der Kirche zu

stellen, braucht es nur eine einzige, kleine, perfide Wortverdrehung: Aus gewalttätiger Sexualität mache «sexualisierte Gewalt», dann wissen wir endlich, wozu der Missbrauch in der Kirche gut ist: um die Macht neu zu verteilen

225 Nina Apin und Astrid Geisler, Der Versuch, in: «taz» vom 14.09.2013

226 Magnus Hirschfeld: Die Homosexualität des Mannes und des Weibes. Berlin 1914

227 Ebd., S. 281

228 In aller Regel geschah dies durch *Schenkelverkehr,* wie es aus zeitgenössischen Darstellungen hervorgeht. Der «Liebhaber» befriedigte sich an dem Jungen, indem er sein Glied zwischen den zusammengepressten Oberschenkeln seines Opfers rieb. Auch *Analverkehr* mit Jungen ist beschrieben und dargestellt

229 Sigmund Freud hat die mit dem Missbrauch gegebene Asymmetrie übrigens schon 1896 – wenn auch unzureichend – beschrieben: «Alle die seltsamen Bedingungen, unter denen das ungleiche Paar sein Liebesverhältnis fortführt: der Erwachsene, der sich seinem Anteil an der gegenseitigen Abhängigkeit nicht entziehen kann, wie sie aus einer sexuellen Beziehung notwendig hervorgeht, der dabei doch mit aller Autorität und dem Rechte der Züchtigung ausgerüstet ist und zur ungehemmten Befriedigung seiner Launen die eine Rolle mit der anderen vertauscht; das Kind, dieser Willkür in seiner Hilflosigkeit preisgegeben, vorzeitig zu allen Empfindlichkeiten erweckt und allen Enttäuschungen ausgesetzt, häufig in der Ausübung der ihm zugewiesenen sexuellen Leistungen durch seine unvollkommene Beherrschung der natürlichen Bedürfnisse unterbrochen – alle diese grotesken und doch tragischen Missverhältnisse prägen sich in der ferneren Entwicklung des Individuums und seiner Neurose in einer Unzahl von Dauereffekten aus, die der eingehendsten Verfolgung würdig wären.» Sigmund Freud: Zur Ätiologie der Hysterie. Studienausgabe, Band VI, Frankfurt am Main 1896/2000, S. 75

230 Interessanterweise thematisiert die MHG-Studie einen möglichen Zusammenhang, um ihn postwendend zu leugnen: So könnten, heißt es auf S. 11: «... spezifische Strukturen und Regeln der katholischen Kirche ein hohes Anziehungspotential für Personen mit einer unreifen homosexuellen Neigung haben. Homosexuelle Beziehungen oder Praktiken werden im offiziellen, nach außen hin sichtbaren Handeln der Kirche aber abgelehnt. Somit besteht die Gefahr, dass entsprechende Neigungen ‹versteckt› ausgelebt werden (müssen). Das komplexe Zusammenspiel von sexueller Unreife, abgewehrten und verleugneten sowie die zum Zeitpunkt der Berufswahl möglicherweise latenten homosexu-

ellen Neigungen in einer ambivalenten, teilweise auch offen homophoben Umgebung könnte also eine weitere Erklärung für das Überwiegen männlicher Betroffener beim sexuellen Missbrauch durch katholische Kleriker bieten. Allerdings sind weder Homosexualität noch Zölibat eo ipso Ursachen für sexuellen Missbrauch von Minderjährigen.»

231 MHG-Studie, a. a. O., S. 228

232 Ebd., S. 11

233 Katechismus der Katholischen Kirche, die Pkt. 2357–2359, hier insbesondere 2357: «Homosexuell sind Beziehungen von Männern oder Frauen, die sich in geschlechtlicher Hinsicht ausschließlich oder vorwiegend zu Menschen gleichen Geschlechtes hingezogen fühlen. Homosexualität tritt in verschiedenen Zeiten und Kulturen in sehr wechselhaften Formen auf. Ihre psychische Entstehung ist noch weitgehend ungeklärt. Gestützt auf die Heilige Schrift, die sie als schlimme Abirrung bezeichnet [vgl. Gen 19,1–29; Röm 1,24–27; 1 Kor 6,9–10; 1 Tim 1,10.], hat die kirchliche Überlieferung stets erklärt, ‹dass die homosexuellen Handlungen in sich nicht in Ordnung sind› (CDF, Erkl. ‹Persona humana› 8). Sie verstoßen gegen das natürliche Gesetz, denn die Weitergabe des Lebens bleibt beim Geschlechtsakt ausgeschlossen. Sie entspringen nicht einer wahren affektiven und geschlechtlichen Ergänzungsbedürftigkeit. Sie sind in keinem Fall zu billigen.»

234 Frédéric Martel, Sodom. Macht, Homosexualität und Doppelmoral im Vatikan, Frankfurt 2019

235 Ebd., S. 13

236 In der Homosexuellensprache ist ein «Schrank» jemand, der sich noch nicht als schwul oder lesbisch geoutet hat. Das Wort kommt vom englischen «Coming out of the closet» (= aus dem Schrank herauskommen)

237 Martel, a. a. O., S. 127

238 Eine mir bekannte evangelische Wissenschaftlerin schreibt mir von einer gewissen «Affinität von Menschen mit verunsicherter leiblich-geschlechtlicher Identität zum kultisch-liturgischen Rahmen (oder zum Schauspiel), der die mangelnde persönliche Festigkeit durch Performance stützt oder überspielt. Die maskuline Rolle ersetzt die eigene verbürgte Maskulinität, das religiös-geistliche Mysterium überblendet das Rätsel, das die eigene Identität für einen selbst darstellt, und die Einnistung in die Hierarchie der Priesterschaft kompensiert die misslungene Platzanweisung in der geschöpflichen (Zu-)Ordnung im Spannungsfeld der Geschlechter.»

[239] «Katholische Seminaristen beklagen ‹homosexuelles Netzwerk›», in: www.queer.de/detail.php?article_id=31628; 27. Juli 2018

[240] «Kinderpornos und Männerküsse im Priesterseminar», in: www.queer.de/detail.php?article_id=1309; 12. Juli 2004

[241] «Erzbischof beklagt: Grindr im Priesterseminar zu populär»; in: www.queer.de/detail.php?article_id=26745; 3. August 2016

[242] Ebd.

[243] James Martin SJ

[244] Dietrich Bonhoeffer, Widerstand und Ergebung, DBW, Bd. 8, Gütersloh 1998, S. 359

[245] Konkubinat kommt von lat. *concubinatus*. Gemeint ist in unserem Zusammenhang die durch das Zölibats-Versprechen ausgeschlossene sexuelle Lebensgemeinschaft eines Priesters mit einer Frau oder einem Mann

[246] Ich musste erst nachschlagen, weil mir entfallen war, was ich im Studium darüber schon einmal gelernt hatte. Unter Epikie (griech. *epieikeia* = Nachsicht) versteht man ein Handeln, das Menschen hilft, gut zu handeln, auch wenn sie eine bestimmte, von ihnen anerkannte Norm aus menschlicher Schwäche oder wegen schwieriger Zusammenhänge nicht erfüllen können. Die Epikie kennt man schon in der Antike; Aristoteles bezeichnet sie sogar als Tugend. Sie ist «die Berichtigung des Gesetzes dort, wo es infolge seiner allgemeinen Fassung lückenhaft ist.» Aristoteles erstrebte damit nicht eine Verwässerung, sondern eine Verbesserung des Gesetzes. Thomas von Aquin sorgte für die Übernahme dieses Gedankengutes in die christliche Ethik, um dort gutes Handeln in Grenzsituationen zu rechtfertigen, und damit «unter Absehen vom Gesetzeswortlaut dem zu folgen, was die Vernunft der Gerechtigkeit und der allgemeine Nutzen fordert»

[247] Manfred Lütz, Diskriminiert die Kirche Homosexuelle? – Anmerkungen zum Thema Homosexualität und Kirche, in: Michael Müller (Hg.), Kirche & Sex, Aachen 1994, S. 233

[248] Giovanni Boccaccio (1313–1375) war ein italienischer Dichter, der in seinen tolldreisten Geschichten und Novellen die Kirche und ihr Bodenpersonal nicht ungeschoren ließ

[249] www.spiegel.de/panorama/gesellschaft/katholische-kirche-in-deutschland-studie-zaehlt-3677-missbrauchsopfer-a-1227688.html

[250] Hinweise gibt die Darstellung des unabhängigen Beauftragten für Fragen des sexuellen Missbrauchs von Kindern der Bundesregierung vom 05.10.2017. Er

schreibt: «Die Polizeiliche Kriminalstatistik (PKS) verzeichnet für das Jahr 2016 in Deutschland über 12.000 Ermittlungs- und Strafverfahren allein nur für sexuellen Kindesmissbrauch (§§176, 176a, 176b StGB). Opfer dieser Straftaten sind zu etwa 75% Mädchen und 25% Jungen. […] Sexuelle Gewalt findet am häufigsten innerhalb der engsten Familie statt (ca. 25%) sowie im sozialen Nahraum beziehungsweise im weiteren Familien- und Bekanntenkreis, zum Beispiel durch Nachbarn oder Personen aus Einrichtungen oder Vereinen, die die Kinder und Jugendlichen gut kennen (ca. 50%). Sexuelle Gewalt durch Fremdtäter oder -täterinnen ist eher die Ausnahme.» Im Internet: www://beauftragter-missbrauch.de/fileadmin/Content/pdf/Pressemitteilungen/2017/05Oktober/6_Fact_Sheet_Zahlen_Ausma%C3%9F_sex_Gewalt.pdf

251 Christiane Florin, Sag niemals ich; in: https://www.weiberaufstand.com/single-post/2019/02/12/Sag-niemals-Ich

252 Das sogenannte «Requiem» leitet sich von der ersten Zeile des lateinischen Einleitungsgesanges der gregorianischen Totenmesse ab: *Requiem aeternam dona eis, Domine* = «Ewige Ruhe schenke ihnen, o Herr»

253 Kain tötete im 4. Kapitel des Genesisbuches seinen Bruder Abel; Gott versah ihn mit einem Zeichen, das ihn als den Mörder auswies, ihn aber auch vor der Tötung bewahrte

254 Das Wort kommt aus dem Französischen (*travesti* = verkleidet), und meint eine schräge, verdrehte Geschichte; im Theater oft, wenn Frauenrollen von Männern (und umgekehrt) übernommen werden

255 Eine Suffragandiözese (von mittellat. *suffragium* = Hilfe) ist eine Diözese, die im Rahmen einer Kirchenprovinz einer Erzdiözese zugeordnet ist

256 Das Wort Dissoziation kommt von lat. *dissociare* = trennen, scheiden und bezeichnet in der Psychotherapie den Prozess der verdrängenden Abspaltung und des Auseinanderfallens von Persönlichkeitselementen, die normalerweise zusammenhängen

257 Die Organisation «Lichtweg» kümmert sich um die Opfer sexueller Gewalt. Auf der informativen Homepage findet sich folgende Einschätzung: «Die Folgen sexueller Gewalt prägen oder zerstören das Leben von Männern ebenso wie dasjenige weiblicher Opfer – wobei sich die Folgen den Geschlechterrollen entsprechend äußern. Männer bleiben seltener auf ihre Opferrolle fixiert und überdecken ihre seelischen Verletzungen öfter mit einer harten Schale, besonderem Ehrgeiz oder indem sie besonders hilfsbereit sind. Nicht selten leiden sie an anhaltenden Beziehungsstörungen, Angstzuständen oder Suchtproblemen,

schämen sich aber gerade als Mann, notwendige therapeutische Hilfe in Anspruch zu nehmen.» www.lichtweg.de/jungen.php

258 Vom lat. *deus* = Gott. Der sogenannte Deismus leugnet nicht die Existenz Gottes. Der Gott der Deisten ist aber gewissermaßen ein «Gott im Ruhestand»; einer, der die Welt erschaffen hat, sich aber von ihr abgewandt hat und sich nicht mehr um sie kümmert

259 KKK 1869, auch die folgenden Zitate

260 Magnus Striet in seiner Antwort auf Papst Benedikt; im Internet: www.katholisch.de/aktuelles/aktuelle-artikel/die-gesellschaft-ist-nicht-schuld-an-der-missbrauchskrise

261 Katharsis: griech. von *kátharsis* = Reinigung, Läuterung

262 Stephan Goertz, Sexualität muss humanisiert werden. Ein Gespräch von Andreas Main mit Stephan Goertz im Deutschlandfunk, 28.08.2015

263 Thomas Rünker, Bischof Overbeck wirbt für neue Haltung gegenüber Homosexuellen; im Internet: www.bistum-essen.de/pressemenue/artikel/bischof-overbeck-wirbt-fuer-neue-haltung-gegenueber-homosexuellen/

264 *Logos,* griech. = Wort, Sinn, Vernunft. Daher auch das Wort «logisch». Das Johannesevangelium beginnt mit: «Im Anfang war das Wort.»

265 Magnus Striet, Ernstfall Freiheit – Arbeiten an der Schleifung der Bastionen, Freiburg 2018, S. 29

266 A. a. O., S. 39

267 So berichtet der Deutschlandfunk von einer Initiative einer Schweizer Abgeordneten im Europaparlament, die darauf abzielte, die Worte Vater und Mutter abzuschaffen, es sei in den Medien diskriminierend, wenn Frauen immer nur als «Mütter» oder Sexualobjekte dargestellt werden; es müssten unbedingt auch mehr Männer Mütter sein: «Um ‹Vater› oder ‹Mutter› geschlechtsneutral anzusprechen, greifen Behörden, zum Beispiel auf Formularen, inzwischen zu ‹Elternteil› oder dem Singular von Eltern, also ‹Elter›. Jedes zum Glück von vornherein sprachlich geschlechtsindifferente Kind hat also künftig Elter 1 und Elter 2 und in modernen Patchworkfamilien vielleicht noch Elter 3 und 4. Hinzu kommt Großelter 1.1 und 1.2 beziehungsweise 2.1. und 2.2.» Nachzulesen in: www.deutschlandfunk.de/elter-1-und-elter-2.691.de.html?dram:article_id=54614

268 Krzysztof Charamsa, einst Mitarbeiter der Glaubenskongregation in Rom, hat nach seinem Outing und dem Verlassen des priesterlichen Amtes ein Buch geschrieben «Der erste Stein – Als homosexueller Priester gegen die Heuchelei

der katholischen Kirche», München 2017, worin er den vermeintlichen «Biologismus» und «Naturalismus» des Naturrechtsdenkens geißelt und insbesondere Thomas von Aquin anklagt: «Aus seiner ‹naturalistischen› Sicht war nur eine geschlechtliche Vereinigung zum Zweck der Fortpflanzung [...] statthaft. Bei einer solchen Sichtweise würde die Lust der Frau, die von der Stimulation der Klitoris hervorgerufen wird, die letzte Bestätigung dafür liefern, dass die einzig statthafte sexuelle Aktivität diejenige ist, die dazu dient, dass die Frau empfängt [...] Es ist nur schade, dass auch die männliche Prostata so beschaffen ist, dass sie ein Lustempfinden auslöst» (a. a. O., S. 243). – Abgesehen von dem Umstand, dass Charamsa hier selbst biologistisch argumentiert, verschweigt er, dass Partnerbindung schon lange als Funktion von Sexualität in die kirchliche Lehre integriert wurde und weder das Zweite Vatikanische Konzil in «Gaudium et Spes» noch das neue Kirchenrecht überhaupt von «Ehezwecken» oder gar einer Hierarchie von Ehezwecken spricht. Vgl. den Aufsatz von Klaus Lüdicke: Die Ehezwecke im nachkonziliaren Eherecht, in: De Processibus Matrimonialibus, Bd. 3, Leipzig 1996, S. 39 ff

269 Robert Spaemann, Art. Warum gibt es kein Recht ohne Naturrecht, in: Hanns-Gregor Nissing (Hg.), Naturrecht und Kirche im säkularen Staat, Wiesbaden 2016, S. 32. Im Zusammenhang mit Facebook und der damit gegebenen Depotenzierung von Wahr und Falsch hatte der Literaturwissenschaftler Manfred Schreiber jüngst wieder Grund, an das Naturrecht als einem Pfeiler der Aufklärung zu erinnern: «Die großen Philosophen des Naturrechts, die seit der Stoa die Grundlage der Menschenrechte und der vernünftigen demokratischen Einrichtungen entwickelten, Thomas Hobbes, Pufendorf, Thomasius, John Locke, Jean-Jacques Rousseau, haben ihren Abhandlungen stets eine Lehre von der menschlichen Natur vorangestellt.» In: Manfred Schreiber, Gastkommentar Lüge, Hass, Diskriminierung als wahre menschliche Natur – Facebook – ein Übel in vielerlei Gestalt, NZZ-E-Paper, 21.12.2019

270 www.archive.lsvd.de/homosexualitaet/ursachen.html

271 Die bisher umfangreichste Studie zur genetischen Bedingtheit von Homosexualität legte im August 2019 das renommierte 21-köpfige Forscherteam Andrea Ganna et alii in der Zeitschrift «Science» vor (*Large-scale GWAS reveals insights into the genetic architecture of same-sex sexual behavior.* Im Internet: www.science.sciencemag.org/content/365/6456/eaat7693). Hierbei wurden die Daten von fast 500.000 Menschen verarbeitet, die mindestens eine homosexuelle Beziehung einräumten. Auch in dieser Studie wurde kein homosexu-

elles Gen gefunden. «Allerdings», so kommentierte der Psychotherapeut Christian Spaemann die Studie, «schließt dies biologische Faktoren, z. B. intrauterine hormonelle Einflüsse, nicht aus. Dennoch, es handelt sich hierbei nicht mehr als um Faktoren für eine Disposition. Gewichtig sind ganz andere Daten, nämlich die, dass gleichgeschlechtliche Anziehung in der Zeit der Pubertät hoch fluide ist, dass nur 1,5% der Männer stabil homosexuell empfinden, dass die Betroffenen signifikant häufiger aus zerbrochenen und konflikthaften Familien kommen, dass die Beziehungen unter Homosexuellen äußerst fragil sind, dass Homosexuelle statistisch deutlich häufiger sexuelle Anziehung zu Kindern und Jugendlichen empfinden und weit mehr psychische Erkrankungen und Suizide aufweisen als Heterosexuelle. All dies ist bei genauerer Betrachtung nicht mit gesellschaftlicher Ausgrenzung und sog. ‹Homophobie› erklärbar.» Christian Spaemann, Art. *Entscheidend ist der Kontext,* in: «Die Tagespost» vom 15.09.2019

[272] Paul Badde, Interview vom 11.12.2009 mit Robert Spaemann: «Minarette sind für den Islam nicht lebenswichtig», im Internet in: https://www.welt.de/kultur/article5500006/Minarette-sind-fuer-den-Islam-nicht-lebenswichtig.html

[273] Frank Bachner, Kentner-Opfer wollen das Land verklagen, «Berliner Tagesspiegel» vom 06.01.2020

[274] Die erschütternde Geschichte «Alice Schwarzer, Woody Allen – Der Paradefall» ist nachzulesen in der EMMA vom 2. Februar 2018. Im Internet: www.emma.de/artikel/woody-allen-der-paradefall-335363

[275] Von *incestus* (lat.) = unkeusch. Gemeint ist die natürliche Hemmung unter direkten Blutsverwandten, geschlechtliche Beziehungen aufzunehmen

[276] Lokalkirchen könnten ein solches Formular vielleicht erarbeiten, aber nicht beschließen. Die Einführung neuer Sakramentalien (Can. 1167) steht nur Rom zu: «Neue Sakramentalien einführen oder anerkannte verbindlich auslegen, einzelne von ihnen abschaffen oder verändern, kann allein der Apostolische Stuhl.»

[277] Ruben Schneider, Segensfeiern? Nein, danke! Queere Kritik an Paarsegnungen für Homosexuelle. In: www.feinschwarz.net/segensfeiern-nein-danke-queere-kritik – vom 28. Oktober 2019. «Die Queer-Theorie sieht das Ziel der Emanzipation homosexuellen Lebens nicht darin, dass am Ende Homosexuelle in der heteronormativen Institution der monogamen Ehe als zufriedene unauffällige Bürgerinnen leben. Sie fragt stattdessen nach den tiefen Wirkmechanismen der ‹heterosexuellen Matrix› (Judith Butler), welche die Gesellschaft durchzieht und überall festschreibt, was als ‹normal› zu gelten hat und was als ‹pervers›.

Es handelt sich um jene Struktur, die Ausschlüsse und Diskriminierung allererst hervorbringt, und zwar intersektional in allen Dimensionen: in Sex und Gender, im Staat, in der Wirtschaft, in der Bildung, in der Kultur, und nicht zuletzt auch in den Kirchen.»

[278] Schneider bezieht sich im Binnenzitat auf: Degele, N./Dries, Chr./Stauffer, A. (2002), Rückschritt nach vorn. Soziologische Überlegungen zu «Homo-Ehe, Staat und queerer Liebe», in: polymorph (Hg.), (K)ein Geschlecht oder viele? Transgender in politischer Perspektive, Berlin: 2002, 137–152

[279] Unter einem Schisma (von griech. *schisma* = Spaltung, Trennung) versteht man den Zerfall der Einheit der Kirche durch Abspaltung einer Teilkirche

[280] Antizipatorisch von lat. *anticipatio* = Vorwegnahme

[281] Postfaktisch ist ein Wort, das aus den beiden lat. Begriffen *post* (= *nach*) und *factum* (= *das Geschehene, die Tatsache*) gebildet wurde. Das Wort wird benutzt, wenn Dinge im Nachhinein so interpretiert werden, dass die Fakten «stimmen»

[282] So der Religionspädagoge und Leiter des Strategiebereiches Missionarische Kirche beim Erzbistum Hamburg Jens Ehebrecht-Zumsande in: Segensfeiern für gleichgeschlechtliche Paare? Aber ja! Erwiderung auf R. Schneider. Im Internet: www.feinschwarz.net/segensfeiern-aber-ja

[283] Die *Büchse der Pandora* ist eine bildhafte Erzählung aus der griechischen Sagenwelt. Ihre Aussage ist eine Warnung zu Beginn von neuen Maßnahmen: Weiß man, was sie auslösen? Der sagenhaften Büchse, die Pandora unvorsichtig öffnete, entwichen alle Übel der Menschheit – Arbeit, Krankheit und Tod, usw.

[284] Aporie, griech. *aporia* = Ratlosigkeit, Ausweglosigkeit, Weglosigkeit

[285] So Kardinal Jorge Bergoglio in seiner berühmten Rede im Vorkonklave 2013, in dem er (wohl wegen dieser Rede) «Papst Franziskus» wurde. Im Internet dokumentiert: www.weltkirche.katholisch.de/Aktuelles/Brandrede-Bergoglios-aus-dem-Vorkonklave

[286] Unter normativen Postulaten versteht Schockenhoff als feststehend angenommene ethische Forderungen

[287] Schockenhoff sagt es selbst: Aus «psychologischen, soziologischen und anthropologischen Aussagen über den Sinn der menschlichen Sexualität lassen sich nicht unmittelbar normative Postulate über ihre Gestaltung entnehmen.» Was heißt dann aber, diese Erkenntnisse würden der theologischen Ethik dazu verhelfen, «die Einseitigkeiten der bisherigen Rede vom primären Naturzweck der Sexualität zu überwinden und die anthropologische Basis ihrer Aussagen zu erweitern.»? Eine vage Rede, die man gerne konkretisiert hätte, um

ihr argumentativ begegnen zu können. Auch sonst begegnet man im Diskurs einer Wolke von Prätention, die immer an- und nirgends vorgeführt wird

[288] *Johannes Paul II., Enzyklika «Veritatis splendor»* – An alle Bischöfe der Katholischen Kirche; einige grundlegende Fragen der kirchlichen Morallehre

[289] Ebd., II, 28

[290] Den Vogel schießt m. E. Schockenhoffs Freiburger Universitätskollege Magnus Striet ab, der es schafft, auf den 157 Seiten von «Ernstfall Freiheit», Freiburg 2018 (es geht darin u. a. um die Frage: Woher kommen die Normen?) gefühlte 300-mal Kant zu erwähnen, aber ganze zwei Mal Bezug auf die Heilige Schrift nimmt

[291] So der Sexualpsychologe Christoph Joseph Ahlers im Interview mit Heike Faller: *Vom Himmel auf Erden – Wissen wir wirklich alles über Sex?,* 25. April 2013, «ZEITmagazin» Nr. 18/2013

[292] Unter Katechese (von griech. *katechéo* = ich unterweise) versteht man den Prozess der kognitiven, sozialen und praktischen Integration von Glaubensbewerbern in den vollen Glauben der Kirche. Hinsichtlich des Sakraments der Ehe gibt es eine eigene Ehekatechese, die vielfach nur noch rudimentär oder gar nicht erteilt wird – mit entsprechenden Folgen

[293] Karl Barth, Die Kirchliche Dogmatik IV/4, Fragmente aus dem Nachlass 1959–1961, Zürich, S. 229

[294] Monokausal = nur eine Ursache habend

[295] Augustinus' Vorstellung von der Erbsünde beruht auf einer Fehlübersetzung. Die Heilige Schrift lag Augustinus in der sogenannten *Vetus Latina,* der ältesten lateinischen Übersetzung des Alten und Neuen Testaments, vor. Dort wird Römer 5,12 wiedergegeben mit: «Durch einen Menschen ist die Sünde in die Welt gekommen und durch die Sünde der *Tod* und ist so auf alle Menschen übergegangen, *in quo omnes peccaverunt*». Ins Deutsche übersetzt heißt das: «… *in dem alle gesündigt haben.*» Augustinus versuchte also in abenteuerlicher Spekulation zu verstehen, wie alle Menschen *in Adam* gesündigt haben konnten, was ihn zur Annahme verleitete, dass vom Moment der Zeugung niemand durch eigene Kraft der todbringenden Sünde entkommen konnte. Nun ist das lateinische *«in quo»* (= in ihm) aus Römer 5,12 aber eine Fehlübersetzung; im griechischen Original steht da *«eph' hō»*, und das meint: *weil.* So übersetzt auch die neue Einheitsübersetzung: Unter dem Tod haben alle Menschen zu leiden, *«weil alle Menschen sündigten»*. Was als Erbe auf alle Menschen übertragen wird, ist der Tod, nicht die Sünde

[296] Claude Lévi-Strauss, zit. nach: Klaus Englert, Verblüffende Kritik an der Moderne, Radiobeitrag im Deutschlandfunk, 10.04.2013

[297] Uta Ranke-Heinemann, Eunuchen für das Himmelreich – Katholische Kirche und Sexualität, Hamburg 1988; erw. Auflage: Katholische Kirche und Sexualität von Jesus bis Benedikt XVI., München 2012

[298] Herbert Haag (mit Katharina Elliger), Stört nicht die Liebe. Die Diskriminierung der Sexualität – ein Verrat an der Bibel, Olten-Freiburg 1986

[299] Die größte Bedrohung für die römische Hochzivilisation waren die von Norden einströmenden «Männer mit Bärten» (lat. = Barbaren), die – von der Gier getrieben – mit brutaler Gewalt alle mühsam errichteten Vorkehrungen zivilisierten Miteinanders zerschlugen

[300] Dieter Wolf, Alles wird gut – Satirische Kolumnen, Neustadt 2012. Im Internet: www.lammla.de/domains/avlb/wolf2.php

[301] Lat. = den Teil so nehmen, als stünde er für das Ganze

[302] Johannes Paul II., Enzyklika Mulieris Dignitate (1988), hier insb. Pkt. 7

[303] Kant, Immanuel: Grundlegung zur Metaphysik der Sitten, Ausgabe: Stuttgart 2004, S. 79. In der katholischen Theologie hat insbesondere Karol Wojtyła, der spätere Papst Johannes Paul II., darüber systematisch nachgedacht: Karol Wojtyła, Liebe und Verantwortung, eine ethische Studie (im Polnischen bereits 1962 erschienen), München 1979

[304] Als «sakramental» (Ableitung von lat. *sacer* = heilig) bezeichnet man eine in ein sichtbares Zeichen (Ritus) gefasste Wirklichkeit, in der Gott wirkt. Man erhält Teil an der göttlichen Gnade, indem man dieses Zeichen vor Gott, mit Gott und in seinem Sinn vollzieht. In der Kirche heiraten bedeutet: Mann & Frau, unauflöslich, treu, offen für Kinder

[305] C.S. Lewis verweist in seinem «Abolition»-Essay – dt. Ausgabe: «Die Abschaffung des Menschen» – (a. a. O.) verschiedentlich auf den formallogischen Fehlschluss von Tatsachen auf Normen oder Handlungen, etwa auf S. 38: «Aus Sätzen über bloße Tatsachen lässt sich niemals eine praktische Folgerung ziehen.» Ebenso auf S. 42: «Von der Feststellung der psychologischen Tatsache: ‹Ich habe den Impuls, so und so zu handeln›, lässt sich auf keine noch so scharfsinnige Weise ableiten: ‹Ich muss diesem Impuls gehorchen.›»

[306] Martin Hähnel: «Getroffene Hunde bellen». Offener Brief an die Moraltheologie in Deutschland; im Internet: https://de.catholicnewsagency.com/article/getroffene-hunde-bellen-offener-brief-an-die-moraltheologie-in-deutschland-0545

[307] Aristoteles, a. a. O., Zweites Buch 1107

[308] Art. Benedikt äußert sich zu Missbrauch und der Lösung der Kirchenkrise; in «Die Tagespost» vom 11. April 2019, S. 21 (und im Internet)

[309] Ebd., S. 21

[310] Hemmerle, Klaus: Der Begriff des Heils. Fundamentaltheologische Erwägungen, in: Internationale katholische Zeitschrift «Communio» 1 (1972) 210–230

[311] www.compassioner.com/dein-body/sexualitaet-lustvolle-meditation

[312] Art. *Das bisschen Sex,* in: «Zeit Campus» vom 12. Juni 2017; im Internet: www.zeit.de/campus/2017–05/generation-y-sex-sexualtherapie-bzga

[313] «Focus» vom 07.03.2014: Wenn das Internet den Partner stiehlt; im Internet: https://www.focus.de/gesundheit/experten/braeu/pornosucht-im-netz-wenn-das-internet-den-partner-klaut_id_3659203.html

[314] Bericht auf «queer»: https://www.queer.de/detail.php?article_id=17026

[315] Entelechie (vom griech. *en* = in + *telos* = Ziel + *echein* = haben/halten) meint ein inneres Gestaltgesetz, das sich im Lauf einer Entwicklung herausbildet. Der Same trägt die Sonnenblume schon in sich

[316] Dazu der passende Knigge: www.queer.de/detail.php?article_id=9221

[317] Dieser relativ neue Typus wurde vor allem bekannt durch die Verwicklungen des Grünen-Politikers und bekennenden Schwulen Volker Beck. Im Internet: www.vice.com/de/article/zmvej4/an-die-queere-szene-wir-mussen-uber-meth-und-ghb-reden

[318] Dorothee Sölle, Lieben und arbeiten. Eine Theologie der Schöpfung, München 2001

[319] Im Internet: http://huuboosterhuis.de/ich-steh-vor-dir.463.html

[320] Aus dem *Lateinischen:* Eine normierende Norm, die selbst nicht mehr normiert werden kann. Anders gesagt: Wir sprechen von einem Urzeugnis des Glaubens, an dem sich alle anderen Zeugnisse des Glaubens messen lassen müssen

[321] Das Konzilsdokument «Dei Verbum» erklärt in Punkt 10, dass die «Aufgabe, das geschriebene oder überlieferte Wort Gottes verbindlich zu erklären […] nur dem lebendigen Lehramt der Kirche anvertraut [ist], dessen Vollmacht im Namen Jesu Christi ausgeübt wird.»

[322] Etwa Valeria Hinck, Streitfall Liebe: Biblische Plädoyers wider die Ausgrenzung homosexueller Menschen, Mering 2007. Ich beziehe mich hier auf den Tübinger Neutestamentler Michael Theobald: Biblische Weisungen zur Homosexualität? Plädoyer für einen vernünftigen Umgang mit der Schrift. In: Wort und Antwort, Themenheft Homosexualität. 39. Jahrgang, Heft 2 – April/Juni 1998. Hg. von der Dominikanerprovinz Köln: www.team-entwick

lung.net/gespraechskreis/download_files/Bibel%20Homosex%20Prof%20 Theobald.pdf

[323] Das altertümlich daherkommende deutsche Wort «Gräuel», das für etwas in höchstem Maße Verabscheuenswürdiges steht («Nazigräuel»), ist die Übersetzung des hebräischen Wortes *tō'evah,* das 117-mal im Alten Testament vorkommt und auch dort als das Schändliche, Ekelerregende schlechthin emotional aufgeladen ist. Mit dem Begriff werden heidnische Dinge, Handlungen, Menschen, Einstellungen und Götter belegt, mit denen der wahre Israelit nichts zu schaffen haben darf. Das Gegenstück zu *tō'evah* ist *rāṣôn,* «Wohlgefallen»

[324] https://de.wikipedia.org/wiki/Vergewaltigung_von_Strafgefangenen

[325] Ulrich Wilckens, Zum biblischen Zeugnis über Homosexualität; im Internet: www.gemeindehilfsbund.de/fileadmin/PDFs/Aktionen/dokument_b.pdf

[326] Tom Wright, Warum Christ sein Sinn macht, Holzgerlingen 2009, S. 230

[327] Gemeint ist eine unkritische oder vorkritische Lektüre der Heiligen Schrift

[328] Flavius Josephus, Ap. 2,199 und an anderen Stellen. Auch der jüdische Philosoph und Zeitgenosse von Paulus, Philon (ca. 15 v. Chr. – 40 n. Chr.), verwendet die griechischen Worte *ten para physin hedonen,* um Päderastie als ein «widernatürliches Vergnügen» zu bezeichnen

[329] Hier ist auch an Dtn 22,5 zu denken: «Eine Frau soll nicht die Ausrüstung eines Mannes tragen und ein Mann soll kein Frauenkleid anziehen; denn jeder, der das tut, ist dem Herrn, deinem Gott, ein Gräuel.»

[330] Auch Anthony Giambrone OP wendet sich in seinem *Artikel Paulus und die Homosexualität,* (in: «Die Tagespost» vom 25.10.2018, S. 9) gegen das Konstrukt, hier sei nur die Rede von missbräuchlichen Praktiken im Zusammenhang von Knabenliebe und nicht von Homosexualität im Allgemeinen; er sagt: «Die weitaus zwingendere und weniger anachronistische Lesart ist, dass Paulus' Rede über Gleichgeschlechtlichkeit nicht auf missbräuchliche Formen einer sozialen Unterordnung abzielt, sondern auf diejenigen Arten sexueller Unordnung, die wesentlich durch ihren gleichgeschlechtlichen Charakter definiert sind.»

[331] Wilckens, a. a. O.

[332] Siehe dazu Anmerkung 219 zur Science-Studie Andrea Ganna et alii von 2019

[333] Tom Wright, a. a. O., S. 229

[334] C.S. Lewis, Abschaffung, a. a. O., S. 67

[335] Asymmetrisch ist eine Beziehung, in der es ein Machtgefälle und häufig auch ein Altersgefälle gibt

[336] Tom Wright, a. a. O., S. 229

[337] Sascha Bischof, Gerechtigkeit – Verantwortung – Gastfreundschaft. Ethik-Ansätze nach Jacques Derrida, Freiburg 2004, S. 35–36

[338] Michael Theobald, a. a.O.

[339] C.S. Lewis, Die große Scheidung, Einsiedeln 2003, S. 78

[340] Von lat. *casus* = Fall

[341] Interview Kardinal Schönborn in einer TV-Sendung des BR vom 6. Februar 2019

[342] Das Wort *Euangelion* (griech. = Gute Nachricht) hat einen Klang von feierlicher Proklamation göttlicher Souveränität. In der Tat nannte man in der Antike die kaiserlichen Botschaften so, auch wenn sie nicht immer «Gute Nachricht» waren

[343] Augustinus, De Sermone Domini In Monte I, 1,1

[344] Der Begriff Eudämonismus kommt vom altgriech. *eudaimonia* = Fülle des Lebens, Wonne, Seligkeit, Glück. Gemeint ist damit eine philosophische Lehre, die das Streben nach dem guten Leben und das Angezogensein davon über die Pflicht stellt

[345] Servais-Théodore Pinckaers OP spricht lieber von Paraklesen (= geistliche Ermahnungen, aus der gleichen Wortwurzel wie *Paraklet* = der Tröster, der Heilige Geist); Pinckaers, a. a. O., S. 7

[346] Vom altgriech. *gnosis* (=Wissen, Erkenntnis). Unter dem weiten Begriff «Gnosis» versammeln sich Heilslehren, deren Gemeinsames darin besteht, dass Erlösung im Wesentlichen durch einen Akt der Erkenntnis oder Erleuchtung zustande kommt

[347] Von lat. *solus* (= allein) und *fides* (= Glauben)

[348] Das sind keine Tugenden, die von Kardinälen befolgt werden; hier geht es um eine Ableitung von lat. *cardo, cardinis* (= Türangel). Gemeint sind also Tugenden, um die sich alles dreht …

[349] Pieper Josef, Das Viergespann: Klugheit, Gerechtigkeit, Tapferkeit, Maß, München 1964, S. 73

[350] Im Internet: www.dr-andreas-fritzsche.de/temperantia-die-tugend-des-masses

[351] Dazu auch die scharfsinnige Bemerkung von Hans Urs von Balthasar (a. a. O., S. 72): «Wo Christi Gottheit nicht anerkannt wird, erscheint er notwendig als menschliches Vorbild, und christliche Ethik wird wieder heteronom, falls

Christi Norm schlechthin verpflichtend für mein Handeln wird, oder autonom, wo sein Handeln nur noch als die vollkommene Selbstbestimmung des menschlichen sittlichen Subjekts gedeutet wird.»

[352] Pinckaers, a. a. O., S. 15. «Das Maß der Liebe», sagt Franz von Sales (1567–1622), «ist Liebe ohne Maß.»

[353] Thomas von Aquin, Summa theologia I-II q. 2 a. 8

[354] Pinckaers, a. a. O., S. 77

[355] Robert Spaemann, Meditationen eines Christen – Über die Psalmen 1–51, Stuttgart 2014, S. 126f

[356] Pinckaers, a. a. O., S. 78

[357] Ebd., S. 75

[358] Zweites Vatikanische Konzil, Dekret über die Ausbildung der Priester «Optatam totius», Nr. 16

[359] Von lat. *nomen* = Namen

[360] Hier im Sinn von «bloß gegeben», nicht begründet (von lat. *ponere* = setzen, stellen, legen)

[361] Karl-Wilhelm Merks, Sittliche Autonomie, in: Autiero, Goertz, Striet, Endliche Autonomie. Interdisziplinäre Perspektiven auf ein theologisch-ethisches Programm. Münster 2004, S. 36

[362] Radiointerview Andreas Main mit Magnus Striet vom 18.07.2018 im Deutschlandfunk: «Die Würde der Freiheit»

[363] Robert Spaemann, Meditationen eines Christen – Über die Psalmen, a. a. O., S. 183

[364] Hans Urs von Balthasar, Neun Sätze zur christlichen Ethik, in: Joseph Ratzinger, Prinzipien christlicher Moral, Einsiedeln 1975, S. 69

[365] Paul VI., Enzyklika *Humanae vitae* über die rechte Ordnung der Weitergabe menschlichen Lebens, vom 25. Juli 1968

[366] Max Horkheimer, Zur Kritik der instrumentellen Vernunft, Frankfurt 1974, S. 93f

[367] Max Horkheimer, a. a. O., S. 123 (dort in der Anmerkung)

[368] Dokumente der Deutschen Bischofskonferenz – Band 1–1965–1968 / S. 465–471. Die österreichischen Bischöfe wollten dahinter nicht zurückstehen und publizierten auf Betreiben von Kardinal König die «Maria-Troster-Erklärung». Vgl. Verordnungsblatt für die Diözese Innsbruck, 43. Jahrgang, Nummer 9, 1. Oktober 1968, 32–34

[369] Die anderen «Notae ecclesiae» (von lat. = *Kennzeichen der Kirche*) sind; Heiligkeit, Katholizität und Apostolizität

[370] Christoph Kardinal Schönborn, Predigt am 27. März 2008 im Abendmahlssaal in Jerusalem bei der Gemeinschaftstagung der Bischöfe Europas, hier zitiert nach der Dokumentation des Wortlauts in http://kath.net/news/21357. Schönborn spricht von der Sünde der Bischöfe, «[...] auch wenn niemand von uns im Jahre 1968 Bischof war. Heute haben wir in Deutschland bei hundert Eltern 64 Kinder und 44 Enkelkinder: Das bedeutet, dass in einer Generation die deutsche Bevölkerung – ohne Einwanderung – sich halbiert. Wir haben ‹Nein› gesagt zu Humanae Vitae. Wir waren nicht Bischöfe, aber es waren unsere Mitbrüder. Wir haben nicht den Mut gehabt, ein klares ‹Ja› zu Humanae Vitae zu sagen.»

[371] Alfons Auer, hier zit. nach der Würdigung seiner Person in: https://uni-tuebingen.de/en/faculties/catholic-theology/auer-preis/alfons-auer/. Mit dem aus dem lat. Wort *auctoritas* (= Einfluss, Ansehen, Autorität) hergeleiteten Wort «Oktroi» wird etwas bloß willkürlich und äußerlich Aufgezwungenes oder Aufgedrängtes bezeichnet; gebräuchlich ist auch das Verb jemandem etwas *auf-oktroyieren.*

[372] Anselm von Canterbury, Proslogion. Der Text ist in lateinischer und deutscher Sprache im Internet zu finden: http://12koerbe.de/pan/proslog.htm

[373] Karol Wojtyła, Liebe und Verantwortung, München 1979

[374] Ebd., Vorwort, S. 10

[375] Ebd., S. 21

[376] Ebd., S. 22. Mit *incommunicabilis* meint Wojtyła: Ich kann mich nicht weggeben, mich in meiner Freiheit nicht durch die Freiheit eines anderen vertreten lassen

[377] Johannes Paul II., Mann und Frau schuf er, München 1981, S. 34

[378] Ebd., S. 39

[379] Ebd., S. 35

[380] George Weigel, Zeuge der Hoffnung – Johannes Paul II. – Eine Biographie, Paderborn 2002, S. 351

[381] Zit. in: Henri de Lubac, At the Service of the Church, San Francisco 1993, S. 172

[382] Karol Wojtyła, Liebe und Verantwortung, a. a. O., S. 35

[383] Ebd., S. 35

[384] Anke Engelke, Ladykracher, Clip aus Staffel 8, Folge 4:«Bis dass der Tod euch

scheidet»; Mitschnitt n. Internet: www.myspass.de/shows/tvshows/ladykracher/Bis-dass-der-euch-scheidet–/30245/

385 Eine Formulierung aus meinem Buch *Christsein für Einsteiger,* Basel 2014, S. 52

386 Art. o. Autoren-Angabe (14.03.2018): «Auslaufmodell Beziehung: Warum Bindung an Attraktivität verliert»; im Internet auf www.wissen.de/auslaufmodell-beziehung-warum-bindung-attraktivitaet-verliert. Die im Artikel angesprochene Umfrage bezieht sich auf das Jahr 2017 (www.aerzteblatt.de/archiv/192871/Sexualverhalten-in-Deutschland)

387 Art. Sybille Bremer: «Liebe in Freiheit»: Lasst uns doch Polygamie legalisieren, in: SHZ vom 7. Januar 2019; im Internet: www.shz.de/nachrichten/meldungen/liebe-in-freiheit-lasst-uns-doch-polygamie-legalisieren-id22176712.html

388 Friedrich Nietzsche, Zur Genealogie der Moral, Zweite Abhandlung: «Schuld», «Schlechtes Gewissen» und Verwandtes, S. 1

389 Das ist eine Frage, die in jeder Trauliturgie der Katholischen Kirche notwendig an die Brautleute zu richten ist. Braut und Bräutigam werden gefragt: «Seid ihr bereit, die Kinder anzunehmen, die Gott euch schenken möchte?»

390 Theodor Weißenborn, Querschüsse – Gedanken und Memoiren eines Ketzers, Tübingen 2019. Im Internet: www.theodor-weissenborn.de/buecher/querschuesse/de_sexualibus.html

391 Heribert Jone OFMCap, Katholische Moraltheologie, Paderborn (seit 1930 in verschiedenen Auflagen). Das Werk war bis zum Zweiten Vatikanischen Konzil allgemein in Gebrauch als eine Art Vademecum für Beichtväter

392 Ebd., Nr. 222

393 Die Zehn Gebote (griech. *Dekalog,* eigentlich: Zehn Worte) lauten: 1. Ich bin der Herr, Dein Gott. Du sollst keine anderen Götter neben mir haben. 2. Du sollst den Namen Gottes nicht verunehren. 3. Gedenke, dass Du den Sabbat heiligst. 4. Du sollst Vater und Mutter ehren. 5. Du sollst nicht morden. 6. Du sollst nicht die Ehe brechen. 7. Du sollst nicht stehlen, 8. Du sollst kein falsches Zeugnis geben über Deinen Nächsten (= Du sollst nicht lügen) 9. Du sollst nicht die Frau Deines Nächsten begehren. 10. Du sollst nicht das Hab und Gut Deines Nächsten begehren. Diese «Zehn Gebote» finden sich so nicht im Wortlaut der Heiligen Schrift; der Text bezieht sich vielmehr auf zwei biblische Quellen: Ex 20,2–17 und Dtn 5,6–21. Von alters her hat man beide Quellen lehrhaft zusammengefasst und die Zehn Gebote in der vorliegenden Form katechetischer Überlieferung den Gläubigen dargeboten

[394] Augustinus, In epistulam Ioannis ad Parthos, tractatus VII, 8, urspr. lat.: *«dilige et quod vis fac»*

[395] Joseph Ratzinger, Prinzipien christlicher Moral – unter Mitarbeit von Heinz Schürmann und Hans Urs von Balthasar, Einsiedeln 1975, S. 51

[396] Papst Benedikt XVI., Predigt in Mariazell, 8. September 2007

[397] Papst Franziskus: «Liebe junge Freunde, ihr habt keinen Preis! Ihr seid keine Ware, die zur Versteigerung da ist! Bitte lasst euch nicht kaufen, lasst euch nicht verführen, lasst euch nicht von den ideologischen Kolonisierungen versklaven, die uns Ideen in die Köpfe setzen, und am Ende werden wir zu Sklaven, abhängig, im Leben gescheitert. Ihr habt keinen Preis: ihr müsst euch das immer wiederholen: ich stehe nicht zum Verkauf, ich habe keinen Preis. Ich bin frei, ich bin frei! Verliebt euch in diese Freiheit, die jene ist, die Jesus anbietet.» (Nachsynodales Apostolisches Schreiben «Christus vivit – an die jungen Menschen und das ganze Volk Gottes», 122)

[398] Bei Augustinus von Hippo, in den Confessiones, Buch III, Kap. 6 heißt es: «Tu autem eras interior intimo meo et superior summo meo» – … höher als mein Höchstes

[399] Henri Nouwen, Nimm sein Bild in dein Herz, Herder, Freiburg 2007. In seinem «Dialogue des Carmelites» lässt Georges Bernanos die alte Priorin zur jungen Blanche sagen: «Vor allem, verachten Sie niemals sich selbst. Es ist kaum möglich, sich selbst zu verachten, ohne Gott in uns zu beleidigen.»

[400] Mit erstaunlicher Offenheit nahm sich «ZEITonline» im August 2018 der Realität von Patchworkfamilien an und ließ die Beteiligten, eben auch die Kinder, zu Wort kommen. www.zeit.de/2018/32/patchworkfamilien-eltern-kinder-scheidung-trennung

[401] https://www.aliceschwarzer.de/artikel/sexueller-missbrauch-die-fruehe-brechung-265012

[402] Christian Spaemann: «Einen Homosexuellen von einem Vorstandsposten bei der Deutschen Bank auszuschließen wäre Diskriminierung. Einem gleichgeschlechtlichen Paar kein Adoptionsrecht zuzubilligen wäre keine Diskriminierung, da es für das Kind einen Unterschied ausmacht, ob es Vater und Mutter oder zwei Mütter oder zwei Väter hat.» In dem Art. «Entscheidend ist der Kontext», «Die Tagespost» vom 15.09.2019, S. 26

[403] Schon im Februar 2007 hatte der «Stern»-Journalist Walter Wüllenweber (Art. «Voll Porno!» in der «Stern»-Ausgabe vom 05.02.2007) auf die mediale Verwahrlosung vieler Paare hingewiesen, an der sich seither nichts Wesentliches

verändert hat; damals staunte der Journalist noch, dass «keine verklemmten Spießer, Fundamentalfeministinnen oder prüde Kirchenmänner» auf die Realität der Integration von Kindern in die erotischen Selbstversuche erwachsener Menschen hinwiesen: «Es sind Lehrer, Sozialpädagogen, Erziehungswissenschaftler, Hirnforscher, Therapeuten, Sexualwissenschaftler und Beamte in Jugendämtern.»

404 Art. von «Bendits» in: http://www.neon.de/artikel/fuehlen/liebe/mein-groesster-feind-bin-ich/635172

405 Interview von Verena Fischer-Zernin mit Christian Gerhaher in der Zeitschrift «Crescendo» (29.11.2018); im Internet: www.crescendo.de/christian-gerhaher-es-ist-doch-ein-entsetzlich-schwieriger-beruf-1000030539

406 Die *Evangelischen Räte* sind keine Vorschriften für alle, sondern Ratschläge (Mt 19,12: ehelose Keuschheit um des Himmelreiches willen; Mt 19,21: freiwillige Armut; Mt 20,26–27: dienstbereiter Gehorsam), die Jesus bestimmten Jüngern gab, die ihm nachfolgen wollten und eigens von ihm dazu berufen wurden

407 «Es stimmt, dass die historische Kirche ebenso viel Wert auf den Zölibat wie auf die Familie gelegt, dass sie sich (wenn man so will) gleichermaßen vehement für das Kinderkriegen und gegen das Kinderkriegen ausgesprochen hat. Beides hat sie nebeneinandergesetzt wie zwei starke Farben, Rot und Weiß, wie das Rot und das Weiß auf dem Schild des heiligen Georg. Sie hatte stets einen gesunden Hass auf die Farbe Rosa.» (Gilbert Keith Chesterton, Orthodoxie – Eine Handreichung für die Ungläubigen, Kisslegg 2011)

408 Vom lat. *refugere* = fliehen, weichen, sich zurückziehen. Das Refugium ist ein Zufluchtsort, an dem man nicht gestört wird

409 Theodor W. Adorno, Minima Moralia, Aphorismus 18, Frankfurt 1951

410 Sabine Mühlisch, Fragen der Körpersprache: Antworten zur nonverbalen Kommunikation. Paderborn 2006

411 C.S. Lewis, Pardon, ich bin Christ. Meine Argumente für den Glauben, Basel 1977, S. 97f

412 Niklas Luhmann, a. a. O., S. 197ff

413 Eberhard Schockenhoff, a. a. O., S. 8

414 So heißt eine deutsche Komödie von Marc Rothemund aus dem Jahr 1998

415 Richard Dawkins, der britische Zoologe und bekennende Atheist, riet einer Frau per Twitter: «Treibe es ab und versuche es noch einmal. Es wäre unmoralisch, es zur Welt zu bringen, wenn du die Wahl hast.» (Die Frau hatte sich an Dawkins gewandt, weil sie sich mit der Frage beschäftigte, was sie tun würde,

wenn sie mit einem Kind mit Down-Syndrom schwanger wäre). Quelle: www.twitter.com/RichardDawkins/statuses/502106262088466432

416 Den Vogel in dieser Hinsicht schoss die evangelische Pfarrerin Nadia Bolz-Weber ab, die meinte, das Leben eines Kindes sei erst ab dem ersten Atemzug schützenswert. Art. *Pfarrerin: Mensch erst ab Einsetzen der Atmung schützenswert,* in: «Die Tagespost», 6. Februar 2019

417 Emmanuel Lévinas, Eigennamen. Meditationen über Sprache und Literatur, München 1988, S. 117

418 Der USP, der unique selling point (*engl.* = der einzigartige Verkaufsvorteil) ist ein Fachbegriff aus dem Marketing, mit dem dasjenige Produktmerkmal bezeichnet wird, das dieses Produkt von allen anderen Produkten unterscheidbar und deshalb begehrenswert macht

419 Mutter Teresa, Ansprache in Cambridge am 10. Juni 1977 bei der Verleihung der Ehrendoktorwürde

420 Die Rede von Mutter Teresa findet sich in dt. Sprache im Internet: http://www.mutter-teresa.beichten.info/Rede.htm

421 Dorothee Sölle, Die Hinreise. Zur religiösen Erfahrung. Texte und Überlegungen, Stuttgart 1975. S. 7

422 Den Hinweis auf das Museum verdanke ich dem Buch von José Granados, Der Olivenbaum des Odysseus oder die Architektur der Familie, Heiligenkreuz 2018, S. 10

423 Erikson war selbst das Kind einer Verbindung «ohne Vater». Der biologische Vater verließ seine Mutter vor seiner Niederkunft. Zeit seines Lebens suchte Erikson nach seiner Identität; in diesem Horizont entwickelt er sein berühmtes Acht-Stufen-Modell, in denen die acht großen Krisen des Menschen zu neuen Reifungen führen: Urvertrauen gegen Misstrauen, Autonomie gegen falsche Scham und Zweifel, Initiative gegen Schuldgefühl, Machen können gegen Minderwertigkeitsgefühl, Identitätsfindung gegen Identitätsdiffusion, Intimität und Solidarität gegen Isolierung, Zeugungsfähigkeit gegen Selbstabkapselung, Integrität gegen Verzweiflung

424 www.domradio.de/themen/papst-franziskus/2016–06–17/papst-haelt-die-meisten-kirchlichen-ehen-fuer-ungueltig

425 Im Heiligen Jahr 2000 wies Papst Johannes Paul II. mit Nachdruck darauf hin, «dass es widersinnig wäre, sich mit einem mittelmäßigen Leben zufriedenzugeben, das im Zeichen einer minimalistischen Ethik und einer oberflächlichen Religiosität geführt wird, wenn die Taufe durch die Einverleibung in

Christus und die Einwohnung des Heiligen Geistes ein wahrer Eintritt in die Heiligkeit Gottes ist. Einen Katechumenen fragen: ‹Möchtest du die Taufe empfangen?›, das schließt gleichzeitig die Frage ein: ‹Möchtest du heilig werden?› Es bedeutet, seinen Lebensweg vom Radikalismus der Bergpredigt leiten zu lassen: ‹Ihr sollt vollkommen sein, wie es auch euer himmlischer Vater ist› (Mt 5,48).» – *Johannes Paul II., Nova Millenio ineunte 31*

426 Ansprache von Papst Franziskus beim Generalkapitel der Rosminianer, 1. Oktober 2018 in Rom

427 Granados, a. a. O., S. 133

428 Nach Astrid Lindgren, Hej, Pippi Langstrumpf! – Das große Astrid-Lindgren-Liederbuch, Hamburg 2007, S. 6 und 7

429 «Ihr höheren Menschen, lernt es doch, Lust will Ewigkeit –, will tiefe, tiefe Ewigkeit!» Nietzsche, Friedrich: Also sprach Zarathustra. Bd. 4. Leipzig, 1891, S. 128

430 Johannes Paul II, Familiaris Consortio, 11

431 Diana Kempff, Fettfleck, Salzburg-Wien 1979

432 Walter Dirks, Ein angefochtener sehr treuer Christ – Zur Erinnerung an Romano Guardini, in: «Die Zeit» vom 11. Oktober 1968, online: www.zeit.de/1968/41/ein-angefochtener-sehr-treuer-christ

433 Nicholas Thomas Wright, Jesus und der Sieg Gottes – Die Ursprünge des Christentums und die Frage nach Gott, Marburg an der Lahn, 2013, S. 163

434 Niko Natzschka, Die rechte Hand des Vaters, im Internet: http://www.wuerzburg-martin-luther.de/nachgedacht/rechtehanddesvaters.htm

435 Zit. Nach: Hermann Hitthaler, Das Gleichnis vom verlorenen Sohn, im Internet: http://www.gottliebtuns.com/der_verlorene_sohn_1.htm

436 Nicholas Thomas Wright, a. a. O., S. 497

437 A. a. O., 1

438 Joseph Ratzinger, Art. Glaube als Umkehr – Metanoia (1972), wieder abgedruckt in: Joseph Ratzinger, Theologische Prinzipienlehre, München 1982, S. 63 ff

439 Dietrich von Hildebrand, Umgestaltung in Christus, Die christliche Grundhaltung, Einsiedeln 1950

440 Ebd., S. 14. Der Hebräerbrief unterstreicht die Unumkehrbarkeit und Ernsthaftigkeit des Umkehrprozesses auf eine geradezu erschreckende Weise: «Es ist unmöglich, jene, die einmal erleuchtet worden sind, die von der himmlischen Gabe genossen und Anteil am Heiligen Geist empfangen haben, die

das gute Wort Gottes und die Kräfte der kommenden Weltzeit gekostet haben, dann aber abgefallen sind, erneut zur Umkehr zu bringen; da sie den Sohn Gottes noch einmal für sich ans Kreuz schlagen und zum Gespött machen.» (Hebr 6,4–6)

441 Ebd., S. 17

442 Ebd., S. 22

443 Bernhard Frei, Rembrandt, Rückkehr des verlorenen Sohnes; im Internet: https://www.kunst-meditation.it/p-bis-z/rembrandt-verlorener-sohn/

444 Papst Johannes Paul II., Predigt bei der Einführung des Sonntags der Barmherzigkeit, am 28. April 2000

445 Papst Franziskus in einer Ansprache am 09.12.2015

446 Ernst Bloch, Das Prinzip Hoffnung, Frankfurt a. M. 1959, S. 1628

447 Der Synodale Weg, Arbeitspapier Vorbereitendes Forum «Leben in gelingenden Beziehungen – Liebe leben in Sexualität und Partnerschaft», S. 9

448 Ebd., S. 8–9

449 Ebd., S. 9

450 Ebd., S. 9

451 Ebd., S. 14

452 Ebd., S. 14

453 Ebd., S. 15

454 Ebd., S. 12

455 Ebd., S. 5

456 Ebd., S. 1

457 www.vatican.va: Pressekonferenz mit dem Heiligen Vater auf dem Rückflug Ciudad Juárez nach Rom, 17. Februar 2016

458 Ebd., S. 2

459 Johannes Hartl, Wie gelingt es, junge Menschen zu Jüngern Jesu zu machen? In: «Die Tagespost» vom 10.11.2017

460 C.S. Lewis, Pardon, ich bin Christ (Mere Christianity), Basel 2001, S. 92

461 Ebd., S. 13; Hervorhebung vom Autor

462 Ebd., S. 16f

463 Ebd., S. 17

464 Ebd., S. 12

465 Ebd., S. 12

466 Natürlich müssen dieser Mann und dieses Buch, das kaum jemand gelesen hat, jetzt gründlich zerschossen werden, damit die Betreiber der «Neuen Sexualmo-

ral» an ihr Ziel kommen. Siehe: Stephan Goertz, Magnus Striet (Hg.), Johannes Paul II. – Vermächtnis und Hypothek eines Pontifikates, Freiburg 2020

467 https://de.catholicnewsagency.com/story/medien-missbrauch-und-kirche-der-krisengipfel-im-ruckblick-4368

468 Frédéric Martel, Sodom, a. a. O., S. 11

469 Ebd., S. 12

470 Ebd., S. 1